知識的癲狂

THE MADNESS OF KNOWLEDGE

On Wisdom,
Ignorance and
Fantasies of Knowing

史蒂芬·康納［著］ 劉維人、楊理然［譯］
STeVEN CONNoR

目次

「但是我不想加入一群瘋子。」愛麗絲說。

「哦，那可不行。」柴郡貓說，「這裡的我們全是瘋子。我瘋了，你也瘋了。」

「你怎麼知道我瘋了？」愛麗絲說。

「必定如此，」貓說，「否則你就不會到這裡來了。」

愛麗絲認為這根本不能證明什麼。

——路易斯．卡洛爾（Lewis Carroll），《愛麗絲夢遊仙境》（*Alice's Adventures in Wonderland*）

引言

INTRODUCTION

……想阻止精神病患追尋志業，你可得萬分小心！

——《笨拙》（*Punch*）雜誌，一八八五年一月十七日

「科學家」（scientist）這個詞彙，其實一八三〇年代初才被大英科學促進會（British Association for the Advancement of Science）創造出來。「知識論」（epistemology）也一樣，可說是相當年輕的詞彙。根據一八四七年《英國評論》雜誌（*English Review*）的說法，「知識論」是約翰・戈特利布・費希特（Johann Gottlieb Fichte）從德語的「Wissenschaftslehre」翻譯過來的，帶著一種「把知識當成某種**科技**」的意味。[1]這種說法相當有趣，不過當然一定有人會反駁，因為希臘哲學的整個概念跟輪廓，就是在討論要怎麼知道哪些事物是穩定可靠的知識，哪些事物只是個人信念（doxa）。但說真的，其實知識的成立條件以及獲得知識的條

件，即便不是到了十九世紀才開始確定下來，似乎也得等到那時候才有一個自己的名字。

在那之前，人類還是有幾次差一點點就成功了。拉夫・卡德沃斯（Ralph Cudworth）在某篇一六八八年左右完成、一七三一年發表的論文中，提出了**可以成為知識的**（epistemonical）這個詞彙，意思是「能夠被人所知」。卡德沃斯認為「所有理論上真實存在的事物，都是可以清楚理解的。而且所有可以清楚理解的，都是真理或真實存在的事物」，也就是說，他認為世界上完全不可能有假的東西。他言之鑿鑿地說：「如果你清楚明白了某條『可以成為知識的』的真理，你就不可能被騙。只有在你還沒有清楚理解的時候，才會同意那些假的看法。」[2]當時他為了解釋「能夠被人所知」這個概念而臨時打造出「epistemonical」這個詞彙，衍生出了另一個也許曾經流行過的詞彙「epistemony」，不過我想在那之後，那個詞彙應該也沒有任何人繼續使用了。

某些寓言角色的名字也會帶有「知識的」（epistem-）這個字首。最有名也最明顯的就是拉伯雷（Rabelais）《巨人的故事》（*Gargantua and Pantagruel*）裡面的艾比斯泰蒙（Epistemon），他在書中代表學習的力量，一度在戰鬥中失去理智，然後又重新找回理智。另外，蘇格蘭國王詹姆士四世（James IV）也把《魔鬼說》（*Daemonologie*）寫成喜歡學習的菲諾瑪（Philomath）、擁有知識的艾比斯泰蒙，以及劇作家托馬斯・海伍德（Thomas Heywood）之間的辯論，而其中的托馬斯・海伍德，同樣在一六〇九年的作品中打造了一個叫作艾比斯特莫（Epistemus）的角色。此外，季伊・米耶齊（Guy Miège）將蘭德爾・科特格雷夫（Randle Cotgrave）於一六一一年出版的《法英辭典》（*Dictionary of the French and English Tongues*）改編為《野蠻法語辭典》（*Dictionary of Barbarous French*）時，也把「epistemon」這個詞彙定義為「教師」。[3]

如此看來，在「知識論」這個詞彙出現之前，似乎沒有任何一個詞彙可以滿足許多人長期以來的需要。所以我大概也無法找到哪一個詞彙，能描述許多人面對知識所產生的複雜情感與心理投射。於是我決定創一個比「知識論」意思更廣也更模糊的詞彙：**知識對心智的影響**（Epistemopathy）。因為讓人們瘋狂的未必都是知識，有時候也會包括擁有知識的感覺、對知識的野心，甚至有時候是對真假不明的「知識」的幻想。「知識對心智的影響」這個詞彙的意思，除了必須包括「哪些事物確定可以被人所知」、「我們怎樣知道事情」以外，也得包括一切為了認知而進行的相關活動與功能，例如思考、探問、發現、辯論、推理、教學、學習。簡單來說，一切與知識相關的活動，都算是「知識對心智的影響」。亞里斯多德（Aristotle）在《形上學》（*Metaphysics*）的開頭說過：「每個人都注定渴望知識。」[4]而「知識對心智的影響」要討論的就是這種欲望、和這種欲望一起出現的激情，以及喪失這種欲望的狀態：無知。因為無知不僅是攝取比較少知識或完全不攝取知識，有時候也會變成一種使命，甚至有時候還會像賈克・拉岡（Jacques Lacan）說的那樣，變成另一種激情。[5]

其實「知識」這個詞彙無法精確地描述我想要談的領域。這領域某些時候比較接近於記憶，某些時候接近於智力，某些時候則接近於理性、理解、信仰、專業、智慧、認知，甚至是思考。由於這個詞彙逐漸吸收上述各種意義，它變成了上面這些東西的最小公倍數，很適合用來談論我們對於知識的看法（有時候這種看法其實只是感覺）。不過，有一件事相當奇怪：在思考不同形式的知識與求知的時候，我們常傾向於將它們形塑成一種獨特的稀有物。

現代哲學似乎不去碰知識的問題就會心癢癢。在某種意義上，希臘德爾菲（Delphi）神廟的箴言「認識你自己」就像《愛麗絲夢遊仙境》愛麗絲手上的火鶴球槌一樣，敲著笛卡兒（René Descartes）跟康德（Immanuel Kant）的腦袋去思考——「你如何知道自己擁有知識」。*某些人可能會認為，用知識論的方法去想事情本質上就很現代（或容易變得現代），因為從「理所當然地認為我們可以了解這個世界」，轉向去思考「我們到底有沒有可能了解這個世界」時，人對於「了解」的看法一定會產生斷裂。但我們也得說，每一種知識論都帶有某種對於求知的渴望，例如那些在求知之中實現自我或獲得自主權的感受，總讓人興奮嚮往。彼德．斯洛特戴克（Peter Sloterdijk，德國哲學家）曾提出令人眼睛一亮的觀點：人類無法真正理解任何宗教本身的內在意義，因為所有宗教儀式與教義都更接近於某種自我提升（ascetological）或自我改造（anthropotechnic）的施行計畫。[6]這可能也會讓我們進一步猜想，雖然許多學者為了那些形而上的神學思考忙碌好幾個世紀，人們也不斷以慷慨激昂的辯論闡述、精鍊它，但也許它根本就只是某種憑空造出來的智力遊戲或知識論的玩具；而這些神學論辯不受任何實驗或經驗所拘束的特質，或許正是讓它得以從一絲不苟的邏輯監牢脫逃、令人無從挑戰的原因。這種以奇幻神妙的複雜論述體系、解釋看不見的物體與關係的學問，是一種不需要任何討論對象就能進行討論的知識論（而且從它允許人們把想像出來的事物思考得愈來愈複雜這點來看，它真的非常「奇幻神妙」）。而它那種讓人熱血沸騰地不斷撒豆成兵、毫無限制地增加各種物體與關係的做法，更是一種如假包換的「知識對心智的影響」——由於人們如癡如醉地渴求知識，進而感受到自己的創造力，並持續餵養這種力量。雖然這種事聽起來很詭異，但實際做起來真的沒那麼糟糕。畢竟當我還是一位年輕學者的時候，就像那些神學家一樣，對文學理論做過一大堆一九八〇年代盛行一時的吹毛求疵形上學分析。

讀者應該已經慢慢注意到，我用「知識對心智的影響」這個詞彙指涉兩種不同的事物：一種是知識引發的感覺，另一種是對這種感覺的正式研究。也許第二種用法也可以叫作「知識病理學」（epistemopathology），不過這可能會讓人以為它真的是一種「病」，所以還是算了。掛著希臘字尾「-pathos」的英語字，通常都帶著不健康的意味，例如「neuropath」（神經病變）、「osteopath」（骨骼病變）、「homeopath」（順勢療法）等，而我的確對這類詞彙中的「psychopath」（精神病）很感興趣。人類到了一八八四年，才把精神病當成一種需要專家

---

* 譯註：笛卡兒從「所有知識來源都可能是假的」推論出至少「有一個主體正在思考」這件事是真的，也就是「我思故我在」。康德從「我們必須從經驗中獲得知識」推論出「我們無法對經驗的來源（也就是物自身）產生知識」，也就是「物自身不可知」。

治療的疾病。一八八五年的《帕摩爾公報》（*Pall Mall Gazette*）曾釐清「精神病」這個詞彙指的是有精神障礙的人，而非那些研究精神障礙的學生。他也引述俄國精神病學家伊凡．巴林斯基（Ivan Balinsky）的說法，指稱「精神病……是一種醫學界最近才注意到的疾病」。[7]巴林斯基的這句話，源自他幫一名叫作賽梅諾娃的女子辯護時的證詞，後者承認自己謀殺了一名孩童，名喚莎拉．貝克。而「精神病」這詞彙的首度公開亮相則發生於一週前，也就是一八八五年一月十七號《笨拙》雜誌上那首描述謀殺案的詩，題為〈快樂的醫生〉（A Merry Medico）：

醫生提了新的辯詞，而且白爛到爆；
「去譴責這樣的『精神病患』，實在不是太好！」
這種人為了達成目的，能殺死摯愛血親；
想阻止精神病患追尋志業，你可得萬分小心！[8]

我希望讀者能清楚地了解，當我說「知識對心智的影響」的時候，哪些情況下是指知識引發的心理現象，哪些情況下是指這種現象的相關研究。當然我也承認這兩者有時候就是很難區分，而且可能暗示著我們對於知識的每一種感覺都內含某種求知的衝動，讓我們忍不住想探索「知道事物的感覺」究竟是什麼。

「知識對心智的影響」這個詞彙的發明，並不是我一個人的功勞，不過這也表示我不必為此擔負全部責任。心理學家西格蒙．科克（Sigmund Koch）在一九八一年就曾說過，他「忝為某門學科的創始人，這學科專門研究那些運作異常的學術性衝動或創造性衝動，它在不久的未來將被稱為『認知病理學』（cognitive pathology），並奠基於『知識對心智的影響病理學』（epistemopathologistics）這種理論之上」。[9] 雖然十年之後，這塊「領域」依然只存在科克這一位「醫生」，但他仍堅稱自己開創了「認知病理學」這門「專門診斷常見於當代學者的某種喜愛知識對心智的影響症」的新興科學。[10] 總之，科克把這個詞彙當成某種精神疾病，但我的用法超越了精神病理學。如果「知識論」討論的是形成知識過程中的真理與**邏輯論據**（logos）；那麼「知識對心智的影響」則想要討論知識所引發的**情感**（pathos），也就是求知過程中的主觀心理狀態。「知識對心智的影響」的討論範圍，將包括知識帶給我們的狂喜與懊惱，以及各種與求知相關的不同活動，例如學習、思考、辯論、質疑、好奇與遺忘。

知識的物質性

本書第一章談論的是「求知意志」。我認為現代許多對知識的看法與情感，不但沒有努力消除知識中的各種錯誤與偏見，讓知識專注於純粹的真理；反而經常採取幾乎相反的方向，將知識的**理性規律**逐漸演變為對知識的**非理性癡狂**。這讓我們不得不懷疑，人類之所以擁有知識，會不會是因為人類可能天生就有某種求取知識的意志。無論是叔本華（Arthur Schopenhauer）、尼采（Friedrich Wilhelm Nietzsche）或是佛洛伊德（Sigmund Freud），都在作品中指稱追根究柢的思維可能是某種精神疾病。其中最明顯的就是尼采，他直接說「求知意志」（will to knowledge）就是一種「權力意志」（will to power）。

而且「現代」的特徵，就是有大量自成一格的正規知識，以專業與資訊的形式充斥在生活之中（話說可能以前就這樣了，也許這根本就不是什麼「而且」）。資訊科技帶來的知識數位化，只不過是這種潮流的最新階段而已。也許當代最明顯的「知識對心智的影響」，就是在人們有意識地確定自己知道（或以為自己知道）的個人知識，以及我們即使不知道也無所謂的各種外在知識之間，產生了愈來愈大的鴻溝，而我們想要去彌補這種鴻溝。這種鴻溝變成了某種人類的生存困境，也是稍後會在第八章提到的**外知識論**（exopistemology）。某種意義上，它是一種感性（-pathic）與理性（-logical）之間的張力，讓我們在「認為自己好像知道」和「其實已經知道了卻沒有意識到」兩種狀態之間拉扯。而這種張力本身也是「知識對心智的影響」所探討的另一個副主題。

因此，「知識對心智的影響」並非某種源於情緒而充滿悸動的感性知識（畢竟所有的知識也許都令人悸動）；而是一種與知識產生關係的感覺，一種在建立知識、維繫知識時出現的感覺。當然啦，感覺並非知識的反面。感覺不只是輔助我們做出理解和判斷的必要條件，它本身即為**獲取知識的手段**（quomodo）。感覺不只是一種獲取知識的方法，更是獲取所有知識的必要過程；一旦去除了感覺，知識就沒有目標，無法成形。我們的心在求知的過程中不可能靜如止水，一定會展現出某些調性、脾氣、意圖。而且這種現象在人們想要說服自我，說明自己或他人擁有的知識非常「客觀」、完全不受任何主觀情緒影響的時候，其實反倒最為明顯。因為強調一件事物的客觀性，其實就是一種最強烈的主觀願望、力量與激情。對於所有心懷大志的思想家而言，沒有任何感性的欲望能夠比聲稱一件事物的純然客觀，更為橫征暴斂。我希望「知識對心智的影響」這個詞彙，可以含括各種與知識相關的不同感受（knowledge-feelings）。不過相較之下，與求知相關的感受（knowing-feelings）就沒有那麼特別，散布在各種常見的情緒之中。無論是惱怒、狂怒、嫉妒、欲望、痛苦、無聊、憂鬱；還是滿足、自信、興奮、勝利的感覺，都可能與求知相關。

由此可見，「知識對心智的影響」的討論主題超越了知識本身，而著重於知識對人們的影響。而鑒於「知識對心智的影響」的研究本身也是被知識影響而出現的，這種研究一定免不了必須討論自己。世上究竟有哪些事物屬於「知識對心智的影響」的研究範圍，而且又不會變成「知識論」那種「我們可以確切知道哪些事物」的問題呢？也就是說，哪些事物並不屬於知識，而只是與求知的過程相關呢？我認為，「知識對心智的影響」的研究，總是會想把自己偽裝成某種知識論，例如它可能會問：我該怎麼確定自己和其他人對於知識抱持的感覺，真的是我以為的那樣呢？這個問題當然可以用哲學的方式來討論，例如效益主義就會引述休謨（David Hume）的話，聲稱「理性只是，而且應該只是情感的奴隸，永遠不應該假裝自己具有其他角色」。[11]不過如果我沒說錯的話，威廉．詹姆斯（William James）很可能認為理性的效用不只是當情感的奴隸。他曾寫道：「一項命題是否為真……與那項命題能否證明自己是否為真，條件相同。因此，如果整個宇宙貌似只在努力證明自己的存在為真，而且仍還未證明完成（否則為什麼萬事萬物都在永恆變化呢？），那麼為何你會認為世上的某些事物一定是真的呢？比較合理的想法，應該是每一樣事物都仍未完全確定是否為真吧？」[12]詹姆斯的這句話，很接近我理解的知識與人之間的關係。我只能說，我們當然能對世上是否存在任何顛撲不破的知識抱持懷疑；但除此之外，我們仍會對知識產生其他問題。而且世上是否存在顛撲不破的知識，也不是本書討論的主要問題。

有人說我其實已經找到了答案，只要把這種觀點當成與知識相關的現象學就行了。但令人驚訝的是，目前即使是在哲學界討論現象學，也幾乎沒有人在研究知識的現象學問題。正如先前所述，我們很難阻止「用現象學來研究知識的相關現象」淪為「研究『現象學』這種類型的知識」。在這種時候，知識壓制了現象學，而非成為現象學的工具。大部分的哲學家擔心、好奇的是，什麼樣的現象學能屬於知識，或者現象學能對知識做出什麼樣的貢獻；但「對知識的狂熱」的相關研究，對於這兩個問題都沒有興趣。[13]

我之所以不想把這個主題稱為「知識的現象學」，是為了避免跟恩斯特．卡西勒（Ernst Cassirer）在《符號形式的哲學（第三卷）：知識的現象學》（*The Philosophy of Symbolic Forms: The Phenomenology of Knowledge*）混淆。卡西勒在該書前言表明，他的現象學不是胡塞爾

（Edmund Husserl）的現象學，而是黑格爾的現象學，因為：

> 談到知識的現象學時，我所謂的「現象學」並非當代指稱的意思；它的核心意義源於黑格爾，系統也奠基於黑格爾的現象學。對黑格爾來說，現象學是所有哲學知識的基礎，因為哲學知識必須包含整體文化，而只有在文化從一種形式轉變為另一種形式的時候，它的整體面貌才會顯現出來。他認為真理具有整體性，無法一下子全部呈現出來，唯有當思想以自己的節奏做出運動時，才會逐步顯露。而這樣的逐步顯露，構成了科學的存在與本質。思想只在形成的過程中才會產生內容，才能被人們理解。思想的內容既是科學的本質，也是科學的居所。[14]

因此對卡西勒來說，知識現象學並不處理知識對意識與經驗造成什麼樣的影響，或者擁有知識是什麼樣的感覺；而是處理知識如何在歷史中，透過各種不同的偶然模式與表現方式，逐漸變得完整。在我看來，卡西勒的雄心壯志事實上可能替知識現象學（而且照他的說法，是「現代的」知識現象學）提供了一個出場的契機，因為思想在歷史進展中逐步自我開展的冒險故事，是驅動哲學與歷史前進最強大的幻想形式之一。

尼采、詹姆斯、維根斯坦（Ludwig Wittgenstein）、杜威（John Dewey）等人提出了「知

識不確定性」（epistemological uncertainty）的概念，它意味著思考知識論時，不僅必須顧及到「知識對心智的影響」，思考方向還必須愈來愈接近這種研究。但反過來說，「知識對心智的影響」卻不需要化為知識論，因為無論我們是否思考哲學性的知識問題，我們的各種思考與求知都屬於「知識對心智的影響」。「知識對心智的影響」不可能成為一門獨特的知識，因為所有形式的知識都會讓我們產生感覺，而這種感覺一定會引起我們注意。雖然「知識對心智的影響」與知識形影不離，但它本身並不是一種知識，而且它與知識之間的難分難解本身就是一種很難被化為知識的複雜關係。如果一定要說的話，「知識對心智的影響」是某種應用知識論。它研究知識論對世界的影響，以及世界正在讓自己變成某種知識論的現象，我目前的興趣著重於後者。

真實的幻想

知識與真實同在。我們只能知道真實的事情，「我知道巴黎位於北極」這種話毫無意義。而且事實證明，這種關係是可逆的。這聽起來有點奇怪，也有點讓人擔心，因為這表示我們不僅只能知道真實的事情，而且無論我們目前是否知道，只要事情是真的就一定有辦法被知道，或用卡德沃斯那胎死腹中的說法，真實的事情一定**可以成為知識**——啊，他造的這個詞彙好像還是有點用處。許多人都想相信某些深奧幽玄、不可言喻、超越人類理解範圍的真理，但他們相信的只是文字遊戲，雖然屬於「知識對心智的一種重要影響」，但必須從知識論中驅逐出去。「知識必須可以理解」這個說法很重要，因為它似乎表示一件事是否為真仰賴於我們能不能理解，甚至表示只有我們能夠理解的事物才是真實。不過，我們通常更願意相信理解仰賴於真實，而非真實仰賴於理解。

我將把這本書的重點集中在各種對於知識的幻想。我們除了會誤以為自己知道某些事情以外，也經常希望知道一些更強大、更難以捉摸的事理。例如我們對於一個人知道多少事情經常有錯誤的想像（我以為自己會說義大利語，直到緊要關頭才發現不會說）。我們經常一廂情願地討論某個人或某群人照理來說應該知道某些事情，也經常誤以為人類有辦法知道某些事情。這些「幻想」都屬於錯誤的理解，它們可能源於自我中心、虛榮心、無止境的欲望，也可能只是單純的誤解。正如法蘭西斯・培根（Francis Bacon）所言：「人類的理解並非由純淨的光所組成，它會受到意志與情緒的影響，創造出不存在的知識。人類往往相信自己希望成真的事情。」[15]

不過當我使用「幻想」這個詞彙時，很多時候指的並不是誤解，也不是指培根所謂「虛構出來的知識」（拉丁原文為「quod vult scientias」，意即「你希望成真的科學」）；而主要意味著情緒的影響。一旦投注了情緒，辨別真假就變得困難。這種時候，幻想的意義可能比知識本身的真假，或者知識對人的意義更重要。當然我們還是可以指出，某人投注的情緒太誇張、太反常、太輕率，但已經與這種情緒想尋求的知識是否為真沒有必然關係。因為「理性是合理的」這件事本身，就是我們投注的幻想之一。我們投注的對象，未必能滿足我們的個人利益。某群人或某個組織投注資源支持某種知識價值，可能是因為這種價值能讓他們得以存續。不過無論如何，投注資源總是跟利益相關。某種意義上，每個人的存在都與他所投資的事物緊密相連。

在這個意義上，幻想經常是催生知識，或促使人們求取知識的動力。這種動力經常與欲望或一廂情願的想法（wishful thinking）有關，後者聽起來非常十七世紀，但其實似乎是在一九三〇年代受精神分析影響才出現的詞彙。有個詞叫作「美夢成真」，我們可以用幻想來間接滿足所有的願望，無論是回家的願望，變年輕的願望，變老的願望，變得強大、不朽、無助、安全、飽足、自由的願望。不過「知識的幻想」（knowledge-fantasy）主要是希望幻想的內容本身成真：我可以用幻想來滿足自己的某些願望，但有時候我的願望就是讓我的幻想成真，或讓幻想至少看起來足夠真實。我們甚至必須說，幻想的終極力量就是去希望某些事能不只是偶然為真，而是永遠都為真。幻想之所以有用，不只是因為我們希望精靈、天使、無理數或其他不存在的東西為真，更是因為我們渴望（嚴格來說是需要）一個顛撲不破的唯一真理能符合我們所看見的樣子，這樣我們才能**設法讓它成真**。這種自我矛盾的觀念所包含的妄想密度，比任何妄想與欲望還要高。這是一種假中立，我們絕不能對它無動於衷。

因此所謂的幻想，是相信我們的思想可能會化為真實。如果沒有幻想，我們就無法思考任何事情。它總是出現在思考與對象之間。在我們思考的時候，一定也會認為自己正在思考。這是一種幻想，而且這種幻想會讓我們以為可以了解自己正在思考的事物。思考時，我們的心智從來沒停過，但只有在「我正在思考」的幻想出現時，我們才能意識到自己正在思考。這種幻想似乎就像在對我們說：「思考開始囉，它的內容即為你的所見。」而這本書所探究的核心，就是我們永遠無法確切地了解或掌握「我正在思考」究竟是什麼意思，因此經常會需要幻想在旁邊幫忙。

知識的幻想是構成求知動力的另一個重要元件。也許我們不僅想在求知的過程中，用權力去創造知識的內容；同時也想表達出自己在思考時連帶產生的幻想。這種幻想不僅占有了求知的目標、滲透在求知的目標之中，更取代了我們真正要知道的事物，彷彿意味著只有能夠成為知識的事物（啊，這個詞彙又出現了）才存在，而非只有真正存在的東西才能成為知識。在這個意義上，知識的幻想具備佛洛伊德式的「奇幻思維」（magical thinking）特徵，它相信「思想無所不能」，知識的創造力或作用沒有上限，可以創造整個世界，或維持整個世界的存在。[16]這種幻想並不像許多人以為的那樣，去物化這個世界、讓它乖乖被知識所描述，反而使世界在知識中變成某種人造的活物。人造的活物未必都得像培根修士（Friar Bacon）或科學怪人那樣把一堆斷肢殘軀組合起來，那只是在滑稽地重現生命的運作機制而已。要打造一個人工的世界，你需要的是一種更強大的思維練習，去想像一個比自己的思維能力廣大無限多倍的宇宙。人類的心底偷偷藏著一種神聖的謙卑，它讓我們在自己永遠無法理解的宇宙面前自慚形穢。但這種謙卑又暗藏一種矛盾：如果宇宙真的比我們的認知上限廣大無限多倍，那我們是如何得知此事？一方面，這種宇宙無限廣大的想法讓心靈顯得微不足道；另一方面，它似乎也使我們的思想跳脫自身局限，讓我們的心智比我們自己更強大。正如法蘭西斯・奎爾斯（Francis Quarles）一七一八年那首無限套疊的格言詩：

靈魂啊請告訴我，什麼東西比羽毛更輕盈？風比羽毛更輕盈。
什麼東西比風更輕盈？火比風更輕盈。什麼東西比火更輕盈？
你的心比火更輕盈。
什麼比我的心更輕盈？思想比心更輕盈。什麼東西比思想更輕盈？
這泡沫打造的世界，它比思想更輕盈。什麼比這泡沫更輕盈？不，不可能有
這樣的輕盈。[17]

心智不僅比最輕的火焰更輕盈，同時也比世界連帶迸發出來的激情更緻密、更具體。那從世界連帶迸發出來的激情，甚至比我們所以為的還要微渺。因此當世界變得愈衰弱，心智似乎就可以用愈精妙的方式提高、行使自己的力量。這種獨特的欲望促使我們去探索神學與形上學，想要獲得一種力量去創造那些自己無法創造的東西，統治那些所有機關都無法統治的事物（這種力量唯一不能主宰的就是知識以及命名，而命名是一種偽知識），掌握那一切不可知的、無法想像的、不可言說的、那每一種以「不可」／「無法」／「不屬於」開頭的形

容詞所修飾之物。當那探索神祕的人，為宇宙的絢麗與浩瀚而顫抖的時候，這人也同時醞釀了一個夢想，想要創造出一個超越自己的存在。「承認」一件事的距離，與「認識」這件事相距不遠。當你看到那些超越你極限的事物，你一定會夢想著自我超越。你無法用任何物理上的力量去實現這種夢想，但你可以想像自己已認知到某些超越自己能力的事物。某種意義上，要想像這種事物，你必須把自己的心智逼到極限，甚至超越自我極限；但在另一種意義上，你什麼事也不用做，只要改一下字詞，把「確定」變成「不確定」、「可以想像」變成「無法想像」就可以了。

這種力量帶來的愉悅，有時會出現在意想不到的地方，例如海森堡測不準原理（Heisenberg's uncertainty principle）的常見版本：所有次原子尺度的現象都受到觀察者效應（observer effect）影響，觀察者的行為會改變觀察的對象，逼它停下來決定自己這時候究竟是波還是粒子。如果你想追求的是絕對正確的知識，這的確很麻煩；但也可以說，這表示我們的求知過程一定多多少少會影響我們的求知對象，逼原本毫不在意的它做出決定。整個宇宙中沒有任何事物能不受我們的探究所影響，這應該是世上最棒的事情了吧。不過矛盾的是，以「知識對心智的影響」角度來看，你完全無法區分這件事與「宇宙中的一切事物都完全不受我們的思維所影響」這種乍看之下相反的說法有什麼差異。

我們必須把世界幻想成某種會和思想保持一致的模樣，不僅必須相信世界從屬於我們的思想，更深信世界必須符合思想的內容。這種幻想在「一致性偏誤」（coherence bias）中相當明顯，這種強大的心理偏見，讓那些乍看之下有條理的事物，比混亂的事物更可信。雖然還是有部分例外，但**有條理**的事物通常都以某種類似敘事的形式，展現出一連串看得懂的因果連結。此時出現一種反身性，因為當我們看到那些因果排列較有條理的事物，認為自己可以了解這些事物時，我們的心智就會接受它們，認為這些事物符合我們心智的結構；此外，心智顯然也會受到強大的偏見影響，把那些事物理解成較有條理而非較為混亂的形式。這就是幻想的力量，心智一旦看到某些事物符合自己的結構與期望，就會用愉悅來獎勵自己。但為什麼內容符合我們的期待，會讓人愉悅呢？用奧坎剃刀原理（Occamite formula）的說法，因為這樣的結構較為簡約（parsimony）。雖然許多科學家詮釋簡約原則的方法各有不同，但我們還是可以說，不連貫的說法必須花更多認知與情緒資源才能理解，而說法愈連貫，解釋就能愈簡約。幻想是一種節約資源的方法，它讓事情變得更容易想像。傑羅姆・布魯納（Jerome S. Bruner）、賈桂林・古德諾（Jacqueline J. Goodnow）、喬治・奧斯汀（George A. Austin）在一九五六年的《思維的研究》（*A Study of Thinking*）裡面說得沒錯，如果思考是生物「讓環境變得簡單」的方法，那麼幻想就經常是我們簡化事物並取得獎勵的手段（話說後來尼克拉斯・魯曼〔Niklas Luhmann〕又進一步推廣布魯納等人的看法，他的社會系統理論認為，系統就是簡化之後可以理解的區域）。[18]無論你喜不喜歡，我們的幻想都經常會去消滅故事中的「如果」和「但是」，將冗長得讓人無法忍受的故事大幅簡化。這種簡化即使不刻意為之也會發生。因為**我們的思維方式就是在簡化的過程中打造出來的**。

簡而言之，人們對知識的瘋狂本質上就是因為我們通常認為知識必須有意義，而且要簡單易懂。要讓事情可以理解，就一定得讓它更有條理，讓人能用更簡單的方式去認知。但我們未必會用很直覺的方式去簡化事情，某些簡化方式甚至乍看之下會讓事情更複雜。不過當我們說某件事很複雜，經常只是找藉口讓自己可以不用再去想它。我們無法理解真正的複雜。知識在整理複雜事物時，一定會分析它的結構，用敘事或編排等方式將它重新整理成一個擁有許多不同分歧的系統，設法讓人理解。光是看看人們如何在當代的「多樣性」風潮中逆風而行，死不投降地想在多樣性中尋找同質性，設法在完全無法預測的無限可能中尋找某些「受到嚴格控管」的部分，就可見一斑。即使我們能夠認識某種「完全混沌」的狀態，單就我們給予它一個名字之時，就已經在用某種框架去壓縮它的複雜程度，因為真正未經壓縮、不可預期的狀態是完全沒有任何規律的，我們不可能預測分歧會發生於何處。這種認識事物的方式是一種將複雜化為資訊、將混亂整理為混亂的過程（或許只能以數學的形式去表達這種將「多」簡化為「一」的過程）。正是因為簡約原則，我們才用「資本主義」、「新自由主義」、「全球化」、「恐怖主義」、「文明衝突論」等詞彙來描述世界，而非直接承認世界充滿紛擾與混濁、看不清哪些是因果哪些是偶然，因為若不簡化就完全沒辦法把事情納進體系當中。這就是知識的瘋狂：我們只能知道那些「已經可以知道」的事物，永遠無法判斷自己能不能了解其他事物。我們永遠不會知道，知識會不會只是我們調整焦距後所觀察到的世界樣貌。而即使你明白這件事，也必須臣服於知識的格式，否則事情永遠無法為人所知。

除此之外，知識的瘋狂還有其他層面。其中最引人注目也最令人熟悉的，就是有人認為我們對知識的渴望，會讓知識失控、讓我們陷入瘋狂。我們必須承認，以前接近於瘋狂的東西是詩歌，如今卻變成了科學，或者同父異母的故障版本——「〇〇科學」。科學是指各種用實驗方法研究事物的行為，「〇〇科學」則是在嫉妒心作祟下，把自己想得如上帝一般全能的幻想，正如T．S．艾略特（T. S. Eliot）所言：「饑饉令人貪婪。」[19]我們經常認為瘋狂就是指思維紊亂、理性碎裂、規律瓦解的狀態，但我們也必須承認，把事情想得過度簡單，是一種比上述幾種現象更常見的瘋狂狀態。例如假設思覺失調症患者的妄想，都是腦中的「中央妄想局」製造出來的，這些妄想就應該會完全內在一致，而不會像我們看到的那樣自相矛盾（等等，也許真的沒有自相矛盾……）。也許那些相信仙女、妖精、天使、惡魔、射線、能量可以神奇地操控心智的妄想本身，未必是一整套系統，只是人們最近才系統性地對這類妄想產生興趣而已。理性本身就是一種為了完成願望而產生的系統性妄想形式，因此在那些以信仰為基礎的社會中，理性與瘋狂之間的差異往往無關緊要。不過自從知識與信仰在十七世紀之後逐漸分家，系統性的理性已經變得愈來愈瘋狂。在這段時期，人們行使理性的方式有時不僅不可理喻，甚至令人無法理解。例如看看我們在網際網路的幫助下，以各種不同方法輕鬆地自我宣傳，就可以知道人類有多麼容易臣服於系統性的妄想。當我們在知識中投入大量道德、情緒、宗教元素，並且強烈希望傳播這些知識時，知識就會變得瘋狂。瘋狂科學家、犯罪大師、邪惡天才都是知識陷入這種瘋狂狀態的常見例子。在這個由各種系統組成的世界中，人們經常認為那些隱而不顯、甚至沒有人能了解的知識正在威脅自己，例如最近就有一個原本相當無辜的詞彙——「演算法」（其實它的意思只是邏輯執行程序而已），愈來愈常被當成神祕的惡魔，而回應這種威脅的唯一合理方法，就是獲取更多的知識與之對抗。對此我們必須知道，我們的學習狂熱有可能突變成對知識的病態心理。這是我們這些認知主體的特質，我們不能陷入這樣的危險之中。[20]有時候，與其用「非理性」這個詞彙指涉「失去理性」的現象，還不如說它更適合指涉「理性陷入瘋狂，被推入癡迷或荒謬」的現象。理性的潛在危機，就是有時候理性的事物非常不合理。反省一下哪些事情「合理」、哪些事情「理性」，就會知道失去了前者，後者就會變得詭異。為了減少碳排放與減少環境破壞而殺掉一大部分的人類，聽起來似乎相當理性，但對大部分的人來說卻一點都不合理。

不過還有一種知識瘋狂是「為某人或某事而瘋狂」，這種瘋狂較為溫和，但也更普遍。它經常是某種毫無節制，或者誇張到讓人欽佩的情感依附或全心投入。本書大部分討論的都是這種著魔狀態，它令人興奮，但未必愚蠢，只是全心投入的時候，你的判斷可能會不準。當然，雖然確保判斷正確無誤很重要，但這件事並不是本書著墨的重點。

還有一個比較少見的知識瘋狂發展得相當完整：有些人會一廂情願地把思想的能力幻想得過度龐大。例如佛洛伊德就相信思維無所不能，而許多人也會在聽到新聞之後莫名其妙地沾沾自喜說：「我早就知道了。」思考這種奇幻思維時，我們有時會陷入當代的批判之中，認為崇尚理性的現代性一直在詆毀、支配真實生活中屬於幻想的那一部分。因此我們只有兩條路，要嘛抹消那些奇幻思維，要嘛保護它、讚揚它。在第二條路上，藍道・斯泰斯（Randall Styers）甚至比大部分人更誇張，他說：

> 學術界討論魔法的方式，經常符合歐美主流階級的利益。這些階級總想控管殖民地的財產和國內的人民，尤其是麻煩的社會邊緣族群。[21]

但探究奇幻思維時，未必要把問題像這樣搞得敵我二分。奇幻思維幾乎不會只屬於魔法，也幾乎不會只屬於理性，因為它不可能完全位於任一種邊界之內或之外。此外，探究奇幻思維也未必表示要支配它，即使決定順其自然，力量依然是力量。因此，「知識對心智的影響」既不是某種求知造成的疾病，也不是這種疾病的解藥。它只是要探索知識帶給我們那些感覺，而我們帶著那些感覺去求知而已。

這樣聽起來，我們決定只能守護或只能消滅奇幻思維的堅決感受，正是「知識對心智的影響」應該研究的情緒之一。當然，除了這種敵我二分的感覺以外，知識還會讓我們產生許多其他的情緒。我們在求知時很可能帶著堅定的意志，或希望自己能夠意志堅定。同時可能也無法擺脫其他更多複雜多變的情緒。無論我們有沒有注意到，情緒都一定會影響求知過程，尤其在猜測、假定、懷疑、困惑這些游移不定的階段中，影響特別嚴重。貝克特（Samuel Beckett）在《陪伴》（*Company*）中寫過一個笑話：「你可以想像一下，他坐在黑暗中不知道該思考什麼時，腦子裡究竟在想什麼。」[22]這笑話裡帶有一種安慰，因為我們的確可以想像那人「在想什麼」或者有什麼樣的感覺。我們都知道「不清楚自己正在想什麼，卻又小心翼翼地不想要搞清楚自己在想什麼」的奇妙感覺是什麼模樣。

接下來回頭說說幻想與真實之間的關係。正如之前所言，從柏拉圖（Plato）以降的哲學家都同意我們不可能知道假的事物，如果你知道某件事，那正如我們經常說的那樣，它「事實上」必定為真。而如果某件事為真，就必定有辦法證明，而且**必定要證明之後我們才知道它為真**。真相不會偶然發生，也不會直接從天上掉下來。如果某句話是真的，那麼一定有某些力量讓這句話為真，並且逼著這句話不得不為真。因此如果我們要說這句話為真，就**必須**了解這些力量，並把它展示出來。當然，這屬於現象學而非本體論。真相的力量，只能作用在我們這些不斷追求探索這種力量的人身上；似乎只有我們這種在意自己究竟知道什麼的生物，才會認為只要沒有滿足某些條件，真相就不是真的。畢竟如果事情確實以某種方式存在，其實我們大可以直接承認它為真，不需要去追究**是什麼讓它為真**。為什麼真相一定要證明過才算是真的？或者另一個版本的提問：如果上帝真的是全能的，為什麼祂需要我們的讚頌或信仰？

幻想是驅動這種強制力的引擎，也是驅動這種強制引擎的動力。呃，抱歉我玩字詞排列組合玩太兇了，希望我可以保證之後不會再犯。正如理察．羅逖（Richard Rorty）所言，真假不只是「句子的屬性」而已，還會讓句子帶有祈使句的語氣。[23]真相不只是帶著強制力而已，它本身就是一種專橫傲慢。我們對於真相的幻想，會使我們要求真相不能只是被動存在，而必須主動證明自己**只能為真不能為假**。這樣的要求又會回過頭來助長這種幻想。於是，真相（truth）變成了一種我們可以信賴（trust）的**誓言**（troth），而非某些碰巧發生的事情。這不僅是權力意志而已，而是意志把一部分的力量分給了真相，讓真相可以決定意志有沒有力量。因此產生了一個悖論：我們的權力意志，會讓意志在真相面前失去力量。我目前知道唯一能夠跳脫這個悖論的方法，就是收緊幻想造成的活結。如果我想要削弱「真相必須被證明才算真的」這種幻想，就會在心中增強另一種幻想：無論我是否知道真相為什麼是真的，它都不會變成假的。

我們很難用這種方法來思考幻想。我們通常都認為幻想不是真的，所以我們可以懶惰、幼稚、草率地任意想像，不必檢驗內容是否為真。世界本身太過嚴酷、太過艱澀，所以我們用幻想來美化它，如此我們才能夠活下去，就算必須活在謊言之中。幻想與「過度」有關：真相永遠都是簡單、絕對、不可改變的，而當我們說某件事是幻想，就表示它遠遠超越了這些讓真相得以存在的最低門檻。我們很愛說「現實才不會是這樣」（That is simply not the case），但其實讓現實「才不會是」（simply）這樣的原因，遠比我們想像得複雜。如果事情能由於某些原因而成為某個模樣，那麼若想讓它變成別的模樣，就至少需要更複雜一點點的原因，而且那個「一點點」的幅度比你原先想到的還要大。

因此本書的研究將基於以下原則：幻想不但絕非真實的對立面，還是讓真相施展力量的途徑。事實上，正是幻想與力量的交纏，才造出了真相。因為幻想是一種力量，而力量雖然不完全是虛幻的，卻總是帶著想像的成分，這種想像出來的力量會造成真實的影響，成為「真相」的力量。幻想存在的方式，就跟我們堅稱某些事物**一定**存在的方式一樣。尤其當我們堅稱颶風、數學、時間、死亡、稅收或者其他力量完全獨立於我們而存在，我們無論如何費力拒斥都完全無法改變它們的心意時，這種想法更是接近於幻想。我們總是一廂情願地說這些力量自然而然地影響我們，但如果我們沒有慷慨激昂地用某些複雜的方法拒絕承認自己其實影響了這些力量的運作，其實這些力量根本就無法影響我們。我們將一種無法控制、毫不妥協的力量強加在許多事物身上，這種力量就叫作真實。這也告訴我們，那些以追尋真相為業或者利用真理謀生的人，例如律師、牧師、專家、記者、醫生、媒體人、學者等，其實都終日與幻想為伍，全身上下都充滿幻想的氣味。然而，是什麼樣的想像，讓人類甘心被理性駕馭？又是什麼樣的想像，讓人類甘心為夢想捨身呢？

我認為在這個主題上關注太久，實在太乏味而略顯自私；不過我們當然可以用許多知識論的方法，去研究我上述提到的幻想運作機制，畢竟我們在知識上的每一種投資都可以稱為某種幻想。即使是我聲稱自己完全了解這些幻想的事情，本身也是一種自我感覺良好的幻想吧？如果我真這麼以為，就是在說世界上除了我以外沒有任何人，或只有極少數人了解幻想的運作機制，聽起來就像是我看得見世上每個角落一樣，結果唯一看不見的部分反而是我自己。不可否認的是，人文學者在他們專業的幻想生涯中，經常免不了用這種睥睨一切的全知視角去看事情；許多夢想成為學者的人也會使用相同的觀點。我明白那種澎湃在我體內愈來愈大的感覺，而我知道你也明白。幻想是最強大的力量，而幻想中最強大的，莫過於能用知識的力量掌控幻想。第二強大的則是能夠揭露幻想，剩下的可能就都利弊參半了。本書的目的並不是想彈一下手指就讓大家神奇地脫離知識論的控制，從恍惚中醒來；而是想要闡述這種從內而外的層層傲慢與不負責任，究竟如何影響我們。

我們可以說，這些情緒都與所謂的真理政治（politics of truth）有關；或者用傅柯（Michel Foucault）借用喬治・康吉萊姆（Georges Canguilhem）的說法，都跟那些決定事物在任何時間點「真實地」（in the true）存在的要件有關。[24]我之所以會使用這個框架，是因為我們必須承認政治領域是幻想的力量發揮得最徹底的領域之一。世上不僅顯然有許多「政治幻想」（politics of fantasy），甚至政治本身就是一種幻想，而且幻想的力量會讓政治不只停留在幻想世界，更影響到真實世界。主張平等的意識形態，以及消費者會獲得幸福的看法，都屬於「政治幻想」，它讓人們能夠繼續相信自己的願望終有一天會成真。紀傑克（Slavoj Žižek）就曾說過，當我們說自己已經超越意識形態的時候，意識形態其實最為明顯。對於「意識形態」這個詞彙，紀傑克的說法非常值得參考：他認為追求真相的意識形態，不但無法保證在那些神奇亮麗的表象背後存在著某些真實，反而證明了意識形態的背後永遠只有更多意識形態——

「意識形態」的基本原理可能是這樣的：意識形態不只是某種扭曲的現實、某種「虛假意識」而已；而是我們相信每個人都用「意識形態式」的方法觀看真實，整個社會都假設其中的成員對世界的本質一無所知。每當我們這麼說，我們就再次有效地傳播了「每個人都不知道自己在幹嘛」的看法。「意識形態」並非指社會中的個體具備某些「虛假意識」，而是說社會中的個體只要奠基在虛假意識之上，就會有意識形態。[25]

閱讀和書寫上面這樣的句子會帶給人滿足，但我們不該因為發現這樣的滿足就止步不前。對學者來說，只要熱情地渴望知識，就一定得幻想世上存在某些真實。我們之所以會對自己相信的力量產生幻想，是因為我們了解真實，了解真實想告訴我們的那些事物。

正如我們所知

米榭・賽荷（Michel Serres）曾多次說過，世界上所有的邪惡都來自於「歸屬感的欲力」（libido d'appartenance），不過要小心的是，他不是說整個世界都是邪惡的，而是指所有既存的邪惡。[26]不過我倒寧願說，世界上所有的邪惡都來自追求真理的欲力，因為欲力就是一種求真的意志，而歸屬感的欲力，就是**對歸屬感的真理所產生的幻想**。當我沉溺於某種歸屬感中，我一定得相信自己屬於某個社群。而大多數鞏固歸屬感的儀式，都在信念或傳統中塞了某些這個群體想要相信的真理。如果某些事情本身並不為真，我們就想辦法用一些很戲劇的方式讓它為真。

當然，我們不會永遠都知道自己在說什麼或做什麼。我們甚至不會永遠都明白在自己說了或做了的事情中，有哪部分自己並不知道。事實上，我們很少深究到底什麼樣的感覺叫作「知道」，我們往往認為這件事不需要深究，而且也因此對於我們的知識範圍以及求知機制所知甚少。我們甚至似乎對這類事物沒有興趣，否則幾百年來討論知識論的時候，應該早就有更多與它相關的主題才對。這可能是因為，我們雖然都認為自己相當了解碰到各種事情時，怎樣的標準才算是「知道」（怎樣才算是知道自己的電腦密碼、知道要怎麼塗烤雞醬料、知道怎麼開車、知道英語的文法等），但我們幾乎沒有「知道一件事情」的**經驗**。擁有做過某些事情的經驗，或者成為某件事情的專家，和擁有「知道那件事情是什麼模樣」的經驗並不衝突，但前面兩者往往讓後者變得無關緊要。我只要認為自己知道某些事情就可以了，到了需要的時候，知道的事情會自然而然地浮現，我不必費心按個按鈕去叫我體內的管理員拿資料，我的身體也不必先說「請稍等片刻」才把卷宗夾送到我的桌上。或者換個令人焦慮的例子，我從來不必擔心小時候自己學過的算術能力，有一天會像從來沒存在過一樣突然消失。如果我並不真正知道某件事，我應該早就發現了才對吧？難道有很多我以為自己知道的事情，其實我並不真正知道嗎？

這之所以令人擔心，是因為決定我們是誰的關鍵，並非我們的感覺、行為、長相或住所，而是我們知道哪些東西。我們知道的事實、記憶、擁有的能力與潛力，既是我們最重要的部分，也是最脆弱、最易消逝的部分。無論你的意志多麼堅定、多麼勇於自主思考，你心中自認為鐵打不動的大部分知識都可能因為一記右鉤拳、大腦斷了一根動脈，或者因為幾條神經纖維纏在一起而完全消失。

我們經常說自己「突然有了一個想法」，也常說自己「陷入」沉思。但這種談論思緒的方式總讓我感覺哪裡怪怪的。每次有人問「你呆呆地在想什麼」的時候，我都真的呆呆地不知道該說什麼。某種意義上，這是因為除非我把心智活動組合成像這句話的命題，否則我腦中的東西似乎真的不能算是什麼「思緒」。但另一方面，思緒似乎又像是某種物體，不僅是思考的過程，也是思考的產物。思緒就像我說過的話一樣，一旦發現自己說了出來，它們就與我從此分離。

當我告訴一位哲學家朋友，我從來不曾有過「了解自己是如何知道某件事」的感覺，實在是一件相當有趣的事的時候，他卻回了一句《愛麗絲夢遊仙境》的白兔在審判那一章說過的話：「你應該是想說，這件事**一點都不有趣**吧。」這讓我相當沮喪，同時也開始默默地轉而思考：為什麼即使是哲學家，也像其他人一樣對這類事情毫無興趣？這問題相當有趣。知識論的大部分內容，似乎都關乎我們如何確定自己知道某些事情，以及如何確定我們可以知道哪些事情，而所謂的「確定」似乎也意味著我們不需要每次都檢查自己是否真的知道那些事情。然而「知識對心智的影響」，也就是擁有知識的感覺，以及知識可能引發的各種其他感覺，則告訴我們知識一直在讓我們賒帳。知識和許多事物很像，都是某種估計或機率問題：當我說自己擁有某個知識，其實只是在說當我需要用它時，它跳出來讓我用的機率非常高而已。因此，其實我只是假設身邊的人擁有某些知識，我身邊的人也假設我擁有某些知識。我只是把自己扮演成為拉岡所謂的「假定知道某些事的主體」（sujet-supposé-savoir），[27] 事實上這些事並不存在我心中的任何一個地方。我們其實從來就不真正知道「某個人是否知道某件事」，都只是假設他知道、當成他知道、甚至聽說他知道而已，而且就連「聽說」是什麼意思都講不清楚。因此，「某個人知道某件事」，也許實際上是一種我們永遠無法擺脫的幻想。而這種幻想，會讓我們更容易以為自己知道自己是誰、以為我們就是自己以為的那個人。

如果「某個人知道某件事」的意思很難確定，「某群人知道某件事」的意思就更難確定了。在這方面，集體知識很像是集體記憶或集體感覺（我在其他地方談過這件事），因為一群人要共同知道某件事，就跟他們一起感覺或一起記憶一樣，一定要有一個集體的主體。[28] 因此我們必須說，集體知識不僅需要「假定知道某些事的主體」，更需要一個「假定知道某些事的集體主體」。

不過這聽起來似乎表示，所有知識都有某種本質上的集體性。由單一個人獨享任何知識的難度，似乎難以想像地高。知識就像笑話一樣需要傳播，需要能夠理解。當然，有些知識的確是祕密的，但我將在第三章〈保密〉提到，即使祕密知識也具有社會性，因為它通常是由某個祕密組織或特定團體所持有，而非單一個人。

社會和社會制度，都是無法直接了解、也無法直接經驗的東西。要理解與經驗它們，就必須將它們當成某種具體的事物，但這種做法本身就接近於某種幻想。那些儀式、表演、典禮、制度都不是在表達或顯現任何原本潛伏著的事物。潛藏的存在根本就不真正存在，所以我們才必須費力地把那些潛藏想法的存在催生出來。每個社會，都是社會中的成員或觀察那個社會的人對它的幻想。但這種幻想並不只是觀察社會的不同角度，畢竟幻想這種事物本身就不可能只存在單一個人心中，一定會彼此影響。人們總會對社會產生某些幻想，而且人們幻想出來的社會性，會讓這類幻想影響現實。系統和集體都是幻想的產物，但它們也是系統性集體幻想的產物。

知識的集體性，正是因為擁有知識的感覺相當飄忽不定。我知道「認出某件我知道的事」是什麼感覺，也知道「認為自己知道某件事」是什麼感覺，但「我似乎知道的那件事的內容」似乎沒辦法為我所經驗。如果我真的知道某件事，那麼無論有沒有意識到，我都一直知道。也正因如此，我們非常仰賴各式各樣的講述與說明去證明我們知道某些事，以及我們了解「自己知道這些事」。而且「了解自己知道某些事」，也意味著我們的認知必須超越我們自己。我們必須使用別人也能聽懂的語言，去講述或說明我們知道那些事物，這也表示知識既不可能完全源於我們自己，也不可能永遠鎖在我們心中，一定得變成「我們共同知道」的一部分。我們是現代智人（*Homo sapiens*），這個詞語就已經清楚表明我們所擁有的知識都是多人共有，既能保存也能傳遞。

經常有人認為，如果知識已經祛除了神性，知識也能占領神性被趕走之後所留下來的空位。至少在下面這種意義上，知識保留了神聖的特質。保羅寫信給歌羅西說，上帝「所積蓄的一切智慧知識，都在祂裡面藏著」（〈歌羅西書〉第二章第三節）。宗教相信，上帝蘊藏了無限多超越人類認知極限的知識（英王詹姆士欽定版聖經就把〈歌羅西書〉第二章第二節譯成「讓他們真知神的奧祕」〔acknowledgment of the mystery of God〕），這也表示它預先相信我們可以用某種方式將知識奉為神明。也許現代性的概念就是這樣，它消解了上帝這種載體，卻繼承了上帝的神祕與無法掌握的性質。或許「look up」的意思（字面意義是「向上看」，而從一六三二年以來它就有了「查閱」的意思），就暗示著知識與神聖性之間有著關係。

我們比過去任何時候更感覺到所有知識都是集體的。我在前面所說的「我們」，既會使用這些集體知識，也會讓這種知識得以延續。這種知識超越了個人，而且在抽象意義上開放每一個人自由存取。我們對於知識的信仰，取代了宗教信仰的位置，而且和宗教信仰的結構相同，幾乎堅定不移地說我們「知道」某些事情。然而知識只能透過「我們」這種抽象的第一人稱複數來認知。「我們」這種想像出來的事物，是假定知道這種知識的主體，是支撐集體知識的基本現實，如果沒有「我們」去承載，或從字面上說，去「理解」，知識就不能存在。

第五章〈偽稱知識〉就是在講在人類歷史上，對於各種偽知識寄託了哪些價值觀和情緒。但也可以說，一旦研究「知識對心智的影響」，就會注意到所有的知識都包含著某些虛妄。「知識對心智的影響」會讓我們更了解形成知識的過程中究竟包含哪些把戲，或者不那麼輕蔑地說，它會展現出知識形成時的各種規則。知識的形成是一場戲，需要場景與道具。這些場景與道具同時包含修辭方法與物理條件。第四章〈問答〉將討論質問與回答過程必須符合哪些修辭形式；第七章〈知識空間學〉則討論知識形成時需要哪些情境、場合、空間。知識的成形必定經歷某些場景調度，因此我們很難知道舞台背後究竟藏了些什麼。

求知的愉悅

目前我似乎都在強調知識的幻想造成的負面情緒，尤其是攻擊性與焦慮。但知識也會讓人在寫作學術性與泛學術性的事物時相當愉悅，因為我們不僅能讓別人產生或繼續產生各種焦慮，更能超越過去那些陷入焦慮的自己，得到復仇和勝利的快感。在各方面都有錢有勢的白人男性，總因為自己的罪惡或不勞而獲的特權而焦慮。這種隱隱的焦慮而非徹底的不幸令他們擔心自己變得無知，所以總需要證明自己對未來無所不知。但重要的是我們得知道，知識未必只會讓我們變得陰鬱或者殺氣騰騰。知識對情緒的影響，似乎對於愉悅與生存也不可或缺。

舉例來說，知識同時需要穩定與改變。我們甚至可以說，知識就是在這兩者之間搭起的橋樑。知識不僅能讓我確定，眼前的世界即使在我沒有經驗或感知的時候也會繼續存在，也讓我能適應這個世界。這不只是某種抽象原理，畢竟世界的穩定與改變都與我們的情緒密切相關。勞倫斯・傅利曼（Lawrence Friedman）因此主張我們投注的情緒是知識的核心。它認為情緒不僅會讓我們認為世界中的某些事物特別重要因而特別感興趣；同時更構成了自我與世界之間的基礎關係，讓我們得以獲得知識、發展心理。這些情緒讓我們既能保護現狀，又能大膽冒險。知識讓我們知道世界不會突然改變；我們也正是因為信任知識，才能去檢驗、推測、探索——傅利曼認為「與環境之間的情感連結，可能讓嬰兒了解環境是有限的，這讓他能夠承受環境，並吸收新的刺激」。[29] 正如傅利曼簡述皮亞傑（Jean Piaget）遊戲行為研究時所言，知識是在適應與吸收的過程中發展出來的：

> 把模式發展成邏輯思維，是心智被外在刺激打亂之後，重新恢復平衡的方法。生物的存在目標，就是讓自己保持平衡。事實上，生物必須接受環境的影響，同時限制隨之而來的變化，藉此保留自己的組織與特性，才能順利適應環境。[30]

傅利曼認為母親的形象，對於孩子適應世界以及接納世界時的情緒互動非常重要：

母親提供的認知風格，讓孩子能夠一方面接受大量刺激，另一方面保持自身完整。母親會尊重並滿足孩子的需要，所以母親的認知風格對孩子很安全。用知識論的方式來說：孩子熟悉自己的需要與動力，而母親也在專心照顧的過程中熟悉孩子的需要與動力。母親讓孩子能夠用母親的眼睛去「認識」、理解、吸收、容忍各種不同的陌生經驗。[31]

我們甚至可以說，意識本身就是某種由胡蘿蔔與鞭子組合而成的享樂主義產物。所有生物都想要趨樂避苦，因此要打造出一台專門做這件事的機器並不困難。意識的運作方式之一，就是將這種本能系統內化，這樣就能用決策思維來補足單純的行動與反應模式的不足，讓這套系統變得更強。最重要的是，這樣就能深入思考某段指定時間發生的事，就能夠記憶過去、預測未來，比較過去與未來的狀況。

主體性的重要元件之一，是能夠把注意力集中在特定對象上的能力，也就是所謂選擇性的注意力（selective attention）。布魯諾・范・史溫德倫（Bruno van Swinderen）甚至認為，主體性就等於選擇性的注意力，而且似乎證明了果蠅的主體性就是如此。[32]即使沒有意識，生物可能也有選擇性的注意力。事實上雅各・馮・魏克斯庫爾（Jakob von Uexküll）的研究似乎就表示，生物可以只單純增減自己對於環境的選擇性注意力。[33]然而，選擇性注意力也可以調節或強化一個物種的本能傾向。它可以讓生物充分利用本能，也能讓生物引導、校正自己的注意力，逐漸進入最佳狀態。

我們的關注會引導知覺與注意力。我們會注意那些重要的事情、可能帶來快樂或痛苦的事情。這種選擇性注意力，以及強化本能的意識，有時會製造出某種有趣的翻轉。意識讓我們盡可能獲得最多愉悅，但集中注意力的能力有時會變成另一套獎勵系統。我們在看到自己所關心的事物後，就有可能去關心自己看到的事物。一開始，選擇性注意力讓我們獲得更多愉悅，然後我們就會特別去關注自己的選擇性注意力，結果獲得比前者更多的愉悅。「知道某件事」的樂趣就這樣變成了「明白自己有辦法知道那件事」的樂趣。

人類這種發展程度較高的物種，遲早會把這種樂趣當成最主要的樂趣。它可以稱為享樂遞迴（hedonic recursion），會讓生物愈來愈重視自我意識的品質，也會讓他們的意識愈來愈重視這個世界的品質。它有時候還會讓生物的生活目的，變成在意識中獲得更多愉悅，甚至以此謀生，或者用法律隔絕所有干擾，專心實現自己的各種願望。對於人類這種能夠關心自我的生物來說，未經反思的生活可能會變得不值得活。刻意檢視自己的意識所能帶來的樂趣，甚至可能讓某些感覺和行為變得比那些客觀上益於健康或存活的事情更重要。如果意識是在效益主義式的快樂原則中誕生的，它就可以將這個原則化為己用，打造出一種更為自動自發的思考與求知動力，確保自己能得到許多讓人愉悅的知識。思考一開始只是讓生命延續下去的工具，但隨後就開始找到反客為主、駕馭生命的方法。求知的欲望，甚至可以壓過最強大也最重要的獎勵系統：性快感。如果性欲與好奇心的纏結愈來愈緊密，性交的欲望就會被「求知」的欲望取代，然後就會導致「懷孕」（conceive，也是「設想」的意思）。這種取代在宗教文獻中特別明顯，例如十四世紀的威克里夫（Wycliffite）就把〈創世記〉第四章第一節的希伯來文「Adam vero cognovit〔希伯來語的 יָדַע，yada〕Havam uxorem suam」（有一日，那人和他妻子夏娃同房）翻譯成「Adam forsothe knew Eue his wijf」（字面義：於是亞當就認識了他妻子夏娃）。[34] 佛洛伊德認為，好奇心想要支配我們的本能，求知是一種間接滿足性欲的方式。本書卻認為，求知可能會變成最重要的欲望，並且會為了自己的目的而壓抑或包裹性快感。

這裡面有一些東西，可能跟性別認同這個有趣的現象有關。人類會跟喜好相近的人聚在一起並不是什麼新鮮事——我們這些愛吃香腸的人，絕對不會向那些拒絕生命意義的堅果飲食派投降！我們這些對豬肉深惡痛絕的純潔人士，絕對不會墮落成那些愛吃豬肉派的畜生！——你喜歡吃什麼，就像你的紅頭髮跟白皮膚一樣，是讓你與眾不同的特徵。雖然效果不太明顯，但它還是能讓你知道自己是誰，不需要用極為複雜麻煩的方法設法辨別自己，結果最後還是不知道跟其他人有什麼兩樣。然而，把性取向當成一種方便的自我認同，就是一種對提喻（synecdoche）的力量屈服的神奇方式。我認為這個時代之所以幾乎用宗教的方式，讓我們從知道自己的性取向得到愉悅（你必須像是坦承自己的信仰那般坦承自己的性取向，必須聽從天性反抗過往，宣布自己再也不要守住這個祕密），主要是受到「了解自我能夠帶來愉悅」這種幻想的影響。在彷彿接收命令般的模式下，這種自我申明是必要的理性認知。知道自己喜歡什麼之後，就能支持自己喜歡的事物。我們以「知道哪些事物能帶給你快樂」（尤其是飲食和性這些我們認為很基本的快樂）這種看似自然的行為，用來代替「認識你自己」。我喜歡某些事物，知道這件事讓我開心。如果我能讓自己相信，喜歡某些事物（例如香腸和性摩擦）的人不可能喜歡另外一些事物（例如果醬和人獸交），我就會更開心。在某種意義上，我們之所以會因此感到愉悅，就是因為禁止自己去承認自己喜歡的事物可能被其他事物取代掉（或者跟其他事物差不多）。我們喜歡的事物不會變成其他東西。

認知中斷

上述這些對快樂的思考，可能會讓我們更了解對死亡的恐懼。雖然懼怕死亡、進一步希望避開痛苦，應該都有助於物種存續；但佛洛伊德也認為「物種無論面對任何障礙都想要存續下去的神奇決心（這會讓他們無法融入任何環境）」背後應該要有一些理由。[35]這乍看之下的詭異，其實可能只是某種同義反覆（tautology）的語言遊戲。畢竟如果真有物種像佛洛伊德所說那樣直接理性地拒絕跟環境交纏糾葛，牠應該沒有辦法存活到能回答佛洛伊德問題的時候。想要存續的物種，一定會高度發展那些乍看之下屬於「生存本能」的事物。物種不會為了存續而尋找意義，而是因為存續了下來所以擁有意義。

知識與死亡緊密相連。有些人會說，人類是地球上唯一知道自己會死的生物。如果這真的是事實，那麼人類知道的事物、「人類了解自己知道多少事物」，以及「人類很清楚自己了解自己知道多少事物」，就全都會受死亡的迫近所影響。某種意義上，死亡是知識永遠無法克服的極限。畢竟至少據我所知，活著的我不可能知道死亡是什麼（至少我自己不可能知道），但說真的，死亡的模樣是我唯一真正好奇的事。但另一方面，死亡也讓知識擁有價值，我所擁有的一切都會隨我死去，只有我知道的事物能夠存留。如果我注定逐漸走向死亡，我也注定愈來愈了解死亡。至少我們不可能既說自己一定會死，又說那些和死亡相關的知識都是偶然出現，好像兩者之間可以完全切分一樣。正因為人類知道自己會死、知道自己永遠無法了解世上的某些事物、知道死亡會徹底終結所有知識，所以關於死亡的知識，其實就是關於死亡的一切。死亡是不可知的，但死亡也完全被知識所占據。雖然理論上至少存在另一種可能的認識方式，我們依然只能用人世間的方式認識死亡，而且也只需要用這種方式認識死亡。關於死亡，我們不僅沒有其他的認識方式（我們無法從死者那裡獲得統計資料，也無法自己死一遍知道死亡是怎麼回事），甚至我們關於其他事物的一切知識，也都一定會有過時或終結的一天。時間的存在，讓我們在時間盡頭的門口徘徊。除了關於死亡的知識，死亡再無其他；除了終將凋亡的知識，知識再無其他。

當然，我們可以用各種大手術後過著幸福快樂日子的故事，逃避關於死亡的知識；但一旦知道自己的一切感覺與知識都即將與皮囊一同消逝，你必然會需要找到一些解釋才能安心。知識先天無法跨越的極限，與每一種認知形式都必然存在的那些附屬次要極限，都源於相同的事物。知識的範圍不僅受到死亡所限制，也會像第六章〈無知〉所說，被人們主動訂出的範圍所限制。如果你知道某件事情，你一定明白那件事情有哪些部分你已經了解，哪些部分還不了解。

不過有些人應該還是搞不懂，為什麼有人會因為自己有一天會失去意識而感到焦慮或痛苦。打從盧克萊修（Lucretius）以來，哲學家就一直想要理解（或假裝不想理解）為什麼人們會害怕虛無。當我們想到痛苦總會終結，我們會感到快樂；但當我們想到自己的思緒將會終結，卻會感到痛苦。這快樂與痛苦之間以驚人的張力互相拉扯。斯多噶主義嘲笑人們根本無須害怕死亡，因為我們無法感受死亡，**而害怕自己根本感受不到的事物是荒謬的**。但菲利普·拉金（Philip Larkin）在〈黎明曲〉（Aubade）精妙地說，這種嘲諷毫無意義，因為人們害怕的其實正是「失去感覺」這件事。[36]當然，這種反駁不是拉金首創，奧朗則布（Aureng-Zebe）在約翰·德萊頓（John Dryden）的同名劇作中就說過一樣的話：「死亡本身無可懼怖／我們害怕的是不知發生何事，不知身在何處。」[37]不過拉金的〈黎明曲〉更進一步提醒我們，死亡的意識是無法擁有的，或至少是無法持有的，因此我們一定會設法不去想它。拉金試著在詩中用間接的方式來講這件事。他說我們不可能知道死亡究竟是什麼模樣，因此不可能一直忍受「自己總有一天會死」的事實。然而，我們一旦知道這項關於自己思維傾向的抽象事實，就會感到愉悅，可以用這種愉悅去對抗恐懼。而〈黎明曲〉在詩中卻寫出一種相反的面貌，這首詩似乎除了相信那些逃避知識的行為（像是令人麻木的工作、社交、飲酒迴圈）以外，對其他事情都不信任。也正因如此，這首詩把自己也寫進了這種麻木迴圈之中，以這種方式直面「我們不可能面對死亡」這件事情。它在思路上耍了個小詭計，或者說利用了認知享樂主義的機制，把逃避寫成一種面對，藉此想像自己正在對抗那些自己想要逃避的事物。

我得承認，對於失業的恐懼讓我這輩子不斷受苦也不斷獲益。一旦知道某些工作不太可能給我什麼好處，我就沒什麼好想的，或沒有什麼可以考慮。我曾經聽過安東尼．霍普金斯（Anthony Hopkins）談他必須離開出生地的原因，並不是因為威爾斯有什麼問題，而是他認為自己必須逃離「心靈空虛帶來的痛苦」。有人認為無知無覺的極樂世界就是涅槃，但如果真的完全沒有任何事物可以想，我猜這對我來說還是不行。我對這件事的看法，就像伊迪絲．內斯比特（E. Nesbit）在一九〇五年詩作〈重要的事情〉的結尾。在這首詩中，老太太遺憾的原因並不是生命即將結束，而是傻傻地沒有把生前知道的事情搞清楚：

上帝啊，我好想知道，
你是不是已經搞懂了我腦中的所有東西，
上帝啊，如果可以的話，
讓我死後至少知道**一些事情**。[38]

如果我真的正在經歷涅槃，我不可能不知道。即使用涅槃的例子，前面提到的那些老問題也不會消失。我認為只要人們在思考，即使只是在做最朦朧的遐想，都會去推斷事情的蘊涵與結果，因此都會涉及推論。所以說，其實我們並不是「我思故我在」（cogito ergo sum），而是「我為了自己可能存在而思考」（cogito ut sim，葡萄牙語有假設性的未來完成式，但可惜拉丁語沒有）。思考時你需要知道一些事情，需要從腦中提取一些概念和材料。這讓我突然想到，我的確沒有把自己知道的事物都儲存在某個可隨時拿出來展示的地方；而是我稱為「知道」的功能讓我獲得一種意向性。「知道」某些事物，表示我們能把事物當成「知道」的對象。

思考意味著穿越知識，從你認為自己知道的事物，移動到你原本不知道的事物，或至少不能說完全知道的東西。要用這種方式獲得知識，你得讓自己捨棄其他一切，陷入沉思。威爾弗雷德．比昂（W. R. Bion）認為，我們在想像這種關係時，可以把它當成盒子與內容物之間的關係。思考給予我們的其中一種痛苦或困惑，就是心中好像充滿了想法，但又認為那些想法不完全是我的（當然這未必讓人痛苦，有時甚至會接近某種手淫的快感，某種脫離自我的幻想）。[39]比昂認為，這種經驗如果沒有包在某些外殼之中，就會令人痛苦、迷失方向。但他的譬喻實在太粗糙，畢竟盒子的結構和枕頭套不一樣，枕頭裡面的東西如果沒有包好就會蓬起四散，盒子則像是由各部位的應力和鏈結構成，類似於巴克明斯特．富勒（Buckminster Fuller）所說的「張拉整體」（tensional integrity或tensegrity）。就像我們經常無法辨識舞蹈中的舞者一樣，我們也經常認不出思考時的思考者，認不出思緒中的思考過程。

在我時不時（有時是在病中）思考死亡會是什麼模樣時，這個想法很有幫助（此外我也嘗試思考過死後的模樣，但無法從中獲得任何意義）。我想我需要把「死亡」和「認為自己將死」那種飛機即將墜毀的感覺區分開來。我所說的死亡，是和某種從此遺忘自己、永遠不可能再回到自己的狀態長期對抗。這段理解過程永遠都無法成為知識，但的確有一種知識與這種困境有關，這種知識包含了一種永遠無法被了解的理解過程，那就是陰影的降臨。貝克特在散文式的小說《渾看渾說》（*Ill Seen Ill Said*）的結尾，想像了某種理解者與理解過程完美重合的狀態。這整部文本都在仔細檢視一位垂死的老婦人，也許我們可以說，這種狀態試著讓婦人的垂死變得更強烈而完整。在文本的結尾，當老婦人知道自己的生命將如何結束，她瞬間得到了幸福。文本也就此完滿：

> 最初也是最終的時刻到了。剩下的，只夠用來吞噬一切。一分鐘接著一分鐘。天空、大地、一切能夠吞噬的東西。不留下任何一點腐肉。一點也不。再數一次。最後一次。從容地呼吸那虛無。感受那幸福。[40]

上述這段最後的「感受那幸福」在英譯版是（know happiness），有些人會認為是一種祈使句。原文法語「Connaître le bonheur」是用不定式寫的，與前面一句「從容地呼吸那虛無」（Le temps d'aspirer ce vide）並置，文本認為當我們能夠預先看見自己的知識將在何處終結，我們將得到幸福。當然，這根本就不是幸福，因為它只會讓你期待。與其說那是一種了解，不如說是一種折磨。[41]這些詞也都是貝克特會使用的。他在《每下愈況》（*Worstward Ho*）寫過「在折磨中等待離世」（gnawing to be gone）這樣的句子，更早之前則在《美好時光》（*Happy Days*）中讓溫妮說出希望自己「不在這裡胡言亂語、不懂裝懂，（略停，喘口氣）讓懷疑像蟲子那樣一直折磨我」。[42]

這種乍看之下獨一無二的異常狀態，的確會逐漸蔓延到所有東西上。一開始只是發現我們不可能真正知道自己的死亡，但隨後意識到其實也無法真正知道更早的事情，然後回頭一步步侵蝕，最後讓我們覺察自己根本沒有真正知道過任何事情。既然我現在知道的一切，之後可能都無法再次憶起，那麼我所獲得的知識就不能真正稱為知識。也許我們可以用一種不夠滿意的權宜之計，把知道的東西寫下來或記錄下來，但那也不能證明我知道，最多只表示我記下了一些東西。無論我知道什麼事情，都得另外花工夫去證實、闡明我知道的事物真的和我所說的相同，否則那些事物就會落入無底深淵，讓我一直以為自己知道，卻從來無法確定自己到底知不知道。那區分眼前的最後一幅畫面以及之後全然黑暗的事物；那區分永遠無法確定是否知道的、映入心中的最後一件事，以及全然黑暗的事物，事實上也能夠打碎我所知道的其他每一種事物。所以，在某種意義上我確實知道死亡，或者說我確實了解知識中的每一塊都在暗示著知識的終結。而我自然地履行這種玄祕的愉悅，或者更確定地說，我在寫下這些句子和感覺時，的確感受到這種愉悅。既然思考自己對於無知的恐懼，可以讓我們感覺滿足，那麼求知的過程似乎就必定可以超越知識本身，甚至可以探索未知的內心。後面這種探索通常會用到虛擬出來的知識，也就是關於想像與夢境的偽知識或準知識。

偽知識

文學裡有一些「知識對心智的影響」的線索，讓我們能更了解其徵候與相關判斷。過去人們經常認為，文學是以令人愉悅而深沉的自證方式構築了某些種類的真理，例如濟慈（John Keats）〈詠希臘古甕〉（Ode on a Grecian Urn）的結尾，似乎就在陳述一種關於知識的知識：「『美即是真，真即是美』——你所知的一切知識／不過如此，你需要的一切知識也不過如此。」如果世界上有一個「盡可能用最少的字，表達最多不知從何而來、內容也未必可信的陳述」比賽，這幅對子一定可以把所有參賽者狠狠甩在後面。不用我說也知道，美不僅未必為真，更未必是真理。同樣顯而易見，真相也未必美麗，否則我們就不會經常說真相是「赤裸裸的」、「樸素的」、「不加修飾的」、「粗糙的」吧？即使為了論證需要，而暫且把這句鬼扯當成知識，我們顯然也知道一大堆其他更可信、更有用的知識。「美即是真，真即是美」說得是很好聽，但顯然是錯的。如果我們明明知道許多其他知識，卻真的像這句話所說，相信美與真的關係是「我們需要的一切知識」，大概就是頭殼壞去了吧。之所以提這個例子是為了提醒大家，很多時候我們會極為詭異地把這些陳述的字面意思當真。許多評論家花了大量時間去告訴同儕與其他讀者，這種讀文學的方法錯得離譜，或至少對你毫無益處，但還是有很多人聽不進去。

在二十世紀初，人們開始愈來愈懷疑文學作品裡到底涵納多少知識。在十九世紀的大部分時間，人們都認為文學等於知識是一件自然而然、不證自明的事情。光是隨便看看一些當時的著作名稱，就知道人們似乎很自然地把各種領域的事物混在一起：山謬・貝利（Samuel Bailey）寫了一本《政治經濟學、政治學、倫理學、形上學、純文學與其他知識主題的問題集》（*Questions in Political Economy, Politics, Morals, Metaphysics, Polite Literature and Other Branches of Knowledge*），《新倫敦雜誌》（*New London Magazine*）在一八三七年創刊的時候也把副標設成「文學、科學、藝術與一般知識的文選」（*A Melange of Literature, Science, the Fine Arts, and General Knowledge*）。到了十九世紀末，人們才開始認為那些跌宕有韻的文字裡，未必都記載了知識。這對文學很重要，因為如果要在大學裡教文學，文學就得具備某些可信的學術基礎，我們必須論證文學閱讀與文學寫作承載了某些知識。

關於文學作品中涵納多少知識這件事，影響力最大的論述之一源於瑞恰慈（I. A. Richards）。他在一九二六年出版的《科學與詩》（*Science and Poetry*）提出重要主張：「人們對詩的誤解與低估，主要都源於他們過度重視詩作中涵納的思想……詩的意義從來都不在於**它說了什麼**，而在於**它寫成什麼模樣**。」[43]瑞恰慈認為，每一首詩或文學作品都「匯集了極為錯綜複雜的衝動」，而且以字詞作為「一種安排、調控、強化整體體驗的方式」。（*SP*, 26）他認為由於所謂的「魔幻世界觀」逐漸衰落，精確而確實的科學知識這種「正牌知識」逐漸崛起，如今人們必須了解文學作品究竟表現出了什麼。（*SP*, 52）科學知識不但數量龐大，力量更是不言可喻地強大，讓人們不再假設——

> 自己的情緒、態度、行為，都源於自己的知識。人們也發現如果要表現得明智一點，就該根據知識做事，把情緒、態度、行為放在一旁。（*SP*, 51）

至於文學能提供的知識，瑞恰慈則稱之為「偽陳述」（pseudo-statement, *SP*, 56）。正牌的陳述「之所以為真，是因為它們以相當精確的方式說出了真相，或者說與真相相符」，但支持偽陳述為真的理由，卻「完全來自這些文句的編排，如何影響了我們的衝動與態度」。（*SP*, 59）不過，當時人們發現許多問題都不能光靠事實性的知識來解決，這時文學就能讓人擺脫這種僵局：

> 既然我們不太可能獲得解決這些問題所需的知識，而正牌的知識除了讓我們更能控制大自然之外，在這種狀況下顯然沒有用，那麼補救方法就是留下這些偽陳述，但不要相信它們。放它們自由，讓它們成為我們看待世界、對待彼此

的主要工具。（*SP*, 61）

瑞恰慈認為文學提供了一種似是而非的知識，一種表演性與實驗性的認知遊樂場，而且其中的重要組成元件之一，就是把我們的情緒組織起來。他的這種觀點可能與我說的「知識對心智的影響」相差不遠。不過瑞恰慈比我更相信文學性偽知識與真正的知識之間有某種區別，而他對這種知識所能帶來的救贖也比我更樂觀、更執著，甚至更亢奮。我認為那些可以稱為「知識幻想」（epistemofantasia）的事物，或者瑞恰慈所說的那種融合奇幻與科學思維的「魔幻性世界觀」，其實遠比瑞恰慈以為的更為常見，顯然不只集中在文學和藝術領域。

當然，「知道」（knowing）可以有很多不同的意思，知識論的重點就是區分各種不同的意思。在英語中，當我們「知道某件事」、「知道某件事怎麼做」、「對某件事物夠熟悉」、「理解事物的原理」、「有過相關經驗」、「擁有相關資訊」時，都會說自己「知道」那件事物，但其實它們各自表示著不同的東西，而且有些並不適合用哲學的方式討論。至於「知識對心智的影響」的研究重點，在某種程度上則是找出各種「認為自己知道事情」的不同方式之間有哪些緊密聯繫、會產生哪些混淆、又有哪些不為人知的祕密。在知識論學者眼中，謠言和偏執是一種東西，宗教信仰與實驗數據則是另一種極為不同的東西；但在「知識對心智的影響」研究中，這兩種東西對情緒的影響可能非常類似，近似到相當荒謬而尷尬的程度。如今我們被各種不同媒體承載的資訊與經驗所包圍，而且這些媒體似乎都用某些既定的模式去了解事物、呈現事物。這不僅讓我們更容易去猜想自己知道某件事的時候可能會有什麼感覺，也讓我們更容易懷疑自己的感覺與知識什麼時候會混在一起。文學文本並沒有讓我們用另一個模式去知道事情，也沒有用文學的魅力或渲染力去抵抗某些事物（關於文學文本，我們自以為知道的事情之一，就是文本會挺身對抗某些邪惡），而是可能提供了既不永恆也不獨特的某種場所，讓感覺與知識得以會合，讓我們調解兩者的衝突。例如在現代文學中，「知識對心智的影響」就經常想要去調解知識（認識知識的主體）與資訊（處理資訊的媒體與機械）之間的張力。甚至有時候，文學作品本身就同時連結著知識領域與資訊領域，它不僅參與我們的思維活動，也影響了我們的資訊環境。

雖然文學閱讀與文學書寫，讓人有許多空間預演自己在求知的過程中會有什麼樣的姿態、會產生哪些衝動，但我們即使不透過文學也能做這些練習。本書稍後也會討論到文學閱讀與文學書寫。「知識對心智的影響」可以讓我們更了解文學與知識之間的關係。很久以來，我們都一廂情願地把文學當成闡述知識的特別途徑，而非某種鼓勵讀者求知、並將知識當成獨立事物觀看的方式。文學之所以能幫助我們了解「知識的幻想」，並不是因為它是某種特殊的知識，而是因為它讓我們更了解幻想。但我們還是要小心，這種時候不要中了「知識對心智的影響」，認為文學閱讀和文學寫作具有某種特殊的地位。某些領域，尤其是學藝術的人，特別容易做出這種未經檢驗的假設，認為自己應該假裝相信所學的科目在人類歷史上具有某種特殊的有益使命。然而，瑞恰慈提到的那些似是而非的知識，可能都很明顯地注定會出現在詩歌、文學，以及許多其他個人或群體的創作中，甚至在這些作品中表現得最為嚴重。在之後的章節裡，各位很快就會看到各種知識的野心與知識的瘋狂、對性的好奇心、偽造與詐騙、保密與揭密、論證、找碴、謎題與解謎、歷史上各種壓抑白癡與崇拜白癡的行為、各種真實與虛構的知識金字塔、人工智慧的神話、想像中的經濟與政治未來。這所有的方法都告訴我們，人類與人類定義的知識之間有著什麼樣的關係。但即便如此，我們仍然有許多困惑未能解答。

1 求知意志

WILL TO KNOWLEDGE

亞里斯多德說，每一個人都渴望知識。然而，並不是每個人都同等渴望想要了解自己的知識之渴。本章的主題，就是求知欲會引發哪些複雜情感，或者說它會引發哪些對知識的熱愛、意志與動力。而這個問題的困難及誘人之處，正來自於知識與求知欲引發的各種複雜矛盾心理。

人類的求知能力，最初很可能是為了解外在世界而演化出來的。再者，「求知」並非某種單一的能力，而是把好奇心、猜測、做實驗的衝動、記憶、解釋等能力，全都混合在一起。後來了解世界到某個程度以後，就開始發現世上有些事物會抗拒我們，而且根本無法與我們互動。人類一定在演化的初期，就從與世界的互動之中產生了客體（object）的概念，這個詞在語源上既是「我們遇到的」，也是「朝我們拋擲而來的」。知識讓人類找到更多能自在生活的居所，但也必然預告了人類將與世界疏離。在發展直覺的路途中，我們發現世界不一定是眼前所見，而且我們可能讓世界產生變化。

不過，這也讓人類得到了反思的能力。我們除了能思考外在的物體，也能思考自己心中對於這些物體的圖像與觀念。而且為了能夠思考這些圖像，我們把它們變成了客體。在我們產生主體性的時候，一定同時產生了米榭．賽荷所謂的「先驗客觀性」（transcendental objective）。也就是說，當我們注意到自己正在思考的時候才終於發現，有些事物拒絕成為知識，而且注定不可能被我們所認識。[1]在我們將主體變成思考對象的那一瞬間，似乎同時注意到了知識的極限，以及克服這種極限的方法。米榭．賽荷認為這樣的改變就像是——

> 一種湍急的漩渦。主體不斷在這種漩渦中先驗地構成客體，客體也同樣不斷反過來構成主體。這樣的循環在電光石火的瞬間無盡地重複。[2]

對求知的禁令

基督宗教的墮落神話，像是反映著知識與意志之間的關係。它提供了一種虛假、甚至是狡詐的誘惑，讓人們相信自己可以活在某種完全不知道善惡的情況之中。它認為如果上帝不阻止亞當和夏娃吃禁果，兩人就可以一直留在伊甸園裡。但上帝一旦禁止，而兩人也知道了善惡，他們就必須離開。這強烈暗示著，了解善惡也許並不是什麼好事。

對於人類，或至少對於那些喜歡墮落神話的人來說，知識似乎經常與刻意超越極限相關。我們即使遵守禁令，也必定知道違反禁令將會發生某些抽象的壞事。畢竟我如果不去想像跨過極限的模樣，就不可能真正想像出極限是什麼意思。每一種思考極限的方式，都必然包含「跨越極限」的想像。如果人類不可以知道善惡，大概是因為試圖了解善惡就是某種惡吧。但如果試圖了解善惡本身就是某種惡的話，去知道這件事本身不就也是邪惡的嗎？因此，光是禁止人們去了解善惡的知識本身，就注定會暗示或透露這種知識。而且奇怪的是，〈創世記〉裡的上帝似乎並不是那麼在意作惡，反而比較在意禁止人們知道事情的善惡。所以，做一件自己不知道是邪惡的事情，究竟是不是邪惡的呢？

約翰．米爾頓（John Milton）的《失樂園》（*Paradise Lost*）把這個問題變得更複雜。《失樂園》中以蛇的形象現身的撒旦，不僅誘惑夏娃去吃禁果，還告訴夏娃禁果的位置。這個設定產生了深遠的影響。〈創世記〉第三章第三節的夏娃說：「唯有園當中那棵樹上的果子，神曾說『你們不可吃，也不可摸，免得你們死』。」照理來說，「園當中那棵樹」的位置應該非常明顯，不需要刻意去猜它在哪裡。但在米爾頓的詩中，夏娃卻問撒旦那棵樹究竟在哪裡，這表示夏娃可能並不知道善惡樹的位置——

但告訴我吧，那樹長在哪兒，離這裡有多遠？

因為上帝在這樂園中
栽了許許多多的樹，種類繁雜。我們可以任意選擇，
但很多種類卻仍不認識。[3]

注意到了嗎？禁止去碰某棵特定已知的樹，和禁止去碰園子裡某棵並未特別指定的樹，兩者有極大的差別。前者是明確的禁令，後者是在給人出一道像下面這樣的難題：「在這個園子裡有某一棵樹，它的果子一定不可以吃。如果你選擇接受了這個任務，你就必須找出我說的是哪一棵樹，但不可以在尋找的過程中吃掉它的果子。」不過這個奇怪的邏輯要求，和整個故事裡那一堆更巨大的前後矛盾比起來，其實只是小巫見大巫。而它之所以重要，其實是因為這道命令牽涉到預知的問題，而且把英語中「will」的兩個意思硬生生壓在一起：世界上的事情只有上帝「will」（希望）發生的，才「will」（將會）在未來發生，而這種自我實現的預言，剛好就是上帝「will」（意志）的特性。上帝要嘛早就已經知道亞當和夏娃不可能完成那個「繼續保持一無所知」的任務（這似乎很適合讓神偷偷地開心），要嘛祂不知道事情會如此發展。但如果是後者，上帝就不太像是全知的神，而且我們將不得不懷疑掌握整件事情的人究竟是誰。不過，也許上帝有辦法用自己的全能能力來限制自己的全知能力，也許祂可以像那些不知道該選哪個東西的小朋友用「點啊點水缸，啥人放屁爛尻川」這種童謠來數數，或者閉上眼睛數到十隨便選一個讓結果發生。不過即便去鑽這些知識論上的漏洞，

上述解釋依然預設了一個人格化的上帝。也許真相是上帝其實知道，但完全沒有意識到自己知道也不一定！（等等，所以上帝有**潛意識**嗎？）此外，上帝在〈創世記〉裡說亞當和夏娃吃了知善惡果之後，就已經變得像我們這些神一樣了（等等，我們這些神？世界上還有**其他神**？），但這句話本身也讓人感覺前後不一致，因為聽起來就像是上帝在說「歡迎來到我的世界」一樣。

上面這些反駁〈創世記〉的說法都相當古老，而且這類死小孩問題的重點，也並不是為了興高采烈地指出創世故事中可能的矛盾。我們不應該在這種重大嚴肅的議題上，使用這種易如反掌的廉價批評方式。每一個出現了既全知又不欺騙人類的創世者的故事，都必須設法解釋這個世界除了我們熟知的歷史以外，有沒有可能變成其他的模樣。如果這個世界是被創造出來的，那麼世界的樣貌就不是注定的。更簡單地說，如果世界是被創造出來的，我們就必須解釋為什麼世界是現在這樣。不過，如果我們要在故事中讓一個不是被創造出來的神靈去打造歷史，就一定會讓故事惹上麻煩（幸好，故事的價值就是去解決其中的麻煩，而且解決麻煩也正是我們要說故事的原因），因為如果上帝的計畫執行有可能出錯，它一定從一開始就不完美，但我們通常不認為上帝會設計出不完美的計畫。這讓我們不禁懷疑，也許所有創世神話的意義，都不僅是提出這類無法解答的謎題讓人們搔頭費解，也不只是提出一個個童話故事般永遠說不完的偽知識去逼人回答出標準答案。雖說不是每個創世神話都像伊甸園的故事那樣會出現嚴重的知識問題（它說了一個人類不應獲得知識的故事，但卻又注定違反故事中的禁令），但這個乍看是作者們犯下的多餘錯誤，卻也是這個故事中大部分的生產力泉源。更重要的是，伊甸園故事的這個元素讓我們注意到，在我們試圖理解什麼叫作「知道」的過程中，一定會同時產生某種禁制和不服從這些禁制的意志。唯有突破禁令，我們才能從單純存在的存在者，蛻變成可以做出行為的行為者。這也正是我在此提及這個故事的原因。在有了這個故事之後，「求知」永遠連結著「欲望」，尤其連結著「知識的欲望」。

意願

我們知道，我們相信，我們不斷告訴自己「知識就是力量」。我們都知道事情就像法蘭西斯．培根的《新工具論》（*The New Organon*）所說：「人類追求的兩個目標——知識和權力這對攣生兄弟，其實是同一件事。」[4]幾百年來，這一直都是毫無疑問的老生常談。如果我知道龍葵吃下去會死人，就顯然比不知道的人更有優勢。我知道愈多瞪羚的習性，就愈容易把牠們抓來吃。吉羅拉莫．卡爾達諾（Gerolamo Cardano）大概在一五六四年寫出了世界上第一本系統性地討論機率的著作：《機運遊戲論》（*Liber de ludo aleae*），但終生沒有出版的原因，很可能就是這位各方面都相當傑出的學者本身就是名厲害的賭徒，不願意在生前把賺錢的祕訣公諸於世。那些關於實作方法的知識，在其他條件不變下，顯然會讓我們擁有更多能力與權力。要有縫紉的能力，你一定得知道縫紉的方法，不可能瞎搞一番就縫出東西來（好啦，也許世上有人真能這麼做，但至少我不可能）。不過也許知識和權力之間的關係，反而是在知識開始增長、開始抽離當下的直接操作目的而變得抽象的時候，才變成值得我們反思討論的有趣事物。的確，知識與權力之間的中介條件，也許必須變得愈來愈多、愈來愈細，才能讓這兩種事物從同一個人物變成一對孿生兄弟。敲詐就是個很好的例子：如果我只知道某人通姦或惡意操縱市場，卻沒有其他條件的配合（例如無法讓那個人丟臉、那個人沒有維護聲譽的誘因、沒有市場監管架構等），我就很難有力地敲詐他。也就是說，也許正是在我們無法光是知道「技術訣竅」就能夠「去做某件事」的時候，「技術訣竅」本身反而才會變得有價值。

但這也讓我們注意到另一個複雜的問題。為什麼我們很少承認知識有時也是某種弱點？知識不僅讓我們知道能做哪些事，也讓我們知道永遠無法做哪些事，而且照理來說我們還應該會知道，那些注定失敗的事遠比可能成功的事多出許多。知識讓我們知道自己的極限、自己的潛力及知識的極限。畢竟在明白自己無法全知之前，我們很難說自己真的知道什麼事物。我在〈引言〉說過，人類一方面不斷抗拒著死亡，一方面又因知道自己終有一天會死而驕傲，認為知道生命中最根本的知識是人類與其他動物之間的最大差異。「人皆有死」不僅也許是人生中唯一確定的知識，同時也是一種永遠無法克服的極限。我們既永遠無法知道自己到底是誰，又因為這項知識所帶來的終極屈辱而成為人類。而所謂的知識，一定得明白自己對某些事情永遠一無所知。

也許這些事實會讓我們開始懷疑「知識就是力量」這句話其實有一種自己騙自己的意味。知識並非一定是力量，但我們希望它現在是，以後也是，而且永遠都是。因此，當知識的力量一方面變得更巨大，一方面又變得更難以預期，而且當錯誤的知識開始闖禍時，我們的權力意志就會開始想要把力量跟知識直接壓成同一種東西。

所謂的權力意志是一種合成物，因為「權力意志」（will to power）如果不事先讓自己擁有權力（power），就根本無法欲望（will）任何事物。我們很難想像任何意志可以不具備權力或者不屬於權力。對人類來說，伸張意志本身就是主張自己擁有權力的一種方式，無論你擁有什麼樣的願望，想要什麼樣的事物，都是希望自己擁有某種權力。我們的意志力，以及讓我們產生願望的力量，一定會和權力意志彼此相伴相成。這麼說吧，「希望自己變得無能」（will to weakness）的願望根本就自相矛盾，因為願望一定得獲得某種力量才能成真。如果它真的削弱了自己的力量或拒絕得到力量，那這個願望也注定失敗。我們將在第六章討論一些想像自己「不知道」或希望自己「不知道」的方法，但如果我們沒有積極地希望自己不知道，仍然無法使用這些方法。

如果我們同意知識包含著權力意志，而且受到權力意志推動，那麼我們也可以反過來想想，是不是所有權力都需要並且渴望知識。在行使意志的時候，你一定得知道自己想要什麼。但我們剛剛說過，這種事有時未必那麼直截了當，有時你必須努力想清楚自己到底想要什麼，才會擁有具體的意志。我們常常需要下定決心才會知道自己想要什麼，而且往往也得下定決心才能找出自己不想要什麼。如果我無意識地去完成了別人的意志，或者被某種既屬於我又不屬於我的力量所強迫去做某件事，或者去執行某些並非由任何一個人發出的命令，我就並沒有真的在行使自己的意志，也因此並不真的知道我的意志想要什麼。在你想要了解自己的意志之前，都還不是真的在行使自己的意志。

那麼，讓我們想要獲得知識的意願或動力，究竟是什麼呢？當我們用這種方式探討動力是什麼的時候，通常是在問那個動力想達成什麼或想確保什麼。這也表示我們可以對有限的目標，產生無限多種可能的動力，例如物種可以產生無限多種吃東西和交配的動力，確保自己不會滅亡。這些動力可以視為某種外顯的意志，它像是某種代理人或鏡子，一方面呈現我們的意願，一方面在我們體內成為另一個存在。當我想要某個事物的時候，我就催生了某個更高階或更不容易一看即知的意志。這種意志就像我自己的縮小版，它不僅成為我的一部分，同時也利用我的意識，我的饑渴、愉悅與痛苦，去完成它的目的。

不過真正發生的流程也許完全相反。我們以為小寫的意志（will）只是一種局部性的意願，可以被大寫的、抽象的整體意志（Will）所代言，而大寫的意志可以代替小寫的意志去完成願望；但從小寫意志變成大寫意志，說不定是一種逆向構詞（back-formation），是先有小寫的意志，或者先有某些行使意志力的具體行為之後，才衍生出大寫的意志。也許大寫的意志這種概念只是一種知識產生的效應，它永遠無法被直接接觸。如果不藉由推論，就永遠無法被認識。

事實上，如果沒有小寫意志的齊心協力，大寫的意志似乎永遠無法實現。大寫的意志，總是必須仰賴另一個輔助意志或代理意志，把大寫意志的目標當成自己的目標去實行。因此這兩者之間有時候會出現斷裂，區域性的小寫意志可能會拒絕履行整體性大寫意志的要求。我們在厭食症、自殺、各式各樣的自我折磨、甚至是那些拒絕各種事物的禁欲主義者身上，似乎都可以看見這樣的斷裂。區域性的意志想要照顧自己，整體意志卻拒絕照顧自己，於是兩者之間產生衝突。這類苦行都必須面對一個問題：他們永遠無法確定自己的行為究竟是不是真的在拒絕意志想要拒絕的事物。那些大寫的意志，尤其是那些試圖拒絕事物的意志，永遠都無法確定實際執行的行為是不是在實現自己的目的。畢竟大寫的整體意志唯一能追求的事物，就是主張自己的精神性力量、並試圖掌握自我，不是嗎？貝克特在《無以名之》（*The Unnamable*）裡把這種不確定性用最極端的方式說了出來，這部作品以最猛烈的方式呈現「那些拒絕順從現狀的人用微小低語所表達的，那些被他們的人性所扼殺的事物」。[5]每一個引用上面這段話的人，無論是我還是別人，都一定會在情感上同意句中所說的「人性」，確實經常扼殺那些低語試圖發出的異議之聲。

英語用「知道」（knowing）這個詞同時指涉兩種事物，一種是陳述性的知識（declarative knowledge，關於事實和事件的知識），另一種是程序性的知識（procedural knowledge，關於事情怎麼做的知識），也因此模糊了兩種知識之間的差異。但「ken」這個留在蘇格蘭語的古字，就不僅和德語的「kennen」和英語的「can」有關，也和代表研究學習的「con」有關，這表示兩種知識之間的確有關聯。但知識最重要的特徵，也許是它代表我們以默許的方式主張某些事物（assertion-through-acquiescence）。正如培根在《新工具論》所言：

> 人類是自然界中的行動者，也是大自然的詮釋者。我們只能理解那些在實作或推理之中觀察到的自然法則，並照著這些法則做事。我們不可能知道更多，也不可能超越這些法則。沒有任何力量可以干涉或切斷大自然的因果鏈，唯有順從自然才能征服自然。[6]

以順從來征服的做法，其實比我們想像的更常見。培根那句「唯有順從自然才能征服自然」的拉丁原文是「neque natura aliter quam parendo vincitur」，其中的「parendo」是「pareo」的未來被動分詞，而「pareo」是「我依照指示出現或到達」的意思，字面上可以翻譯成「被製造出來」或「被召喚」。而我們說「我將會」的時候，剛好也表示我們願意照著自己的意志去做某些事。這是英語的一個有趣現象，當我們用某些話語，尤其是某些祈使句直接表達意志的時候，語言似乎會變得絆手絆腳。意志似乎比較喜歡透過我們的言說間接呈現，而非直接嵌在言語之中。當我說「你將會照著我的話去做」，這種乍看簡單的未來式句型就把意志的力量包裝了起來，讓人們無法直接看出它其實是在說自己可以讓某件現在的宣稱變成未來的現實。愈來愈古老的「應該」（shall）這個詞的運作機制也差不多，「你不應該殺人」、

「你應該去參加舞會」都是用間接的方式，去傳達某些義務或必要性之類的複雜力量。此外，「我願意」這種句子，都是在同意某些別人提出的條件。也許君主的確有足夠的權威去說「我要這件事發生」，但即使是絕對權威的他們，也會在說出這種命令句的瞬間，讓命令句所表達的意志不再屬於自己，兩者之間不再能夠完全吻合。

叔本華與尼采

貝克特在《無以名之》中，把人類在掙扎中竭力對抗的某些存在困境，用法庭論辯一般的戲劇化方式呈現出來。而這些存在困境都源於亞瑟．叔本華的著作。我們可以說叔本華的哲學，為許多意志與知識之間的關係，提出了現代性的概念。叔本華在《作為意志和表象的世界》（*The World as Will and Representation*）第一卷第二十七節中，對此提出了具體論證。他解釋世界為什麼既能身為一種觀念或表象，又能讓那些乍看之下與這些觀念和表象相異甚至相反的知識得以出現，因為世界「有一種盲目的衝動，一種努力讓整個有機世界擺脫知識的力量」。[7]意志會在各種不同的個體之中，讓自己變得更具體，最後產生某些類似意識的事物，讓自己的力量盡量變得愈大也愈精緻。於是意志先是成為低階的本能，後來又逐漸分化為各種器官與物種——

> 因此那些動機，以及那些源自動機的知識，必須在這個時候引發運動。在意志將自己具體化的這個階段，個體為了求生、物種為了繁衍，必須將知識當成可以利用的工具。而正如意志在試圖將自己以其他方式具體化時，一定會變成某種器官一樣，腦或大型神經節似乎就代表一種利用知識的器官。（*WWR*, 1150）

但腦與其他器官的不同之處，是它讓整個世界具體成形，讓世界不再只是盲目地掙扎，而變成一種可以認識的表象或觀念。

> 有了這種工具後，表象的世界就能將它的每一種形式全都一舉呈現出來，無論是客體、主體、時間、空間、多元性，還是因果關係。之前的世界都只呈現出**意志**的一面，如今終於也能同時呈現出**表象**的另一面，能夠被主體所認識。之前一直習慣在黑暗中、讓自己維持最大程度的必然性且不出錯的意志，如今終於在這個階段為自己點燃了一盞明燈。（*WWR*, 1150）

知覺和意識系統在剛出現的時候，只是意志的代理人，只會機械性地外顯出意志想要的目標。但漸漸地，知覺開始明白自己的運作方式，「知識之光，一舉穿透了意志在盲目摸索時所處的空間，讓人類原本生理性的機能從此被照亮」。叔本華將這段過程用某種沒那麼好懂的方式，稱為「磁力般的洞察力」。從此之後，深思熟慮取代了直覺，人類也終於開始會犯錯，開始面對不確定性。不過這樣的改變，也讓意志與表象兩種存在領域之間，出現了根本性的斷裂：

因此，無論是一般性的知識、理性的知識，還是僅僅從觀察中得到的知識，全都是意志的產物。更高階的具體化意志，只把這些知識當成維繫個體與物種存續的工具來使用，和體內的其他器官沒有差別。因此，知識一開始的功能，一定是去實現意志的目標；而且對於所有動物以及絕大部分的人類來說，他們的知識幾乎一輩子都只能去實現意志的目標。（*WWR*, 1152）

但叔本華卻從這點出發，認為知識可能具有另一種功能。首先「對於個人來說，知識可以擺脫這種束縛，掙脫這種枷鎖，完全不去實現意志的任何目標，純粹只為自己而存在，變成映照世界的一面明鏡。這就是藝術的來源」。（*WWR*, 1152）其次——

如果這種知識能夠回應意志，就能導致意志的自我消亡，帶來內心最深層的順從。這既是所有美德與聖潔的終極目標，也是它們最核心的本質：從世界中得

到拯救。（*WWR*, 1152）

這開啟了一種新的奮鬥目標：從此之後，那些為盡最大程度努力實現意志目標而誕生的知識，就可以去引導意識，讓它逃離意志的需求。叔本華有時似乎認為知識可以完全擺脫意志的支配，例如天才就能夠做到：

要讓人變成天才，就必須讓他獲得的知識力量，遠遠超過服務一個人的意志所需。這些知識供過於求之後，就會獲得自由，變成某種純化過的意志，某種映照世界內在本質的明鏡。（*WWR*, 1186）

但到了《作為意識和表象的世界》第一卷的結尾，叔本華似乎又換了一種觀點。這時他認為如果要讓人擺脫意志的支配，就必須讓人同時擺脫所有知識的支配，因為知識是「表象的世界」，是「具體化的意志」，而「世界是意志對自己的認識」。（*WWR, 1410*）因此，叔本華希望的那種超越意志的存在狀態，不可能具備任何知識：

不過，如果它一定要堅持我們非得獲得某些知識，才能用哲學拒絕意志帶來的知識的話，它就幾乎無法擁有任何事物。唯一能留下的，只有那些能完全拒絕意志的人所經驗過的狀態，也就是所謂的狂喜、天啟、與神合而為一等等。但這些狀態也不能真正稱為知識，因為它不再具備主體認識客體的形式。更重要的是，它只能被某個人所經驗，無法與其他人溝通。（*WWR*, 1410）

叔本華似乎不確定意志與知識之間的關係，因為知識雖然是具體化的意志，但也是一條否定意志、並且必然否定所有知識的途徑——「沒有意志：就沒有表象，沒有世界。」（*WWR*, 1411）也許求知的意志必須持續面對這種矛盾。這種關於世界的矛盾，總存在於這個充滿奮鬥的世界之中。即使為了超越這種矛盾而奮鬥，也無法跳脫（而且只要它繼續奮鬥，更是注定失敗）。

在叔本華的信徒中影響力最大也最激動的人，就是弗里德里希・尼采。雖然叔本華那套從意志發展出知識的說法，讓尼采相當贊許；但叔本華很想進一步表示我們可以用自我克制的方式去利用知識，藉此戰勝意志的陰謀詭計，這部分尼采就無法苟同了。叔本華認為人們嚴重高估了生命的價值；但尼采想要找到一種方法，既能超越對知識的傳統看法，又能繼續肯定生命的價值。為此，他呼籲一種「完全以經驗為依據的知識論」，在這種知識論中「既沒有『知性』，也沒有理性，沒有思想，沒有意識，沒有靈魂，沒有意志，更沒有真理」。[8]尼采認為知識就是力量。知識不只給你某種自由讓你去做原本無法做的事情，讓你掙脫你原先沒有意識到的鎖鏈；同時也會讓你「不再只是『知道』而已，更會盡可能從混亂之中，有系統地整理出我們實際需要的各種規律」。（*WP*, 299）他認為所有生物最迫切也最持續的需求，就是創造規律：

> 「理性」只不過是在我們整理資訊、發明概念、藉此找到各種相似性與相同性的過程中，所發展出來的事物而已。這些過程就和各種產生感官印象的過程一樣。它不會被任何預先存在的「觀念」所影響，只會用某種效益主義的方式，讓我們明白只有那些看起來相似或相同的事物，才能被預測和控制。（*WP*, 299）

根據這種觀點，所有抽象的知識都只是幻想，因為一切的求知都是為了滿足真實的欲望。這種揉合熱情奮鬥以及冷酷實用主義的思維，很有達爾文主義的味道。它認為抽象的事物只是真實的事物在為了求生而奮鬥的過程中，所沉澱出來的（而且事物不需要知道自己在做這樣的奮鬥，事實上很多時候不知道的話還會奮鬥得更成功）。知識就像鋼筆與墨水中注定帶有的紅色。而且，知識本身就是某種抽象，因為它是奮鬥的結果，而非正在進行的奮鬥。沒有任何人會真的為了知識本身而求知，知識只是某種可以讓我們維持自己的同質性，不會隨時間不斷變化的事物而已，所以擁有一些知識總比沒有好。

與其說這種意志渴求的是知識，還不如說是讓知識屈從於我們的利益。它追求的不是真相，而是易於處理的資訊。正如貝克特所言，我們總是將自己感知到的事物，扭曲成易於了解的事物。[9]而且尼采又說：

> 如果物種要活下去，並獲得更大的權力，就必須對現實擁有足夠的概念，了解哪些事物有一致性、哪些事物可以預測，之後才能以此為基礎，建立某種行為模式。生物發展出感官，是為了**能繼續活下去的現實考量**，而非為了揭開世界背後的抽象理論……所以感官只要能提供一些足以維繫生命的資訊就可以了。換句話說，一個物種**對權力的渴望程度**增長得有多快，會決定它對知識的渴望**有多強**。生物只會獲取那些**自己能夠掌握，可以為己所用**的知識，不會獲取更多。（*WP*, 287）

尼采認為任何知識，甚至只是邏輯思維，都一定牽涉到他所謂的「挪用」（appropriation），也就是求知者去占有部分世界或全部世界的過程：

> 我們有一種使事物相等、把不同的事物看成**同一種事物**的傾向；但也會根據**能不能成功**，衡量這麼做的利弊得失，藉此制衡這種傾向。這種傾向會自我

調整，讓自己在不否認生命價值及不危及物種存續的前提下，得到小小的滿足。而這段自我調整的過程，又完全對應到外在的機械性過程（同時也是它的象徵）。原生質不斷地吸收它所挪用的東西，把那些事物排列成自己的順序與形式。（*WP*, 297）

知識與殖民挪用之間的這種關係，意味著要擺脫殖民主義沒那麼簡單，因為殖民主義永遠只會屈服於某種更大、更全面的知識占領形式。即使擺脫了殖民，那些殖民時期的思想，往往仍會繼續充斥於社會中的情感與意見空間。當地球上的每一塊物理空間都被殖民之時，剩下能繼續殖民的就只剩下思想空間。因此，如果不打算殖民社會中的每一塊情感與意見空間，解殖就是不可能的。所有理論都一定想要殖民人們的思想，而且無法逃脫這種殖民欲望。畢竟哪個理論不想持續發展壯大？哪個理論想要自我設限，想要事先為自己設下但書？對此，米榭．賽荷說得好：汙染會侵占世界，但純淨侵占得更快（每個人都想「掃除」阻力，對吧？）。[10]為什麼汙垢的反義詞不是某種物體，而是純淨這種性質呢？為什麼物質會被觀念取代呢？「把空間清乾淨」是最具殖民主義色彩的想法，無論是想把既存的事物驅逐出境，還是去除既有的骯髒標誌都一樣。因為所有殖民者都需要一塊想像中的無主之地（terra nullius）。

尼采對於知識功能的看法，屬於廣義的效益主義，他認為「我們的『知識』不太可能遠遠超越維持生命的絕對所需」。（*WP*, 293）有人可能會說，這表示尼采認為知識必須臣服於主體，知識是一種主張「我」的權力比「它」大的方式，即便「我」可能源自於「它」也一樣。我們剛剛說過，叔本華保證「知識可以逃離這種束縛，掙脫這種枷鎖，完全不去實現意志的任何目標，純粹只為自己而存在」，甚至「如果這種知識能夠回應意志，就能導致意志的自我消亡，帶來內心最深層的順從」。（*WWR*, 1152）但對尼采來說，即便是意識本身，也是某種效益主義式的策略或工具。因此他寫道：「**意識只在有用的時候才會延伸。**」（*WP*, 295）他認為不但從未有任何一個主體真正擁有權力，權力也從來不曾為促進任何一個主體的利益而行使。事實上，主體反而是從權力意志中誕生的。因此尼采認為，世上不可能有關於意志的知識，因為每當我們想要獲得關於意志的知識，都只會產生對意志的幻想。而既然世上永遠只有「想要獲得這類知識的意願」（willing-to-knowledge），而沒有任何真正關於意志的知識，我們就不可能直接了解意志：

> 那些邏輯－形上學的假設，以及那些對於實質、偶然、屬性等等的信仰之所以具說服力，是因為我們習慣把自己的所有行為，都當成意志導致的結果。也因此，我們把自我當成某種實存不變的事物，不會被各式各樣的改變所同化。可惜，意志這種事物根本就不存在。（*WP*, 290）

這種說法讓尼采對於權力—知識之間連結機制的批判，沒有人們有時候以為的那麼直接。引述尼采對於權力與知識之間關係的論證，並讓它影響最久的人，也許是米歇爾・傅柯。傅柯在一九七七年一次名為「真理與權力」（Truth and Power）的訪談中，似乎相當贊同尼采對真理的看法。他認為重要的不是試圖將真理與意識形態或錯誤區分開來，而是追蹤真理的效果（truth-effects）如何發揮作用：

這是一場「追求真理」，或至少是「關於真理」的戰鬥—再次強調，我所謂的真理並非「人們發現並接受的整套真理」，而是「將真假區分開來，並讓權力因真理而產生特定效果的那一整套規則」；同時我們也得注意，這不是一場「幫真理打的戰鬥」，而是一場關於真理的身分是什麼，以及真理在政治與經濟中扮演什麼角色的戰鬥。[11]

如今的重點並不是看法是否為真，而是知識究竟是「霸權」，還是「臣服於人」的事物。傅柯將這一切歸在尼采的名下，讓尼采成為第一個不去研究真理、而去研究「真理如何形成」（truthing）的人——

目的並不是將真理從每一種權力體系中解放出來（這是不可能的，因為真理已經鑲嵌成為權力），而是讓真理的權力不能繼續像現在這樣，成為社會、經濟、文化的霸權。總體說來，政治上的問題其實並不是錯誤、幻覺、異化的意識、異化的意識形態造成的。問題其實就在真理身上。而這就是尼采的重要之處。[12]

不過這種問題其實很難單靠尼采解決。對尼采來說，權力與「真理－權力」之間的關係就像是機械那樣，每當你行使權力的時候，就會連帶產生某種相抗衡的「真理－權力」機制。這也表示，「知識－權力」之間的機制如果化成了知識，也一定免不了碰到上述問題，免不了權力協商時的道德衝突。也許傅柯就因為如此，在這段訪談結束時顯得相當謹慎而疲乏：「如今我比較想對尼采保持沉默……去致敬尼采如此思想的唯一方法，就是去使用它、讓它變形、讓它呻吟、讓它抗議。」[13]雖然在某種意義上，所有知識對尼采都是有用的，但沒有任何一種知識會像傳統以為的那樣發生效用：對尼采來說，你永遠不可能有意識地利用「權力－知識」，因為「權力－知識」總是在利用你。

尼采罕見的原創之處在於，他試圖讓知識不需仰賴真理也能存在。叔本華想要清除或克服知識內部的權力意志；但尼采不一樣，他認為世界本身有某種不可知的複雜性（不過既然不可知，他又是怎麼知道這件事的？），而知識即使不將這種複雜性化約為理性的秩序，依然是知識。後來在另一位作家的詮釋下，尼采眼中的知識構成條件，更直接變成了某種赤裸裸的力量拚搏。雷斯．威爾生（Rex Welshon）表示：

尼采把獲得知識和處於所謂的「情感狀態」（affective states）連結在一起，無論感受到的是甜蜜、喜悅、優越、激情、勇敢、開懷大笑，還是力量。總之，他認為知識顯然絕對不是從那些不帶情感的證成程序，或者一絲不苟的思想實驗中找到的。[14]

對尼采來說，能讓你了解知識的是情緒，而不是認知。他因此注意到，對於求知來說，觀點比真理來得更必要。他堅稱所有真理以及所有認識世界的方式，都一定表達出我們的某種具體需要與興趣，「去解釋世界的事物是我們的需求，是我們的衝動、喜好和厭惡」。（*WP*, 288）不過這並不表示尼采不信任知識。他只是不相信世上有所謂的客觀知識，也不相信知識可以擺脫那些彼此競爭的觀點。某種意義上，尼采只信任知識，而不信任知識所描述的真理——

只要「知識」這個詞彙還有意義，世界就是可知的。但我們對世界的詮釋可能各自不同。我們有無限多種方式可以賦予世界意義，但除此之外，世界沒有任何隱藏意義。這就是我說的「觀點主義」（perspectivism）。（*WP*, 287）

對尼采來說，「觀點」遠遠不只是一種觀看的方式而已。當我們來回尋找最佳拍照角度時，觀點會隨之變化，但尼采所說的遠不只如此。他認為我們對事物的看法，就是世界在我們眼中的樣貌。而且你眼中的世界並不只是某種靜態的事實。你怎麼觀看，就怎麼存在。我們可以把觀看的方式當成某種獲取世界、創造世界的野心。你的觀看即想要以某種方式擁有這個世界。尼采正是因為如此，而能夠繼續信任「求知」這種行為。世上並沒有所謂絕對而真實的知識，即使有也只是稍縱即逝的幻象。但光從尼采持續不斷單調而神祕地強調「觀點」的強大與崇高來看，就知道尼采可能把「求知」這件事當成一切，因為當你求知，你就希望自己存在。而這也讓尼采願意接受某種培根式的苦行思辨，用一生所有的著作去傳達那種求知的意志。他在《論道德的系譜》（*On the Genealogy of Morality*）開頭就宣稱，他對生命、權力、知識，以及所有一切事物的思想，全都是一貫的：

我至今一直堅信著**事實**（fact），而這些不同的事實自己也黏合得愈來愈緊密，甚至逐漸滲入彼此，最終融合為一。這讓我更樂觀地相信這些事實從一開始就不是個別離散地隨機出現在我身邊，而是來自某個相同的根源，來自深深埋藏在我體內某個基礎的求知意志。這個意志掌控了一切，它的話語日益清晰，命令日益明確。[15]

但有時候，尼采也希望知識能不僅限於用命題來陳述事實或真理，或者能在這類陳述命題之外另闢新路。尼采只相信那些還在成形中的知識。也許正因如此，他的作品總用某種打帶跑的方式來討論知識問題，不斷避免自己的論證獲得知識論那種正式穩固的力量（雖然很多人都想要把尼采這些討論知識的論述，硬是說成最近某位樂觀評論家口中的「硬調的知識論研究」[16]）。尼采的所有作品都討論了知識的問題，但他的目標是避免知識這種事物變成任何一種完備而封閉的知識論命題。與其說他的這些努力是想找出一種方式，表達這種快樂的求知過程；還不如說是找到一種方法防止這種求知過程腐爛成某種死氣沉沉的狀態，除了知識本身之外什麼都不剩。尼采在論述中精心地布防，阻止「知識對心智的影響」再度墮落成知識論。他說如果你要「去研究一種**快樂的科學**」，[17]你不僅必須容忍各種彼此不同且多變的觀點，找出這些觀點的平均值或最大值，還必須活在這些各自不同的觀點之中：

最後，拜託我們這些擁有知識的人，不要忘恩負義地完全推翻之前熟悉的觀點與評價。雖然這些觀點與評價顯然產生許多邪惡而無用的效果，因而讓我們的心智長久以來對自己充滿憤怒；但要用不同的方式看世界、甚至只是想讓自己的觀看方式產生大幅改變，都需要許多紀律以及心理建設。因為你必須面對「客觀性」，而且這種客觀性並非指「不關注任何事物的凝視」（contemplation [*Anschauung*] without interest，這種概念荒謬至極，根本就是自相矛盾）；而是指擁有一種力量，能夠自由地開關自己的各種「優缺點」，因而能夠找到關於知識的各種不同觀點，以及帶著感情、彼此相異的詮釋知識方式之間，到底有哪些差異，並從中獲得所需的東西。[18]

其實這才是尼采說「權力可以變成力量」的真正意思。他說：「假設我們真的可以完全消除意志，並毫無例外地關掉所有的情感好了。然後呢？這麼做的時候，難道我們不也同時把智力**閹割**掉了一大塊嗎？」[19]

不過，如果尼采這套拒絕把「求知」和「存在並感受」區分開來的論述，具備任何一種無可置疑的巨大力量的話（他讓我們注意到並得以說出，那些傳統的知識論說法，是多麼容易排除我們求知時的澎湃熱情），那麼他那套思考強者與弱者的論述裡，有些東西就顯得疲弱到令人火冒三丈。因為尼采堅持專屬於貴族的那種興高采烈、繁花似錦、擁抱生命的活力，在討論強者與弱者的時候全都消失了；只剩下不斷單調乏味地重複華格納式的自大，對腳下的微小事物不屑一顧輕易碾碎。尼采認為強者注定健康，但他這時不時發作的說法顯得既專斷又沒有說服力（尤其用來描述尼采與Ｄ．Ｈ．勞倫斯〔D. H. Lawrence〕這類容易生病的人時，更像是奇怪的偏見）。因此，也許真如尼采所說，求知是生命的一種形式；但除此之外，我們也可以用許多其他方法（並適切地符合達爾文主義）去了解千變萬化的生命形式。把變化無窮的生命形式，化約成強者與弱者之間的差別，只是一種令人厭煩的軟弱逃避；而且令人厭煩的理由，可能剛好就跟尼采認為民主與女性主義令人厭煩的某些理由一樣。尼采對求知意志的理解讓人無法忍受的原因，並不是因為錯誤，而是因為它明明給了我們這麼多資源去思考自己求知的生活，但它本身卻這麼沉悶乏味（「沉悶」〔dreary〕源自於古英語的「血」〔dreor〕，或許這正暗示著走向血腥注定變得無聊）。尼采那種刺耳的知識瘋狂言論，很可能不像尼采帶給我們的幫助那麼有趣。

如今我們也許會把強者與弱者的交互作用稱為複雜性，或像彼德．斯洛特戴克那樣稱為「免疫反應」（immunological，話說免疫學幾乎就是在尼采撰寫哲學的那段時間發展出來的）。[20]我們會發現構成力量的並非快樂，而是脆弱；構成快樂的並非虛張聲勢、昂首闊步、煩躁不安，而是擴大各種不同的生命形式。在以前的時代，我們必須接受世上有某些權力比我們更有力量（Kraft），因此我們必須練習各種詭計，從原本的笨拙逐漸變得狡猾；而也許反駁尼采那套強者與弱者論述的最佳方法，就是讓他知道他所說的強者（以及他對論證與力量之間的關係的看法），並沒有他以為的那麼堅不可摧。也許我該說白一點，那些來自階級底層怨憤（ressentiment），讓尼采噁心想吐的鬼祟、迂迴、民主技巧，對我來說不僅比直接的血腥暴力更聰明，長遠來說也更有可能成功（話說長期賭局有個好處，它給了你一個跟大家一起繼續玩下去的動機，這樣才不會賭贏了也拿不到獎金）。而且說真的，即便是尼采，有時也不得不欽佩底層奴隸那些陰險狡猾的精緻詭計。病毒那種變化無窮的生命就告訴我們，那不可勝數的弱者一旦學聰明了，你唯一的守備方法就是變得更聰明。

浮士德

尼采在這本書屢次出現的原因，是因為他既診斷了知識的瘋狂，自己又是知識瘋狂的絕佳例子。不過除了他之外，還有另一個人物也同時提供解釋且呈現了這種瘋狂。如果說尼采讓我們用哲學方式去理解求知意志，那麼這個人就給了我們一個戲劇性的例子。他的名字叫作浮士德。

在克里斯多福・馬羅（Christopher Marlowe）的《浮士德博士》（*Doctor Faustus*）故事之初，浮士德就照著當時傳統的學者路線依序進修，並一路捨棄了邏輯、醫學、法律、神學。不管學什麼，他都想超越該學科的原本「目的」：「莫非邏輯的主要目的，就只是辯論順利？難道這種技藝，不能創造更大的奇蹟？」[21]馬羅的劇本，把各種浮士德傳說共有的矛盾戲劇化。劇中的兩個浮士德，並不代表傳統上映照人們心中善良與邪惡的好天使與壞天使；而是代表兩種知識模式。其中一位是庸俗的物質主義者，只想利用知識去獲取世上的有限快樂與有限權力。另一位則是理想主義的哲學家，渴望獲得萬事萬物的絕對真知。第一個浮士德想要獲得知識所描述的對象；第二個浮士德卻超越或無視了這些對象，而想要純粹的求知體驗。於是最後，他就跟著法地斯（Valdes）和哥尼拉斯（Cornelius）的引領，走上了魔法之路——

你們的話最終說服了我，去研究那魔法與不傳之祕。
但我自己也總是在期盼，
探索能不能有一天不需要任何目的。[22]

這最後一句的原文是「That will receive no object」。它是一句雙關語，既表示「不接受任何反駁」，似乎也表示知識總需要有某個目的，因而一定有其極限。

而將這兩種知識概念連接起來的原理，就是魔法。因為這兩種概念雖然不同，卻都帶著同一種魔幻思維（magical thinking）。在第一種概念中，知識是通往權力與行動的神奇捷徑。它相信世上有一種完全技術性的操作手冊，只要按部就班照著做就可以實現願望。它相信一切的操作程序都遵循機械定律（或者說偽機械定律），可惜這種定律即使真的存在，也是知識偷偷寫在自己身上的。總之這種概念相信，只要照著儀式精確地念咒語、畫法陣，一切就會神奇地發生。至於第二種概念，則認為知識是某種自給自足的原理、某種純粹的力量，不需要任何附隨而生的效益也能存在。在第一種概念中，知識是有限的，因為對象是有限的，除此之外你就不能了解其他事物。在第二種概念中，知識是無限的，因為知識根本**不需要與任何事物相關**，知識完全不受任何世俗的限制，即使不產生任何效應，或內部不一致也沒有關係。第一種知識模式假設我們的認知可以認識自己；第二種模式則希望知識永遠可以超越自己的認知能力。

浮士德渴望一種無窮無盡的知識，讓知識開啟通往無限的大門。但知識一定是有限的，因為知識的力量源自它能做什麼，如果知識不帶著具體的工具性，就無法發揮作用。於是浮士德轉而追求魔法，設法尋找無限的力量。但這種做法本身卻也畫地自限，因為它又變成在追求某種無限的可能性。權力一旦付諸實踐就**不再是權力**，因為權力的來源會從表現出來的行動本身，轉為催生這種行動，或者藉此開啟其他道路的可能性。行動是有限的，而且會將無限可能的權力，圈在有限的形式中，轉化為**促生行動的力量**。如果知識能夠促生行動，就證明它擁有權力；但它一旦真的去促生行動，這股權力就消散了。因此，讓知識證明自己擁有權力的條件，永遠不可能滿足。浮士德的詛咒並不源自任何魔鬼或地獄，而是因為去做了這種注定失敗的行為。因此，浮士德不能只想追求某種非常強大的知識，而是必須追求一種無限強大、而且通往無限未來的知識。也就是說，浮士德不能只去追求知識，他必須追求對於知識的渴望。

這種二元性就跟東正教對魔法的雙重標準一樣。教會一方面把神蹟（例如基督在世所行的神蹟以及復活的神蹟）當成自己存在的基礎；另一方面又把所有人類製造的魔法當成邪惡、詐欺，或者強大偽裝者撒旦的作為。神蹟是神聖力量的核心，魔法則是拙劣的模仿。而浮士德對知識的態度，似乎剛好就介於神蹟與魔法之間搖擺不定。

第二個浮士德雖然想要追求某種自給自足的知識，卻發現自己幾乎注定無法逃離第一個浮士德的窠臼。他一方面鄙視既有哲學的陳腔濫調，「那些微不足道的學術遺產……只不過是身外的渣滓／簡直泯滅自由，太過卑躬屈膝」；另一方面又同樣深陷於字詞具有的魔幻之力，「魔法和死靈術的深奧幽玄／至高無上令人嘆為觀止／看那直線、圓圈、符號、文字」。[23]馬羅把整個故事中段寫成一種「低俗悲劇」（slapstick tragedy）。[24]他精心設計，或放肆地任由這些敲鑼打鼓、大肆鬧場的魔法，淪為某種刻意搬演出來的煙與鏡般的虛假幻象，讓它們就像看起來那樣枯燥乏味。

這種有限知識與無限知識之間的張力，不僅出現在馬羅的作品，也不斷反覆出現在整個浮士德傳奇裡，無論是馬羅、歌德（Johann Wolfgang von Goethe）、托馬斯・曼（Thomas Mann）、保羅・梵樂希（Paul Valéry）還是其他人的作品裡都有。它重現了東正教對於神蹟與聖人奇蹟的態度，教會一方面承認這些超自然現象，另一方面又希望人們完全不要把這些現象跟魔法想在一起。這也難怪在約翰尼斯・特里特米烏斯（Johannes Trithemius）筆下，那位使用魔法的學者會自稱為「吉奧吉斯・薩貝里烏斯。小浮士德」（Georgius Sabellicus, Faust Junior），而且被某些人當成浮士德傳說的起源了。這位小浮士德聲稱自己可以行一些基督的奇蹟：「這個人說，救主基督的神蹟不是什麼奇蹟。只要想做，他也隨時隨地做得到。」[25]如果你想把奇蹟跟魔法當成彼此對立的事物，就會碰到一個問題：「我們不可能清晰明瞭地說，哪一些是可以追索的真理與智慧，哪一些是天理不容的黑魔法。」在某種意義上，這不僅是浮士德的問題，也是教會的問題。[26]

有時候，我們甚至會認為魔法的作用機制，就和戲劇或文學一樣。當弗朗索瓦・歐斯特

（François Ost）和勞朗・范・安德（Laurent van Eynde）這兩位編輯在編一本叫作《浮士德，或知識的邊界》（*Faust, ou les frontières du savoir*）論文集的時候，就認為浮士德的傳說不只是用文學的方式來描述求知意志這件事，同時也在——

> 用文學特有的方式，討論知識的可能性。由於這種討論方式，也會將自己的形式納入討論範圍之中，浮士德邀請文學探索文學和科學與知識之間的關係。[27]

但他們也說，由於「文學這時候把知識據為己有，因而實際上與其密不可分。我們可以說文學這時『具備某種真正的知識論功能』」。[28]歐斯特與安德認為，文學讓知識能用旁觀者的眼睛由外部探索自己，而浮士德傳說正是這段過程中的核心元件，文學與知識論在這個傳說中永遠合而為一，因此——

> 那些理論性的知識，得以繞過它們習慣的論述，改用一種最常用來顛覆知識的形式來檢視自己：想像。[29]

不過，正如尼采的作品可以反過來讀，浮士德傳說也可以。它不僅把求知意志寫成了一種相當具戲劇性的故事，同時也把戲劇的必要條件——投射、表演、幻想——呈現為相當戲劇性的求知意志。因此，我們很難判斷它究竟屬於知識論還是屬於「知識對心智的影響」；究竟是在讓我們了解求知意志，還是在展現求知意志的運作機制。每一個版本的浮士德傳說，都在我們眼前展現了這些偽知識或浮華不實的準知識；並讓我們擔心，也許無論用任何方式求知，都無法避開這種真偽莫辨的疑慮。浮士德的故事告訴我們，知識需要故事，而且會孕育出故事，但孕育出來的故事必定背叛知識。

史賓格勒

奧斯華．史賓格勒（Oswald Spengler）在一戰剛結束時出版的《西方的沒落》（*The Decline of the West*）這部浩瀚的文明史中，省略了浮士德的故事，而指明西方有著「浮士德式的文化」。史賓格勒口中的浮士德式文化，其實就是人們常說的現代文化，但他認為這種文化早在九世紀至十世紀就出現了。在古典或「阿波羅式」文化（Apollonian，這用法源於尼采《悲劇的誕生》〔*The Birth of Tragedy*〕）中，人們的「世界感」（world-feeling）是固定而有限的；但浮士德式文化的世界感，卻是開放而無限的。史賓格勒發現，數學裡最常出現這種無限的感覺——

正如同畢達哥拉斯（Pythagoras）那樣的古典時代學者，在阿波羅式的數字中發現了關於可數數量的數學；笛卡兒和同世代的西方學者（帕斯卡（Pascal）、費馬（Fermat）、笛沙格（Desargues））也用完全相同的方式，發現了**像浮士德那樣**對無限充滿熱情的另一種數學。物質世界的東西都一定具備**數量**；不可數的數字之間則只具有**關係**。如果在古典時代的看法中，「世界」或宇宙是由物質所構成，而且具備明顯可見的極限的話；如今我們眼中的世界就是某種無限的空間，那些感官可見的有限事物幾乎只是某種低階的現實，無法與那些難以計數的無限相提並論。[30]

這既不是因為惰性，也不是抽象事物拉走人們的注意力。「浮士德式的靈魂這種強大的現象」所體驗到的無限，**會讓人熱情地設法「超越一切視覺極限」**（*DW*, 198），並且想用許多不同方式滿足欲望——

> 尼采解釋得很清楚的權力意志概念，打從最早的哥德式《埃達》（Eddas）、大教堂、十字軍、甚至哥德人與維京人的古老征服行為那時，就充斥於北方人與世界之間的關係，此外似乎也出現於西方數學那超越性的**思維機制**中。在阿波羅式的數學裡，思維是眼睛的僕人。在浮士德式的數學裡，思維是眼睛的主人。（*DW*, 88）

史賓格勒口中的浮士德主義，是一種「只注視著最遙遠的地平線的能量」。（*DW*, 174）浮士德主義者對無限遙遠地平線的愛好，讓他們在物質世界中總是無法自在，「只有處於無限的孤獨之中，才會感覺回到了家」。（*DW*, 86）史賓格勒先是認為「這種浮士德式的渴望，是想孤身處於無盡空間之中」（*DW*, 241），後來又說他們「如同瘋狂的李爾王，被拋棄在荒原的愚蠢與魯莽之間、黑夜與暴風之中，那迷失於太空之中的無以名狀孤獨自我，就是浮士德式的生活感受！」（*DW*, 326）

而且因為「在浮士德式的眼中，世上的一切都是有目的的運動」（*DW*, 343），這種空間的延伸其實還與時間的變動密不可分：「阿波羅式的形式語言所描述的變化是現在式，浮士德式所描述的變化卻是進行式」。（*DW*, 266）史賓格勒發現，這種自我與空間之間的張力無所不在，它展現在哥德式建築的尖塔上、在小提琴的樂曲中、在肖像畫、甚至在我們的語法結構中。「動詞的轉換，讓我們的語言與古典時代一刀兩斷，也藉此讓我們的靈魂與古典時代的古人從此永隔」（*DW*, 302），現代語言是一種新的、被意志占據的「虛構實體」（*DW*, 302）——

這種「ego habeo factum」（我已經做了）的句子，在一項行為與做出這項行為的人之間，插入「have」和「be」這種助動詞，用這樣的詞代替「feci」（已經）去表達已經去做了事情的身體。它用動態的語法取代了靜態的語法，用不同力量中心之間的交互作用，取代了一個由身體構成的世界。而且這裡的「二」（我）和「Thou」（你），乃是哥德式世界觀的關鍵。希臘化時代的世界觀帶著一種態度，它向造物者或者看得懂的旁觀者承認，這個世界與我並不相同。但我們的世界觀卻是某種自成一格的東西，它一旦發生就永遠不再重複，想在一瞬間表達出一個人的整個生命歷程，是一種把自己當成世界中心、其他萬物都繞著我旋轉的態度。在浮士德式文化的文法中，一切力量都圍繞著「我」這個主詞。（*DW*, 263）

當然，科學史與思想史也是浮士德式文化的特徵。浮士德式的「意志文化」（*DW*, 308）總是極想獲取某種超越性的知識以及這種知識帶來的力量。例如「用望遠鏡做出的科學發現，就是典型的浮士德式文化」（*DW*, 330），因為這種發現源於對遠處的物體行使權力——

光是「發現」這個詞，就有某種與古典時代格格不入的味道。古典時代的人小心翼翼地避免揭開任何包裹宇宙的物質外衣，但浮士德式文化的典型衝動就是要**揭開這種外衣，找出其中的真相**。人類先是發明了火藥（攻擊**遠處**敵人的能力）和印刷術（將文字傳播到**遠處**的能力），沒過多久就幾乎同時發現了新大陸、血液循環的原理、以及哥白尼式的宇宙。（*DW*, 278）

不過雖然史賓格勒把浮士德，或者說把浮士德對於傳統知識的不滿足，當成這種文化的象徵；但史賓格勒對知識的態度也帶有和尼采相似的矛盾。求知意志，反映了想在空間中擴張權力的帝國心態，也讓人能夠實現這種願望——

> 因此，浮士德式的文化帶著一種壓倒性的擴張傾向，它想跨越所有地理與物質性的邊界，把政治、經濟、精神擴張到其他地方。它之所以想要探索南北極，不是為了任何實際的效益，只是為了在那邊留下自己的標記。它的最終目標，是要將地球上的每一片土地，都整合為單一的殖民經濟體系。打從艾克哈特大師（Meister Eckhardt）到康德的每一位思想家，都想讓有認知能力的自我去支配「現象」世界；而打從奧圖大帝（Otto the Great）到拿破崙的每一位領導人，也真的都去著手支配。（*DW*, 335–6）

然而，浮士德式文化的另一個特徵，就是先知思想家與一般百姓、專家與門外漢之間一定有著距離；而在史賓格勒誇大其辭地形容的古典時代裡，「**每個人都知道世上的所有事情**」（*DW*, 328–9），這種距離並不存在。這種距離讓社會開始頹廢，它讓知識與權力從精神性的做事原則，開始變成外在的機械形式。史賓格勒在書中最後一章〈浮士德式與阿波羅式的自然知識〉中，說明為什麼以物理學為首的各種歐洲科學，既實現了浮士德式的願望，也將為這種願望帶來末日——

> 這種歷史現象的使命，是將浮士德式的自然之愛轉化為具體的知識……把人們對於不朽與世界靈魂（world-soul）的概念，重新整理成機械式的、占有空間的東西……如此一來，人們對春天的信仰，就變成了機械式的精確科學。
>
> （*DW*, 417–18）

史賓格勒把知識分為兩種模式，分別稱為「自然知識」（nature-knowledge）與「人類知識」（man-knowledge）。兩種知識都具備他所謂的「形態學」，其下又分為描述機械關係與外在關係的系統形態學（systematic），以及專注於描述「歷史、生命，以及所有具備方向與命運的東西」（*DW*, 100）的面貌形態學（physiognomic）。不過，科學知識不一定都屬於系統形態學，因為「人類在每一門科學中，都想講述自己的故事，而且其目的不亞於描述內容。科學經驗是一種在精神上認識自我的方法」。（*DW*, 100）在這種意義上，科學比較接近於某種神話，而非知識論——

以此說來，自然知識其實是用某種比較精緻的方法認識自我。我們把大自然的樣貌，當成映照人類的鏡子。當我們想要解決物體運動的問題，其實是想要

> 了解自己命運的祕密……
>
> ……如果我們根據自己對大自然的愛，回頭檢視我們如何把自然知識整理成一套系統，就能知道當知識分子想讓周遭世界變得可以理解時，其實都把世界想像成上帝或諸神的樣子。（*DW*, 389, 411）

他認為其實我們可以把科學知識當成某種神話。科學表達了另一種不同的世界靈魂，或不同的世界面貌。例如熵的理論（entropy）就是想用科學的方式描述時間，是一種非常浮士德的神話，「過去的神話裡有諸神的黃昏（Götterdämmerung），如今的科學則有熵的理論。後者完全不屬於任何宗教，卻說宇宙必然的演化一旦完成，世界就將迎接末日」。（*DW*, 423–4）

史賓格勒認為，知識會以神話的方式為自己帶來末日。但這種「知識就是神話」的說法，似乎也是史賓格勒撰寫的神話。在史賓格勒的學術抱負中，神話化的科學知識，是浮士德式知識的最終階段。知識到了這種階段，就能夠了解自己的本質，並將其表達清楚——

> 但在帷幕落下之前，浮士德式的知識還有一項歷史任務尚未完成。這項任務目標目前還不清楚，而且也還完全無法想像如何達成。這套知識需要編纂一套各種科學之間的**形態學**，找出每個定律、概念、理論之間的內在關係是什

麼，在浮士德式文化的演變過程中又有什麼樣的意義。它必須把理論物理、化學、數學，重新整理成一套描述世界的符號，藉此徹底征服機械性的世界觀，重新用一種直觀而宗教式的方法看待世界的未來。面貌形態學的最後未竟之業，就是摧毀系統形態學並納為己用，將系統形態學的所有表達方式和符號，都納入面貌形態學的體系之中。（*DW*, 425）

浮士德式的智慧和史賓格勒自己的分析，都想要用相同的方式去統整各種知識體系。史賓格勒在文本的最後，將這些分析式的知識體系，以及他自己的分析，整合為一段交響樂般的文字：

浮士德式的智慧最後、也最登峰造極的目標，就是將所有的知識分解後，重新結合成一個龐大的形態學關係體系。它的機制和分析方式，無論在意義、形式、語言或是實質上，都與羅馬式裝飾風格（Romanesque）、哥德式大教堂、基督教德國的教義與王朝狀態相同。這些事物都有一套相同的世界觀，隨著浮士德式文化的誕生一同成長、一起成熟，以歷史劇的形式將浮士德式文化呈現在現實世界中。它們用對位法的偉大技巧，讓好幾個學科同時發聲，成為一首融洽的樂曲。歐幾里得式的莊嚴有序宇宙，可以滿足古典時代的靈魂；但浮士德式的靈魂，卻像**一首無窮小的曲子**，永遠渴求著**無限大的世界空間**。浮士德式的理性邏輯認為，這種渴望必須得化為一種動態的強制因果關係，因而發展出一套獨裁式的、刻苦耐勞的、人定勝天的知識系統。浮士德式的靈魂把這個偉大遺產留給尚未成形的、重視文化的靈魂，但它的繼承人很可能不會注意到手中的遺產有多麼超然卓越、試圖超越這個現實世界。而西方式的知識，經過了疲憊的奮鬥之後，才終於回到了它的精神家園。（*DW*, 427–8）

我們可以從浮士德式的世界觀愈來愈常把知識當成力量來使用的態度，看出這種世界觀終將衰落。「西方思想至今尚未**用比較形態學來研究不同形式的知識之間的差異**。」（*DW*, 60）這種認識自己的方法終將自我背叛，因為它會讓人們以為只要靠概念性的知識，就能完全了解自己背負的歷史命運——

從別人那裡學來的知識、學科洞見、定義等等，都毫無力量。而且想要用知識論的方法掌握這些知識，本身就違反這些知識的目的。因為如果我們不知道，批判性思維永遠無法讓我們了解自己的命運，我們就會完全無法察覺世界的變化。認知、判斷，以及在已知的事物、性質、狀態之間建立**因果**連結，

其實是完全一樣的；但用批判性的思維來看歷史的人看不見這些關係，只會把所有事物都當成歷史資料。（*DW*, 139）

在《西方的沒落》裡，史賓格勒擁有的概念性知識與他「文化靈魂的感受」彼此交戰，交戰的方式與西方浮士德式文化的內在交戰如出一轍。但也許史賓格勒最像浮士德的部分，其實是他在分析文明時，那種想要操控遠距物體的魔法風格。正如浮士德式的靈魂渴望孤身走入浩瀚的無限，史賓格勒試圖掌握人類的整部浩瀚歷史。「把浮士德式的文化稱為**意志文化**，只是用另一種方式表達這種文化有多麼重視歷史而已」（*DW*, 308–9），而他也同樣在書中努力呈現這種歷史意志。

浮士德把德國文化渴望的「人文學」（Geisteswissenschaft，字面意義為「精神學科」）化為一個具體的形象。而史賓格勒在這本書，也把「精神性的知識」中那種撒豆成兵的魔幻思維發揮得淋漓盡致，他以為自己可以變成綜觀全局的大魔法師，能像葉慈（W. B. Yeats）詩中的愛爾蘭飛行員那樣把發生過的所有事情「回想起來，權衡在心」。[31]嚴格來說他不算吹牛，因為史賓格勒的文化素養極為深厚，呈現出「冷靜自信的專家」能夠達到的學術高度；但他那種試圖用奧林匹斯眾神的全知視角評估文明興衰、以及西方現代文明將如何發展的態度，仍然像所有洋洋得意以為自己能鐵口直斷歷史的人，充斥著權力意志。[32]那些妄想掌握人類整體歷史演進的學說，幾乎都上了文學修辭與譬喻技巧的當。它們以為推動支柱的一道動力、披在風景上的一片色澤，就能代表整個文明的「精神」。這種思維把偶然當必然，把原型當現實，眼中所見其實只是一絡稀薄的幻象。

一九二四年十月，《西方的沒落》第二卷已出版了一年。史賓格勒在尼采誕生八十週年的演講上，把尼采當成一種試金石，用來測試他想像中這種異化的知識。他認為尼采其實是某種後期的浮士德——

> 他那可怕的孤獨個性，以及像歌德那麼開朗的合群性格，形成鮮明的對比。這兩種偉大的個性中，一種塑造了現有的事物，另一種則在思考不存在的事物。一種研究既有的常見形式，另一種則努力對抗無所不在的無形事物。（*SESS*, 181）

雖然尼采不屬於他身處的時代，但他那種沒有歸屬感以及不合時宜的特質，卻是歷史留下的印記。史賓格勒甚至說：「無法『自在地』活在身處的時代中，是一種德國人的詛咒。」（*SESS*, 182）尼采「具備的優秀洞察力，讓他深入整個文化的核心，把文化看成一個活生生的人」（*SESS*, 190），而且比所有人更早注意到「每一項歷史事實都表達了一道精神性的衝動。無論是文化、時代、財產或是種族，都像個人一樣擁有靈魂」（*SESS*, 191），這種洞察正是史賓格勒自己也想成為的那種歷史先知。史賓格勒指出，無論是尼采還是他自己的作品，都在知識、以及某些接近於經驗的事物之間相互拉扯，「一千年來的歷史思想與歷史研究，給了我們一座巨大的寶藏庫，但庫中的寶藏並不是相對不重要的知識，而是人類的經驗」。（*SESS*, 145）一方面，尼采認為「生命的目標是獲得知識，歷史的目標是發展出智力」（*SESS*, 192）；但另一方面，我們也不該把尼采追求的「科學」只當成某種知識，而應該當成一種「願景」——

> 在尼采創造出一種科學，去呈現歷史的時代面貌之後，便跨出了極限，試圖描繪未來的圖像。在尼采想要的未來中，所有我們目前的思想都應該被淨化殆盡，不留遺緒。（*SESS*, 192–3）

但史賓格勒相信，這部分是「我的真正創見。我認為整個十九世紀的人類都在追求這個目標，但卻一直沒有人講出來，也沒有讓這個概念與生活結合：人們希望以浮士德的方式，**有意識地**改變歷史」。（*SESS*, 144）尼采與史賓格勒這些浮士德式的靈魂相信，人類可以主動創造歷史。一旦我們了解集體意志如何影響歷史，就會發現歷史記述與歷史學家其實一直把歷史偽裝成一種客觀的知識，藉由知識的幻想讓自己的身形躲在集體意志之中：

> 尼采對真正歷史的終極理解是，權力意志的力量超越了所有學說和所有原

理。無論別人證明什麼，無論用什麼言論去阻止，權力意志都將永遠繼續創造歷史。（*SESS*, 194）

意志無法理解，也無法分析。因此尼采——

並不關心「意志」的概念包含哪些事物。對他來說最重要的是，那些主動、創造性、毀滅性的意志，究竟在歷史上是什麼模樣。意志的「概念」並不重要，意志造成「哪些層面的影響」才重要。尼采不教課，只告訴我們真實存在的事情。（*SESS*, 194）

那些歷史敘述與歷史學家，都因為相信一個不存在的歷史意志，而以為歷史是在思考與行動的不斷擺盪中前進的。行動的意義來自思考，而思考在力道減弱時便會化為行動——

尼采只知道如何思考，所有的行動對他而言都是陌生的。正因如此，尼采比世界上任何偉大的積極人物，都更了解積極生活的本質。但他了解得愈多，就愈是小心翼翼地避開一切行動。就這樣，他注定成為一個浪漫的人。（*SESS*, 195–6）

史賓格勒對尼采的描述打破了客觀和主觀的分野，這位「強人」覺察自己陷入了純粹的自我超越思想及其行動之中——

行動與思想、現實與理想、成功與救贖、力量與善良—這些力量總是彼此對立。但理想、善良與道德的王國並不屬於這個世界。在歷史現實中獲勝的是果斷、活力、沉著冷靜和務實。光靠哀嘆或道德譴責，也無法改變這種事實。人就是**如此**，生活就是**如此**，歷史就是**如此**。（*SESS*, 195）

而反諷的是，那些堅定認為行動勝過思想的讚美之詞本身，可能就是最純粹、最強大的思想行為。

思維治療

當你想要掌控知識，通常都暗示著你想用知識來控制其他人。但這時你對權力的欲望裡，一定會攙雜一些超越個人權力欲望的事物。在我們想像自己擁有多少知識的時候，似乎必然會出現某種能力有限的意志，讓我們想去了解心中強大的欲望與需求；但同時也必定會出現一種黑暗的願望，希望這個祕密永遠不要曝光，希望我們永遠不要真正了解自己對知識的渴望。

本章的重點是意志的支配力量。但「意願」的作用範圍，比這種支配欲或占有欲更廣泛。之前我們說過，當你說你願意的時候，一方面表示你已經準備好、已經同意、已經默許，另一方面也同時表示你可以撤銷這些准許。因此在英語裡，「願意」（willingness）經常暗示著你可以隨時中止自己同意的東西。無論是英語的「God willing」，或是更古早的拉丁語版「D. V.」（Deo volente），這種「如果一切順利」的講法在字面上其實都表示你放棄努力，無論老天爺「希望」局勢怎麼走，你幾乎完全讓祂決定。用這種更廣泛的角度來看，意願可以算是我們在感受知識前的某種先決條件（metafeeling）。當我們準備好可以體驗或經歷某些事情時，我們就說自己「願意」去迎接即將到來的感受或**知識**。但也許我們並不只想經歷一些沒體驗過的新感覺，而是想要用更深刻、更確定的方式獲得滿足自己的好奇心。好奇不僅是一種強大的情緒狀態，也是一種想要求知、想要了解其他情緒狀態的強大心理傾向。在這方面，它既是一種自我暴露的欲望，也是一種強取豪奪的欲望。

人類極為重視知識，重視到把知識跟自我連結在一起。我們與周遭世界的關係，除了住在這個世界的必然性，也包含對於世界的好奇心。人類當然不是唯一具有好奇心的動物，也不是唯一願意探索周遭環境的動物。好奇心除了顯然能讓物種比其他物種獲得更多優勢之外，也讓牠們能夠適應環境，盡量增加存活繁衍的機會。不過人類的好奇心似乎特別發達，我們不但會為了探索世界而擱置其他需求，還會用語言這種模型來描述世界的樣貌，因此不僅能探索有形的物理世界，也能探索無形的心理世界。

佛洛伊德等學者一直想盡辦法要證明人類的求知欲源自性欲。佛洛伊德與榮格（Carl Jung）決裂的原因之一，就是榮格相信性衝動只是某種形式的「精神能量」：

> 自從羅伯．梅耶（Robert Mayer）發現能量守恆定律之後，我們把所有物理現象都當成能量的表現。同樣地，我們也可以把所有心理現象都當成能量的表現。我們在主觀心理上，把這種能量叫作**欲望**。而我叫它欲力（libido），用的是這個詞彙最原始的意思，它絕不只是性欲而已。[33]

我通常不會跟著榮格一起反對佛洛伊德，但在使用欲力這個詞彙的時候，我指的也不只是性欲。榮格說「當我說欲力的時候，指的是一種假設性的基本衝動」，他堅持「在古典用法中，這個詞彙並不只是性欲」，同時也是「興趣」、柏格森（Henri Bergson）說的「生命衝動」（élan vital），以及希臘語中同時指涉「力、攻擊、壓力、衝動、暴力、緊迫感、熱情」的「ὁρμ」。[34]後來威廉．麥道格（William McDougall）又在他的「策動心理學」（hormic psychology）中繼承了榮格的觀點，引述A．A．羅巴克（A. A. Roback）的說法，表示「所有動物行為的起源都是意欲（conation），而非認知」。[35]但麥道格又進一步把認知、情緒與意欲（也就是知識、情緒、奮鬥）區分開來，當然他有時還是會承認「我們即使在似乎完全只屬於認知或智力的、最單純的活動中，也會不斷受到意欲與情緒的影響」。[36]

在我看來，認知與意欲之間的關係不只是偶然。對人類來說，認知就是意欲。即使我們不像麥道格那樣去討論奮鬥、衝動、目標導向行為有多麼重要，甚至根本不用跟著他的論述，也能發現認知與意欲是同一件事。求知欲與好奇心無法分開，而且求知欲所追求的，並不只是任何一件具體的事情而已。對性的好奇心，讓想要求知的欲力得以發揮，但佛洛伊德所說的「求知驅力」（Wissentrieb）比性欲更廣泛，也更原始。這顯然有重大的演化意義。年輕的靈長類在感受性欲與依戀的時刻到來前，得先了解自己的求知欲。

也許人類的好奇心，就像靈長類、齧齒類或其他動物一樣，可以用來提高靈活度和適應力，增加存活機率。也許免疫學的原理在這種時候可以適用於行為領域，也許生物系統需要先接觸夠多的潛在威脅，才有辦法從威脅中保護自己。但人類與其他動物的巨大差別在於，好奇心可能關係到人類的存亡。好奇心將人類束縛在一個心智共同體中，這個集體意識共同體所在意的目標，並非任何特定的事物，而是「**每個人都有意識**」，或者「每個人都有智力」這件事情。而我們同時以個人及集體的方式去了解這件事。測試一個小孩是否發展出心智理論（theory of mind）的方法，就是檢驗小孩能不能證明自己知道某些別人並不知道的事情。還沒發展出心智理論的小孩，會以為自己知道的事物所有人也都知道；但一旦發展出了心智理論，就會明白每個人各自擁有一個心智，每個人的心智機制差不多，所以既然我無法直接知道別人在想什麼，別人也無法直接知道我在想什麼。人類失去了心智理論也能「活得下去」，但幾乎不能算是活著。我們之所以會想知道其他人在想什麼、知道什麼，背後必然少不了好奇心的驅使。也許好奇心有時候會害死貓，但卻無庸置疑地是人類生存的必要條件，尤其是隱瞞自己所知的能力。

佛洛伊德經常用好奇心（Neugierde或Wissbegierde）這個詞來形容性與肉體相關的事物，而且在所有類型的知識中，他最常說好奇心源自於性欲。而且喜歡這種說法的佛洛伊德，也經常在信中提到自己對某些觀點或問題相當「好奇」。當然，他對性的好奇心高得無可救藥（接下來我們會看到好奇心〔curious〕與無可救藥〔incurably〕這兩個詞彙之間的關聯），但同樣也對「人們對性的好奇心」極為好奇。他在一九〇八年的〈「文明的」性道德與現代神經疾病〉（"Civilized" Sexual Morality and Modern Nervous Illness）中，就認為女性的智力較差，是因為她們年輕時系統性地壓抑自己對於性的好奇心：

> 雖然她們對性極為好奇，但教育禁止她們用知性的方式思考這類問題，而且還恐嚇她們說，對性感到好奇會讓你變得不像女人，讓你容易染上罪惡。因此，女性害怕進行任何思考，知識對她們失去了價值。37

佛洛伊德在〈小漢斯：畏懼症案例的分析〉（Analysis of a Phobia in a Five-year-old Boy）中說，那名被他稱為小漢斯的個案「對知識的渴望似乎與對於性的好奇密不可分」。（*SE*, X,

8; *GW*, VII, 246）佛洛伊德在剖析時，經常用好奇心這個詞彙來指涉許多東西。在《夢的解析》（*The Interpretation of Dreams*）中，他走進某個女人造訪屠夫店的夢，把自己扮成屠夫，暗示這場夢有性方面的意義，「我們不需要立刻探究這場夢的全部意義，也能相當清楚地看出，這場夢一點也不天真無邪」。（*SE*, IV, 184）此外又加註：「如果有人想知道，我可以補充，這場夢隱藏了我對不當行為與性挑逗的幻想，以及病人幫我的行為辯護的幻想。」（*SE*, IV, 184 n.1; *GW*, II, 191）佛洛伊德經常說他了解他的個案到底在好奇什麼，例如他在《日常生活精神病理學》（*The Psychopathology of Everyday Life*）裡，說服一名十三歲的男孩展現出自己的閹割焦慮——

> 我假設他一定有過性經驗，而且有性方面的困擾，這在他的年紀並不奇怪。但我想再次驗證我的假設，所以沒有幫他解釋。因此，我自然相當好奇（neugierig）他會用什麼方式說出我想知道的事情。（*SE*, VI, 197; *GW*, IV, 220）

佛洛伊德也會心懷感激地用「Wißbegierig」這個詞彙指涉「其他受過教育、充滿好奇心的讀者」，這些讀者持續關注《夢的解析》，還建議他推出第二版。（*SE*, IV, XXIV）佛洛伊德撰寫案例研究的方法，會讓讀者激起和佛洛伊德相同的好奇心。例如他將一名喚作朵拉的個案經歷寫成《朵拉：歇斯底里案例分析的片斷》（*Fragment of an Analysis of a Case of Hysteria*）時，就有這樣的敘述：

> 這時候，我的懷疑變成了確信。光是用「Bahnhof」（車站，字面意義是「鐵路法院」）與「Friedkof」（墓園，字面意義是「和平法院」）來描述女性的生殖器就足夠引人注目，更喚醒了我的好奇心（geschärfte Aufmerksamkeit），而像是「Vorhof」（前庭，字面意義是「前面的法院」）這個類似形式的詞彙，就被用來指涉女性生殖器特定區域的解剖學術語。（*SE*, VII, 98; *GW*, V, 261）

不過讓佛洛伊德有興趣的，其實是朵拉對於性的好奇心——

> 也許我只是自己腦補過頭。但在見到眼前的另一個證據後，就沒有什麼好懷疑的了：她說「水妖」（nymphs）的身影在「茂密的叢林」中若隱若現。這顯然就是性的象徵！也許一般人並不知道，但醫生都明白「Nymphae」指的是陰唇（雖然即使在醫學中也並不常用），而陰唇剛好就在陰毛的「茂密叢林」後方。當然，會使用「前庭」和「陰唇」這種專有名詞的人，她的知識一定

> 不是從通俗讀物中習得，而是從解剖學課本或百科全書中獲得。很多年輕人深陷對性的好奇心時，都會躲進這類書本之中。（*SE*, VII, 98）

朵拉聽了佛洛伊德的解說之後（她似乎聽得非常專心），又想起了更多夢境，「她平靜地回到自己的房間，開始閱讀書桌上的一本大書」。（*SE*, VII, 99）佛洛伊德的解析方式，把知識與性欲驚人地合而為一。凡是閱讀，尤其是閱讀佛洛伊德這種醫生使用的專業術語，都等於在了解性：

> 這裡的重點是「平靜地」和「巨大」兩個特質，與「書」之間的關係。我問她那本書是不是**百科全書式**的，她說沒錯。但孩子從來不會**平靜地**翻閱百科全書中的禁忌條目，他們會戰戰兢兢地閱讀，不時回頭看看背後有沒有人出現。讀這種東西的時候，如果父母在家就很麻煩。但由於夢境實現了朵拉的願望，她不必經歷這種尷尬。夢中朵拉的父親已死，其他家人也早就進了墳墓。無論她想讀什麼，都可以平靜地讀。這難道不就表示她復仇的動機之一，是反抗父母的約束嗎？如果她的父親死了，無論她想讀什麼、想跟誰戀愛都不用擔心了。（*SE*, VII, 99）

所以在這場解密大挑戰裡面，有三個角色緊盯著彼此的一舉一動，想從中抓出每條蛛絲馬跡：朵拉、佛洛伊德、佛洛伊德的讀者（當然，如果加上我這種評論這段閱讀過程的批評家，角色就變成四個了）。

英語裡面的「curiosity」這個詞彙描述的範圍廣到讓人相當好奇，它既能用來描述行為，也能用來描述行為的對象。我們會說那些引人好奇的東西「很有趣」（curious），是個「有趣的玩意」（a curiosity），彷彿那些事物會對自己感到好奇似的。但事實剛好相反，如果沒有人對它們感興趣，這些事物本身根本不可能有趣。「curiosity」這個詞彙似乎在主詞與受詞之間穿梭，剛好重現了我們感到好奇時，心理作用對象的來回不定。更令人好奇的是，英語中沒有任何一個動詞專門指涉「好奇」。

英語中「curious」最早的意義來自「careful」，意思是小心、努力用功、專心、關切。它源於拉丁語的「cura」，意思是關心照護、細心、思考，也有焦慮、擔憂、煩惱、悲傷這類負面含義。在拉丁語和英語中，對某物投注關懷，都等於為其勞神操心。這個詞彙也和「cure」（治癒、保存、解決）、「curate」（規畫、策展、助理牧師）、「sinecure」（閒職）、「secure」（安全、鎮守）有關，而「secure」其實是拉丁語「sine cura」（無須擔憂）的縮寫（雖然《牛津英語辭典》明確指出英語的「care」和拉丁語的「cura」在語源上毫無關係）。羅馬作家蓋烏斯．尤利烏斯．希吉努斯（Gaius Julius Hyginus）在《寓言故事》（*Fabulae*）中說了一個庫拉（Cura）的故事。庫拉在渡河的時候，用黏土捏了一個人形，請求天神朱比特（Jupiter，即希臘神話的宙斯）賦予人形靈魂，朱比特應允了庫拉的願望，卻因為這個活物應該叫什麼名字，而與她起了爭執。農神薩圖爾努斯（Saturn）跑來解決糾紛，說這個活物死後的靈魂屬於朱比特，死後的肉體屬於大地女神忒盧斯（Tellus，也就是地球）；但因為這個活物最初是庫拉造的，只要它活著一天，就仍屬於庫拉（也就是意為「關心照護」的care）。[38]海德格（Martin Heidegger）引用這個故事時，也同時摘錄了〈塞內卡給路希留斯的道德書信〉（Seneca's 124th Letter to Lucilius）裡的一句話，說「天神生而完美。凡人想臻至完美就得關注自我，時時改進」（unius bonum natura perficit, dei scilicet, alterius cura, hominis），後來理查·古瑪赫（Richard M. Gummere）翻譯這句時，把句中的「cura」譯為「刻苦學習」。[39]海德格用這兩個例子來支持自己的論點，主張人類存在的基本特質之一就是關懷。他所謂的關懷通常是指「擔憂」（Sorge，擔心或憂慮的感覺），但有時候也指拉丁語的「cura」——

> 人類是在「關懷」之中，使自己「臻至完美之境」。關懷令一個人能盡量「籌畫」出他專屬的可能性，因而得到自由。而且對於每個被「拋入」這個世界中的人而言，正是這種原初的「關懷」，決定了這個人重視世界中的哪些事物，本質上具備哪些專屬特質。「關懷」的這「雙重意義」，讓我們看見「被拋擲的籌畫」這一種基本狀態，本質上包含了兩層結構。[40]

佛洛伊德之後的心理學家，也愈來愈有系統地探索好奇心的運作機制，並在各方面做了許多有趣的研究。也許重要的是，我們得明白好奇心可能只是人類試圖了解事物的動機之一。舉例來說，有非常多學術研究與其他類型研究的目的，都不是要回答某個問題，只是想要形塑或維持某種論點。也許有人會說這是在浪費時間，但它依然是構成人類知識的重要元件。最重要的是，這種研究讓人除了單純滿足自己的好奇心以外，更擁有足夠的時間，去了解自己到底投資了多少資源，知道了哪些東西。正如愛德蒙·柏克（Edmund Burke）所言，單純的好奇心是「最膚淺的情緒。它總是不斷改變對象，胃口很好卻淺嘗即止，總繞著圈子亂轉、坐立不安、充滿焦慮」。[41]事實上，柏克甚至直接斷言：

> 就我們目前的貧乏了解，除非我們不仰賴新奇的事物，而讓其他力量來影響自己；不仰賴好奇心，而讓其他情緒來衝擊我們，否則生命本身永遠只能讓我們不斷感受到嫌惡與疲憊。[42]

也許某些好奇心真的如他所說，總是恣意妄為、難以捉摸、稍縱即逝，只能填補知識與知識之間的小縫隙（例如我最喜歡的例子之一，就是許多人都喜歡從別人的背影去猜對方正面的臉長什麼模樣）。但大部分的好奇心可能都不是如此。至少有些人會設法讓自己的好奇心持續維繫下去，他們會去讀偵探故事，或者像貝克特小說《莫洛伊》（*Molloy*）裡面的角色莫仁一樣，去研究蜜蜂的舞蹈，「就像我帶著狂喜說的那樣，這件事裡有些東西可以讓我研究一輩子都無法搞懂」。[43]當然我也是如此，我非常想要了解求知究竟如何影響人類的情緒。當然，這也可能是因為知道的事物數量變多，我們對某個主題了解得愈多，就愈容易對它產生興趣。就像是如果演化論者拿出中間物種，去回應神創論者質疑的「失落的環節」（missing link），只會在中間物種的前後兩邊各自撐出一個新的「失落的環節」，結果反而讓爭論永遠無法結束。

我們再回頭看看好奇心和關心之間的有趣關聯吧。如今「好奇心」的意思，似乎已經減弱成某種並不重要、令人心癢的幼稚衝動。但它在過去也有謹慎小心的意思，或者用《牛津英語辭典》的正式說法來說，它有「竭盡心力、投注關心」的意思。這種含義與好奇心總毫不在意地從一件事物轉移到另一件事物、總在剎那間生滅的輕浮印象形成鮮明的對比。不過，許多其他從「cura」衍生出來的詞，就依然保留了謹慎小心的意思。例如「procure」現在的意思很接近於「取得」，但過去還包含了「管理、安排、促成」的意思。「procurator」（檢察官）這個法律詞彙，則保留了「請求」或「乞求」的附帶含義。直到十六世紀中葉，「procure」都還同時意味著「進行醫療處置」，例如法國醫生蕭立克（Guy de Chauliac）的《手術大全》（*Grande Chirurgerie*）在一四二五年的英譯本就寫著「procured al wondes with vnguentz & with swete emplasteres」（用草藥與濕石膏處理患部）。[44]「accurate」現在的意思是「精確」或「正確」，但它來自拉丁語的「adcurare」，意思是照顧、小心翼翼地做一件事，或者仔細地滿足客人的需要。「cure」和現在已經不使用的「recure」的意思是「復原」，但「cure」原本的意思是照顧。如今我們在保存物質或食物時所說的「curing」就是這個意思，例如去「curing」菸草、橡膠、膠水以避免它們腐壞。從二十世紀初以來，「curing」就有讓水泥這類物質變硬的意思。

我們可以在這些用法中發現，好奇心的漫不經心與自我滿足，是我們必須封印的對象。真正的好奇是全心投入，而非恣意妄為；是保護我們好奇的事物，而非占為己有。如果你真正對某物感到好奇，你就會小心地保護它，不讓自己的好奇心淪為廉價的「好奇看一下」。也許這種守護目標的面向，會永遠留在每個人的求知欲中。也許佛洛伊德說得沒錯，求知欲裡面包含了一些虐待或毀滅的欲望，理解意味著消費。例如有一種說法就認為，我們一旦了解了某件事，那件事就再也無法引起我們的任何興趣，對我們而言，再也沒有任何意義或價值。但除此之外也有另一種追求知識的動力，一種與前者相反的壓力，會讓我們試圖保護自己知道的事物不被輕率地消費。也許好奇心必須要有計畫，必須小心地保護它所好奇的事物，否則就無法存續。菲利普・拉金曾說「讓我們活下來的是愛」，但他可能只說對了一半。除了投注愛，我們還得小心地保護自己在意的事物，不要被我們的愛所毀滅。[45]

只有當意志完全不在乎自己有什麼樣的意願時，「知識對心智的影響」才會硬化為「知識狂熱症」。求知的意願，可以讓人願意用各種方法關心自己的目標，願意在乎自己追求的知識。接下來的幾章，將以幾種不同形式來討論這個問題。我們要談的第一種形式就是，在乎知識，或者出於好奇而想吸收知識，對某些人來說似乎是一種可以自我治癒的疾病。

2 認識你自己

KNOW THYSELF

我們不屬於自己的理解範圍。我們不認識自己。我們自以為知道，卻並不知道。背後的理由很明顯。我們從來沒有尋找過自己。既然沒有尋找過，怎麼可能某一天就會找到呢？

——弗里德里希・尼采，《論道德的系譜》

前一章告訴我們，求知的意志未必都是某種完全不需要懷疑的簡單衝動，它未必會讓我們獲得知識帶來的美好，滿足我們的天性。事實上我們可能會說，只要我們不再單純地探究事物，而是產生了求知的欲望，我們往往就會因此掉入陷阱、陷入妄想、被自己絆住，無法得到真正的知識。但這種病徵只有透過知識才能發現。因此，我們的求知欲既是求診的個案，也是看診的醫生，而這也就引發了剛剛提到的麻煩矛盾。如果過度關注知識是一種疾病，那麼至高無上的治療方法很可能就是知識本身。只有擁有知識的醫生才能治癒自己的求知之病。

這種反思、這種對自身的探問，就是哲學的起源。希臘宗教與思想中最有名的格言之一就是「認識你自己」。根據保薩尼亞斯（Pausanias）的說法，這句話刻在德爾菲的阿波羅神廟前院。[1]它也在柏拉圖的「對話錄」中反覆出現。例如蘇格拉底（Socrates）在《斐多篇》（*Phaedrus*）的開頭，就這樣拒絕推測波里亞斯神話的起源：

> 不過斐多啊，我認為這種解釋雖然看起來很合理，但只是極為聰明的人認真編出來的故事而已，而且這樣的人也沒有真的那麼厲害。你想想，他要怎麼解釋人馬、奇美拉（Chimaera，希臘神話中會噴火的怪獸）是什麼呢？然後那些蛇髮女妖、飛馬、一大堆亂七八糟的神話生物又要怎麼辦呢？那些裝腔作勢的神奇力量都是真的嗎？[2]

蘇格拉底認為，與其去思考這些事物，不如先了解自己的本性。而且他幾乎立刻扔掉所有神話式的解釋（這些解釋在人群間倒是以神話等級的速度擴散），並提出他自己的自省方法：

> 我還沒辦法像德爾菲神諭所說的那般認識我自己，因此在我看來，在還不了解

> 自己的時候就去研究無關緊要的事物相當荒謬。我不理會這些事物，而是把這些信仰都當成人們的習慣。如同我剛剛所說，我不研究這些花絮，而是研究一個既遠比提豐巨人（Typhon）更複雜、更暴烈，同時又更溫和、更簡單、天生就能夠神聖而安靜的事物——我自己。[3]

蘇格拉底並非直接避開那些幻想的產物；而是說如果經過冷靜清晰的分析，可能就會發現他自己就像長了一百條蛇頭的提豐巨人那麼複雜，有如神話一般「怪奇、難解、不可思議」。如果討論神話的論述可能成為神話，那麼在區分神話與知識時，就不能否認我們有時會像自己心中的神話怪物那麼奇怪。

蘇格拉底想要讓人了解自我，而非熟知神話與幻想；但他並沒有明說神話與幻想究竟屬於世界，還是屬於自我。要求人們認識自我的說法經常會碰到這種困局，無法清楚辨別求知這件事究竟屬於認識的客體，還是認識的主體。約翰・戴維斯爵士（Sir John Davies）有一本討論我們如何知道靈魂不朽的詩集，叫作《認識你自己》（*Nosce Teipsum*），其中第一篇〈世間的知識〉（Of Humane Knowledge）就是在譴責人們的知識將基督宗教的天堂墮落故事變得俗套：

> 憑什麼爸媽送我上學，

學到的知識可以打開智慧之門？
求知的欲望明明只會讓人變笨，
然後敗壞全人類的根。[4]

根據戴維斯的編輯亞歷山大·格羅沙特（Alexander Grosart）的看法，這首詩的創作目的是為了幫助「智者與藝術大師」擺脫「從盧克萊修與霍布斯（Hobbes）那裡讀到的毒」。[5]戴維斯的早期聲譽，就源於他能讓理性與修辭在筆下保持平衡，寫出富有思想的詩作。不過雖然當時的玄學派詩人都能像戴維斯那般「用柔韌的想像力包裹嚴肅的論證」，格羅沙特卻說戴維斯「**他**討論問題的方式像個嚴肅的思想家，**其他人**則幾乎都像瘋子」。[6]T·S·艾略特認為戴維斯「有一種奇特的天賦，能將思想轉化為感情……他不是為了營造情緒而去挖掘思想，而純粹是為了思考。詩中的情緒雖然遠比思緒更為珍貴，其實卻只是思考的副產品」。[7]一個世紀之後，詹姆斯·山德森（James Sanderson）也說戴維斯詩中的「邏輯與修辭完美重合」。[8]

但《認識你自己》的第一部分，似乎讓這種平順的互補關係面臨壓力。它的開卷詩〈世間的知識〉企圖解釋為何人類自伊甸園墮落之後，就無法再獲得如同伊甸園中的那種清晰知識。詩中的亞當與夏娃一開始幾乎等於「知性的天使」，卻聽信了「**謊言邪靈**」的低語而墮落，「在心中產生了奇怪的**願望**，腐蝕了他們的**意志**」。[9]墮落的意志開始對「邪惡」產生興趣，並且立刻陷入病態，「他們渴望了解邪惡，也因此確實變得邪惡」。[10]看來，只要意志變得任性，或者出現了什麼它無法正確認識的事物，它就會膨脹並且陷入病態。不過如果推敲一下他使用願望、意志、疾病這些詞語的方式，就會發現幾件事講得不太清楚。戴維斯對這些主題的理解大幅依賴十六世紀的資料，因此認為靈魂的知識可以彌補感官知識與世俗意志的缺陷，讓知識重新變得清晰而完美。[11]但如果這種機制真的可能如他所說，靈魂就必須能夠觀照自己、了解自我，而且完全不能有欲望、感官必須沒有任何缺陷——這種預設也未免太一廂情願了吧。唯一可能用知識來救贖的方法，只有向內反思而非向外探詢。但即便是蘇格拉底也會因為看到自己內心潛藏的怪物而退縮——

它一思考便落入異象之中，
看見心中充斥諸多**奇美拉**與奇異怪物；
塞滿玩物、**藏品**，貪慕虛榮，
看得它羞愧恐懼，退縮三步。[12]

此外，在戴維斯強調了解自己比獲得外在知識更重要的時候，也脫口說出「認識你自己」會遇到哪些問題：

如果沒有人了解自己的靈魂，
我們怎能開啟外在的知識之門？
魔鬼把「認識你自己」當成無上命令，
其實只是在嘲笑我們的好奇心。[13]

格羅沙特在編輯手記中，轉述了某位「黑克特主教」（Bishop Hacket）於一五九九年版本的詩集，為這首詩所寫下的評論：「阿波羅的神諭有如惡魔。」[14]此外，其他人也認為德爾菲神諭會令人不太舒服，例如十八世紀的牧師菲利浦．斯凱爾頓（Philip Skelton）就寫道：

據說德爾菲的阿波羅神廟大門口，刻了一句每個字母都大寫的「認識你自己」。這句話的確很有智慧。但它也告訴我們，人們一旦知道要認識自己，就不會去敬拜一塊別人刻出來的木頭或石頭，因為這種事物比自己還要卑下許多；知道要認識自己的人，也不會想從另一個女人口中詢問未來，因為那女人坐在洞穴門口，被洞裡的有毒氣體搞得心煩意亂，總把神諭傳達成奇怪的模樣，說出曖昧不明的狂熱預言，只有夠蠢的迷信百姓才會相信。[15]

福爾克・格雷維（Fulke Greville）在《人類學習論》（*Treatie of Humane Learninge*）中甚至提出一個更保守的論述。他認為我們應該抑制自己的求知欲，這樣才能避免在認識自己時陷入幻想。但這種說法也暗藏自我矛盾，因為我們在壓抑求知欲的過程中，一定會渴求一種超越自我的事物。格雷維在一開始就說，我們都希望自己能夠變得全能——

世界的空間只能用心智探知，
而心智的深廣得靠知識去測；
博學多聞的心
可以裝下更多世界，找到每一個世界：
最後知識的範圍便將無遠弗屆，
世上每一個人都能理解。[16]

當知識超過人類能理解的範圍，逐漸接近上帝的無限，就會抵達它的最高狀態——

它將像一座高塔沒有頂點，
暗淵深不見底，長路沒有盡頭，
像一座圓形跑道永無止境；

它將知道一切，卻無法理解；
擁有無限的寶藏，卻毫不滿足，
除非像上帝那般尋得真正的無限。[17]

這些振奮人心的文字，使整首詩陷入一個得耗費近千行才能艱難掙脫的狀態。戴維斯認為只要了解自己，就能在探索靈魂不朽的過程中擺脫墮落知識的影響；但格雷維卻先喚醒了一個「沒有頭」（也就是沒有極限，或者沒有任何腦袋可以承載這個極限）的力量，然後又試圖去壓制這股接近上帝的力量。接下來，他隨即轉而表示「沒有人能了解自己的心智」，因為這種難以理解的力量會讓我們無法理解自己。[18]但倘若你既想壓制個體的求知欲，又要壓制知識本身擴展的欲望，這股壓制力量就一定得超越自身的極限。你一定得幻想出一個全知全能的狀態來取代自己，才能用上帝的視角俯瞰知識的限制與虛妄位於何處。格雷維在這首詩的後半段，就列出了詩歌與音樂等一系列智性活動清單，並說這些事物應該為宗教服務。他直言不諱地說，我們應該把這些事物當成裝飾品就好，「如果這些事物本身就沒有價值／怎麼能讓它們阻礙我們走上台階？」[19]他就這樣寫了一首反對詩歌的詩。他站在真正知識的那端，認為詩歌只能「用和諧的方式讓人感動，讓人歡喜／如果去研究詩歌，你的心就會染病」。[20]但照他這麼說，他這首詩是不是也不該被認真閱讀呢？這首詩是不是也用感官的愉悅汙染了思想，「讓你的心染病」呢？

文藝復興時代很流行一種「知識會讓人變笨」的說法，當時的《愚人帽中的世界地圖》（Fool's Cap Map of the World）是頗具代表性的例子。這張圖有兩種版本，都是一個戴著小丑帽、帽上掛著鈴鐺的傻瓜，傻瓜的臉變成一張世界地圖。其中比較早的版本是尚・德・古爾蒙（Jean de Gourmont）於一五七五年左右所製作，當時題為〈認識你自己：了解自己的人可以走得更遠〉（Cognois Toy Toy-Mesme: L'homme peut mieux paruenir / Que sa cognoissance acquerir）。傻瓜的帽帶上寫著「洗清你腦中的罪惡」，圖的周圍則有各式各樣的格言，提醒讀者世俗的野心皆為虛榮，尤以渴望了解世界的野心為最。比較晚的版本則是一五八〇年代末在安特衛普製作的銅版畫，它將傻瓜臉上的地圖拉長，變得像是刪節號，讓傻瓜看來像在傻笑，並將圖中的法語說明都換成拉丁語。

羅伯特・伯頓（Robert Burton）對《愚人帽中的世界地圖》極有興趣，在《憂鬱的解剖》（*Anatomy of Melancholy*）的序言中詳細描述了這幅畫。至於他著迷的原因，安・查普（Anne Chapple）的解釋相當合理。[21] 查普認為我們至少可以確定，伯頓從這幅畫裡的說明文字領悟到他身邊的世界有多麼愚蠢。正如伯頓寫道：

> 你會感覺整個世界都瘋了。這就是憂鬱的功能：它把世界畫進一個傻瓜的頭、扭曲的頭，頭上寫了拉丁語名言「你的腦袋該吃一點嚏根草」。它說這世界是一個關押傻瓜的籠子，一個愚人的天堂，是一個像阿波羅尼斯

（Apollonius）那樣充滿騙子與奉承者這些敗類、需要大加改革的地方。這樣的觀點，在《世界公民》（*Epichthonius Cosmopolites*）之後就很少見了。[22]

不過查普沒有發現這張地圖最明顯的特徵：它的標題「認識你自己」似乎在打自己的臉。我們至少可以說它單就想要畫出整個世界的圖像，就陷入了知識的魔障。它不僅嘲笑了世界，也嘲笑了試圖用外在知識把整個世界的圖像裝在一顆「扭曲的腦袋裡」這種態度。畫中的地圖，代表著現代知識的力量。但正如理查·海格森（Richard Hedgerson）所言：

> 這一切都不是為了讓世界現代化……而是為了嘲弄它當時身處的計畫，以及每個獻身於計畫的人……正如伯頓所言，與其說早期當代觀者所看見的是騙子想像出來的地圖，還不如說是看見了愚者所相信的世界。[23]

艾莎·拉瑪錢德朗（Ayesha Ramachandran）則認為，這幅圖試圖調解個人與世界之間的衝突，卻用矛盾的方式呈現。它光是把世界地圖畫在腦袋裡面，就表示——

> 當你把世界當成一種人類智慧與想像力創造出來的事物，你就是在試圖調解充滿好奇心的人類以及整個世界之間的關係。自我不只從屬於世界，同時也創造

了自己身處的世界。[24]

這幅圖的拉丁語版本，把「洗清你腦中的罪惡」換成「你的腦袋該吃一點嚏根草」。嚏根草是一種美麗的冬季花朵，具有毒性，會造成暈眩、發炎、耳鳴、昏迷，據說也是讓亞歷山大大帝（Alexander the Great）死亡的藥物。但古人也曾經用它擾亂感官的能力來治療譫妄。西元一世紀的希臘植物學家佩達努斯．戴奧科里斯（Pedanius Dioscorides）曾說，嚏根草之所以又喚作「melampodium」，是因為一位叫作米蘭普斯（Melampus）的牧羊人曾用這種草治好了普羅透斯（Proteus）的瘋女兒。[25]戴奧科里斯還說，人們會把嚏根草撒在屋子周圍，避免邪靈侵入；而如果挖這種草的時候被老鷹看到，你就會死掉。[26]此外嚏根草也和巫術有關，它可以用來召喚惡魔、磨成粉拋向空中就能讓你隱身、做成藥膏塗在掃把上就可以造出飛行掃帚，或者讓人產生幻覺以為你會飛。這些陰沉、邪惡、憂鬱的聯想，可能大都源自嚏根草的黑色外觀與生長環境。它的花朵顏色相當深，適合生長在陰涼的地方。羅伯特．伯頓將它與琉璃苣一同畫在《憂鬱的解剖》的卷首圖，認為這兩種植物可以「清除腦中的迷霧」。[27]《憂鬱的解剖》全書不斷出現嚏根草的蹤跡，處處可見「和極度憂鬱、快要瘋掉的人說……吃一點嚏根草吧」、「你起肖瘋癲到嚏根草都救不了」之類的句子，似乎整個十七世紀的人們都把它當成治療瘋狂的萬靈藥。[28]它的藥性想必相當猛烈，過去提摩希．布萊特（Timothy Bright）就說過「有誰能不怕嚏根草給身體帶來的折磨？」[29]而湯瑪斯．布朗特

（Thomas Blount）則說有人把它當成某種聰明藥，「詭辯家經常用噎根草來澄淨思緒，讓辯論強而有力」。[30]

不過這種驅除幻想的草藥，有時也會讓人們產生其他幻想。李奧納多．迪．卡波阿（Leonardo Di Capua）就寫道：

> 提奧弗拉特斯（Theophrastus）、戴奧科里斯、老普林尼（Pliny）都提到，許多寓言故事都與噎根草等植物有關，故事的數量多到我無法一一列舉。[31]

羅伯特．伯頓特別將噎根草當成知識瘋狂的解藥，並用下面這段令人暈頭轉向的文字，嚴厲批判學術討論（他稱之為精神錯亂）中各種詰屈聱牙的火星文和冷門典故。好玩的是，他的描述本身似乎就是這種瘋狂的例證——

> 而我之前也大致說過，那些哲學家與學者、那些述說遠古智慧的人，理應是掌管智慧與學術的人上之人，應該是有教養的人、謬思的僕從……但這些聰明狡猾的詭辯家雖然身受萬人景仰，卻也同樣欠缺噎根草的調教……看那德謨克利特（Democritus）吧，他一邊嘲笑別人愚蠢一邊同樣愚蠢，雖然罵著梅尼普斯（Menippus），嘲笑琉善（Lucian），惡搞盧基里烏斯（Lucilius）、

佩特羅尼烏斯（Petronius）、瓦羅（Varro）、佩修斯（Persius）等人的作品；卻沒比他們好到哪裡去，簡直就是直腿的人嘲笑瘸子、白人嘲笑黑人。至於貝爾（Bale）、伊拉斯謨（Erasmus）、霍斯皮尼恩（Hospinian）、維韋斯（Vives）、坎明尼修斯（Kemnisius），也只會在經院神學中堆砌一大疊反論（Obs）與解方（Sols），讓問題變成錯綜複雜的迷宮，充滿無意義的爭論，以及所謂「人類將走向何方」這種難以置信的囈語。唉，實在愚蠢。謬思對此能說些什麼呢？她的信徒又能為自己辯解什麼呢？人們書讀得愈多，腦袋就變得愈小，這時愚蠢就破殼而出，扎下根來，即使有安堤基拉三城的嚏根草，也只是藥石罔效。[32]

我們有時候會把求知欲當成既能殺人也能救人的靈藥。伯頓在漫長的序言結尾，甚至建議把整個世界都送到嚏根草的產地：愛琴海的安堤基拉三城（叫作三城，其實只有兩個島）：

> 如今只能將整個（精神錯亂的）世界
> 送去安堤基拉三城，去吃那嚏根草。[33]

不過除了噓根草以外，《憂鬱的解剖》還使用了許多其他意象。伯頓想尋找自我分析、逃離瘋狂的方法，但整個計畫過於龐大，而逃離瘋狂這件事也變成注定失敗的悖論——

> 當我們指責別人瘋狂、白癡的時候，其實我們自己才是最愚蠢的人。正如〈傳道書〉第十章第三節所言，這些行為都證明了我們是愚者，我們出於自己的驕傲自負，去侮辱、誹謗、譴責、指責別人，把別人都當成傻瓜。[34]

精神分析

伯頓這本書的目標，可說是讓人以分析的方式持續進行自我治療，使理性能夠以自身的力量戰勝瘋狂。後來，這種思維發展出了所謂的精神分析。

精神分析的地位引發了許多爭論：它能不能算是科學？是不是某種欺詐或自欺？能不能帶領我們找到任何關於人類意識與經驗的可靠真相？史蒂芬·佛洛許（Stephen Frosh）在《關於精神分析的正反交鋒》（*For and Against Psychoanalysis*），細細檢視了精神分析獲得的知識至今引發了多少擔憂懷疑，而不同形式的精神分析又如何分別回應這些疑慮。[35]許多知識論的主題，都會討論到精神分析究竟能不能獲得知識。但卻比較少人直接討論精神分析如何去處理人們對知識的感覺——也就是說，人們不太討論「知識」這個觀念對於精神分析、精神分析師，以及精神分析理論的作者與讀者來說，有哪些特殊的意義與價值。而本章接下來要略過精神分析究竟能提供哪些知識，而著重探討精神分析對知識這件事投注了多少種不同的努力。

在英語中，精神分析研究特別替這種心理投注取了一個名字：心神貫注（cathexis）。而既然我要在本章中，研究精神分析怎麼討論我們對知識貫注心神，我似乎也該爬梳一下這個詞彙源自何處。英語的「cathexis」是詹姆斯．史崔奇（James Strachey）的譯法，原文其實是一個很常用的德語詞彙「Besetzung」，主要的意思是使用或占領。桌子或廁所隔間裡的某個地方叫作「besetzt」，占領駐軍叫作「Besetzung」。把佛洛伊德的作品譯成英語時，史崔奇似乎不僅發明了「cathexis」這個詞彙，更在這個詞彙中加強了投射力量的意義，他以投資與充電的概念，讓這個詞彙意味著某種強而有力的「占領」，相當接近英語中的「關注」（preoccupation）。因而「cathexis」在英語中，變成將能量導向某個物體、將其綁定或捕捉的意思了。史崔奇在一九二一年十一月二十七日寫給歐內斯特．瓊斯（Ernest Jones）的長信中，全神貫注地解釋了他打算如何在翻譯中表達這種過程，以及這種過程產生的狀態。他寫道：

> 區分某個東西有沒有「besetzt」性質的關鍵，顯然要端看它的內部是否正進行某個動態過程。而英語中的「充電」（charge）顯然就是在講「充電過

程」，「聚精會神」（cathect）與「心神貫注」也是用不同角度去講同一件事。[36]

不過彼得．賀佛爾（Peter Hoffer）也發現，史崔奇這個詞彙的意思「注定帶著矛盾……因為『Besetzung』所說的動作，本身就同時是動態與靜態的。」[37]

因此，「心神貫注」這個詞彙變成了一個需要讀者心神貫注才能理解的事物。史崔奇認為，造一個新詞去對應德語常見的「besetzen／Besetzung」，可以強迫讀者自己思考這個詞彙究竟是什麼意思。不過這種保持中立的做法，往往會引來許多語意上的問題，而且這些問題在「心神貫注」的案例中更是嚴重。因為這個新詞刻意造得像是科學或科技的術語，只要是專業人士都會知道的業內行話。因此，人們會投注一些相應的期待，認為它帶有相應的力量。無論我們用「心神貫注」這個概念去理解某些事情，還是在「心神貫注」的過程中獲取知識，人們都會在這個概念或詞彙上額外投射許多期待。英語的精神分析學中，有許多術語也碰到相同的問題。例如「ego」（自我）與「id」（本我）其實原本源自德語的常用字彙「Ich」（我）和「Es」（它），如今在英語中卻成了術語。或者人們會用「phantasy」（幻想）取代常見的「fantasy」，用語言上的小動作以顯示這個詞彙源自希臘，以及自己書讀得很多。當然，許多其他學科也都很愛製造術語以顯示自己的專業崇高，這不是精神分析學的專利。

不過，知識及其相關討論在精神分析學剛萌芽時，並不歸屬於哲學問題，而是醫學問題。精神分析不使用藥物或物理療法，而是試圖在逐漸理解的過程中，治癒個案的疾病。而哲學一直認為自己是治療各種思想疾病的良藥，或是保持心理健康的工具。但實際上，醫療照護的方法背後，或多或少都得基於一些明確的理論。也就是說，我們判斷某種療法治癒疾病是否只是歪打正著的標準，有部分是基於診治者是否了解眼前疾病的本質、療法背後的理由，或者個案是否相信診治者知道自己在幹什麼。醫學知識對醫療行為極為重要。我們甚至可以說，真正的醫學，是從患者不再需要搞懂診治者腦中知識的那一刻才誕生的。而我們距離這個誕生時刻，這個個案即使不懂療法、醫療行為仍然有效的時間點，大概才一百五十年而已。

不過在某些醫療行為或領域中，人們是否知情仍與過去同等重要。安慰劑效應與反安慰劑效應告訴我們，醫生與藥師是否抱有期待，甚至只是身邊的**旁人**是否知道某些**內情**，都可能明顯影響療效。醫生把無效的糖丸拿給患者時，即使不偽稱那是藥丸也沒關係，只要向患者保證「我們知道你吞下這顆就會有效」，安慰劑效應就會真的產生療效。我有一位工程師朋友選擇使用順勢療法，但原因不是她相信那玩意真的有效，而是她知道自己的身體相信那套。而這些猜測、信任、期待的效果，更在精神分析中發揚到極致。如果所謂「傳統」療法的療效，源於某些我並不需要知道的知識；那麼「替代」療法的療效，似乎就嚴重仰賴各種粗糙得不可思議的理論。幾乎打從一開始，精神分析就以獨特的方式結合了哲學與臨床治療。後來有人把它叫作「談話治療」（talking cure），有些人則叫它「思維治療」（thinking cure），這表示「分析」這個詞彙所包含的詮釋、辨識、理解過程，對精神分析而言都相當重要。傷寒或癌症患者即使了解疾病的性質，痊癒的可能性大概也不會因此變得更高；但精神分析假設它能處理（甚至包括它不能處理）的所有疾病，都源於意識與潛意識之間的失調，因此要用什麼樣的療法以及能產生多大的療效，完全取決於診治者與個案是否了解個案的疾病。如果讓傳統醫學得以發展的知識論，重視的是要用哪些推導和證明，才能確定我們理解了人體的生理機制；那麼精神分析即相信知識論可以拿來治病，它不但相信只要了解疾病就能產生療效，還相信我們只要有正確的知識就能擺脫錯誤的理解。而像亞當・菲利浦（Adam Phillips）這樣的人甚至認為，與其說精神分析是一種已經淡出的醫學，還不如說是某種教育學或哲學——

> 我認為精神分析比較像是十九世紀討論的教育，而非某種醫療方式。但無論它是什麼，它都是某種探索人們如何彼此通訊的機會。[38]

佛洛伊德也承認精神分析「介於醫學與哲學之間」，只是從未說過這是精神分析的明顯優勢。[39]此外，「知道什麼事物」一直是精神分析討論疾病與分析過程的重點。精神分析不僅斷言診治者知道某些事，也懷疑診治者是否真的知道那些事。恩斯特・斯梅爾（Ernst Simmel）在一九二七年討論「外行人的精神分析」時就說過：

精神分析會戳破文明人的自戀幻影，而這對診治者來說更是痛苦。他們失去了巫師與醫學專家的光環，失去了潛意識中那種「全知全能」的驕傲，還被指責「真正的智者會明白自己的知識有所不足」，而他們太過傲慢。40

如今精神分析學者仍相當看重學術地位。而那些堅持要標註「博士」頭銜的人，幾乎都是可疑飲食書的作者、推銷陰謀論的人，以及精神分析學者。精神分析曾經好幾次把「我們究竟知道哪些事物」推上臨床醫學的核心。即使眾人不斷從內在與外部的角度爭論精神分析究竟是什麼、精神分析知識究竟該擁有什麼樣的地位，精神分析仍帶領其信者保有勇氣，嚴謹地探索意願與信念的本質，在激辯的過程中一路成長茁壯。也許聽起來有點奇怪，但想一想就知道，精神分析不僅是討論知識帶來哪些病徵時的資料庫，同時也是孳生這些病徵、讓它們激鬥的競技場。

全能

精神分析無論在理論、實作，還是它對自身的看法上，都相當重視知識具有哪些力量。當知識具有力量，求知的意願就永遠與想要掌握知識的意願密不可分。掌握知識的人擁有很大的權力，即使這種權力跟其他權力一樣往往都是想像出來的（我預設只要我有知識，你就會認為我有相關的權力，但事情經常並非如此），人們依然如此相信。精神分析最早發現的詭異現象之一，就是那些擁有知識的人，有時似乎無法知道知識的力量邊界究竟到哪裡。我在〈引言〉寫過，佛洛伊德把奇幻思維視為一種「認為思想無所不能」的現象。（*SE*, XIII, 84）[41]他最初用這個詞來形容一位被稱為「鼠人」的個案，該個案相信自己只要想著傷害敵人，敵人就會受傷。佛洛伊德認為這已經超越了妄想，因為他的個案真的相信這種力量，以至於讓這種無法理解也無法控制的力量，潛在地支配他自己——

> 他相信自己的愛意與恨意無所不能。即使不去爭論愛是否真的無所不能，我們也能知道這兩者都與死亡有關。而且也許事情很簡單，我們的個案就像其他患有強迫症的人一樣，精神中出現了很多自己沒有意識到的效果，因此被迫高估自己的負面情緒對外界的影響。也許他的愛意或恨意真的壓倒了一切。因為他的愛意與恨意創造了這些偏執，但他既不知道偏執從何而來，也不知如何抵抗，無論如何掙扎都無法逃脫。（*SE*, X, 233–4）

後來在論文〈萬物有靈論、魔法、無所不能的思想〉（Animism, Magic and Omnipotence of Thoughts）中，佛洛伊德又再次提到這種思想萬能論（他特別討論其中一種思想萬能論的形式，不過這種東西的形式永遠都一樣）。該論文刊在一九一二年的《自我影像》（*Imago*）

期刊，後來又收入他的《圖騰與禁忌》（*Totem and Taboo*）。對此，精神分析希望讓人們了解自己的心理結構，藉此不被思想的力量所困。佛洛伊德認為精神官能症跟原始部落相信的魔法有相似之處。精神官能症「相信現實不是經驗到的，而是想像出來的」，並且「錯把心理歷程看得比現實更重要」（*SE*, XIII, 86, 87）；原始部落的魔法則「錯把思維與現實直接連在一起」。（*SE*, XIII, 79）佛洛伊德發現奇幻思維的起源，就是人們把表達出來或壓抑下去的思想，與性連結在一起。他稱之為「攙雜過多性欲的思想」（libidinöser Überbesetzung des Denkens, *GW*, IX, 109）。「我們知道，原始部落的人和強迫症患者都相當重視精神行為，但在我們看來那是過度高估」，他認為這是因為「原始部落的人的思維依然有很大一部分跟性綁在一起。這讓他們相信思想無所不能，堅定地相信可以直接用思想控制世界」。（*SE*, XIII, 89）至於強迫症患者，則是因為壓抑與性有關的思維，而讓這些思維獲得更大的力量，結果「讓思考過程變得與性更為密不可分」。最後這種「攙雜過多性欲的思想」就讓他們「陶醉於自我的思維，相信自己的想法無所不能」。（*SE*, XIII, 89–90）

佛洛伊德在一九一二年最後幾個月全神貫注撰寫〈萬物有靈論、魔法、無所不能的思想〉時，全能的問題似乎讓他卡住了。他在十二月三十日寫給桑多・費倫奇（Sándor Ferenczi）的信中就暗示，這個主題讓他開始懷疑自己的出發點，「我之前一直把自己當作全能，就像個野蠻人那樣，必須用這種方式才能繼續把事情做下去」。[42]不過請注意，佛洛伊德並沒有認為自己無所不能，而是「之前一直把自己當作全能」。[43]只要想做困難的知識工作，人們就經常得把自己當作全能。我相信很多作家都會同意，要寫完一部作品就往往得堅信，甚至不合理地信任自己筆下的事物十分重要，力大無匹。不過，佛洛伊德其實並不是說無所不能的感覺對於完成作品相當重要，而是說這種感覺對於「把事情做完」相當重要，也就是說，它影響的並不是能不能寫得盡善盡美，而是能不能寫到一個段落然後把它拋諸腦後。[44]畢竟若你不認為自己無所不能，大概就會持續研究下去，那就不是在寫作品，而是無止境地追求知識了。

佛洛伊德在描寫「鼠人」這個個案時，出乎意料地願意把他親切地稱之為「愛」（Liebe）的事物描寫得無所不能：

> 不可否認的是，雖然他所完成的思維活動釀出了悲劇，但卻也幾乎成功地把本能理想化了。或許再沒有任何事物，比這更能證明愛的力量無所不能。因而在性的領域裡，那最神聖的與最卑劣的就能靠得最近：可以從天堂穿越人間來到地獄。（*SE*, VII, 161–2）

他最後這句話出自歌德《浮士德．舞台序幕》的結尾，劇中的劇場經理在對話中力勸對方使用劇場的所有元素，去呈現人類經驗的無窮無盡——

所以請在我們狹窄的舞台
踏出整個世界的風采，
用沉思的速度漫步
從天堂穿越人間到地獄之處。[45]

佛洛伊德引述這句話表示，與其說精神分析位於「性的領域」（原作*GW*, 5.61寫為in der Sexualität），還不如說它位於那個把至高與至低連結起來的知識劇場之中。當然，佛洛伊德這種乍看之下相當傳統的浪漫式讓步，其實只是在間接肯定他的精神分析理論有多麼仰賴性的力量。看看一九一〇年他在榮格面前辯護性理論的必要性時有多麼狂熱，就知道他認為那有多重要——

> 我至今清楚記得佛洛伊德說的話，「親愛的榮格，答應我永遠不要放棄性的理論。它是最重要的事物。我們必須把它當成教條，當成不可動搖的堡壘。」他帶著極濃烈的感情，用父親的口吻對我說：「而且孩子，答應我一件事：每個禮拜天都要上教堂。」我有點難以置信地問他：「堡壘？抵禦什麼的堡壘？」他先是回答「黑暗的泥潮」，然後頓了一會兒又說「神祕主義」。[46]

在榮格眼中，這顯然不是基於證據的科學判斷，而是基於「某種個人的驅力」。[47]佛洛伊德明明想要反對「神祕主義」裡的奇幻思維（當時榮格對超心理學愈來愈感興趣），卻掉進了另一種神祕主義式的原理中，即使後者不能算是不為人知的知識，卻仍屬於無法描述的知識，或者某種本身就想躲起來的知識（被壓抑或蒙蔽的性力量）。至於榮格，則認為這種力量已經影響了佛洛伊德，讓他把「性看成一種神祕而令人敬畏的『神聖』（numinosum）」，整個性理論「都變得像宗教與超心理學那般神祕」。[48]

佛洛伊德的這種全能，似乎已經有點從理論上的無所不包，轉移到實際應用上的無所不能，以及思維方式的至高無上。這種無所不能的思想，似乎可說是求知欲望投射出來的完美幻影，這種欲望渴望達到全知，於是容許自己幻想出一種無所不知的事物。費倫奇在一九一三年的論文〈現實感的發展階段〉（Stages in the Development of a Sense of Reality）中，就預見佛洛伊德會如何評論強迫症患者的全能幻想。費倫奇發現，強迫症患者——

> 承認自己被迫相信自己的思想、情感、願望，無論好壞全都無所不能。無論他們如何開明，無論他們的學術知識與理性如何用力抵抗，他們都會認為自己的願望莫名其妙地成了真。[49]

費倫奇認為這種狀況，源於孩子在子宮中經歷過的某種全能狀態，在那種狀態下所有願望都會實現。我們很難理解這是什麼意思，不過人們的確可能不經意地認為自己全能。畢竟若你不僅不知道自己的能力有極限，甚至也不知道哪些是你的能力所在、哪些只是你既有的狀態，那麼會認為自己全能也不奇怪。不過，想要變得全能的人，似乎不僅限於子宮中的孩子以及強迫症的患者而已。費倫奇隨即就說：「那些精神分析師也一樣，無論他們想要確認什麼，都能確認成功。」（*FC*, 214）費倫奇認為孩子長大時，會經歷一種「思維和語言具有魔法力量的」過渡期（*FC*, 230），那段時間他們剛剛掌握語言，可以清楚說出需求，但仍相信自己可以用心靈感應的方式去影響世界。

不過費倫奇通常不會像其他人那樣，把全知跟全能綁在一起。其實仔細一想就知道，強迫症患者的全能幻想受到很大的限制，他被某種無法理解的力量強迫去希冀某些自己根本不想要的事物。反倒是精神分析師在解釋移情作用（transference）的時候，都很容易以為自己全知。只不過他們把這種全知的幻想轉移到個案身上——

> 只要是診治者都會陷入這種移情現象中。他會用某種神奇的方式證實孩子具有性幻想，因為他知道所有被禁止的事情，可以觀看觸摸所有被藏起來的事物，而這正是判斷孩子的潛意識有沒有性幻想的關鍵。在診治者判斷個案是否患有精神官能症時，也會產生相同的移情現象。（*FC*, 41）

也許可以說，這種現象是因為精神分析師用新的全能替代了舊的全能。他們早已渡過了「相信手勢與語言具有魔法力量的階段，日益適應了複雜的現實，並獲得了許多知識，這些知識幾乎讓他們完全了解無所不能的大自然」。（*FC*, 234）

費倫奇的這篇論文影響深遠，可惜最後卻提出了一段與他批評的對象同樣可疑的論調。他認為個體的發育過程與物種的演化歷程之間有相似性，例如出生時的心理創傷可能重演了人類在冰河時期的經歷——

> 也許可以大膽地說，人類之所以會壓抑自己喜歡的嗜好，並因此逐漸發展，就是由於過去地球表面的地質變化及其帶來的災難，影響了原始的人類。過去的災難可能數次壓抑人類的發展，而災難發生的時間與強度，可能也決定了人類的性格以及他們會罹患哪些精神官能症。佛洛伊德教授曾說，物種的性格凝聚了整個物種演化的歷史。而既然我們都做了這麼冒險的推測，自然就不需要在最後一步退縮。我們大可以猜測造成個體壓抑的關鍵階段：潛伏期（latency period），與原始祖先經歷過的大災變有關。也就是說，祖先在冰河時期遭遇的苦難，至今依然忠實遺留在我們每個人的生活中。（*FC*, 237）

不過費倫奇也很快就發現這外推得有點過火——

想要了解一切的衝動，誘使我把歷史事實套上額外的顏色，把它們拿來類比目前尚未知曉的事物。這也讓我回頭反思，我也許太想要挑戰學術的最高峰，因而陷入了自己無所不能的感覺之中。科學必須排除這種錯覺，或者必須能夠確定自己什麼時候掉進了假設與幻想的陷阱。那些無所不能的幻想，還是留在童話故事裡，主導故事發展就好。（*FC*, 238）

費倫奇發現自己已經陷入了某種科學幻想中，於是懸崖勒馬，提醒我們科學必須知道自己什麼時候已淪為幻想。不過童話故事與科學幻想之間的差異就沒那麼清楚，因為童話本身就是幻想。事實上，知識有時會允許我們進行幻想。而當我們探索各種事物的起源，以及知識的起源時，全能經常會限制我們的能力。雖然全知與全能的效果在邏輯上幾乎一樣，但如果你真的既全知又全能，其實你會難以知道自己全能。這跟知道自己能力相當強大並不相同，你一旦知道自己全能，全能就變成一個獨立的屬性，結果反而會讓你無法完全使用你所有的能力。全能者要完全發揮所有能力，就需要一個絕對的自我同一性，但知識一定會帶來內在分裂，使這個條件無法達成。

美國心理學家博川．列文（Bertram D. Lewin）寫了好幾篇論文來探討求知欲。他在其中一篇談論教育的論文中，提醒我們注意「全知」這種幼稚的幻想，以及希望重建這種幻想的渴望，會對人造成很大的影響——

很多人在小時候都會以為自己無所不知、無所不能，以為天堂就在我們身邊。我們直覺上都會認為，知識與世界雖然都極為廣大，但在先驗上都是有限的，而且都是我們可以理解的。等到我們發現自己並非全知全能之後，就會產生怨恨，然後試圖用幻想、真實以及如幻似真的各種方法，來彌補這種最初的感覺所留下的缺憾。[50]

列文在更早的一篇文章中，提到人們會用哪些方法彌補不再全知之後的缺憾——

很多人都會自戀地以為自己無所不知，但為了活在社會上必須壓抑這種全知，於是他們會用各種真實或虛幻的方式來彌補這種失落。之後無論是在知識領域還是其他領域，只要有任何人汙辱他們的自戀心態，他們就會用一種無所不知的態度來回應，或者為了重新掌握自己無所不知的感覺，在衝動下開始研究。[51]

列文認為，論述中那些仰賴信仰的部分，也就是他所說的「部分全知」，就源自這種恢復全知的渴望——

> 那些「所有人都知道這是不證自明的」之類的說法、那些乍看之下不證自明的哲學知識體系，以及用那些某種經驗上很難檢驗的說法聲稱某類知識更可靠的形容詞，很可能都跟作者的潛意識信仰有關。這些作者很可能都隱隱帶著自戀的念頭，傾向於相信一切都是已知的，相信真理是不證自明的。[52]

為了彌補失去全知的感覺，人們可能會陷入精神官能症、強迫症、妄想；但如果人們運氣相當好，比自己想像的還好，則有可能把想要重獲全知的動力昇華成另一種事物：列文認為哥白尼、達爾文、佛洛伊德因此各自打造出自己的科學方法。[53] 一九五七年十一月，列文在芝加哥精神分析研究所（Chicago Institute for Psychoanalysis）成立二十五週年的紀念講座上，發表了這篇論文。雖然文章以誇張的方式，把精神分析的興起類比為歐洲思想史上的其他重大事件；但列文的重點是「精神分析機構太年輕，還無法承擔，或感受不到這種全知的感覺會帶來哪些責任」。[54] 無論是精神分析的知識本身，還是與其相關的各種活動，很可能都源於人類對知識的渴望，以及認為自己無所不知的幻想。

知識如果沒有先被假設、想像、假定出來，就不會存在，全知也是如此，而且人們經常讓全知變成了全能。這點在精神分析的其中一項關鍵假設中最為明顯：精神分析認為潛意識世界裡沒有巧合，每一件看似無關緊要、隨意為之、任意決定或偶然碰巧的事，全都是被各種其他方式決定好的。雖然我在佛洛伊德的標準版著作中找不到任何「潛意識世界沒有巧合」的論述，但人們都說佛洛伊德堅持這種觀點。可以確定的是，佛洛伊德十分強烈地認定許多乍看之下的「偶然行為」其實都是「疾病徵兆」，這點在《日常生活的精神病理學》被特別強調。該書的第十二章〈決定論，以及對於偶然和迷信的信念〉開頭就說：「如果我們相信，我們某部分的心理運作不具備任何目的，我們就無法理解精神生活對我們的決定程度有多大。」（*SE*, VI, 240）接下來他又以自己的信念試圖證明，人們不可能真正隨機地選擇一個數字。他以自己跟威漢．弗利斯（Wilhelm Fliess）的通信作為例證。當時他在校對《夢的解析》，找到了「二千四百六十七個錯誤」，但已經不想做更多修正。（*SE*, VI, 242）佛洛伊德在引述這段話之後立即分析了這個數字，藉此證明「心中沒有任何事物是任意決定，或沒有決定好的」。（*SE*, VI, 242; *Nun gibt es aber nichts Willkürliches, Undeterminiertes im Psychischen*, *GW*, 4.270）接下來，他又照慣例開始轉而焦慮自己的學術成就與野心，擔心他是不是像在書中讀過的一位將軍那樣該退休了。雖然佛洛伊德相當了解人們十分容易陷入迷信（德語的Aberglaube，也可譯為「過度相信」），也的確說過「我發現人類的潛意識思維活動很容易陷入迷信，但一直還不知道迷信源於何處」（*SE*, VI, 250）；但他似乎沒能意識到精神分析師也有他說的這種傾向。

　　這種思想似乎並不假定某種全能，但卻預設了某種必然的確定性。它未必相信思想無所不能，但卻嘗試去思考所有事物。所有事情都有意義，所以所有事物都很重要。梅蘭妮．克萊恩（Melanie Klein）等人研究學習障礙的方式，就是很好的例證。這種思考學習機制的方式，最初可能源於克萊恩在一九二三年發表的論文〈學校對性欲發展的影響〉（The Role of the School in Libidinal Development of The Child）。論文中記載，幼兒表達了自己對於數字與字母的感覺，並冷酷地像施虐者般把這些感覺套用在幻想出來的肉體上。其中最冷血的莫過於一位名為弗里茲的孩子在分割幻想物體表現出來的壓抑，克萊恩相信這孩子會有這種感覺，一定是因為曾經在幻想中分屍母親——

> 接著他又把這件事連結到之前詳細陳述過的幻想，說每個孩子都希望獲得母親一部分的肉，所以必須把母親切成四塊。他巨細靡遺地描述分屍的過程，包括母親會如何尖叫、他要怎麼把紙塞進母親嘴裡防止她尖叫、母親會有怎樣的表情等等。……然後他說，每個小孩都拿了一部分的肉，一致同意要把切開的母親吃下肚。[55]

克萊恩認為，弗里茲的潛意識壓抑這些暴力幻想，造成了他學不會直式除法，「他每次弄不懂商和餘數、不斷寫錯兩者位置的時候，才會出現這些幻想。在他心中，這些數字記載的就是潛意識中那些血淋淋的肉」。（*LGR*, 70）克萊恩解釋，其實弗里茲真正在想的是「如何完全擺脫除法帶來的壓抑」（*LGR*, 70），不過這似乎讓人不太安心，反而讓人緊張。畢竟壓抑分屍的衝動應該是件好事吧？

克萊恩的整段說法都預設一件詭異的事情：如果不壓抑心中的情緒，幼兒就能自然而然學會直式除法。許多早期的精神分析師似乎都相信，人類可以自然而然學會各種事物，不會碰到障礙，所有知識都是完全可被理解的，所以只要碰到障礙，一定是什麼壓抑所造成。這種思維本身就十分奇幻，因為它似乎意味著世上沒有任何反例。這群人明明對機械幾乎一無所知，卻把心理機制想得「跟機械一樣」完美，他們相信思考無所不能，可以找出事物背後的普遍原因，解釋世上發生的所有事情。這簡直就是用一種很魔法的思維，斷言那些無法解釋的魔法不可能存在。厄尼斯特．蓋爾勒（Ernest Gellner）就說，精神分析理性「和許多原始思想體系一樣，完全相信每件事物之間具有某種嚴謹的既定關係」。[56]在這方面，精神分析的確與它所分析的思維相當類似——

兩者都帶著某種偏執，認為眼前的每一件事物都相當重要，而且相信自己可以用直覺讀懂它們的意義。這種偏執，過度活化了我們尋找因果關係的能力。我們無法遏止，只能被迫尋找每件事之間的關聯。[57]

生命中第一個、也是最重要的問題

在佛洛伊德的思想中，追尋知識的問題還未顯出重要性。到了梅蘭妮．克萊恩與威爾弗雷德．比昂等精神分析學家的出現，這類問題才獲得較大關注。但佛洛伊德精神分析的核心特質，以及這套系統的核心主張：戀母情結（Oedipus complex），其實就是知識的問題。伊底帕斯之所以對佛洛伊德以及之後的精神分析師而言相當重要，不只是因為他想要弒父娶母而已。在索發克里斯（Sophocles）版本的希臘神話中，伊底帕斯還亟欲想要知道自己做了哪些事，或者想知道做了那些事情的究竟是誰。伊底帕斯的故事不僅將欲望化為戲劇，也將人們想要了解自然的欲望，以及了解欲望會帶來哪些後果的欲望，都化為戲劇。

在伊底帕斯神話中，也出現了一個探索精神分析知識時都會遭遇的核心問題——「我從哪裡來？」這個問題最初出現在佛洛伊德一九〇八年的論文〈兒童的性理論〉（Sexual Theories of Children）中。接著又出現在一九一五年的新版《性學三論》（*Three Essays on the Theory of Sexuality*）新增章節〈兒童的性研究〉（The Sexual Researches of Children）中，佛洛伊德在該章節對於兒童性感覺與性覺醒源於何處的好奇心，與兒童本身對這些事情的好奇心相互呼應。後續的許多研究者往往相信，兒童最初、也最具特色的好奇心，就是想知道事物源自何處。佛洛伊德以某種奇怪的方式推論，嬰兒最初好奇的事物似乎與性有關，因為嬰兒表達了性的欲力，無論這性的欲力是什麼。（對佛洛伊德等人來說，對性方面的運作感興趣，一定是跟性的感覺有關，似乎都是不證自明的事情？）

佛洛伊德在〈兒童的性理論〉開篇就承認，他研究兒童的難度，與兒童研究自己的難度一樣高，因為我們很難靠旁觀者去觀察兒童身上發生什麼事，只能仰賴兒童的回憶與回報。

（*SE*, IX, 209）有趣的是，佛洛伊德使用平等的詞語描述兒童與研究者，兩者都會「研究」性的起源，並發展出「理論」。佛洛伊德認為「生命中第一個、也是最重要的問題，就是『嬰兒從何而來』，而這個問題最初出現的形式，無疑就是『眼前這個嬰兒究竟是怎麼闖進這個世界的』」。（*SE*, IX, 212）這個問題不但可以說是人生中出現的的第一個大疑問，也可以說是與生命起源有關的大哉問。佛洛伊德說，我們應該去傾聽「神話與傳說中那些無數謎題」傳來的原始回音（*SE*, IX, 212），而他前一年在某封討論性教育的公開信中更是直接指出，其中他最重視的就是「底比斯的人面獅身問伊底帕斯的謎題」。（*SE*, IX, 135）為了解釋兒童會用什麼樣的方式撰寫自己的起源神話，佛洛伊德必須先寫出自己的版本。在某種意義上，兒童苦思嬰兒源於何方，以及佛洛伊德思索關於嬰兒的知識從何而來，這兩個問題似乎有相等的效力。瑞秋·鮑比（Rachel Bowlby）就指出：「兒童的啟蒙，似乎與精神分析自稱的知識很像。精神分析把兒童的性感覺與成人的精神疾病連在一起，給世界一個新觀點。」[58]

不過佛洛伊德並不願意承認追尋知識的本能是自發產生的，他不喜歡事情無法解釋。他堅稱兒童會追尋知識，是因為看見了新寶寶降生，焦慮自己的利益受損（他認為這時候無論兒童有沒有弟弟、妹妹都一樣），「兒童實際感受到、合理地害怕父母不再照顧自己，並且發現自己從現在起必須與新來的寶寶分享所有財產，因而喚醒了情緒，強化了思維能力」。（*SE*, IX, 212）佛洛伊德的故事，充滿了迷惑與失望。他認為，由於父母只會講一些送子鳥和醋栗叢之類的胡言亂語，兒童開始懷疑成年人在這方面的發言根本沒有權威性或可靠性，於是開始發展自己的理論。但到了最後，卻往往怎麼研究都找不到答案，於是被迫放棄。佛洛伊德認為，兒童自從發現無法獲得知識，或者發現自己追尋的是禁忌知識之後，從此就對知識抱持畏懼、迷戀，以及某種詭異的可疑絕望感——

> 不難想像，無法成功獲得知識之後，兒童就變得更容易拒絕知識、遺忘知識。但這種沉思與懷疑，後來卻變成所有為了解決問題而思考的原型。第一次的失敗嚴重影響了兒童的整個人生。（*SE*, IX, 218–19）

佛洛伊德把這篇論文精簡之後收入新版的《性學三論》中，稱其討論了「對求知本能的永久傷害」。（*SE*, VII, 197）有趣的是，這第一個未解之謎，似乎不僅引發了兒童日後的研究興趣，也引發了佛洛伊德的研究興趣。佛洛伊德堅稱這些研究一定是偷偷進行的。他以風趣的精鍊文字表示，兒童「通常不發一語，帶著深深的懷疑」接受了送子鳥送寶寶來的說法，然後「注定獨自一人展開人生最初的性研究」。（*SE*, VII, 197）也就是說，這種求知欲源自兒童不再信任大人，失去了與世界之間的連續性。這樣的斷裂的確可能會讓兒童開始成為獨立的個體。它不僅在兒童獲取知識的路上留下最初的創傷，也在傷口中長出一個新事物。性的研究「構成了兒童獨立面對世界的第一步，同時也讓兒童隱隱了解，他終將與過去曾經完全信任的人們高度疏離」。（*SE*, VII, 197）

不過佛洛伊德這時並沒有提到，許多小孩都發現只要做出「提問」這種社會行為，就可以保證父母關注自己，這在小孩與新生弟妹搶奪注意力時相當重要。佛洛伊德只有一次注意到「提問」的社會意義。當時他引述莉莉這位喪母的十一歲女孩所寫的信（*SE*, IX, 136）——

親愛的馬莉姑姑：

請告訴我你怎麼生下克莉絲汀和保羅的。昨晚我們在爭論寶寶是怎麼生出來的，好想知道答案，可是旁邊都沒有人可以問。你結過婚，一定知道這件事，所以我們決定來問你。你是什麼時候搬到薩爾茲堡的？馬莉姑姑，我們搞不懂送子鳥到底要怎麼把寶寶帶過來。特魯多說牠們把寶寶包在內衣裡，從湖邊叼過來。可是如果寶寶原本都在湖邊，我們去湖邊那麼多次都沒有看到寶寶啊。而且，人們要到什麼時候才知道自己會有寶寶呢？可以告訴我嗎？拜託。盡量寫詳細一點。

獻上我們的千萬個問候與親吻，

好奇的姪女莉莉上

莉莉打破砂鍋問到底的精神，有點像是路易斯．卡洛爾筆下的愛麗絲；不過莉莉似乎深信自己有權提出問題，所以並沒有就此開始祕密沉思，反而熱情地正式寫信提問。雖然佛洛伊德討論兒童這種行為時，相當支持兒童的坦率，但莉莉信中樂觀而理性的勇氣，後來似乎反而帶來了悲劇，「我不相信這封感人的信給兩姊妹帶來了她們想要的啟蒙。寫下這封信的人後來罹患了精神官能症，那些沒有得到答案的問題在潛意識作用，讓她陷入強迫性沉思」。到了一九二四年，這件事變得更黑暗，「幾年後，強迫性沉思又變成了早發性失智症（dementia praecox）」。（*SE*, IX, 136）

茱莉亞・克莉斯蒂娃（Julia Kristeva）指出，孩子們會發現「提問」可以帶來一種相當特別、近乎魔幻的力量，她稱之為「愉快的恍惚狀態」（pleasurable trance）。這種愉悅的部分成因，就是孩子們注意到被提問的人很難拒絕回答問題。這會帶來一種謹慎的歡騰，讓人彷彿走進一個由問題與答案構成的世界，並陶醉於其中。這個世界沒有物理世界那麼真實，卻也因此比物理世界更為強大，「孩子們依然遊走於世界肉身與語言王國的邊界上。他們以幻覺般的知識知道，無論是客體、人、自己或成年人的反應，一切身分都是可以建構、也可以解構的嵌合體」。[59] 佛洛伊德那些關於兒童的問題，似乎本身就同時會討論到身體所需要的力量，以及語言可以產生的力量。這兩種力量都有可能比另一種更早誕生。

此外，雖然佛洛伊德並不重視，不過兒童探索生命起源這件事還有另一個層面。索菲・德・米荷拉-梅勒（Sophie de Mijolla-Mellor）發現，剛出生的弟妹誕生自何處的問題，可能連結到另一個更與自身相關、更讓人困惑的問題：「弟弟、妹妹闖進世界前待在什麼地方？」有時候會帶出更難解的問題，像是「我出現在這裡前待在什麼地方？」、「我不在這裡後會去什麼地方？」無限廣袤深邃的思想，一定必須去處理自己的消失：全能必須去面對自己的無能，知識也必須同時站在絕對的力量與絕對的軟弱兩邊。只有當知識戰勝自己的時候，知識才能誕生，因為知識一旦有了開始，就注定會迎來結束的那天。米荷拉-梅勒認為這創造出了一種「身分閹割」（identity-castration），因為「在因果上，要把被消融的意義重新打造起來，就必須找出離世究竟是什麼意思」。[60]至少在寫《夢的解析》時，佛洛伊德似乎還不相信兒童有死亡的概念——

> 除了「死」這個詞彙以外，兒童與我們對於死亡的概念似乎完全沒有共通之處。兒童不知道肉體腐爛的可怕，不知道墳墓裡的冰冷，不知道永恆虛無的恐怖；但成年人卻很難容忍這些事物，所以才創造了死後有來生的各種神話。死亡的恐懼對兒童而言毫無意義。（*SE*, IV, 254）

莉仁．瑞辛斯基（Liran Razinsky）認為，這表示精神分析學說系統性地去壓抑關於死亡的知識，雖然佛洛伊德在《超越快樂原則》（*Beyond the Pleasure Principle*）中對死亡驅力的論述相當有名。瑞辛斯基主張——

即使我們接受佛洛伊德的說法，相信生命中所有重要的本質都是在兒童時期所形成，有意識地思考以及知識從來都不是關鍵；那麼我們終有一天會死的這種知識又該怎麼辦？我們真的可以因為這項知識無法獨立影響我們的心智與生活，就假設它與我們無關嗎？我們都知道自己終有一天會死。這項知識相當重要，理論與臨床都該認真看待。每個從事精神分析的人，都應該費心苦思這是怎麼回事。[61]

如果我不會永恆存在，全知就一定知道我的稍縱即逝。全知最重要的意義，就是知道那些不存在的事物，這包括我尚未出現時位於何處，以及我消失之後將至何處。那些關於不存在之物的知識，既宣告了知識無法處理某些事物、承認某些事物無法為人所知；同時也利用了知識的極限，把那些知識無法處理的不存在之物，美化成不朽的事物。也許這也就是如今沒有人會真的認真夢想著肉體不朽的原因吧（雖然在某些意義上，構成肉體的元素的確不朽，只是不會一直留在我身上而已）。我們都夢想活在某種認知模式之中，有些是佛洛伊德式精神分析留存下來的模式，有些則是在它被歷史駁斥之後所留下的模式。

全能的理論之所以偏頗，在於知識不可能完全屬於某一個人。擁有知識，同時就意味著了解自己擁有的知識有其極限。你不僅不可能知道所有的事情，你知道的所有事情也都證明了你的知識必定有限。一說出「想要知道某些事情」，就承認了每個人的知識往往源自於他人。那些一直關注你的人，就是你有天將永遠消失的證據。去知道一件事情，不但讓你與你知道的世界之間建立了一種連續性，同時也將你束縛在遠離世界的深淵中。它讓你與這種斷裂永恆相連。

諸如各種事物從何而來，尤其是問題從何而來、哪些事物可算是「既有原因」（established causes）這類的問題，將繼續困擾佛洛伊德。具體來說，他仍不確定究竟應該把求知欲當成其他「追尋自我」那樣的原始驅力，還是應該認定求知欲像這些驅力般有著相同的繁衍力量。佛洛伊德詭異地相信，嬰兒在最初探索時受到的傷害或感覺到的無能為力影響了之後的探索，但這似乎違反了他認為人們最初認為思想全能的概念。反倒是瑪莉・查德威克（Mary Chadwick）與梅蘭妮・克萊恩的理論，把對知識的渴望與對權力的渴望緊密結合在一起，也許可以讓兩者並行不悖。

查德威克在一九二五年與一九二六年發表的兩篇論文中，重新討論了知識與權力之間的關係，尤其是與性能力之間的關係。這兩篇論文衍生自佛洛伊德的看法，認為幼兒對性與生育的好奇心，昇華之後就變成了求知欲，尤其是男孩特別容易把生育下一代的願望昇華為求知欲。其中知識代表著陰莖（查德威克喜歡指出好奇心、好管閒事〔nosiness〕，以及「用鼻子看東西」的奇怪幻想之間的關係），更具體說它代表著兒童放棄對母親的欲望，因為母親似乎成為「沒有陰莖的恐懼」之象徵。「兒童退而求其次，用求知的方式，來滿足本能的**好奇心**。」[62]查德威克在此強調一個最近在女性主義知識論中出現的主題：那些描述生命過程的知識，體現了人類如何以知識代替實際上的生育過程——

男人想要掌控自然界的所有力量，生命與分娩的力量也不例外。這種願望源於另一種原始願望：男人想要自己生孩子，但他做不到，於是想要完全控制那個可以生孩子的人。63

這也可以解釋查德威克為什麼在論文中著重討論女性避孕的知識，因為掌控生命就意味著可以摧毀生命。思想與知識不僅可以抑制生命，也可以創造生命。查德威克在她的《兒童發展的困境》（*Difficulties of Child Development*）中，引用了尼采在《善惡的彼岸》（*Beyond Good and Evil*）說他自己「就像孕婦，把筆下的思想（也就是該書）當成他的孩子」，同時也指出兒童自己發展出的那些理論，都奠基於「只憑思考就能造出孩子」這種想法上。舉例來說：

某個小女生對家人說了以下的理論：如果你親吻了枕頭，而且相當用力地許願希望隔天早上枕頭下會出現一個嬰兒，嬰兒就會出現；父母想著自己想要怎樣的嬰兒，就能獲得那樣的嬰兒。這位小女孩的理論，意味著在很久以前，甚至「在你出生或想到這件事之前」，她就對於你們把她想成女孩而非男孩一事一直感到失望。她深信自己生為女孩是因為某些錯誤，或者是因為父母太粗心了，沒有好好把事情想清楚，沒有採取適當的預防措施。64

這個小女孩的可愛錯誤在於，她認為人們必須集中精力才能確保順利「受孕」。這種觀念在人類歷史上屢見不鮮，例如恩培多克勒（Empedocles）就認為，想像力可以在受精的種子上留下印記。這種想法到了文藝復興時期變得更為普及，很多人都相信母親的想像力可以讓胎兒成形，也可能造成畸胎。[65]這個論證還包含了一種觀點，它認為求知的意志有時會以相當激烈的方式，把想要某件事發生的意志轉變為不想要某件事發生的意志，或者變成某種對抗意志的意志。查德威克以及許多其他的精神分析論述，在討論知識問題時似乎都會詭異地一口咬定說，心理分析的好奇心和知識本身可以生產出很多事物。查德威克討論男同志群體時，幾乎只集中於歷史記載，卻以為這些記載可以廣泛適用於精神分析機構，以及知識與教育機構。其中最明顯的部分，就是查德威克認為知識的成功昇華是為了彌補精神上的缺憾，「失敗的性反常」會導致「懷疑狂」（folie de doute）或「強迫性懷疑」（Grübelsucht）。[66]這種情況也稱為「形而上的譫妄」。[67]這些研究都一口咬定眼前看到的強迫性懷疑症，是他們以為的原因所造成，精神分析研究經常具有這樣的特點。

查德威克從未把她對求知欲的理論發展成一個系統，但這個主題卻在她日後討論兒童發展的著作中反覆出現，尤其是關於小女孩的著作最為常見。她在《青春期少女》（*Adolescent Girlhood*）中主張，女孩在成長初期壓抑好奇心（尤其壓抑關於性的好奇心）的行為會造成學習困難，於是試圖過度補償，「許多兒童都會把潛意識的象徵價值套在知識上，藉此顯示優越」。[68]在某個與討論求知欲起源的論文同年發表的案例研究中，查德威克記載了她與一個養成偷竊習慣的小女孩的對話。這個小孩長久以來一直對嬰兒有各種幻想與猜測，而且似乎嫉妒著她哥哥擁有的權利，她認為自己只要能了解嬰兒從何而來，就能奪走哥哥的地位與權力。文章中描述細節的文字（例如描述女孩受到母親的嚴厲毆打時）時不時會穿插一些玩笑，例如腿染了病就砍掉之類，令人無從判斷這到底是不是認真的話語。查德威克似乎不認為這些經常性的毆打需要解釋，但其實毆打已經嚴重到校長決定把女孩留在學校，避免母親「把女孩打成重傷」的程度了。[69]這名女孩對知識的渴望，似乎與她希望自己與其他人都停止成長的渴望有關——

這個孩子想成為幼稚園老師的野心，證實嬰兒的概念與知識的概念之間的關係是多麼緊密。這也跟她在妹妹出生後第一次去學校就認同了老師的經驗有關。她想要比別人更聰明，知道得更多，可以回答別人的問題。她的學生永遠不能超過五歲，因為她在五歲時問的問題永遠沒有得到回答，當時她母親為了B拋棄了她，她感到極度自卑。對她而言最重要的是擁有嬰兒，其次就是了解嬰兒從哪裡來。她渴望得到以下物品：**嬰兒**、**知識**、**陰莖**，這些渴望勢不可擋，就像想要壁花的那個小男孩那樣，讓她「情不自禁地拿走」東西，那些東西都象徵著她夢寐以求的事物。[70]

查德威克在演講與作品中，描寫個案對知識的感覺時，採用了與描寫知識驅力本質完全相反的方式，她這時的筆法帶有一種獨特的自由而間接的風格。她在這階段的敘述風格，似乎較平常少了很多主動干預。她在一九二九年的《精神分析教育學期刊》（*Zeitschrift für psychoanalytische Pädagogik*）中，發表了一段她與在動物園遇見的小女孩的對話。該期刊偶爾會出現這類小品，但查德威克的寫法卻伴隨一種奇妙的神祕。整段敘事嚴謹而平實，不去解釋裡面的重要元素，讓文字似乎完全在飲食、說話、理解三者間同等重要地循環。我們可以從她與小女孩的對話中知道，小女孩每天都來動物園做最喜歡的事情——

> 了解每種動物喜歡吃什麼、不喜歡吃什麼，尤其是了解哪些動物可以安全餵食、哪些動物太貪心、哪些動物一旦咬下食物後就會來咬你的手指所以很危險。[71]

這個孩子似乎把自己的研究看得與功課同樣重要，甚至還會因為研究而影響到功課——

> 那年夏天，一隻猴子把她的指甲咬慘了，她被送進急診室包紮，而且還必須戴上吊帶。這件事剛好發生在考試前，結果嚴重耽誤到她的學校表現。
>
> （'IZG', 235）

小女孩在研究動物喜歡什麼食物時顯得相當貪婪，「她總是很不耐煩，討厭動物花很長時間決定要不要吃眼前的事物」。（‘IZG’, 235）她的直覺明明知道動物不喜歡被觀察，尤其在換羽或蛻皮時特別需要躲起來，但她仍然仔細觀察每一種動物用各自不同的方式進食，彷彿患有強迫症似的——

> 每種動物都要吃東西。蜥蜴和沼澤裡的動物要吃花，企鵝要吃魚，然後我們要跑去看北極熊的腿，因為牠撲向人們扔進水池的午餐。（‘IZG’, 236）

觀察與了解這些動物如何進食，對這名小女孩而言似乎就是一種饑渴（當然她自己也是被觀察的對象，這篇文章的系列標題就叫作〈兒童觀察紀錄〉（Beobachtungen an Kinder）），不過小女孩自信地引導整個過程，與動物們的害羞完全相反，「她提醒我去看她的愛爾蘭眼睛，那象徵她的國籍，她的認真讓我無法忽視不看。那對眼睛的確是這位極為漂亮的女孩身上最美麗的特徵」。（‘IZG’, 236）

在這名女孩自己也開始餓了之後，故事進入高潮。照顧女孩的壞脾氣護理師由於女孩不乖而不給她吃東西，結果女孩把紙袋吞了下去，護理師則打斷查德威克和女孩的談話，說女孩「野蠻得幾乎就像狒狒一樣」。（‘IZG’, 235）這名護理師本身似乎對食物沒有興趣，整天只顧著抽菸，某次還因為一口氣抽完一整包菸而生病。護理師說這名小女孩有一次也因吃了一整包巧克力而生病，但她認為原因不是吃了太多，而是巧克力本身就「不好」。

整段文章讀起來與其說是精神分析案例研究，還不如說是現代主義短篇小說。其中似乎有好幾種不同的饑餓以及不同種類的知識，既有對知識的饑渴，也有關於饑渴的知識。查德威克之前在《兒童發展的困境》中，就寫過兒童吃東西的幻想以及被吃掉的幻想，她認為這些與兒童對出生與死亡過程的好奇心有關——

因此，被怪物吞掉，其實是一種試圖解決生死二元問題的方法。我們從哪裡來？死後又要往何處去？我們從某個地方的一個洞裡出來，死後又要放進另一個洞裡。兒童一旦發現，嬰兒可能是從母親體內跑出來的，隨即就碰到下一個問題：它是怎麼出來的？最後又碰到另一個問題：它是怎麼進去體內的？[72]

雖然查德威克反對精神分析的專斷排他結構，但卻沿襲了佛洛伊德的論述與分析方法。這可以從H. D.（希爾達・杜利德Hilda Doolittle）描寫她先找查德威克做精神分析，中途不滿意又換成佛洛伊德的過程中看出來，許多跡象顯示查德威克在精神分析的知識與實作中加入很多自己的權威判斷，而且認為自己的判斷優於精神分析。H. D.曾經在信中跟朋友布賴爾（Bryher，安妮・溫妮芙蕾德・艾勒曼〔Annie Winnifred Ellerman〕的筆名）說自己去找佛洛伊德分析時的狀況，「如果我說做了一個夢，他會讓我來解釋（如果是查德威克就神奇了，她會用一大堆長篇大論避免我踏入精神分析的草叢）」。[73]此外H.D.還說過查德威克有「虐待狂」，說她「一直吹噓自己的作品有多厲害，一直貶低別人（如果你是查德威克，你的確也會貶低佛洛伊德，但查德威克說得太誇張了）」。[74]

承載知識：克萊恩與比昂

梅蘭妮．克萊恩與瑪莉．查德威克之間有一場辯論，主題是男性是否嫉妒女性的身體可以生孩子，這種嫉妒加劇之後是否會像佛洛伊德所說而變成求知欲，對性知識的「求知動力」是否幾乎完全源於虐待狂式的欲望、消費、摧毀的欲望。克萊恩對兒童的分析，讓她用一種新的方法與形式去理解精神分析，這種方法演變成了一個完整的分析學派，與傳統學派競爭。對兒童的分析是重新思考的關鍵。克萊恩認為對兒童而言最重要的並非陰莖，而是乳房；並將討論重點從戀母情結的衝突，轉移到更早遠、更多駭人暴力衝動現蹤的戀母情結發展階段。

佛洛伊德關注的焦點是欲望與快樂原則，克萊恩的焦點則是憤怒與毀滅欲望。克萊恩同意查德威克一九二五年論文的觀點，但又額外花了大量篇幅去解釋男孩因為無法自己生小孩而產生的嫉妒。（*LGR*, 191）她認為「戀母衝突的早期階段」是成長中的「女性階段」，這時候男孩一方面害怕失去陰莖，另一方面又貪婪地渴望「像母親那樣擁有懷孕、生殖、分娩的器官」，並且渴望「陰道、乳房、產乳之泉。當性欲發生的位置完全位於口部時，這些器官就是令人垂涎的目標」。（*LGR*, 190）克萊恩相信小男孩希望征服女性分娩的器官，因此想把這項分析從佛洛伊德那裡偷回來，它「將兒童的欲望，與渴望知識的衝動揉合為一」，求知的動力源自想要襲擊女性身體的欲望。（*LGR*, 190–91）佛洛伊德的分析假設男孩「想要更了解事物」因此「在思維層次上產生位移」（*LGR*, 191）；克萊恩則迫使男孩從昇華的知識回到身體性的原始衝動，了解自己既不如女性又充滿暴力。

其中某些嫉妒似乎與憤怒有關，在精神分析的解釋中，憤怒把身體變成知識的對象。雖然克萊恩的解釋不夠清楚，但她冷靜而毫不妥協地從對兒童的精神分析中，發現一連串野蠻、非理性而往往顯得有些可笑的的恐怖欲望。狂喜以及系統性的支解（dismemberment）與補償之間的交互作用，不僅是克萊恩畢生的研究主題，也影響了她所有作品的風格。她一方面希望能全心投入那些幻想出來的器官之中，另一方面又想要保持距離、進行乾淨無菌的分析。這種距離既出現在克萊恩的理論與現實之間，也讓她在看見絕望血腥的衝動時保持鎮定，因此她的描寫有時顯得既心理變態又滑稽——

> 兒童期待在母親身上找到（a）父親的陰莖，（b）排泄物，（c）寶寶，而且這些事物都等於可食用的物質。在兒童最初對父母交媾的幻想（或者「性理論」）中，父親的陰莖（甚至整個身體）會在性交過程融入母親體內。因

此，兒童同時對父母雙方帶有虐待狂式的攻擊欲望，在幻想中將父母撕碎、咬碎、割碎、踩成碎片。（*LGR*, 219）

也許這種冷靜是因為她的分析相當強調求知的問題。佛洛伊德很少討論到性的好奇心，克萊恩卻將求知動力當成理論的核心。她認為兒童發生學習障礙，是因為對自己的施虐衝動感到焦慮。其中發展得最完善的案例，就是一九三〇年的論文〈自我發展中的象徵形成〉（Symbol-Formation in Ego Development）裡面的個案迪克。論文表示，迪克在心中潛意識地抵抗對母親身體施虐的衝動，「最後停止幻想，讓他的象徵形成過程停頓下來，他不能在幻想中加入對母親身體施虐的想像，因而無法繼續發展」。（*LGR*, 224）這背後的假設是，迪克如果有機會表現出他的「知識之愛與侵略衝動」（*LGR*, 227），就可以與世界建立一種象徵性的關係，然後用智力發展這種關係。

佛洛伊德只把求知衝動當成追求自身利益的工具，但克萊恩認為那是以非生即死的態度去爭奪母體的所有權與控制權核心。克萊恩對佛洛伊德解釋的嫉妒，與佛洛伊德以嫉妒來解釋認知的方式很像。克萊恩以一意孤行的方式，解釋一塊無人關心的兒童心理機制，決心在兒童幻想的每個角落找出血腥暴力的欲望。鑒於她的敘述，我們應該可以知道她在研究時已盡量保持中立，避免以強姦文本的方式去研究個案。但儘管如此，她對兒童遊戲與做夢的詮釋仍讓人難以閱讀，因為她對這些學齡前兒童說，你們玩的遊戲其實表示你們想要獲得糞便中的珍寶，想要用牙齒撕碎母親的身體，而且絲毫不會為此感到噁心。

表面上，克萊恩的分析似乎完全不受認知衝動中的虐待欲望影響。但她一旦寫到兒童心理分析的技巧，野心就變得比安娜．佛洛伊德（Anna Freud）這些從事成人談話療法的分析師更大。克萊恩想要深入了解兒童的幻想——

> 只要以開放的態度分析兒童的心理，就能找到方法探入最深的深淵。在探索之後，我們就會了解兒童的**真正本性**，並發現我們其實不需要去限制分析至何處止步，也不需要局限於特定的分析方法。（*LGR*, 142）

克萊恩似乎把兒童當成原始狀態的人類，因此自信「可以建立一個真正的分析環境，進行完整分析，探入內心的最深層」。（*LGR*, 143）佛洛伊德的研究，必須從述說與聆聽構成的複雜材料中尋找意義；克萊恩則希望用某種涉及象徵遊戲（symbolic play）的技術，去除焦慮在語言表達中造成的阻礙。克萊恩相信兒童「比成人更嚴重受到潛意識的影響」，因此使用讓兒童用玩具來玩幻想遊戲的方法。她認為用玩具呈現的符號表徵幻想，相較語言更為間接（她主張「符號表徵通常與個案本身有段距離，所以較不會像口語那樣，被個案的焦慮所影響」）（*LGR*, 149），某種程度上卻同時較語言更為直接（雖然克萊恩本人沒有這麼說），更容易為分析師所解讀。

我們能否把知識與承載知識的人視為自然的一部分，是探索求知驅力的關鍵問題。如果知識源自於自然驅力，那麼也許人類就只能**存在**，但永遠無法完全了解自己，因為一定要先有潛意識，之後才會有意識，本我永遠不會完全屈服於自我。但如果知識不僅是意志的表達，那麼人類即使並不存在也能夠擁有知識。在第一種狀況下，存在會決定知識的範圍，因此一定會有某些部分無法被認識或者超越認識。在第二種狀況下，知識則不受存在所限制，超越了存在。也許這個問題可以化約成另一個問題：知識究竟能否完全了解自身？或者用精神分析的說法，意識究竟能否完全認識潛意識？

瑞秋・布拉斯（Rachel Blass）認為，佛洛伊德相信知識是由愛欲（Eros）原則所驅動，求知是想讓心靈與自然結合為一——

> 我們可以說，求知的欲望，也就是以真實的方式掌握真實的欲望，追求的是某種統一，這相當符合佛洛伊德的愛欲觀。我們的心智渴望著某種統一，這種渴望既與性衝動密切相關，卻又不完全相同。我們在心中掌握到了世界的一體性以及背後的法則，並藉此將心智與世界結合為一。[75]

布拉斯之所以要提到知識背後的愛欲，是為了要克服佛洛伊德在一九一〇年評論達文西（Leonardo da Vinci）的論文中出現的一項衝突。佛洛伊德在那篇論文中似乎無法理解達文西為何會有「貪得無厭、不知疲倦的求知欲」（*SE*, XI, 74）或「永無止境的研究欲望」（unersättlichen und unermüdlichen Forscherdranges，*GW*, VIII, 140），畢竟知識這種冷靜的事物似乎能消除渴望與滿足的衝動。但佛洛伊德其實引用了達文西的觀點，認為知識超越了愛與恨，超越了快樂原則與死亡驅力。（*SE*, XI, 72）對此，佛洛伊德的翻譯有點隨興，甚至有點超譯，「也就是說，人們如果沒有完全了解自己的本質，就無權去愛也無權去恨」。（*SE*, XI, 72）（Man hat kein Recht, etwas zu lieben oder zu hassen, wenn man sich nicht eine gründliche Erkenntnis seines Wesens verschafft hat，*GW*, VIII, 139）。不過義大利語的句子會刻意保持被動式，所以原文應該比較像是，「如果沒有事先了解，事物就不會被愛也不會被恨」，佛洛伊德的渲染注入了行動的急迫性、正當性，以及完整性的問題。也就是說，佛洛伊德其實在譯文中自己加入了他論文中的主題：知識是什麼人或什麼事物，又被什麼動力所驅動，是本我、自我，還是其他的什麼。

布拉斯認為這篇關於達文西的文章，以戲劇化的方式提出一個問題：「佛洛伊德認為知識只能從冷靜中誕生，這樣的看法要如何解釋達文西的求知熱情？」（'DK', 1267）她認為這顯示佛洛伊德對一般知識的看法有漏洞，佛洛伊德以這篇論文「與求知欲的問題搏鬥」。（'DK', 1266）本質上，佛洛伊德看法的問題在於，我們要如何了解知識的存在目的。如果佛洛伊德的理論可信，那麼知識可能就不是無私的，因此可能也不是自主的、不是自給自足的。但倘若真是如此，那麼精神分析可以做出什麼樣的知識主張？精神分析可以對知識投入哪些關注？

布拉斯認為「愛欲是一種普遍的生命本能，試圖統合所有事物，將所有事物連在一起。它可以用個人的方式表現出來，而不一定會被個人需求所扭曲（因為愛欲的運作機制超越了個人需求）」。（'DK', 1270）這話聽起來似乎有點奇怪，它表示愛欲是一種對知識的情欲，但卻必須不受個人欲望所影響。這樣一來人們勢必要問，精神分析擅長的那些論點（人們甚至會說精神分析存在的目的就是為了造出那些論點）是不是也能用來討論對於知識的情欲呢？人們勢必會拿精神分析的提問方式，去反問這個精神分析的答案：是什麼讓愛欲成為知識，而非成為欲望？

而且，又是什麼動力讓我們去問這些關於求知動力的問題呢？布拉斯寫道，佛洛伊德認為「我們的心智被追求統合的願望所感動」。（'DK', 1269）更重要的是，有一種特殊功能專門處理這種精神分析的知識，它提供一種理想的方式，讓我們將邏輯論據與渴望統合起來，「根據佛洛伊德的觀點，用精神分析的方式了解自己，就是用最直接的方式去投入無所不在的求知欲，因此也是用最直接的方式去接觸那些超越我們自身存在之物」。（'DK', 1272）不過在追求知識或渴望知識的過程中，可能還會出現另一種欲望。佛洛伊德發現一些證據，認為達文西之所以不斷拖延、無法完成作品，乃是因為壓抑。但原因既非心性不定，也非缺乏深度，而是「某種難得一見的淵博深刻，一大群必須停下來猶疑才能決定要用哪一個的可能性，一種很難被滿足的需求」。（*SE*, XI, 67）但這種力量究竟渴望什麼？是統合、成長、維持存在、完成、生之本能（愛欲）？還是斷裂、未完成、進行式、死之本能（thanatos）？世上有沒有一種對知識的渴望能夠終結欲望？有沒有一種欲望會去追尋求知欲？知識是欲望制定出的某種詭計嗎？是欲望讓自己永遠無法被滿足、永遠不會消逝的一種方法嗎？換句話說，「研究的本能」（Forschertrieb）裡的「生之本能」（Lebenslust，*GW*, VIII, 140）會不會其實與死之本能交織在一起？它會不會既想衝刺又想逗留，既想加速又想無盡徘徊？根據史崔奇的說法，「研究的本能」似乎是「求知驅力」的附屬品（*SE*, XI, 70），研究的最終目的就是擁有知識。但事情也可能相反：也許「結果」這個概念只是某種一直研究下去的藉口，「研究的本能」讓我們一拖再拖、永遠不要完成知識。此外，「驅動我們求知的究竟是誰，或是什麼東西」這個無法掌握的問題，也會同時影響以上的所有討論。

精神分析的基礎，就是它「發現」了，或至少聲稱自己發現了人類生活中不為人知的潛意識（Unbewusste）。它預設了一種無所不能的力量，用它來揭露這些不為人知的事物。但你一旦開始渴望獲得知識，就會同時開始渴望知道哪些事物無法被認識，渴望知道自己在尚未存在之前是什麼。關於「生命中第一個、也是最重要的問題」的知識，注定與死亡緊緊交織。

所以關於知識的問題，以某種潛意識的力量影響著精神分析，畢竟精神分析的基礎就是聲稱它可以把潛意識化為知識。當代似乎有愈來愈多精神分析著作，不再把精神分析當成了解個案的方法，而是把分析過程本身視為某種知識與探索的場域。這種不斷增加的自我指涉研究方式，把重點轉移到分析過程中發生的行為、過程，以及對知識的幻想。或許也正因如此，如今的精神分析理論與著作，已經把知識的問題列為首要。過去人們對精神分析的想法相對簡單，認為它只是想讓潛意識的欲望化為有意識的知識，讓分析師與個案知道；但如今人們認為精神分析是一場更複雜、更詳盡的戲劇，個案與分析師在劇中搬演一連串的知識幻想，討論誰知道、知道什麼、何時知道、如何知道。後面這種方式產生了一種「沒有理解者的知識」（knowledge-without-a-knower）的狀態，在這種狀態中，「應該知道的主體」（sujet-supposé-savoir）既不屬於任何特定的位置，也不會停留在任一位置。主體成了某種透視圖法（scenography）。在移情與反移情（transference and countertransference）的過程中，個案與分析師與其說是在製造知識，還不如說是在藉由交換彼此對於知識的假設，以交換知識。精神分析的過程，變成用一連串的屬性認知或二階認知（attributive or second-order knowings）來展現某種心智理論：我知道你知道或不知道哪些事物；你知道我知道或不知道哪些你知道的事物。有些人可能會認為，這種方式表示精神分析終於捨棄了某個人擁有權威知識的自欺謊言。但這種不再願意從對方身上獲得知識的方式也可能是另一種自欺謊言，它雖不再預設自己擁有知識，卻也拒絕某些知識，拒絕承認「應該知道的主體」身上所擔負的責任，藉此讓自己繼續維持某些特權與威信。

如果精神分析對待自身知識的態度變得愈來愈溫和、愈來愈不專制、愈來愈多參與，我們也許就該對這種參與的要求抱持一點懷疑。精神分析知識最典型的模式就是歸因

（attribution）。它不僅把心理狀態與衝動歸因於個案，還把整個推論結構（所謂的「動力學」）也歸因於個案。精神分析師知道的，是個案不希望自己知道的事物。分析師不只解釋個案的感覺，也解釋個案的認知模式。這其中不合理的部分，並非潛意識只是幻想出來的產物（雖然看起來很像幻想產物），而是它把潛意識的組織與形式說得太過理性，理性到不自然的程度，變成了映照精神分析理性的一面鏡子、一位對手。個案不只是被動地變成知識描述的對象，更成為幫助分析師建構知識的共犯。貫串幾乎整個十九世紀的那種「如果我是一匹馬」的人類學推論方式，也有相似的問題。例如維根斯坦對詹姆斯．弗雷澤（James Frazer）《金枝》（*Golden Bough*）的批判就相當著名——

> 弗雷澤描述人類魔法與宗教的方式實在無法令人滿意，而且使他的觀點看來像是**錯的**……我認為，光是想要解釋單一行為（例如殺死祭司王）的做法，似乎就已經錯了。弗雷澤只是讓那些和他想法相同的人認為他說的有道理。本書有個相當明顯的特徵，我們可以說，在最後的分析中，這些行為全都被描述為愚蠢的行徑。但人類做這些事情不可能只是因為愚蠢……弗雷澤只是以為自古以來的祭司全都像當代英國人那麼愚蠢而遲鈍而已。[76]

正如我們所見，許多精神分析的作品都帶有一種特殊的修辭調性，其主因就是為了以冷靜而博學的專業語言，與筆下憤怒、混亂、狂歡的衝動之間保持距離。而這點在梅蘭妮・克萊恩的作品中特別明顯。她似乎總想要闡明自己使用怎樣的推理引擎，闡明心理的運作**邏輯**，即使是在解釋欲望與嫉妒如何產生盲目而野蠻的衝動時也不例外。

也許那些戀物者也會用這種歸因方式來看事情。根據佛洛伊德的理論，有些戀物者會認為沒有陰莖的生活極為不堪，因此不知疲倦地在幻想中尋找替代品，把它當成陰莖（蛇髮女妖就是個好例子，她那髮量過剩不斷扭動的蛇髮就被幻想為陰莖）。不過也許這種時候精神分析師只是在為自己辯護，也許他們在個案身上找不到任何可以解釋的事物，但他們堅持繼續尋找；他們的知識其實有缺陷，但依然堅持追求這些知識。事實上，這可能就是潛意識這個概念本身的特性——某些個案可能並非沒有意識到自己知道什麼，而是真的什麼都不知道。這種時候，精神分析似乎允許自己從自身焦慮中獲得狂喜。它認為世界上的邪惡、恐怖、瘋狂的荒謬都是人類可以理解的；而且可以合理地說，這些瘋狂並不是精神分析的知識所帶來的。理由之一是，這些極端的瘋狂似乎與精神分析的冷靜評估與毫不動搖的理性相距甚遠；理由之二則是，精神分析揭露出來的是觀念，而觀念是一種知識，即便它是某種公認異常的知識。這也許說明了精神分析師為什麼會對更絢麗的精神疾病，尤其是極為縝密而深不見底的系統性妄想那麼感興趣，而且明明精神分析在治療這些疾病時比其他所有治療更常遭遇失敗。當然，精神分析不是只對妄想感興趣，也對常見的神經官能症、憂鬱、恐懼症、強迫症這些「精神疾病」相當好奇；但它往往盡可能地找證據來「證明」個案患有精神疾病，例如在診斷早發性失智症或早熟的瘋狂（premature madness）時就經常如此，後者幾乎可以套用到任何年輕人或兒童的精神異常上。事實上正如我們所見，兒童精神分析之所以具吸引力，很可能是因為它乍看之下充滿了現成而公開的各種妄想。精神分析有時似乎會因為發現了認知扭曲（cognitive distortion）而感到內疚，但它或許也該對自己的泛認知主義（pangnosticism），也就是把所有認知缺陷都當成違反邏輯或病態邏輯的思考方式，而感到內疚。思考似乎是人類的通病。也許這是人類試圖撇除各種意外，一心想在每個環節找到顛撲不破的確定性所造成的另一個結果，而精神分析的推論方式，以及在神智清晰的狀況下做出不理性的判斷，也都是為了追求這種確定性。

約翰．法洛（John Farrell）就認為：

> 精神分析需要解釋的，是它的誘惑力與魅力，而非它以為自己會引發的抗拒。而解釋這種誘惑力最好的方式，似乎就是認識到它讓心智深深認為自己應該成為怎樣的狀態。[77]

妄想型思覺失調症（paranoid schizophrenic）患者建立系統的方式，與精神分析的系統性理性之間驚人地相似，證據之一就是兩者都很重視機械與機制。[78]其中某部分的吸引力，源於一種尚未檢視過的複雜性原理。我們都一直相信，幾乎所有在物理世界結構中的事物，都比我們想像的更複雜而不可思議，因此我們會認為只要事物夠複雜，似乎就足以保證它夠可信。事實上，之所以會產生「愈是複雜的事物似乎就愈合理」以及「愈是複雜的事物我們就愈希望相信它為真」這種想法，某種程度上是因為我們希望自己能夠看穿事物的表象。這跟特土良（Tertullian）思考信仰的方式有點像，他認為道成肉身與耶穌復活這一連串的故事之所以可信，正因為它乍看之下實在太不可能，「就是因為它很荒謬，所以我才相信」。人們的生活中也經常存在類似的詭異推理，例如人們常用「這不可能，根本是編出來的」這種話，形容那些被強迫做的事情或相當典型的事情。

那些試圖解釋所有事物的知識，原本想要整合所有事情、消除所有斷裂，但卻必然在解釋的過程中自己引發了斷裂。克萊恩早期的看法認為，求知與施虐的意志，和因嫉妒而攻擊他人的意志是分不開的。了解某個事物絕對不只是熟悉它，一定是介入某個場景，在場景中逐漸認識它，進而成為它的一部分並且改變它。相較之下，威爾弗雷德．比昂就把認識事物當成一種包容，而非一種破壞或侵占。他的理論比其他所有精神分析都更具說服力，而且依然遵循從佛洛伊德、克萊恩、拉岡一路以降的模式，從治療單一個案的介入開始，打造一個以知識論為核心的完整世界觀。

比昂的《注意力與詮釋》（*Attention and Interpretation*）中包含四項原理，其中 L（Love，愛）、H（Hate，恨）、K（Knowledge，知識）都是他之前提過的原理，但新加入的原理 O 則是指某種完全不受任何觀點扭曲、由經驗呈現出的完整現實。隨著時間過去，比昂愈來愈認為分析師的任務不是去解釋，而是去收錄；不是去了解，而是去成為——

O既不是知識，也不是學習，如果學到了什麼也只是碰巧而已。它可以「成為」某物，卻無法被「知道」……精神分析師可以知道個案說了什麼、做了什麼、看起來如何，但無法知道O是什麼。個案的狀況是演化的結果，個案只能「變成」現在這樣。[79]

這是一種不僅全知、並且在認知上全能的夢想（因為你愈全知，需要做的就愈少。你愈知道未來自己會做什麼，就可以屏除愈多不可能出現的選項）。這種以無所不能的方式幻想自己全知的夢想，可以視為比昂「對連結的攻擊」（attack on linking）原則的反面。比昂這種學說認為，矛盾會讓精神病患者感到焦慮，所以患者會把彼此不同的事物連結在一起，藉此攻擊他幻想中一切可能造成矛盾的事物，尤其是語言。[80]在最極端的狀況下，這種「對連結的攻擊」會把所有事物視為彼此不相干的原子，讓世界變得了無生氣，在這個世界中所有事物都與其他事物無關，所以不存在任何痛苦。當然，由於知識是一種連結模式，它肯定會引發最嚴重的焦慮，也最需要用最大的力量去容忍矛盾。如果「對連結的攻擊」是為了想要逃避知識，而試圖消除所有可能的連結，那麼比昂稱為O的包容狀態，就是一種用消滅所有衝突的能力盡可能擴大可能性，藉而吸收所有知識的方法。比昂的O，是一種不會因為知道了事物而感到內疚的全知狀態。

比昂一九五〇年代寫的作品，並不著重於個案在情緒上的困擾，而著重於個案因思考而產生的困擾；此外，這些作品也主張精神分析師的任務是去幫助個案擺脫那些「沒有思考者的思緒」，讓個案知道他們可以打造一個穩定的容器，去裝載那些無法吸收的狂野思緒碎片。[81]在這種狀態下，分析師要負責在比昂所謂的「白日夢」中扮演母親的角色，為孩子提供一種安全而穩定的簾幕，為他們無法自制的思維碎片提供一個避風港。[82]在我看來，當人們與學生或同事之間的整合或組織碰到障礙，用這種方法來思考往往相當有效。

到了一九六〇與一九七〇年代，比昂在作品中想像這種容器具有無限的彈性，可以包容所有事物。這種容器本身無法被其他事物容納，它可以溶解思考的人，但會讓思考者變得無所不在。在他的《未來回憶錄（第一卷）：夢》（*A Memoir of the Future, Book One : The Dream*）之中，一個角色這麼說：

> 我在尋找一個能給我生命的思想者。我一旦找到他，就將摧毀他……我是沒有思想者的思想，是一個會用牛頓式的方法摧毀思想者的抽象思想，是一個因為愛著內容物而摧毀內容物的容器，是一個過度膨脹把容器撐破的內容物。[83]

這個角色代表一種意志，它想要獲得某種沒有意志的知識，這種知識完全不包含任何私有或受限的意志。我們不可能用任何實例或想法，去思考這種知識可能是什麼，知識的內容又關於什麼。因為這種知識完全只是投射出來的產物，只能存在於想像，或者夢想之中。

佛洛伊德用「後設心理學」（metapsychology）這個詞彙來指涉一種對於心理經驗基礎條件的推測，這種推測超越了臨床個案的病理學與診斷細節，因而更為泛用。佛洛伊德與後來的研究者，都拿這個詞彙來指涉那些討論心理學本質的理論，尤其是那些似乎要取代形上學地位的理論。我們可以說，精神分析學在某些領域中已經更接近後設心理學，它變得愈來愈強調自我定位與自我指涉，它所實踐和進一步探索的知識，是一種除了這種知識自身的理論與過程以外都無法描述的知識。但知識需要研究一些可以理解的事物，也需要創造一些別人能讀懂的結果，因此精神分析學已經不那麼像是追求知識，而更像在打造某種「知識帶來的感受」（knowledge-feeling），無法讓你真正知道任何事物，唯一知道的就只有這種感受本身（而且這種感受完全能夠投射出各種「虛擬」的事物，這些事物各自有虛擬的阻力與特性）。它會讓你認為自己應該去感覺某些事物，也會像真實的事物那樣給你相同的結果、難題、阻礙、糾結，以及興高采烈的感受。

由於精神分析愈來愈關注自己的知識處於什麼樣的狀態，它需要修復破損的全知感，或破損了的、想要變得全知的願望。這是一個嚴重的問題，因為精神分析的理論削弱了全知的可能性，讓它變成了一種限於某處或自我本位的奮鬥所產生的結果；表達了精神分析在實踐中傾向的權力意志。唯一可能的妥協方法，是放棄病態求知欲所想要的無所不知，並且不再尋求自我肯定，不再尋求絕對的詳盡與融貫，不再追求厄尼斯特・蓋爾勒所說的精神分析思維特徵——「可以填滿整個世界的詳盡性」（world-filling exhaustiveness）。[84] 問題是，這種沒有意志也沒有欲望的知識，其實和希望變得全知的意志一樣，都會在知識的概念中塞滿幻想。精神分析容易受到兩種錯誤或思維方式的弊病所影響，這兩種錯誤都與精神分析本身的知識有關：第一種錯誤是用教條般不容一絲改變的狹隘觀點，試圖完全解釋人類一切的發展、行為與痛苦；第二種錯誤則是相信這種理論可以開啟一道大門，避開每一種知識都有的限制，相信這種認知模式可以自己治癒知識造成的所有疾病。

3 保密

SECRECY

理查．道金斯（Richard Dawkins）在二〇〇七年十月一日的《獨立報》（*The Independent*）上抗議大學不該教神學，因為討論不存在的事物不能算是知識——

> 我們這群人懷疑「神學」根本不能算是一門學科，或者認為神學就跟研究愛爾蘭矮妖精（leprechaun）差不多。我們很希望有人能證明我們是錯的……但神學對自己的定義就是「討論上帝的本質、屬性、統治的系統性知識」，這種事物的確需要一些證據才能說自己具有任何內容，可以在當代的大學裡教授。[1]

這暗示著神學中的「道」（logos，字面意思是「上帝的知識」）這個概念可能得面對一些有趣的問題。也許「道」並不是真理或知識，但它那些包裹在神祕與祕密知識的概念之中的宗教意義，相當強烈地暗示它（有人可能會說是把它入罪）為某種真理或知識。由此我不禁會想，說不定神學家在某種意義上是對的：上帝的概念被捲入「道」這個概念的詭計之中了。

彼德·斯洛特戴克曾說，宗教從未真正存在過，它只是人類建立紀律以改造自我的工具。[2]在這種紀律改造中最重要的部分，可能就是知識。[3]研究上帝，似乎會讓人擁有與上帝等同的知識。因此基督教的許多教義，都對知識抱持一種極端矛盾的態度，同時把知識當成義務與原罪。他們在知識上的自律苦行，不但會否定自己的研究，同時也會否定知識。所謂上帝，就是那些不能說出自己名字的求知欲力。由此，若在某些意義上，神學與世界上所有真實存在的事物都毫無關係，而只與人類的頭腦與身體有關，那麼在更廣泛的意義上，所有知識可能就都帶有神學的色彩了。

知識中最具神學色彩的部分，就是它會假設一些神祕的事物，並孕育這些事物。這很難讓人不聯想到性，很難讓人不把與上帝相關的知識化約為一種被壓抑的性知識。威廉·賴希（Wilhelm Reich）這些精神分析師，把神祕主義視為欲望被壓抑或轉向的象徵或產物。[4]但說不定性欲本身也已經被轉向了。正如第二章所說，這種用知識去研究欲力的做法，讓欲力變得更適合或更容易依附於知識，更容易用知識來表達。我們可以說，知識在研究它的對象時，關注的其實是它自己。當然，知識一定有其研究對象，因為如果沒有任何對象，完全只研究自己，似乎就毫無意義。但無論它研究的是什麼，知識的對象都會變成某種證據，證明人們了解某些事情。這時候，宗教和性都是求知欲的載體。佛洛伊德在〈論自戀〉（On Narcissism）中，用「客體原欲」（object-libido）與「自我原欲」（ego-libido）之間的交替，描述這種有時關注某個對象、有時關注自己的現象。[5]我們也可以借用他的說法，區分哪些是「追求某些事物的欲力」（libido-for，追求性快感、食物、權力、地位等等）、哪些是「想要處於某些狀態的欲力」（libido-in，想要處於渴望狀態的欲望、知道自己正在了解事物的欲望）。

知識想要關注自己的結果，就是培養出一種神祕感，讓知識變成某種苦行。某種意義上，求知欲經常以為自己不會受到任何限制，例如蕭沆（E. M. Cioran）就虛構了一篇故事，描寫行刑人準備毒芹汁的時候，蘇格拉底正學著吹一首新的長笛曲子，有人問蘇格拉底為什麼要這麼做，蘇格拉底回答「我想在死前學會這首旋律」。蕭沆堂而皇之地說，這就是「求取知識唯一嚴肅的理由。無論你下一秒是否即將死亡，狀況都不會改變」。但這種說法並沒有考慮到求知的動力中也注定帶有某種抑制，甚至某種拖延。[6]斯洛特戴克用「苦行學」來命名他的研究主題似乎相當正確，因為苦行就是在一次次實踐「道」的過程中，所訓練出來的自我否定。知識給人力量，因此也給人快樂，它讓世界成為一個客體。但要理解客體，你就必須變成主體。認識客體的時候，主體會暫時被擱置（abeyance），這時的主體是「沒有辦法」與「可以不要」兩種狀態的結合。主體在認識中後退，但也在後退中主張自己。

「abeyance」是一個法律術語，《牛津英語辭典》的詞條定義為「一種暫時不屬於任何人，或還沒等到擁有者的狀態」。諾曼法語中的「abeiaunce」可能源於「abeance」，也就是「渴望」或「引頸期盼」，「abeance」則可能是「abayer」的變形，意思是「打呵欠」或「張口呆看」，而「abayer」可以衍生出「baying」，意味著狗狗的長吠，以及「at bay」，意思是動物走投無路。但除此之外，「張口呆看」的「abayer」本身也意味著引頸期盼。英語就有類似的例子，打呵欠（yawning）這個詞彙與嚮往（yearning）有關，可能源自張大嘴巴等著吞一大口的意象；來自日耳曼語的「ger-」或「yere」（渴望、憧憬），意味著某物永遠餓著肚子等著被填飽，或永遠等著被其他事物湮滅。事實上，在十七世紀末以前，一直都有「打著呵欠渴望某物」（yawn after）的說法。中古英語詩《鴞與夜鶯》（*The Owl and the Nightingale*）中的夜鶯就說「þe gost… ȝeoneþ after more & more」（靈魂……渴望得愈來愈多）。[7] 求知的過程也相同，擁有知識的人張大著嘴，占據了自己的認知鴻溝。擁有知識是一種折磨。

此外我還必須避免陷入自我滿足之中，因為即使我在投射之前把自己貶低為客體，投射的過程也會讓我把自己當成主體。甚至，即使我能夠保持自我抽離，也不能時時警惕不能因此感到滿足。這種必須存在而且必然存在的祕密感，讓知識的對象，與知識帶來的強大滿足感彼此對立。而知識帶來的滿足感是神祕主義的起源，總是在求知過程中陰魂不散。

神祕既表示某物隱而不顯，又表示某物被刻意藏起來，例如《牧羊人的日曆》（*The Kalender of Shepeherdes*）裡就寫：「你們這些盲目的群眾在人群中暗去／宛如一片無知之霧，厚而神祕。」（You blynde folke derked in the clowde / Of ygnoraunt fumes thycke and mystycall）[8]《牛津英語辭典》在把這段詩跟「神祕」（mystical）這個詞彙的其他用法並列時有點猶疑，因為這段的意思「比較偏向『揭露事物的模糊不清』而非『事物本身模糊不清』，甚至可能還會讓人產生其他聯想」。不過，當我們要證明某個隱藏的事物存在時，似乎一定得「揭露事物的模糊不清」（這說法本身就很矛盾，神祕的東西本身就不想要被揭露）。畢竟說某個事物是祕密，在某種意義上就表示它即使被看見了仍要保持神祕。

祕密有兩種：公開的祕密以及不為人知的祕密。希臘語的「μύστη 」（mystes，神祕的）字根是「μύειν」（muein），意思是闔上眼睛；或者如《牛津英語辭典》所言帶有「mystery」（不能說的事物）、「of imitative origin」（源於模仿某事物）因而必須守口如瓶之意，而「mystes」就是指「保持沉默的人」。此外，人們也會說具某些特定技巧的工藝與職業帶有「奧祕」（英語一樣是mystery）。《牛津英語辭典》解釋，把行業或工作形容成奧祕的用法，源自古典拉丁語的「ministerium」（名詞，部會）而非「mystērium」（名詞，祕密），但人們把它跟後者搞混了。英國詩人柯立芝（Samuel Taylor Coleridge）在一七九八年〈午夜霜降〉（Frost at Midnight）的開頭「寒霜履行了它的祕密使命」（The frost performs its secret ministry）可能就知道或猜到了這段關係，不然就是部會（ministry）與神祕（mystery）兩個詞彙在他心中無聲地共振（這種事還滿常見的），因而幫助他寫出這般詩句。[9]《牛津英語辭典》清楚點出，這兩者之間的混淆，反而暗暗地產生了最大的說服力，因為每個部會都揣著某些祕密，每則祕密也都像部會那樣控管了某些問題。「神祕」（mistery）的某些用法甚至與「專精」（mastery）有所重疊，意味著技能或特殊技術。它們最後可能還影響了「先生」（mister）這個詞彙，它衍生自「大師」（master），但也意味著掌握一門手藝或奧祕。

我一旦知道某個事物，就會擁有一個我也不知道的祕密，那就是「知道」那事物的必然結果之一。學生時期的我，曾在放假時到建築工地打工，和其他學生共同負責拆除一堵低矮的磚牆。我們就讀的學校都沒教過做工的技術，所以我們去問工頭推倒磚牆通常都怎麼做。工頭猶豫了一下，可能開始懷疑教這技術我們也得不到什麼好處，然後說他通常都「在中間打一個洞，然後（伸出雙手，比畫著洞撐得愈來愈大的模樣）……把洞弄大」。這方法理論上聽起來很合理，但你一旦實際去做，就會發現它超級沒效率，而且相當危險。

實際上，要把一件事做得成功，你需要內化知識，內化該做什麼與該怎麼做，直到你無法直接抽象地說出方法為止。我們往往把知識分為兩種，德語的「kennen」跟法語的「connaître」（知道）都帶有這兩者的差別，「知道該怎麼做」（knowing how）是實作性的內隱知識，而「知道某件事物」（knowing that）則是描述性的外顯知識。即使我「知道某個事物」（像是除了二以外的質數都是奇數、巴黎在塞納河畔等），而且可以清楚解釋我真的「知道」這些事情；我知道的事物依然不會超過升F小調要怎麼彈、板球的前向防守要怎麼打等等。你一旦知道了某個事物，你就會忘記是如何知道它的，而且這似乎就是獲得知識的目的與結果。但如果我不知道某個事物，我就會知道如何把它弄清楚，像是該去問誰、該從何處開始研究等。因此，知道某個事物就是能夠守住它的祕密，至少是對你自己守住大部分的祕密。

證明以上機制的論據之一，就是如果你問別人「你是如何得知？」，答案往往閃爍其詞或者離題太遠。我如何得知亞馬遜河是世界上最長的河流？因為曾在某本書讀過啊（而且可能只是自以為讀過，因為尼羅河才是世界上最長的河流。令人欣慰的是，我的確讀過某些把亞馬遜河誤認成世上最長河流的測量方法）。你如何得知膨脹螺絲可以插多深？我發現插了太長的膨脹螺絲後，牆壁會鬆動啊。但這些都只是在回答「你為何對自己的知識有信心？」，而非「你到底如何得知這件事？」。即使「我學了八年的拉丁語。每犯四次詞尾變化錯誤，放學後就會被老師留下來，所以我現在對詞尾變化瞭若指掌」，也只是在描述使人知道某個事物的常理過程而已，還是無法解釋他學到的過程中到底發生了什麼，或者學到這個事物的感覺如何。

詹姆斯·喬伊斯（James Joyce）的《一個青年藝術家的畫像》（*A Portrait of the Artist as a Young Man*）裡面的某段文字一直讓我感覺很神祕——

> 艾琳的手又長又細，又冷又白，因為她是個女孩，雙手就像柔軟的象牙。這就是「象牙塔」的意義，但新教徒並不了解，只會拿這個詞彙開玩笑。有一天，他站在她身旁，看著旅館的地板。一個服務生順著旗杆上的整串旗子跑過去，一隻獵狐㹴在陽光照耀的草坪上來回奔跑。她把手伸進他的口袋，他

感覺到她的手是多麼冰冷、纖細而柔軟。她說口袋是個很有趣的東西，然後突然抽開了手，一路笑著跑下了坡。金黃色的頭髮在她身後飄動，就像陽光下的黃金，**象牙打造的塔，黃金鑄造的屋**。你得思考那些自己可以理解的事物，才知道那是什麼意思。[10]

最後一句說有些事情需要思考才能了解，這句話之所以顯得神祕，並不是因為故事中年輕的史蒂芬並沒有了解某些事情，甚至也不是因為讀者沒有了解某些事情，尤其如果讀者也讀過《尤利西斯》（*Ulysses*），把這段拿來跟書中的酒吧服務生莉迪亞．杜絲壓下啤酒閥的段落對比，就會更明顯，「莉迪亞的手流暢地放在凸出的啤酒閥上，輕輕地、豐滿地……滑順地按下閥門，慢慢壓下去，一條又冷又密、宛如白瓷般的酒柱就這樣從啤酒閥的襯圈裡鑽了出來」。[11]《一個青年藝術家的畫像》那句話之所以神祕，是因為年輕的史蒂芬的確理解了某些事物，但讀者理解的卻比他更多。後者是一種繞過理解，或者超越理解，才能了解的東西。

我清楚記得，我六七歲時躺在床上、或者看著人們學習九九乘法表的時候，發現了一件驚人的事：你只要不斷複誦某個事物，無論念出聲來還是默念，就可以學會那個事物。這種顯而易見而且不證自明的無聊學習方法，至今都讓我感到相當神奇。當代我們把這種方法稱為死記硬背式的學習（rote learning），《牛津英語辭典》定義成「在沒有足夠了解或思考的情況……以機械式或重複的方法把事物硬背下來」，是一種相當原始而效果不彰的方法。不過，為什麼光是不斷複誦一件事情，就能有效而持久地學會它，熟練到完全不用再去想自己是否知道這件事情呢？

當然我自己的專業技能：把歷史上的字詞用法沿革轉寫為神蹟劇的技巧，本身也具有神祕感，而這樣的神祕感就在這時候發揮了作用。接下來我要揭露一組字詞之間隱藏的相似性，過程中將顯露出某種矛盾的纏結，沒有明確的起點與終點，我在其中既存在又不存在。掌握祕密的人必定也會隱瞞祕密。不過說出這件事，可能也表示我喜歡把祕密公之於眾。這種樂趣並非完全公開，我之所以在此坦白，其中某些原因正是我希望讓其中的一部分繼續保持神祕，並因此感到快樂。

佛洛伊德發現「怪怖」（uncanny）這個詞彙有一大堆怪怖之處，但這不足為奇。原因不僅是「怪怖」這概念的不確定性本身就怪得相當恐怖；更因為在**了解**這個概念時會發生一些相當怪怖的事，而且這個詞彙的主要意義就是了解自己。此外同樣是怪怖，英語的「uncanny」比德語的「unheimlich」怪得更明顯。德語的「heimlichkeit」是「平凡、熟悉」之意，如果強化「熟悉」與「家裡的私密或僻靜」之間的關係，就變成「unheimlich」。由此，怪怖與精神分析關注的那種家庭祕密有了關聯。佛洛伊德發現：

> 「heimlich」這個詞彙有一些歧義，分別屬於兩種概念，兩者雖不矛盾卻大不

相同。第一種是熟悉的、可以接受的事物；另一種則是藏起來的、不要出現在眼前的事物。[12]

詹姆斯・史崔奇在英譯版加上譯註，引用《牛津英語辭典》的定義，「北方英語（Northern English）的『canny』也有類似的歧義，不僅意味著『舒適』，也意味著『具有神祕或神奇的力量』」。[13]這兩個可以逆推出關聯性的詞彙，都與某種隱私與某種熟悉感相關，其中的隱私可能會帶上一種可疑的神祕，熟悉感則可能會變得怪異；不過，德語詞彙的歧義與家屋或家庭有關，英語詞的歧義則大部分與此無關，而是更直接著重於認知過程中的矛盾。「can」這個詞彙包含的知識論意義，很多都傳給了其他的詞彙，例如「con」就意味著學習、研究、**狡猾**，而且也是「ken」的衍生詞彙。或許正因如此，人們會用「canny」表達一種據說很愛爾蘭的「親近」、「緊密」、「謹慎」，尤其談到金錢的時候更明顯。如今「can」在英語中已縮減為一個情態動詞，表達力量、技能與能力。在一五三〇年，「can」與「ken」之間的差異已經夠明顯，足以讓約翰・帕斯葛雷夫（John Palsgrave）寫下「I can konne more by herte in a daye than he can in a weke」（我一天能背下的知識比他一週還多）。[14]有時英語也會讓人懷疑，知識會演變為某種「狡猾」，讓人變得神祕莫測、不值得信任或者怪怖。「cunning」（狡猾）的詞義改變相當緩慢，它最初的意思是學習、智慧、博學。直到一五三三年，人們才開始用「cunning」來指涉「偉大的情操、上帝的大禮、貞潔、自由、耐心持重、節制、哄騙等」。[15]到了一六一二年，法蘭西斯・培根則在〈論狡詐〉（Of Cunning）的開頭寫道：「我們把『cunning』當成某種陰險或不誠實的思維。」[16]

我們的世界充滿各種專業知識，而且許多人（尤其學術界）的身分也仍受學科、技能或俗稱的「學問」（learninghoods）所定義。工藝（craft，德語是Kraft）意味著權力或力量，但工藝這個詞彙和很多與知識相關的詞彙一樣，都讓自己漸漸染上可疑的性質——「conning」（有知識或技能）變成了「cunning」；「craft」變成了「crafty」（狡詐），因為工藝往往令人聯想到神奇藝術或魔法（從一二二〇年開始，就有人用「craft」指涉咒語或附魔）。「craft」表示學科、技能、知識的一個分支；但這些分支可能因為存有戒心而把某些知識化為祕密，同時讓這些知識遁入黑暗。知識或工藝社團都是私密社團，當然這未必表示它們是祕密結社，而是指它們都建立在私人或與世隔絕的知識之上。它們的知識，是從成員可獲知而外人不明所以的那些知識整合而來。

人類社會仰賴交流，而交流的事物往往是知識，有些知識交流是新聞、有些則是技術訣竅，知識的主題則可能包含社會、科技、個人、宗教等。但我們可以說，在更普遍的意義上，人類社會的形成根基以及維持條件，其實是建立祕密與維護祕密，以結構性的方式去抑制某些知識交流。人類社會是一種交流系統，但這種系統並非完全開放，而是封閉或半滲透的，它會限制知識的流動。知識的交流需要管道，而管道必然會瞄準和引導，必然會納入某些知識、排除某些知識。[17]原始人類社會以及人們彼此認識的最基本形式，就是一起使用某種只有彼此才懂的語言。孩子在內化如何講話、如何用語言承載知識的過程中，逐漸變成了人；但孩子也在內化過程中隨即發現，語言不僅可以用來傳遞知識，也可以用來守住祕密。兒童在發展「心智理論」初期，將會發現一個背景原則：在分享知識之前一切都是祕密，我一旦知道你的心中可能有某些我不知道的事物，我就會同時發現在我說出來之前，我心中的一切同樣也都是祕密。

事實上，所有的語言都是帶有某些祕密的機器，因為你必須懂那種語言才能使用那種語言，也因此必定存在某些你無法了解的語言。即使完全不知道外面世界的模樣，完全不知道外面存在使用其他語言的部落（當然一定有人會懷疑歷史上是否真的有過這種部落），也一定會出現某些被語言排除在外的人：部落的孩子出生之後必須學習語言才會說話；老人、生病的人、受傷的人可能會變得沉默或無法說話；人類以外的生物（尤其是動物）則只能了解一部分人類的語言。進入社會的成年禮（initiation ceremonies），通常會在穿過某段空間的過程中敲奏某段旋律，而且往往會敲奏有形的事物，其中「initiation」的字面意義就源於拉丁語的「ineo」（進入）。很多地方的成年禮都會穿過一條隱蔽的通道（也就是內部的通道，帶有一種身體內部的祕密意象），這可能是暗示或表演重新進入一個地方、然後重新誕生的過程。但新進者真正進入的「地方」，是一個想像出來的祕密知識之地，而英語用一種奇妙的表達說他們「既在這地方之中，又在這地方之上」（in on）。他們的第二次降生不存在於肉體，而存在概念裡；降生進入符號表徵的知識，這些知識象徵了力量，並收納在符號之中。

所謂的祕密，就是被分離開來的事物，祕密（secret）這個詞彙就源自「se-」（撇開、分隔）和「cernere」（區別、篩選、分離）。詭異的是，「secrete」（分泌）這個動詞意味著排出或排泄（excrete），往往指的是把事物從體內送到體外，因而整個動作變得沒那麼祕密了，這個詞彙的來源，是人們認為乳汁或膽汁這些液體，都是從血液分離出來的。打從十六世紀晚期，英語的「discreet」（謹慎）和「discrete」（離散）就開始變成兩個不同的詞彙，「discreet」是指慎重、小心、注意、機敏、審慎，尤常指涉與管理社會或通訊相關的事情，以及人們足以維持信賴的特質；而「discrete」則是一個技術性的詞彙，指物理上與其他事物分開、分離、有所差異，因此也變成「concrete」（實質、具體）的反面。「discreet」和「discrete」的差異本身就很「discreet」。如艾蜜莉．狄金生（Emily Dickinson）就用這樣的詩句，描述春天裡第一隻歌唱的孤鳥：

你以為可以請他
唱你想聽的任一首歌——
但他卻在樂音與樂音之間，那歡快的延遲裡
謹慎地決定離去。[18]

詩中的「謹慎」，同時讓人聯想到鳥兒在樹枝間跳躍時斷斷續續唱出的歌聲，以及一連串飄動音符的樂音間隔和「歡快的延遲」，因此鳥兒既催促著春天到來，又延緩著春天的到來。同時我們也幾乎可以說，由於狄金森在「謹慎」這個詞彙前，放入了她愛用的行間破折號，這幾種不同的選擇都變得可能。

沒有祕密，社會就無法存在；而某種意義上更令人吃驚的是，如果社會不存在，祕密也就消失了。當附近出現其他同類時，松鴉似乎喜歡把食物藏在自己看不見的地方；但當附近沒有同類時，牠就喜歡把食物放在立即可見的位置。[19]要讓一件事變成祕密，必須至少有兩個人，以及三個不同的出發點。至少必須要有一個人守住祕密，而且至少必須有一個人不能知道祕密。後面這群不能知道祕密的人，理論上可以包含世界所有的活人、死人，以及尚未出生的人，但絕大多數情況下都只包含其中一部分的人。此外，你一旦擁有祕密，就會在心中更細緻地區分出哪些事物是公開的、哪些是祕密的；哪些是可說的、哪些是不可說的。因為守住祕密最好的方法，就是把某部分的祕密鎖起來，讓自己也不知道，密碼學中的「合理宣稱自己不知情」（plausible deniability）原則就是這麼來的。但你不可能永遠隱藏所有的祕密，所以為了安全起見，你必須知道哪些事物不該知道。你可以讓自己不知道某些事物，但不可能在完全沒察覺的狀況下做到，因為沒有覺察時所不知道的東西並非祕密，只是你知識中的某塊缺漏而已。這告訴我們，你只能守住你知道的祕密，而「知道某事」本身就是一個祕密。但在用某種方法表達自己所知道的事情之前，你其實無法真正確定自己到底知道什麼，所以祕密一定是可以分享傳播的事物。你至少必須把事情透露給另一個人知道，才能確認那是祕密，然後把它守住。而你能守住的，只有那些某天可能會消失無蹤的信心。

祕密可以分為兩種，祕密之間的相關效應也可以分為兩種。第一種是區隔式（differentiated）的祕密，把群體分為兩邊，其中一邊知道而某些另一邊不知道的事物。知道祕密的那邊人數通常較少，而且兩邊往往都明白界線的存在。社會中的每個成員可能同時分屬於好幾種子團體，每種團體各自保守不同的祕密，內部與外部的分層實際上都相當複雜。學術機構的分科就是一個具體而微的例證。各個學科掌握的祕密知識，大部分屬於實作的方法，而非資訊本身。資訊通常不會藏起來，只要仔細推敲就能找到。學科的祕密，經常存在於專業語言的編碼方式之中。換句話說，知識本身未必是祕密，但討論知識的方式卻經常是祕密。艾力克斯．波瑟奇尼克（Alex Posecznik）就說：「學術研究中很多事物都與祕密有關，幾乎所有學術界的人都會參與某些拐彎抹角的理論辯論，不斷堆砌隱晦難解的術語，外行人很難搞懂。」[20]

至於「有祕密存在」這件事，則不可能是祕密。英國祕密情報局（British Secret Intelligence Service）這類機關，就是這種社會信任的例子，該機構舊稱英國軍情六處，在一九九四年由官方正式承認前早已廣為人知，並在電影、小說、謠言中廣泛流傳。它目前位於倫敦沃克斯豪爾（Vauxhall）一棟富麗堂皇的大樓中，大樓由泰瑞．法瑞（Terry Farrell）設計，價值一億五千萬英鎊。在許多觀察家眼中，大樓如梯田一般陡峭上升且毫無裝飾的外觀，似乎結合了許多科幻軍事的元素，以及馬雅金字塔和中東寺廟的特質。簡單來說，祕密情報局昭告天下祕密就在此處，甚至把這件事變成某種廣告。它在最近幾部〇〇七電影中經常遭到攻擊，現實中也在二〇〇〇年遭到疑似愛爾蘭共和軍的火箭襲擊。祕密情報局的官網以相當可愛、甚至坦率得有點詭異的文字寫著：「我們英國祕密情報局，或稱軍情六處的任務很明確：在海外進行祕密任務、發展國際關係、蒐集情報，並讓英國變得更安全、更繁榮。」[21]

除了區隔式的祕密以外，還有一種通用式（general）的祕密。它通常都以聖物的形式存在，相關社群不僅阻止外人知道這些事物，也會阻止自己人知道這些事物。沒有任何社會可以完全開放，因為社會必須以某些神聖的概念為核心才能建立起來，而神聖的事物通常都因為與日常隔離，而帶著某種神祕感，隔離可能是因為聖潔，也有可能是因為帶著詛咒，拉丁語的「sacer」就同時具聖潔與詛咒的意思。民主社會常懷疑那些保密的行為，但許多以世俗自居、認為自己不再需要神聖性的社會，卻也將言論自由這類很多時候其實相當世俗的開放性原則，視為神聖不可侵犯的事物。神聖的事物之所以會變成祕密，是因為人們經常不去檢查它，甚至認為不需要去檢查它，於是這些事物就變成眾所皆知的不可知之物。

因此，一個以坦誠與負責為基礎的社會，將會需要一些機構去捍衛這些價值。大部分民主制度都以祕密投票為核心，用正式的儀式把松鴉藏食物的方法拿來決定公眾事務。人們經常用「透明」來譬喻沒有祕密的狀態，但這似乎隱隱然承認了這件事內藏的矛盾。可以確定的是，如果沒有任何事物可以擋住你的視線，例如我赤身露體站在一扇玻璃窗前，那麼我當然就無法對你隱藏任何祕密。但如果我本身也是透明的，那你就什麼也看不見，甚至不知道我在那裡。任何你能看見的事物，都一定會擋住你的視線，讓你看不見其他事物。因此「透明」這個概念，在這個有點詭異的意義上，可能本身就是「透明」的。

祕密有一種相關效應，人們即使不知道祕密的內容是什麼，也能守住祕密不說出去，因此齊美爾（Georg Simmel）把祕密稱為「關於**某個事物**、但未必知道是**哪個事物**的知識」；不過那些試圖不讓別人知道自己存在的祕密社團，似乎就不具備這種效應了。[22]這類組織拒絕在可知與不可知之間劃出錯綜複雜的網格界線，但社會卻正是靠著界線才知道該公開哪些資訊，守住哪些祕密。因此，那些希望完全不為人所知的祕密組織，一旦被社會找到可能存在的線索，就會變成社會的重大威脅。祕密結社的定義，注定很難確定這些組織始於何時何地，最多只能確定人們都相信它們歷史悠久。但許多祕密結社，很可能都是在社會交流與社會聯繫日益增強的時期所誕生，它們的誕生代表著人們試圖從社會中分裂出去（儘管分裂本身就是某種交流的方式）。齊美爾指出，英國宮廷裡「那些真正的祕密組織、竊竊私語，以及有計畫的陰謀，都不是在專制統治時期出現的；而是在憲法規定國王身旁要有顧問、人民可在某種程度上監督政府後才出現」。（'SS', 468 n.2）而如今所謂的啟蒙時代，其實正是人們最為祕密結社這種東西所吸引、興奮、瘋狂的時代，例如「地獄之火俱樂部」（Hell-fire Club）這類社團，裡面大部分就都是喧鬧的年輕貴族。[23]

在啟蒙時代的祕密結社中，最有名的莫過於光明會（Illuminati），一個由亞當・魏薩普

（Adam Weishaupt）在一七七六年的巴伐利亞所創立的理性主義思想家社團。光明會的目標是逐漸推翻世上所有的專制教會與國家權力，建立一個以道德與理性正義原則為基礎的自由公平秩序。他們一度把歌德與赫德（Herder）都算在會員之中，結果弄得太招搖，就與另一個盟友共濟會（Freemasons）一起被取締了。這告訴我們一個經常出現的詭異悖論：那些發誓要讓理性之光照耀世界、驅逐每個角落的迷信與蒙昧的那些人，往往需要藏在黑暗的陰影之中不能為人所見。在當時譴責光明會的言論中，影響最為深遠的就是約翰·羅比森（John Robison）的《陰謀組織正攻擊全歐洲的宗教與政府的證據》（*Proofs of a Conspiracy against All the Religions and Governments of Europe*），它揭露光明會與共濟會之間的關係，聲稱法國大革命就是由這些祕密結社所主導，警告讀者「這些祕密結社仍然存在，仍在陰影中活動，他們的使者正在我們之間竭力宣傳那些可憎的教義」。[24]羅比森也沒有忘記提到共濟會存在的兩個矛盾，它不僅是一個公開的祕密，同時又想以不為人知的手段促進公益——

> 那些好奇的人總愛探索各種祕密、嘲笑各種事物，而祕密結社的弟兄也只有在這種時候才能自由發言。因此，成員們總滿腔熱血地執行任務，甚至自己火上加油，看不見祕密結社的博愛善行目標與它們專斷獨裁的作風有多麼矛盾。這種矛盾不僅讓結社的慈愛精神與其他的慈善組織一樣，只能使其成員受益而無法擴及大眾；更在社團的內部貯藏了無限多的祕密。這與他們聲稱自己

的天性是要孕育慷慨仁慈、要用愛來鼓舞全人類的說法背道而馳。我們這些俗人實在不懂共濟會為何要躲躲藏藏，這能夠讓他們的弟兄變得善良仁愛嗎？他們的弟兄口口聲聲要我們相信，說共濟會一旦公開就會失去力量；但這只讓我們更為好奇，想知道它們究竟有什麼祕密可以這麼神奇。[25]

人們對於祕密結社的滑稽恐懼，讓祕密結社直到今天仍不斷死灰復燃，爆出一波波令人震驚的新聞。大眾對光明會的心理需求，使光明會這種組織根本不需要真正存在，也能引發人們的反應。這類組織變成了一種模板，人們無論在討論政治、軍事、心理，還是宗教上的陰謀時，都沿用它們的模式；而隨著大眾的溝通愈來愈頻繁而複雜，陰謀論的撰寫者與讀者也變成了某種半公開的後設祕密結社，以為只有他們才知道世上有很多巨大陰謀正在不斷擴張。[26]

即使在勞動與功能未高度分工的社會，祕密知識也扮演著重要角色。從某種生活狀態過渡到另一種時，經常會從他人那裡知道祕密，藉此進入一個新的知識社群，這在成年的時候尤其明顯。即使在複雜的社會中，也有某些小地方會讓你接觸到祕密知識，像是得到新工作之後的前幾件事，通常都是拿到登入系統的密碼，或者知道門鎖的密碼。

多數祕密知識的入會形式，都牽涉到生殖與性別的問題。許多社會把獲得祕密知識當成長大成人的一部分，你擁有了這些知識就成為一個男人或一個女人。也許我們會認為，其實那些祕密與生殖或性別本身無關，只是社會公認某些人不該知道而已，因為社會必須靠那些祕密知識來維持性別之間的差異。這類祕密隱藏了另一種祕密：也許這類祕密與我們一樣，都不知道自己從何而來，也就是說，或許世上原本沒有任何事物是祕密，或者也許「祕密」這個概念把自己（以及性別的概念）打造了出來。《牛津英語辭典》在「can」辭條的語源部分提到，當字詞帶著靈知（gnosis）或知識意義的字根，「最初都與亞利安語的『gen-』（以及『gnā-』、『gnō-』），也就是『帶來、產生』相關」。無論在同一個社會內部，還是在不同的社會之間，最常見的祕密知識都是性知識或生殖過程的知識，也就是人類如何誕生的知識。沒有人能知道自己誕生的過程，只有社會能知道每個人是如何誕生。社會承載這些知識，只有成員在象徵層次上了解他們絕不可能以自己所了解的方式重新誕生為嬰兒之後，才與成員分享這個祕密。

祕密之所以要鎖起來，就是因為大家都想探聽。而且大家想探聽祕密，主因正是它被某些人鎖起來。我們甚至可以說，決定資訊是否成為祕密的並不是資訊的內容，而是人們是否想要探聽那項資訊，甚至資訊本身是否想被探聽。這項定義要件會形成某些壓力，阻止人們揭露祕密。只有想要探聽的才算是祕密，如果我對某項祕密毫無興趣，就表示我不承認它是祕密。祕密在「想要探聽」與「不值得探聽」之間，劃出了力量、流動、阻礙的界線。祕密，或者說是知識的缺漏片段與自願性的阻礙傳播，構成了打造所有人類知識領域的欲力。人們經常認為終極的核心知識與性有關；而我們之前也提到，佛洛伊德認為人類把性的力量投注在好奇心與研究上，會因為隱藏東西與揭露東西而感到興奮。然而，祕密所需的欲力未必要從任何一種性知識那裡間接借來，因為光是了解知識與扣留知識、傳播知識與阻止傳播，這些同時出現的欲望似乎就足以擁有欲力、帶來欲望的力量。事實上，對大多數人來說，光是難以將性欲與想像出來的表徵分離開來，就表示他們的性欲需要建構祕密知識以及揭露祕密才能存在。輕吻與傾訴，就是在每一次性接觸中打破祕密的方式。與其說祕密帶有性的特質，不如說**性帶有祕密的特質**。這讓我們足以在此引進傅柯的主張，傅柯認為現代社會看待性的方式，與性和祕密之間充滿矛盾的交互作用有很大的關係。他的《性史》（*The History of Sexuality*）第一卷法語標題是「求知的意志」（La Volonté de savoir），該卷主張「現代社會的詭異之處，不是它把性掃進陰影裡去，而是把性當成一種祕密，永無止境地用力揭露」。[27] 性既是某種形式的祕密知識，也是一種關於欲力的寓言，告訴我們欲力如何將公開之物與祕密之物整合進入現代生活之中。而它遵循的原理，就是邁可・陶席格（Michael Taussig）所說的「祕密……是一種不說出來就無法守住的事物」。[28]

知識與欲望之間存在著經濟關係。祕密不僅對經濟相當重要，也是知識經濟學的核心原理。祕密的功能與古典經濟學中的稀缺性（scarcity）相似，推動著貧窮與富裕的循環，貝克特稱之為知識中的「欲求的總量」（quantum of wantum）。[29] 齊美爾在晚年自信地指出，知識會想要探索愈來愈多自己不知道的事情，「我們知道自己了解什麼、不了解什麼；我們也知道這種向外容納一切、潛力無限的知識，是讓心智無止境向前探索的真正關鍵」。[30] 但他之前在一九〇六年一篇討論保密的文章中，並不這麼肯定心智具有目的性，反而認為已知與未知之間具有某種內在平衡——

> 祕密所具備的形式，會讓內容永遠不斷流入、不斷流出，讓原本公開的事物變成祕密，原本隱藏起來的事物不再神祕。因此我們可能會發現一個矛盾現象：在其他條件類似時，人類需要在互動中維持某個比例的祕密數量不變，改變的只是保密的對象而已。如果公開了某些事物，就會另外去保密另一些事物，讓祕密的總量保持不變。（'SS', 467–8）

人們經常把那些彼此競爭的、對知識的欲望，說成揭露祕密解開謎題的原動力，聽起來就像未知的事物都是被某些人刻意藏起來似的。保密不僅源自以下的欲望，也驅使這種欲望：我們一方面想要集中知識資本，會想限制知識自由流通；另一方面又希望永遠開放探索新的知識市場。所以我們會把知識資本從借方欄位，也就是祕密，轉移到貸方欄位，也就是公開知識中。保密既讓某些事物更安全，也讓某些事物更危險。

公共史與官方史的增加與傳播，改變了公領域與私領域事物的比例，並促使所謂「祕史」（secret history）的出現。「祕史」這個詞彙最初是歷史學家波寇披厄斯（Procopius of Caesarea）一部作品的書名，他寫了好幾部關於羅馬將軍貝利薩流（Belisarius）與羅馬皇帝查士丁尼（Justinian）的戰爭史。到了生命尾聲，波寇披厄斯寫了一篇貝利薩流與妻子希奧朵拉（Theodora）的醜聞，緊張兮兮地對讀者說：

我變得結結巴巴，想要躲得愈遠愈好，因為我開始想著，後世的讀者會不會認為我接下來要寫的這些事物既不可信，也不可能發生；尤其是時間洪流將這些故事沖刷為古董之後，後人會不會因此把我說成一個神話敘述者，甚至是悲劇詩人。但這艱巨的任務不會令我退縮，因為我相信一定有人能為我的這些報導作證。當代的人都完全了解這些相關事件，他們可以為我見證，讓未來的人明白我描寫這些事實時全都出於真心誠意。[31]

西元十世紀的百科全書《蘇達辭書》（*Suda*）把波寇披厄斯的作品分類為「Anekdota」（未發表之物，由希臘語的「ἀν」〔沒有〕和「ἔκδοτ-ος」〔出版、發表〕組成），但這些作品直到一六二〇年代的人從梵蒂岡圖書館發現了一批十四世紀的手稿之後才終於問世。一六二三年，里昂的尼古拉斯．阿萊曼努斯（Nicolas Alemannus）將其加上註釋與拉丁譯文，以《Arcana Historia／祕史》之名出版。法語譯本在一六六九年問世，英語譯本則在匿去作者姓名的狀態下於一六七四年出版，書名改為《查士丁尼大帝宮廷祕史》（*The Secret History of the Court of the Emperor Justinian*）。英譯本與前兩種譯本一樣，都刪去了第九章的大部分內容，把希奧朵拉早年當妓女與歌舞女郎的神奇細節，尤其是她在舞台上表演如何讓訓練過的鵝從希奧朵拉的陰道中揀出大麥種子的故事，全都刪光光。讀者只能從譯本讀到，她「從事一種卑微到沒有任何像樣名字的職業，而且魔鬼深深控制了她，讓她在帝國的每個角落都留下厚顏無恥的印記」。[32]

這些波寇披厄斯的譯本，激發了一波撰寫各種祕史的風潮，原因或許是祕史的內容與當時英國政治類似，都有強大的皇室情婦、傭兵領袖、政治高層淫蕩醜聞等。[33]梅琳達．拉布（Melinda Rabb）說得好：

> 這是從英雄故事走向充滿傻瓜與無賴的嘲弄典範。此外，敘事者既是可敬的公共人物，又祕密爆出花邊醜聞的「雙重性」，也成為諷刺故事的典範。[34]

祕史這種東西，是一種反抗官方史、或反抗公共史認可形式的方式。它寫出邊緣族群，尤其是女性的觀點；它提出一個觀看歷史的新方法，提醒我們所有官方史都一定有所偏袒，也示範了歷史在另類的經驗與觀點會長成什麼模樣。不過我們也必須懷疑，在自稱祕史的作品中揭露的許多祕密，實際上很可能根本沒人知道，甚至無法出版。蕾貝卡．波拉德（Rebecca Bullard）認為這些作品「揭示真相的方式，仰賴修辭而非實證」。[35]也就是說，它們都是在利用傳播技巧。

祕史在十九世紀開始衰落，原因之一是祕史的許多觀點都被納入了官方史。不過也許令人驚訝的是，祕史是在隱私開始被當成人民的普遍權利、大家開始期待擁有隱私後才出現的。最早提出並反映隱私的作品是現實主義小說，它公開證明並承認私生活的存在，並告訴讀者除了侯爵夫人與首相這些名人之外，每一個百姓都有隱私。從此之後，私生活就變成了社會生活的一部分，保持隱私與揭露隱私也不再那麼引人反感。後來，「privy」（通曉內情）這個詞彙的意義中，那些掌握機密知識、躲在陰影之中、藏起來、不為人知、隱晦難解的部分，都變成了古董。這個詞彙最終用來（以一種嘲弄意味）稱呼廁所，也就是人類最普遍卻也最真實的私密場所。約翰・普尼（John Pudney）在一九五四年就寫道：「這個詞彙在世界各地已紛紛變成了抽水馬桶的名字。」[36]這個過去曾經擁有帝王般奢華感的詞彙，如今卻變成「大部分英國人在戶外做那件事」時所使用的「可以讓人放鬆的地方」。[37]下水道這種公開的祕密，把所有人的隱私產物蒐集在一起，把「privy」過去的私密意義全都掃進古文裡。此時「Privy」的另一個用法：英國政府的樞密院（Privy Council），可能也會令人滑稽地想到該機構是否像宮廷侍從官（Groom of the Stool）那般，去監督君王的腸道健康。也許我們的確可以說，讓每個公民都能以私人形式解決身體廢物的下水道系統，以最生動的方式賦予了每個人隱私。後來，原本用「privy」來稱呼隱私的場合，逐漸被「private」所取代，例如法庭證詞就經常用「private parts」這種枯燥扭捏的方式來指涉下體或私處。「private」變成一種用更日常、也更官僚的形式，區分公領域與私領域的方法，尤其是指出職業的名字與性質是否屬於公領域，例如「private investigators」（私家偵探）和「private companies」（私人公司）。如今人們不再把隱私視為一種狀態，而視為一種權利，盡可能將它納入社會生活之中。隨著私生活變得更普遍，涵蓋範圍變得更廣，上流社會的公共生活與私生活之間的距離也不再那麼明顯。十八世紀末，隨著「祕史」不再能帶來巨大的興奮，人民對祕史的興趣也降低，「anecdote」這個詞彙同樣也不再以複數形式作為祕史的同義詞，只剩下「軼事」的含義，專門指涉獨立存在而富含趣味性的小故事，它們經常與公眾人物有關，但未必相關。所謂的祕密，成為了日常生活的一部分。

於此同時，隨著祕密愈來愈容易取得，公開祕密所造成的影響也愈來愈常見。那些原本由間諜與告密者四處打游擊爆出的醜聞，到了十七與十八世紀，則彷彿從天上直接灑落到每一寸土地似的，或者更準確地說，開始由出版媒體爆出來，四面八方，無所不在。山謬．D．華倫（Samuel D. Warren）與路易斯．D．布倫岱斯（Louis D. Brandeis）在一八九〇年《哈佛法律評論》（*Harvard Law Review*）的那篇文章，可說是現代隱私權概念的先河，它點出隱私權有兩個看似截然不同的重要先決條件。第一個是「高強度的思維生活與情感生活，以及情緒隨著文明進步的強化」[38]；另一個抽象事實則是，各種形式的出版媒體發展到無所不在的地步，不僅威脅當權者的隱私，也威脅到一般公民的隱私，「即時照片與報紙產業侵犯了私人與家居生活的聖域，數不盡的機械設備即將實現恐怖的威脅，『衣櫥裡的耳語將在屋頂上廣為宣布』」。[39]隱私與祕密，都是客觀結構與主觀過程複雜互動的一部分，我們在這種互動系統中交換資訊，「知識帶來的感受」也在這系統中影響我們。華倫與布倫岱斯用「知識對心智的影響」為隱私權辯護，他們認為當時人們愈來愈常用「感覺」這個詞彙把私人感受與公共表達連結在一起，而隱私權正是同時保護這種「感覺」又對抗這種「感覺」的事物——

> 隨著文明的進步，生活變得緊張而複雜，迫使人們設法用某些方式遠離塵囂，同時精鍊的文化也使人們對公共曝光更為敏感。因此，獨處與隱私變得更重要。但現代企業與現代發明侵犯了人的隱私，它所帶來的精神痛苦與困擾，遠遠超過了肉體上的傷害。40

事實上，隨著媒體愈來愈普及、愈來愈不受限，隱私與曝光就愈來愈像一場所有人對抗所有人的戰爭。個人不僅必須面對外界的侵犯，也必須面對自己的好奇心和貪婪。「公開」與「曝光」變成了兩種概念，前者是正面的，後者未必。我們把那些不是祕密但不能曝光的事物叫作隱私，把那些有權有勢的人或邪惡的人藏著的東西叫作祕密。但在此同時，人們也開始愈來愈常「製造」祕密，而非「揭露」祕密，因為公領域對私領域的侵犯，把各種根本不是祕密的事物都當成祕密來報導。

在媒體飽和的社會中，祕密最重要的功能，甚至可說是不為人知的功能，就是在揭密的過程中以及揭密之後，繼續維繫祕密的吸引力。無論是持有祕密者還是以黑函勒索他人者，他們之所以擁有權力，都是因為祕密一旦曝光就會造成傷害。曝光不僅會使祕密失去力量，更會使祕密消融。製造祕密與揭露祕密，是維繫社會的條件。它既可以打造時間結構，又可以維繫時間結構中的張力：因為時間需要結構，時間的組成元素之間的關係會改變，時間的快慢變化維繫了張力，讓時間不會淪為死板且面目模糊的事件序列。然而，結構也需要隨時間而變化，否則就會變成純粹了無生氣的關係網絡。因此一個喜歡窺探祕密的社會，勢必要面對如何讓祕密繼續維持吸引力的問題。一旦把封面故事寫成爆點，那則故事的封面就被寫爆了。

讓窺探之火繼續蔓延的方法之一，就是借用傳染病隨著時間以指數成長的方式，打造一個無限的想像之井。二〇一七年十月指控製片人哈維．溫斯坦（Harvey Weinstein）涉嫌性侵與性騷擾的方式，就是很好的例子。照理來說醜聞的功能應該是讓人悔改，但溫斯坦在事件中的反應卻變成了震驚與譴責的焦點，完全偏離了醜聞的這項功能。他的反應成為醜聞延燒的燃料與內聚力。但報導的方式既不夠強烈地譴責那些曝光的事實，也沒有暗示其他新聞（包括了颶風、難民逃亡、環境威脅）可能更值得或至少同等值得關注，報導全都只是在暗示某些人可能也祕密參與其中。但這其實跟侵犯隱私的本質無關，因為揭露祕密的過程是為了要實現本章之前所說的原則，讓知識所討論的對象，變成為了知識而存在的客體，這種過程打從一開始就希望被揭露的祕密長出自己的意志。重要的是，被揭開的祕密應該要能夠用自己的方式永遠存續下去，而不會失去所謂的「衝擊力」，並且不讓揭密者認為自己需要繼續不斷去侵犯別人的隱私。溫斯坦「獵女」醜聞的暴力力量，本來就會逐漸衰竭並失去意義，因為醜聞的吸引力一旦降低，記者就必須用一些新方法重新吸引大眾注意，讓讀者懷疑我們已知的事實是否遠遠超過了過去的想像，或像我們愈來愈確信的那樣，與尚未曝光的恐怖事實相比根本微不足道。但這麼一來，舊爆料就反而比新爆料更有價值，新的爆料不再證實我們已經知道的事，而是證實我們確信自己知道但其實並不知道的事。關於**某些事物可能存在**的知識，變得比**某些事物實際存在**的知識更重要。

如果好萊塢已經挖不出更多故事細節，剩下能用的招數就很明顯了：讓既有的故事平行傳播，同時去西敏寺這種半封閉的圈子看看能不能挖出類似的故事。這樣的風潮到何時才會結束？目前已證實，這些由祕密事件構成的資料庫，就是許多醜聞與悲劇的必然成因之一，它讓爆料者永遠有新版的完整故事可以說。大家都期待真相全面披露，只有全面披露才能洗清邪惡，讓這種濫用權利的行為永遠不再發生；一旦全面披露就能終結醜聞，讓我們繼續前進、洗淨我們的心、讓我們認為安全等。這些期待讓醜聞燒了一波之後，最後進入白矮星狀態。但在退燒之後，人們還是會懷疑某些事情沒有曝光，因此過了一段適當的時間後，總會有一些勇敢無畏的報導者再次點燃餘燼。這表示故事的結束，不是因為我們的正義之心不再想要繼續根絕所有禍源，而是那些粉飾太平、洗白、提早結束故事的方法，掩蓋了永遠不死的祕密。有時候，揭密的週期會隨著嫌犯去世而結束，但最近吉米・薩維爾（Jimmy Savile）

與愛德華・希思（Edward Heath）這類例子卻證明，有時嫌犯死亡反而是醜聞復燃的契機，大眾會以一種微妙的方式注意到，這些懦夫試圖逃避制裁而把醜聞帶進墳墓。但我們得知道，這些隱瞞與揭密的神聖儀式一定會侵犯隱私，一定會不斷曝光私生活，這些事情總在祕密與醜聞的激情戲循環中不斷上演。而名流正是這些戲劇中的重要角色，畢竟他們最主要的存在意義，就是有很多私生活細節可以曝光。名流的總人數愈多，每位名流被爆出醜聞或被追究的機率就愈低。而且名流還有一個特性，他們即使沒犯任何錯也可能被大眾羞辱，因為他們一開始就把真正的自己藏在表面的魅力之下，總有一天會被揭穿，只要被爆出太瘦、太胖、懷孕、老去，就夠丟臉了。我們這個開放、輕盈、透明的社會，可能總得去醞釀一些惡毒的祕密來爆料。這種祕密是不允許打聽的——除非你在打聽時把它改寫成另一種可以洗乾淨的祕密。

每一次的發現與曝光，都具備一種對於力量的幻想，它以為發現者與爆料者都只是這種力量的附庸。我們有時會拿莎士比亞（William Shakespeare）《威尼斯商人》（*The Merchant of Venice*）第二幕第二場的名言，告訴自己「真相終將大白於天下」。這句話背後藏了很多謊言，簡單來說，它的核心概念是，真相或真理並非某個條件或某個狀態，而是一種力量，這種力量會用自己的力量把祕密推到陽光下。因此，真相或真理不是發現、製造、推理、尋找的結果，而是一種把自己推向大眾面前的意志或動力。當我們說「找出」（found out）真相或真理，句中的「出」（out）其實已經是反身動詞，暗示著真相或真理一定會把自己「推出去」（out itself）。這句話告訴我們，真相或真理不只具備把自己公開於眾的力量，它其實**就是**這種力量。追求真相或真理的意志把自己投射到了世界上，變成了真相或真理的意志。這種意念之力，讓人們思考真相或真理時總帶有某種獨特的調性。如果你認為，真相或真理不一定實質存在，而是一種偶然成立的形容詞，你的說法就會變得詭異而令人費解。因為真相與真理都是名字，來自我們相信為真的事物。所有真實存在的事物都是真的，真相與真理幾乎有無限多個，因此也變得瑣碎而無關緊要。然而，如果事情只是單純、平淡、普普通通地成為真相，背後毫無任何意圖或意義，就太無聊了，讓人們完全無法信服。人們希望真相或真理具有一種力量、成為一種力量，因此將這種力量強加給它。事物不能只是存在而已，還必須有另一個不同於它、超越它的真理讓事物「必須存在」，讓事物「必須被了解」。

祕傳主義

正如上述所言，現代祕傳主義（esotericism）的顯著特徵之一，就是與充斥著大量傳播媒介的社會結成了奇怪的聯盟。這樣的社會，大大方方地到處宣傳那些以前認為不可說的祕密。我們已經身處於一個開源祕傳主義的時代之中。社會中流通的不可說之祕變得更多，而非更少。祕傳知識（esoteric）與祕傳主義之間的差異，就像是原始人（primitive）與原初主義（primitivism）之間的差異一樣，兩組概念都經常不小心被搞混。根據定義，原始主義是想要重回原始人狀態的意思，所以原始主義者一定是已經脫離原始狀態的人，原始人也不可能是原始主義者。祕傳知識跟祕傳主義的差異也一樣。只有在大眾宣傳不夠發達、資訊不夠流通的社會，才可能把知識限制在某個群體裡，這個社會中的人們不可能掌握關於自己的所有知識，並且可能有很多事情不知道；至於祕傳主義，則是在萬事皆闡明、萬物的本性或萬物應有的面貌皆可知的社會中才會出現。祕傳知識的存在表示各種專業彼此分離開來；祕傳主義的存在則表示各種專業彼此鑲嵌在一起。祕傳知識表示各種社會領域彼此分散；祕傳主義則表示不同事物的分布、相互糾纏、彼此牽連，**構成**了一個社會領域。

「祕傳」（esoterism）這個詞彙最早出現在一八二〇年代的法語，一八四六年進入了英語，表示當時的社會開始把某些事物與其他區隔開來。祕傳知識並不等於把知識藏起來不公開。歷史上的不同時期，都各自有許多知識鮮為人知、被忽視，甚至被遺忘。這些知識未必需要保密，人們也未必刻意隱藏。忽略或遺忘，與隱藏並不相同。但自十九世紀之後，那些非官方或非主流的知識變得愈來愈有公信力，於是祕傳的知識就愈來愈不像內部專家刻意藏起來的事物，而是被外部打壓的事物；愈來愈像是在歷史上被拋棄的事物、下層階級而非精英階級的事物、屈於人下而非居於人上的事物。人們一旦把知識視為統一的領域，偶然性與意外就不能存在，那些難解的知識必須全都扔出視界之外，不能讓人看見。

可能有人會說，在後人所謂的啟蒙時代中，祕密知識的地位大幅改變。在那之前，人們把那些帶著巨大力量的知識（例如與魔法相關的知識）當成祕密。就像當代的軍事知識與情報知識那樣。但啟蒙時代認為明確的知識與溝通相當有價值，於是祕密的力量就愈來愈大。在那之前，人們必須把權力保密；到了啟蒙時代，保密，尤其是眾所周知的保密，反過來獲得了愈來愈大的權力。當然，魔法的力量主要源自於未經揭露的祕密，或至少奠基於值得懷疑的事物，因為魔法本身並沒有它們所聲稱的力量。對於撰寫魔法書或魔法祕典的人來說，那些最強大的魔法，諸如隱形斗篷、飛行藥、召喚亡靈或惡魔的咒語等，顯然全是信念或暗示的產物。這些作者守得最嚴的祕密，就是魔法書裡什麼知識都沒寫，寫的其實都是保密的方法。

另一種把知識藏起來的方法是等待。這種觀點認為，某些知識之所以並未廣為人知，是因為相關的思潮牴觸了官方或主流的思想，因而必然被打壓或邊緣化。許多討論祕傳主義的歷史都試圖解釋這件事，認為原因出在祕傳主義關注了某些特定主題，像是認為大自然具有生命，或者重視「整體性」（holistic）。[41]但與其討論祕傳主義究竟包含哪些事物，不如討論它的形式或功能本質；與其討論人們把那些事物當成祕密，不如討論祕密為何具有力量。事實上，現代的祕傳主義往往走向統合論（syncretism），重點不再是某些特定事物是否屬於祕密，而是有一種地下的祕密管道會交流各種彼此相關的知識，但這些知識本身往往跟主流知識並無二致，像是人類與大自然密不可分。

十八世紀的人通常都認為，宗教帶著一種凡人難以理解的祕傳色彩。民眾難以理解眼前的教條與儀式具有什麼含義，而且宗教組織把許多教義封印起來，交給精英僧侶階級小心翼翼地守護，不讓一般民眾接觸。那些鎖起來的祕密儀式，只能在指定的地方執行。揚・阿斯曼（Jan Assmann）認為宗教的這種雙重性（double doctrine）最早源自古埃及。拉夫・卡德沃斯在一六七八年的《宇宙的真正知識體系》（*The True Intellectual System of the Universe*）中有力地主張，民眾自古以來就普遍認同一神論，只是被多神論體系分散了注意力，並安撫下去而已。[42]到了啟蒙時代，民眾逐漸發現這種雙重性，發現在公開而常見的宗教行為與制度背後，藏著另一套祕傳的教義。結果人們也開始模仿這種雙重性，學者在用知識破除原有迷霧的同時，也將過去的祕密知識變成一個系統，藏在不太明顯的地方，只不過不是用入會儀式把其他人擋在門外，而是把祕密知識藏在文章的附註以及抽象的專業術語之中。從此之後，人們就一直把埃及當成神祕之地，把埃及神話當成神話的起源。當然也有人會說，埃及是「時間」這個概念的核心，是一種超越歷史的古老之物，它提供了一個永遠無法完全解開的祕密知識之井，永遠不會枯竭。

許多祕密社群雖然有一套祕而不宣的共同信念或目標，但其守護的祕密其實只有自己的存在而已。不過還是有某些祕傳主義的團體，會加倍用力地守護某些既必須保護、又必須封印起來的知識，例如人們常認為諾斯底教派（Gnosticism）的做法就是如此（不過事實上大部分的諾斯底教徒並不支持這種觀念）。「諾斯底」這個字根是指知識或靈知，諾斯底教派也把知識當成核心的教義問題。諾斯底教徒認為，上帝位於一個由純粹的知識原理所構成的世界，與我們墮落的物質世界相距甚遠，所以才會把自己投射成為這個世界中的索菲亞（Sophia，即智慧），讓索菲亞生出神（Godhead）或造物主（Demiurge）。根據聖宜仁（Irenaeus）《駁異教徒》（*Adversus haereses*）的記載，諾斯底教派相信造物主在無知的狀態下創造了世界，所以他創造的世界百分之百位於那些神聖知識之外——

> 造物主以為自己創造了所有事物，但其實祂是和阿夏默—索菲亞（Achamoth [Sophia]）的創造力量一起創造的。祂造天，卻不曉得諸天；祂造人，卻不認識人；祂光照大地，卻不認識大地；同樣地，祂又說不知道自己創造的萬物是什麼模樣，甚至不知道自己有一個母親，而以為祂自己就是一切。[43]

不過諾斯底教徒也相信，只要獲得神聖知識的神聖火花，「認知主體就可以給自己更大的力量」，因而得到救贖。[44]諾斯底主義所守護的異端祕密，即神性等於知識。他們相信神性的知識，與知識帶有的神性會愈來愈近，最終融合為一。這種知識可以理解整個宇宙，但只有極少數人可以獲得這種火花或者覺醒。由此就不難理解，為什麼他們認為把某些祕密封印起來，更能讓人集中精力了解知識（尤其是了解那些別人不知道的知識）。

打從十九世紀開始，學術界對過去的祕密知識與神祕崇拜愈來愈有興趣，其中最著名的就是古希臘的艾盧西斯祕教派（Eleusinian），與艾盧西斯對狄蜜特（Demeter）的崇拜有關。在西元三九二年羅馬皇帝狄奧多西（Theodosius）關閉該聖所之前，聖所維持了數百年，進行過成千上萬次入教儀式。儀式很明顯地以象徵形式重現狄蜜特與普西芬妮（Persephone）神話的三個階段：黑帝斯綁架普西芬妮、狄蜜特痛苦地尋找失蹤的女兒，以及最後把普西芬妮從黑帝斯手中救回來——當然，普西芬妮已經在冥界吃了四顆石榴籽，所以不能一直待在世間，每年冬天要回到冥界度過四個月。

自十八世紀晚期之後，解釋古希臘神祕主義的工作，逐漸成為神話研究或比較神話學的代名詞，開始擁有巨大的學術影響力。最早的相關研究之一，就是湯瑪斯·泰勒（Thomas Taylor）在一七九〇年的《艾盧西斯祕教與酒神祕儀》（*The Eleusinian and Bacchic Mysteries: A Dissertation*）。泰勒本身不信英國國教，並且激進支持希臘哲學與異教信仰，據說曾經在倫敦沃爾沃思的家中殺一條公牛獻祭宙斯，而且似乎影響了布萊克（William Blake）、雪萊（Percy Bysshe Shelley）等好幾位浪漫主義作家。[45]雖然他沒上過大學（當時牛津與劍橋都只有信國教的人才能就讀），卻自己發展出一套研究古代經典與翻譯希臘文本的方法，因而成為學術權威。他討論艾盧西斯祕教派的方式，可以看出他對知識抱持著不確定的態度。他在《艾盧西斯祕教與酒神祕儀》開頭就主張，該文所揭露的祕密值得認真看待，「了解艾盧西斯祕教與酒神祕儀的祕密意義之後，就會知道那是最值得尊敬的權威，是最神聖莊嚴的哲學思想」。[46]這種態度也證實他的高度比那些與世隔絕的牛津與劍橋古代經典研究者更上一層樓。他以柏拉圖式的觀點，主張艾盧西斯祕密入教儀式裡面那段普西芬妮落入黑帝斯之手，然後在春天回歸人間的故事，是一段講述精神與物質關係的精緻寓言——

接下來我將盡力證明，祕儀中的小型儀式暗示著靈魂屈從於肉體的痛苦；大型儀式則藉由神祕而輝煌的幻象隱晦地暗示，當靈魂擺脫原本汙穢的物質本性，不斷升高到知識的領域中，就能在現世與來世中獲得幸福。[47]

泰勒找不到任何關於艾盧西斯入教儀式的紀錄或證詞，所以推論大幅仰賴維吉爾（Virgil）《伊尼亞斯紀》（*Aeneid*）第六卷的內容。他認為伊尼亞斯墮入地獄的故事，其實改編自艾盧西斯的儀式，兩者都象徵純淨的靈魂落入肉體之中，被卡在肉體裡並受到汙染。基本上他用靈魂來指涉心智活動，靈魂「墮入人世之中，然後飛升到心智活動的世界，完全只剩下神性與思維的部分」。[48]因此泰勒願意相信，只要把祕儀當成寓言來解讀，就會知道具有神性的心智活動如何運作；只要不把儀式單純當成神話故事，就會從物質面紗背後發現那些儀式其實意味著解放靈魂。在當時與更早的基督教評論家眼中，艾盧西斯儀式中的猥褻淫亂行為，都源於對生育力的迷信崇拜；但泰勒不以為然，認為這種祕教其實具有古希臘的重要智慧。泰勒在維護祕教的哲學尊嚴、解釋艾盧西斯入教儀式的祕密知識過程中，默默地顯露出了他的柏拉圖式知識觀。這類觀點往往認為，祕密既是不為人知的，又是無所不在且永恆不滅的——

鑽石即使躲在陰影裡也不會減少價值，祕密也不會因為被藏起來，就變得沒那麼尊貴。至於哲學呢，則是讓這些奧祕得以發展的推力，它與宇宙一樣古老。即使敵對的體系可能會中途介入使哲學無法連續，但只要太陽繼續照亮這個世界，它就會不斷重新出現。[49]

艾盧西斯祕教以及相關的許多神祕人物，後來影響了許多藝術家，例如斯溫伯恩（A. C. Swinburne）、丁尼生（A. L. Tennyson）、佩特（Pater）、羅塞蒂（D. G. Rossetti）。這些藝術家都像泰勒一樣拒絕用基督徒的方式解釋艾盧西斯祕教，並肯定這種異教智慧所具備的感官力量相當有價值。[50]人們對神話的理解，是從十九世紀的比較神話學中發展起來的，因此本身就帶著一種迷思，以為神話都把身體的生殖力當成某種神聖能量來崇拜，與真正的知識背道而馳。

於是從此之後，學術界與一般大眾結成了一種不可思議的同盟。在十九世紀與二十世紀，艾盧西斯的相關研究逐漸擴散到一般大眾，變成某種更普遍公開的神祕主義；而且由於許多民眾都以為自己有辦法看懂那些與主流學術思想性質類似、立場不同的古書，這股趨勢又更進一步壯大。艾盧西斯祕教之所以受到民眾喜愛，原因之一就是人們相信祕密必定會在某些時候與性變成同一種事物，宗教昇華過後的「生育儀式」（fertility ritual）就是一個例子。自十八世紀以來，人們把「生育儀式」當成學術研究與色情作品暗通款曲的證據（在十九世紀之前，想要找尋色情作品，一定得懂希臘語或拉丁語）。相較之下，把宗教說得充滿性意味，就不算什麼祕密了，許多偽學院派的神祕主義者都以這種方法「發現」驚人的啟示。他們經常引用弗雷澤的《金枝》，這本書在許多人眼中，尤其是那些能忍住誘惑不翻開來讀的人眼中，簡直就是一部以性與死亡為主題的美味學術饗宴。

而最大言不慚論述神祕學的荒謬著作，則屬H．P．布拉瓦茨基（H. P. Blavatsky）在一八八八年出版的《祕密學說》（*The Secret Doctrine*）。這本祕密學大全（summa）含上、下兩卷，闡述神智學（theosophy）的神祕思想與神祕信仰，神智學是布拉瓦茨基與亨利．斯太爾．奧爾科特（Henry Steele Olcott）在一八七〇年代中期共同創立的學說。布拉瓦茨基在書中談到一種如今司空見慣的說法，認為世界上的所有宗教與所有神祕主義，都是過去某種更原始也更完整的智慧的斷簡殘篇，這種古老智慧潛藏在各種聖典之中，幾乎不為西方學者所知。她甚至一度宣稱，這種古老智慧包含了史上所有聖典的所有內容——

> 神祕學派的本部位於喜馬拉雅山脈之外，並在中國、日本、印度、西藏，甚至敘利亞與南美都設有分部，其中幾位成員聲稱自己擁有所有神祕聖典與思想著作。這包括出現文字以來，歷史上所有語言的所有作品，無論是象形文字、卡德摩斯（Cadmus）發明的腓尼基字母，還是印度與尼泊爾的天城文（Devanagari）皆一應俱全。[51]

這些文本都藏在地下的地窖與岩洞裡。布拉瓦茨基在文中寫下，人們用什麼神奇而神祕的方法來守護這些聖典——

在柴達木盆地以西，崑崙山遺世獨立的小徑裡，就有幾個這樣的避世所。在歐洲人從未踏足的阿爾金山山脊上，有一個深谷中的小村莊，只有一小群房子，不像是什麼修道之所。村裡有一座相當簡陋的寺廟，守護者是一位住在附近的遺世獨立老喇嘛。朝聖者說，寺廟地下的長廊與大廳裡收藏了數不盡的書籍，根據他們說的數字，這些書多到連大英博物館都放不下。（*SD*, I, XXIV）

看來人們的確付出了無限心力，把祕密的聖典藏在安全的地方，不讓凡夫俗子看見。布拉瓦茨基暗示這些神祕聖典蘊藏「極為強大的力量，一旦濫用就會對全人類造成無可估量的災難」，但卻從來沒有說清楚這些力量跟災難到底是什麼。因此我們很難理解，為什麼看起來最重要的事情明明就是傳播這些智慧（而且布拉瓦茨基接下來還打算用一千頁的篇幅講述這種智慧），守護者卻還是必須把聖典藏起來——

如今的世界已經瘋狂地奔向未知（未知並不等於唯物論者無法掌握的不可知，請不要搞混），快速地倒行逆施，讓精神墮落至物質層面。世界已經變成了一個巨大的競技場，一個充滿衝突永恆爭鬥的山谷，一個巨大的墳墓群，埋葬了我們精神靈魂之中最崇高、最神聖的渴望。每當新的世代出現，靈魂就變得更為麻木、更為萎縮。（*SD*, I, XXII）

更重要的是，布拉瓦茨基經過祕密導師與賢者的開導，勞心勞力花費大量篇幅講述的祕密學說，其實早就分散在各種多不勝數的文本之中，遍布在數千年來各種宗教與神祕主義的思想裡，不但世界上每個人都讀過，甚至還傳播到了外太空。布拉瓦茨基既說那些是封印起來的罕見智慧，又說那是路人皆知的常見文本，兩者之間的詭異矛盾明顯到讓人想不注意也難。

祕密本身不僅無所不在，而且正是因為無所不在才具有意義。布拉瓦茨基言論的重點，即祕密教義「分散於上古時期與史前時代的所有宗教之中」。（*SD*, I, XXXIV）這個祕密學說的祕密，就是所有地方的所有教義都是相同的，神智學的「深奧哲學原理統合了所有的宗教，剝去外在的人類外衣，揭露每一種偉大宗教都源自相同的核心原理」。（*SD*, I, XX）布拉瓦茨基把所有思想融合起來壓扁，在她的系統中一切都隱而不顯，萬事萬物都彼此相連。

這種拒絕區分各種思想間的差異，或者想要超越差異的學說最重要的特徵，就是它主張整個宇宙就是靈知，「瀰漫宇宙的客觀現實即為純粹的思想本體」。（*SD*, I, 14–15）祕密學說的核心原理，就是許多神祕主義反對科學知識的部分：它們都認為宇宙的每個角落都具有意識，宇宙即由意識構成的；宇宙的本質就是精神，而且是不斷演化讓自己變得純然的精神。由於這種精神學說主張精神無所不在，它變成了很神奇的套套邏輯。它宣稱自己的思想早已廣為流傳，其實只是為了掩蓋本質上的自吹自擂；它只說了「我是我所是」之類的話語，除此之外什麼都沒說。祕密學說的祕密，就是這種知識不討論任何對象、只是披著一副知識的樣貌與外型、不斷地沉思自己創造出來的幻想而已。所以無論評論家如何抱持懷疑態度，指責這種學說有哪些矛盾與混淆，都沒有戳到痛處。這個機制的關鍵是，世界上沒有任何事物能夠阻止人類虛構出一種至高無上的知識，人類也不需要阻止自己做這件事。借用葉慈的詩句，布拉瓦茨基之所以有時能引人集體神醉，就是因為「森羅萬象無非鏡中之鏡」（mirror on mirror mirrored is all the show）。[52]

《祕密學說》這種把不存在的祕密公諸於世的做法產生了巨大影響，讓許多人用類似的方式解開神話與儀式潛藏的意義，最有名的就是弗雷澤無限延伸的《金枝》。這截金枝跟布拉瓦茨基相同，吸引了許多讀者閱讀或至少翻過幾頁。如果宇宙裡的所有事物本質上都相同，那麼我們似乎就只能透過無止境的困惑、迂迴、拖延，才能真正了解所有的道路最終都將回歸太初真理——

> 祕典告訴我們：「世上萬物都不是創造出來的，皆是轉化而成的。無論是地球，還是電光石火難以捉摸的思想，一切事物都不曾真正出現在宇宙中。一

切事物在主觀層面都永恆存在，在客觀層面都不斷變化，因為萬物本質上轉瞬即逝。」（*SD*, I, 570）

這完全是一則模仿哲學思想與論證的字詞拼貼，它成功地隱藏了真正的意義，讓人以為它幾乎就是它所模仿的哲學思想。但它實際想說的似乎是，這個世界可能是由純粹思想所構成。

《神祕學說》這種兼顧簡單性與多樣性的思維方式，後來被神智學整組抄來用。神智學組織和許多祕密社群相同，內部都有一個巨大的分級制度，學徒分為各個不同等級，根據相應的啟蒙進階課程循序而上。格奧爾格．齊美爾說得好，神祕社群的關鍵特徵是它的組織結構，這些結構證明這類社群並非隨著時間緩慢偶然地形成，而是有意設計出來的，「我們會發現，即使只是在學校班上，也會有緊密連結的一小群朋友在正式締結某個形式後，就因此認為自己是精英，其他人都是烏合之眾」。（'SS', 486）祕密社群的真正祕密，在於它可以讓成員之間的團結程度超越自然發生的人際關係，「祕密社群必須設法利用它獨有的特質，讓成員之間產生一種生死與共的感覺」。（'SS', 481）在這方面，神智學比共濟會厲害多了，它將兩種彼此矛盾的宗教吸引力揉合為一，一種是想要了解祕傳奧義、讓自己有別於其他教徒的向心力；另一種則是顯示自己懂得教義、向外廣傳福音的離心力。要接觸無所不在的祕密，就必須了解萬物皆源於太一，所有信徒都必須向所有人守住這個祕密。雖然所有一神教皆有相同的矛盾，正如彼德．斯洛特戴克所言：「所有普世主義都會碰到集合論悖論：除非你知道某些人不會進到圈內，否則不能邀請所有人進來。」[53]但神智學那種精神「層面」或精神「層次」觀念解決了這種矛盾，讓民主制與貴族制在組織中並存：雖然所有成員都知道同一個祕密，但某些人知道的比別人多。

在神祕主義中，時間是一個相當複雜的問題。神祕主義向來屬於過去，但人們總是會不斷從現在創造過去。如同安布羅斯．比爾斯（Ambrose Bierce）在一九〇六年《魔鬼辭典》（Devil's Dictionary）裡的「共濟會」條目所說，神祕主義似乎都是從現在往過去挖出來的：

> **共濟會：**某個穿著神奇的服裝，舉行祕密詭異儀式的教團。源自查理二世時代的倫敦工匠，之後毫不妥協地在時間中逆行，一路招募在該教團出現之前就死掉的父親、祖父、曾祖父時代的先人。演變至今，該會已經吸納了從亞當以來的所有人類，並且正在嘗試吸收世界創生之前住在混沌之境、無形之淵的名流賢士。[54]

祕密知識與祕密宗教的想法未必都是最近才發明的，而且現實中的確也有一些需要挖掘才能發現的祕密。但祕密知識的故事背後卻是另一層故事，這第二層故事被解釋得愈詳盡，就愈有力量。事實證明，歷史是一個無限廣大的礦坑，既可以挖出古代的祕密，也可以把今人創造出來的祕密歸給古人。一方面，挖掘祕密時會碰到知識的拮抗作用，我們不僅會把自己不知道的過去，當成知識注定隨時間逐漸衰亡的結果，更會當成人們刻意打壓、拒絕把歷史放到陽光下分析的結果。這種時候，我們都把歷史研究重新想像成揭開神祕面紗、逼出背後真相的過程。但另一方面，我們又會認為人們在解釋歷史的過程中，可以完全掌控歷史。這些隱藏起來的歷史，明明都看似需要極為巨大的心力才能推敲出來，但一旦挖出來後，卻都會符合這些人們自己製造出來的解釋方式。事實上，萬物從來就不像神祕主義說的那樣在背後偷偷藏著複雜的關聯，也就是說，祕密知識從來都沒有人們希望的那麼強大。現代神祕主義總是說萬事萬物之間其實都有某些不為人知的關係，他們像諾斯底主義者那樣以為心智擁有無限力量，因此經常「挖」出一些自己一廂情願拼出來的幻想。例如喬納森・布萊克（Jonathan Black）就聳人聽聞地在二〇〇七年的《世界祕史》（*Secret History of the World*）中主張，「在歷史上，偷偷學習遠古社會的神祕思想與祕密儀式的名人，數量多得驚人」，然後接下來基本上就用一整本書，去回答這個他自己幻想出來的問題：

> 莫非那些為今日的科學導向、物質主義世界觀做出最大貢獻的人，暗地裡都偷偷相信另一種世界觀嗎？莫非有人帶領牛頓（Newton）、克卜勒（Kepler）、伏爾泰（Voltaire）、潘恩（Paine）、華盛頓（Washington）、富蘭克林（Franklin）、托爾斯泰（Tolstoy）、杜斯妥也夫斯基（Dostoyevsky）、愛迪

生（Edison）、王爾德（Wilde）、甘地（Gandhi）、杜象（Duchamp）等人，去學另一種祕密思想，讓他們相信心靈的力量勝過物質，可以與無形的靈魂交流嗎？[55]

這本書開頭主張，宇宙一定是上帝的精神活動產物，上帝在這種精神活動中把宇宙當成自己的倒影。而如果宇宙是精神活動的產物，它似乎也很有可能符合我們的精神活動方式，因此「宇宙以人類為中心，宇宙中的每一個粒子都為人類而改變」。[56]某種意義上，這種想法正是因為瘋狂與荒謬，並帶有不容一絲異議一絲矛盾的甜美天真，才會不假思索地主張許多不同領域的歷史都受到祕密思想的影響，「因此，雖然人類心智影響物質的程度不如上帝，但**影響物質的方式**卻與上帝相同」。[57]也許這就是某種良性的天堂妄想症吧，在陰謀論者與妄想型思覺失調症患者眼中，世界充滿隱瞞與恐懼，但這種天堂妄想症卻在如此宇宙中找到安慰。它與其他兩種病徵的共同之處，即在於極度高估了心智的組織能力，並以心智的組織能力為證據，主張心智的力量無遠弗屆。

祕密感

大家討論祕密知識時，主要討論的都是它的道德意義與政治意義，也就是它的思想與內容。但除此之外，在所有的知性行為或思維活動中，祕密知識或許最有能力引發人們產生各種不同感覺。齊美爾曾在著作中暗示，社會祕密的主要意義並非它們的功能，而是它們引發的情感能量；或者更精確地說，它們的功能都源自它們引發的情感力量。保密會引發欲望、懷疑、焦慮、迷戀，它既能鞏固人與人之間的連結，又能打破這種連結。它「在人與人之間設下藩籬，但同時也用流言蜚語與坦白招認來引誘人打破這道藩籬。如此的誘惑像是一種低語，總是與祕密形影不離」。（'SS', 466）守密與揭密之間的來回翻轉，「拘束的能量與傳播的能量」的往復變換，不斷地改變著那些讓社會維持活力、努力奮鬥、團結一致的力量——

> 那些人們極力維持，乍看之下真正構成社會或想要建構社會的組織形式，其實必須不斷受到個人與非常規的力量所干擾、動搖、分解。這樣它們的發展與反應，才能在時而妥協、時而堅持的擺盪之中獲得活力。（'SS', 448）

齊美爾常用婚姻中的情愛互動機制，講述祕密如何作用。他認為伴侶一旦對彼此公開所有祕密，婚姻就會失去活力與約束力，「親密關係的正式載體，是心理與物理上的緊密性。如果雙方沒有時而疏遠、時而緊貼，這種緊密性就會失去魅力，甚至變得空洞」。（'SS', 448）

看到這裡我們可能會先問，祕密的感覺真的帶有某種調性嗎？真的有一條獨特的情感光譜與祕密相關嗎？對此我認為，與祕密相關的感覺都與緊張的關係以及忽然的逆轉有關，因此都是劇烈而突發的。揭密與展示祕密，需要一種力量迅速而真實地改變人們的關注力，讓從前不為人知的事物如今為人所知，讓從前私密的事物如今攤在陽光下。無論實際上的揭密過程是否需時甚短，人們眼前的改變皆是突然來臨。人們常以為在交流中公開祕密可以緩和緊張，帶來平靜，但事實似乎剛好相反。超乎預期的祕密或者忽然出現的爆料會引發一種危機感，讓人對即將發生的演變感到興奮與焦慮。沒有任何其他行為，比守住祕密與公開祕密更能凸顯突然知道某件事而造成的巨大感覺差異。

也許祕密知識能在短時間內引發情緒的能力，就是各種「祕史」廣受喜愛的原因。雖然所謂祕史就是被隱藏起來的歷史，但這個詞彙本身就暗示了所有撰寫歷史的過程可能都刻意隱藏了一些祕密。如果每一篇歷史都會公開某些之前不為人知的事，那麼歷史似乎就像祕密一樣，本身就具備一種先守密後解密的節奏。祕密知道沒有什麼事物能永遠封印，也知道一切感覺都終將散去。

在社會逐漸認為情緒也像祕密一樣必須表達出來，必須讓隱藏的得以顯現、讓未知的變得可知之後，這種因祕密而產生的特殊複雜情緒就變得更為強烈。表達情緒，本身就是一種對抗保密的方式。正常來說，發現祕密或知道真相的時候，一定會產生某些感覺。如果你聽到了一個祕密卻毫無感覺，就表示這祕密根本不算是什麼祕密。這種感覺屬於激發型感覺（incitement-feelings）：一種我們認為自己或其他人應該會出現的感覺，其中也包括某些照理來說應該每個人幾乎都有的基礎感覺（meta-feeling）。也許這就是我們會認為必須把剛剛知道的祕密轉傳出去、讓最初的散播動力維持不墜、甚至進一步幫忙傳播的原因。人類經常認為彼此交流感覺的需要，較交流知識的需要強烈很多。從這個角度來看，祕密也許可算是某種以感覺狀態的方式被經驗到的知識。

傳播祕密往往是一種同時保持信任又破壞信任的方法。據說劍橋以及其他很多地方都規定，祕密一次只能告訴一個人。在這個自我矛盾的傳遞過程中，祕密被人們之間的信任出賣了，但規則所約束的人卻變得愈來愈多。這種正反交織的心理同時滿足了兩種彼此衝突的衝動，既讓人肯定彼此之間的社群關係，又摧毀這種關係。它將愛與憤怒之間、生之本能與死之本能之間、渴望歸屬與渴望自由之間的祕密交流，全都交織在一起。

如今人們共享的公共經驗，有很大一部分是由媒體與媒介所構成，媒體與媒介讓生之本能與死之本能得以互動，讓眼前的親密之物與遙遠的陌生之物得以相互影響，因而造就出了「眾所皆知的祕密」這種矛盾修辭。媒體傳播將近距離的個人經驗，呈現於遙遠的陌生人面前。它把「知道某件事物」與「知道該怎麼做」兩種知識緊密結合，讓我們感覺可以直接體會到千里之外的經驗。關於內心私密的祕密知識，似乎會讓我們認為共享的知識近在眼前，使我們可以用揭露祕密的方法來分享祕密。我們很難精確地說明，同時處於溫暖的社群與冷漠的侵略之中，是一種什麼樣的感覺、一種怎樣的擔憂，因為這種感覺既讓人們處於其中，又讓人們置身於其外。身處於這種知識之中，使我們感覺自己偷偷地知道了一件事，那就是我們永遠無法了解自己。

4 問答

QUISITION

我們靠著知識可能帶來的風險與傷害，去追索知識賦予我們的確定與安全。知識可能會讓我們與其他人事物發生衝突。但倘若沒有這些衝突與掙扎，我們就不可能用思路推出任何知識，也不可能與知識產生任何關係。華特．翁恩（Walter Ong）將這種特質稱為「對立性」（adversativeness）。要了解這種特性，就得先從翁恩發明的另一個概念「心智生物學」（noobiology，研究人類心智活動背後生物機制的學問）開始。[1] 翁恩認為，人類生理構造中最重要的特色，就是我們既無法獨立於他人而生活，又無法在和他人一起生活時避免爭吵。我們的「知識關係」（knowledge-relations，我們與知識之間的關係，以及我們彼此之間藉由知識而形成的關係）是彼此產生敵意並互相競爭的重要原因之一。它既讓我們形成社群，又隨時可能破壞社群關係。本章的重點是翁恩所說「知識的對立性基礎」：為何知識的運作機制中必定少不了爭論。[2]我們之所以會想要一種「超過人能了解的和平」(〈腓立比書〉第四章第七節),可能就是因為我們幾乎從來不曾用和平的方式去「了解」事物。

我們很難確定自己到底知道多少事物。乍看之下我們好像知道很多,但一旦反思或實踐就發現自己什麼都不知道。這表示我們可能不僅不清楚自己知道什麼,甚至可能連「知道一件事」是什麼意思都不清楚。「知道」究竟是什麼意思?究竟是什麼感覺?要怎麼確定自己真的知道還是「假的知道」?這些答案都很難確定,所以我們人類與社群通常會用各式各樣的外在的行為程序或具體規範,檢驗彼此是否真的「知道」。而這些將知識外顯出來的行為,使得人類社會經常出現對立。在諸多顯露知識(以及顯露與知識的情感關係)的行為中,最重要的事也許就是彼此提問。這種做法相當耗神費力,而接下來我要將其稱為**質詢**(quisition)。

我們會在生活中問各種類型的問題,有些只是找答案(enquiry),有些卻是質疑(inquisition)。當我問公園幾點關門,或者我穿這件毛衣好不好看的時候,是在找一些之前不知道的資訊。但在質疑的時候,我要找的不是資訊,而是檢驗別人是否真的知道某些事物。被質疑的人不需要重複他知道的那些事情,而是要證明他知道。當然,這個詞彙如今會讓我們想起那些在宗教或法律政治的脈絡下逼人認罪或吐實的暴力審訊,但這些我們都暫時不管。據說十九世紀的數學老師在出考題的時候,有時會故意混進一個沒有已知答案的問題,看看聰明的考生能不能把這個問題挑出來。不過在我說的質詢中做這種事毫無意義,因為所有發現與發明的過程中都可能遇到沒有已知答案的問題。

這種正式提問與回答的過程很重要，不僅讓我們可以彼此質疑，也能讓我們了解「知道某件事」是什麼感覺。我們可以說，要了解「知道」是什麼意思、什麼感覺，以及我們會因為知道一件事而產生哪些情緒，就必須確實地進行質詢。世上沒有「只有我能知道」的事物，如果你真的知道某件事，就一定可以在提問者面前證明。這是很基本的要求，即使我只是想了解自己知道哪些事情，我也必須質問自己。因此，提問者其實是在讓你更了解自己知道哪些事情、不知道哪些事情。提問的功能，是讓你從原本還不知道的事情中理出新的知識，或者找出你早已知道、自己卻沒發現的知識。

問答過程雖然是某種儀式，卻也與知識本身密不可分。它流動而不穩定，很難拆成各自獨立的元件，也很難與問答者之間倏忽變化的關係分開來看。提問是我們表達興趣與關注最重要的方式之一。即使是在課堂上很難鼓起勇氣發言的學生，也可以用問問題的方法表達自己的意見，不會因此感覺受到威脅。而我們只有在失去提問語言時（例如問問題時不准使用「誰」、「怎麼」、「何時」這類詞彙），才會知道這些方法對於世界的構成多麼重要。《牛津英語辭典》明確指出，拉丁語的「quaerere」（尋找、探問）如今延伸出許多字詞，除了「quest」（探索、任務）、「conquer」（征服、擊敗）、「require」（要求）、「exquisite」（精緻、過度講究）之外，甚至連「queer」（古怪、酷兒）可能都是其中之一。

謎語

謎語是一種最常見的固定問答形式。世界上每個人類族群似乎都多多少少會編一些謎語。謎語有許多不同形式，因此很難嚴格定義；但不同類型的謎語之間強大的家族相似性（family resemblance），還是足以讓我們輕易判斷哪些東西算是謎語、哪些不算。

謎語不只是提問而已，這個詞彙的歷史淵源指出它也隱含智慧與建議的意義。謎語（riddle）或「rede」、「rätsel」與一大群日耳曼語系的詞彙相關，包括引用、建議、權宜之計、訣竅、方法、計畫、了解、智慧、思想、教學、解方、集會、討論、協議、規則。這些都與「read」這個詞彙系出同源，它除了閱讀以外，也有建議、審議、考慮、辨別、解釋的意思，尤其是用這些意思去處理夢或謎語。但謎語所提供的建議，只是回答謎語時可能連同出現的附帶效應。

謎語的答案一定是出題者已經知道的事物。這項規則很硬，無論答案多詭異、甚至多麼自我矛盾，你一定在出題之前就已經知道它。問題與謎語的差別在於，你不知道答案是什麼才會去問問題，但你一定已經知道答案才能用提問方式把它寫成謎語。斯羅米・柯恩（Shlomith Cohen）就說：

> 我們似乎都認為謎語的答案**必須是聽眾原本就知道的事物**……大多數的謎語

一旦公布謎底就會變得很簡單，聽眾隨即就能聽懂。所以解開謎語所需的元件，顯然是聽眾原本就懂的事物，只是解謎時沒有想到而已。[3]

這讓出謎語變成某種輕微而有所節制的嘲弄與羞辱手段，一種最符合社會期待的攻擊手段。阿尼基．基沃拉-布拉根茴（Annikki Kaivola-Bregenhøj）指出，許多謎語的主要目的都是「讓答題者蒙羞」。[4]但如果人們不認為答題者可以猜出謎底，那猜不出來也沒什麼好丟臉的。

解開謎題或猜出謎底，實際上是在了解謎題到底是哪類問題、什麼樣的事物可以算是答案。科拉．戴蒙（Cora Diamond）就說：「人們必須先知道回答方法，才能知道要怎麼思考問題，如何找到答案。」[5]你能答出正解，表示你猜到了解讀謎題的正確方式。因此，謎題不會刻意隱藏或刻意強調任何重要的知識；這也就是我們在公布謎底之後，聽到答題者說「啊，我懂了！所以其實是因為……」會感到荒謬的原因，畢竟謎底本身並不是因為任何因果推論而產生的事物。謎底原本就完全藏在謎題裡面，而且會讓謎題消失。謎底一旦公布，我們就再也想不到、也再也沒有必要額外提出其他問題。喜歡用謎語寫詩的艾蜜莉．狄金生就曾在詩中說：

那些能猜出的謎

我們很快就瞧不起——
沒有什麼事物能走味得
有如昨日的驚喜——[6]

這就是我們會設法讓謎底不能一看即知的原因，畢竟在某種意義上，答案一旦出現，「謎語」就消失了。伽利略（Galileo Galilei）討論這種謎語的方式相當漂亮。他在某篇文章的結尾說了一個悖論，說某類事物一旦變得清楚，就會失去原本的模樣，一旦擁有了名字就會化為虛無——

當我從黑暗走入光明
靈魂就忽然離我而去⋯⋯
重新活回來時，我的存在與名字一同消逝。[7]

謎題的這種自我關聯與自我消滅特質，讓人面獅身的謎題與伊底帕斯一拍即合，人面獅身的謎題暗示了伊底帕斯的出身之謎，帶有他終將消滅自己、終將一時衝動發生亂倫的悲劇。

套用科拉．戴蒙的說法，謎底給我們的啟示「並不是從某個事先就知道的空間中找到的，而是存在之前未知的新空間之中」。[8]但謎底的新空間，其實是謎題原有空間的一個新維度，或比較不容易注意到的維度。因此我們通常會認為謎底只是既有知識的一種新概念，而非某種新知識。如果你想去實驗室或圖書館尋找某個謎語的答案，你應該是搞錯了什麼。解開謎題的方法並不是去找你原本不知道的事物，而是去想自己可能漏了什麼線索。伊底帕斯在索發克里斯的《伊底帕斯王》（*Oedipus Tyrannus*）中就對克瑞翁（Creon）說：

> 她的謎語不是第一個人該答的！解開那個謎語需要能夠預言未來，而事實證明鳥兒或神明沒有告訴你任何知識。反倒是我，我這個一無所知的伊底帕斯阻止了她。我能成功不是因為鳥兒告訴我任何事物，而是靠我天生的機智。[9]

因此，維根斯坦才會說：「世界上沒有**解不開的問題**（riddle）。如果問題問得出來，答案就一定**找得到**。」因為「如果答案是無法表達出來的，問題也一定不可能表達出來」。[10]維根斯坦所說的「riddle」是指我們認為自己知道無法回答的問題，也就是那些開放性的大問題，這些問題的陳述形式或者答案的本質可能是完全開放而不確定的，例如「宇宙之謎」（the riddle of the Universe）就是這種「riddle」。但謎語並非如此，謎語必定是自我指涉的封閉問題，例如「你認為這是什麼樣的問題？」。如果某人提出了沒有答案的謎語，可能就是想讓聽眾注意到這個謎語本身就有問題，想要用謎語的答案編出一個問句對聽眾開玩笑。

或許這也可以解釋某個有趣的現象：很多謎語都寫成詩，因為詩傾向於自我暗示，一般的話語則沒有這個性質。詩的形式是一個明顯的線索，暗示你應該注意的是謎語的修辭方式，而非它的指涉事物。此外，這也表示我們很難確定某個問題是不是謎語，因為要判斷問題是不是謎語，就必須看它的解答會不會改變或取代原本問題的意義，讓問題的意義消失。也許正因如此，我們才經常得用上下文來判斷某個問題究竟是謎語，還是一般的問題。

謎語的有趣特性之一，就是經常扮演自己。也就是說，謎語常假扮成一個無論如何看都像是真正問題的問題，讓人以為只有懂得思考、擁有創意、具備大量解謎經驗的人才答得出來。但其實猜謎的慣例是，聽眾在短暫困惑了一下之後，出題者通常都得告訴聽眾該怎麼解謎。猜謎時往往並不希望聽到「嗯，這題好難啊，我要出去走走想一想」這種回應，畢竟出謎題的目的就是要讓解題者盡量不需要自己去找答案。出題者假裝在問一個問題，然後假裝自己被打敗了，他們明白猜謎並不是要讓聽眾去尋找問題的答案，如果真的做這種事反而相當失禮。李．哈林（Lee Haring）指出，非洲人的猜謎活動最重要的不是有沒有解開謎語，而是了解大量謎語所帶來的社會聲望。因此他們的猜謎「比較像是基督教的教義問答（catechism），而非尋找答案的討論」，謎底不是猜出來的，是從別人那裡學到的。[11]「懂很多謎語就表示你擁有知識，在童年後期會被當成『有知識的人』」，擁有這種知識就擁有「某種與魔法相關的力量」。[12]在這種時候，謎語的意義就不是猜謎，而是知道答案了。這會讓謎語變成社會中的某種篩子，把知道答案的人跟不知道的人分開，讓知道正確密碼的人變成一個小圈圈。想出謎底以外的合理答案可能會贏得讚賞，但未必能夠進入那個小圈圈，只有答出正解才一定有效。[13]謎語讓我們思考，在謎語所使用的物件背後，在魚兒、天空、石頭、河流、雞之類的物件背後是否潛藏著某類知識，在這類知識中真正重要的事物其實會不會是耦合問題與答案的行為，以及引導相關行為的猜謎規則。

謎語利用了社會把知識當成某種通用貨幣的概念，創造了一種只在解謎過程發揮作用的偽知識。約翰．布雷金（John Blacking）就曾說過，南非文達人（Venda）會把謎語像貨幣那樣不斷傳遞——

> A拿第一道謎語問B，B並不回答，反而提出第二道謎語跟A「買」第一道謎語的答案。A說出第一道謎語的答案，然後提出第三道謎語，跟B「買」第二道謎語的答案。B說出第二道謎語的答案，然後提出第四道謎語，跟A「買」第三道謎語的答案。遊戲就這樣一直玩下去，雙方把回答的責任一直丟來丟去，直到其中某方無法問出下一個謎語為止。[14]

這些謎語有一種神奇的力量。布雷金說「謎語、歌曲、故事不僅是娛樂，也是文達人的小孩第一次接觸到魔法力量的方式。而其中最明顯、最強大的魔法可能就是謎語，因為許多謎語都有一種宇宙般的神祕味道」。[15]謎語之所以具有魔力，可能是因為它是一種維護與改變社會地位的方法，例如最小的兒子必須挑戰那些善於猜謎的哥哥、姊姊，而且勝利時要小心別過度吹噓。[16]因此，雖然謎語幾乎不真正承載什麼知識，但猜謎時的廢話對決卻足以用來真真切切地比拚智力。羅傑．亞伯拉罕（Roger Abrahams）認為「謎語的設計與目的本身就帶著侵略性」，謎語不僅假定並確立了出題者的權力地位優於解題者，還會侵犯我們對於已知與未知之間的劃界標準。[17]然而，謎語「其實也是社會認可的一種傳統侵略形式，雖然有點反社會，但並不違反命令。謎語把那些可能危害社會與價值觀的能量，轉化為有益心理的、有創意的表達方法」。[18]

至於文學性的謎語，則似乎擁有另一種更崇高的聲譽。拉法特．布里斯瓦斯基（Rafat Borystawski）認為中世紀人的解謎能力，是基督徒從世界萬物中讀出神聖真理的必要條件——

> 追求真理是通往上帝的道路。這與人們在萬事萬物中尋找祂的存在與智慧的能力有關，因為要獲得啟蒙，就得回答一個涵蓋全世界的宇宙大謎，而世界的謎底就是無所不在的上帝……基督徒深信上帝親自涉入了世界誕生的過程，認為人們必須在每件事物中應證祂的無所不在。因此過去的基督徒認為上帝提出了一個謎語讓人類解答，並且把這個謎語當成祂神聖計畫的一個環節，現在可能也有人這麼想。[19]

不過古英語的謎語也可以當成「某種以語意和詩來玩的創造遊戲，這種遊戲必須以知識為先決條件，而且要用已知的形式來玩」。[20]因此，雖然也許有人會同意「謎語最初的目的一定是為了暗中傳遞智慧」，但謎語也是某種用知識來玩、甚至玩弄知識的遊戲。[21]事實上，謎語很少真的包含有用的知識，更不用說有用的智慧，你可以說人類在小時候四隻腳、長大兩隻腳、老了三隻腳什麼的，但這實在不像什麼對人類生存條件的珍貴反思。而且無論謎語包含了什麼智慧，真要說來都可化約成一句平凡無奇的正式陳述：理解一件事情的方法遠比我們以為的多。如果進一步化約，我們甚至能說所有謎語都在問同一個問題：「要如何使一等於二？」這個基本的數字問題觸及了猜謎遊戲的結構，出題者與解謎者在猜謎時的知識分配不均，原本只有一個人知道的事情可能會變成兩個人都知道，兩人心中原本不同的想法也可能重合為一。

猜謎是一種行動而非一種物件，謎語是用來猜的，不是猜謎本身。謎語一定是一種論述事件與論述結構，在固定的規則之下期待某個特定範圍的結果，其中之一就是設定答題者可以猜幾次，例如「你還有三次機會，要放棄嗎？」。這也就是我們看到路易斯．卡洛爾筆下的瘋帽匠說出「為什麼烏鴉像書桌？」（Why is a raven like a writing desk?）這道謎語，結果自己也不知道答案時，會感覺既荒謬又煩躁的原因。[22]

此外，為什麼很多謎語同時也是笑話呢？也許是因為謎語往往一點也不重要吧，我們聽到謎語之後，除了「原來如此啊」或「哈哈原來是這樣」弄懂它以外，大概什麼也不能做。

不過在神話與民間傳說中，猜謎的後果往往與謎語內容相反，猜錯或沒猜出來的人下場會相當淒慘。這種謎語叫作「砍脖子謎」（*Halsrätsel*）或「砍頭謎」，[23]猜不出來，你就會被人面獅身吃掉。某種意義上，自動提款機也會做類似的事情，連續三次猜不出正確的密碼，錢就會被封印在帳戶裡。不過在這種謎語中，除了猜謎的人會掉腦袋，出題的人也會：伊底帕斯解開謎語之後，人面獅身就跳崖自殺了；侏儒妖（Rumpelstiltskin）被猜出名字之後，就在極度憤怒之下沉入地底了（某些童話版本則是裂成兩半）；《星艦迷航記》（*Star Trek*）的科克船長猜出外星人的謎語之後，那些外星人也一一自爆了。這點謎語跟笑話也很像，無論是說不好笑笑話的人，還是謎語出得不夠難的人都「死定了」。

為什麼謎語可以決定人的生死呢？為什麼猜謎明明是一種娛樂活動，卻會讓人掉腦袋呢？羅傑·亞伯拉罕說，托巴哥島（Tobago）的人很愛在守靈夜玩猜謎，因為謎語展露出一種混亂與晦澀，但只要答出答案就能翻轉這種感覺，也許這可以讓人聯想到我們無法知道死亡之事，但不會被這種未知吞噬，「也許在守靈夜玩猜謎，會讓人認為既然謎語有解答，生死之謎也會有答案」。[24]

說到這裡我們得弄清楚，社交生活中的猜謎活動和包含謎語的故事是兩件事。讓謎語變得危險且擁有特殊力量的是那些故事，例如〈列王記上〉第十章第一節的故事：「示巴（Sheba）女王聽見所羅門（Solomon）因耶和華之名所得的名聲，決定要用難解的話試問所羅門。」而後來所羅門的傳說也讓他成為著名的提議者與解謎者。[25]

普魯塔克（Plutarch）在《與七賢共進晚餐》（*The Dinner of the Seven Wise Men*）中說過一個故事，埃及國王阿馬西斯（Amasis）寫一封信求教希臘賢者拜雅斯（Bias），詢問該如何在一項危險比賽中勝過鄰國的王：

> 衣索比亞的王要與我鬥智（σοφίας ἅμιλλαν, *sophias hamillan*）卻屢戰屢敗，最後提出了一個誇張恐怖的賭注，賭我無法把海水喝光。如果我能答出答案，他就送我好幾座村莊與城市；如果沒有辦法，就要送他象島（Elephantine）附近的幾座城莊。我誠心請您幫我解開這個謎題，讓使者尼羅協諾斯（Neiloxenus）即刻送回答案。無論您或您的朋友想從我們這邊索取什麼正當回報，我都毫不遲疑地應允。[26]

民間傳說與歌謠中有很多這種「不可能的任務」，例如叫女孩把稻草紡成金子，織出一件沒有接縫的衣服等等。解決這種問題的方法，往往都不是靠什麼高人一等的知識，而是靠一點機智。海水的問題也是如此，「讓他叫衣索比亞王先去把正要流入海中的河流關起來，然後他就把目前的海水喝光。因為衣索比亞王是要他喝光目前的海水，可沒有包含之後會流進來的海水」。[27]

這些故事中的謎語都是一種檢驗方法，一種用來決定其他更重要事務的方式，一種計算分數排序輸贏的方式，可以決定誰將勝利、誰將蒙羞。在某種意義上，這些謎題雖然與知識有關，實際上卻比較像占卜，只是它們拿知識的分布狀況取代篩子、茶葉、鳥的飛行等物理分布狀況來生成隨機數值而已。

史上最有名的出題者莫過於人面獅身，而她就像調節粒子能量的馬克士威妖（Maxwell's demon），是一個以令人難以理解的方式管控資訊流動的閥門。艾蓮娜・庫克（Eleanor Cook）認為人面獅身跟獅鷲一樣，都沒有固定的形象，相當適合用來提出各種像謎語一樣長得相當奇怪的問題。[28]之前引述過的伽利略十四行詩謎，就在一首答案為「謎語」的詩中，把謎語描寫成一種無以名狀的怪物：

> 我是一個比鳥身女妖、賽蓮海妖、奇美拉
> 更詭異、更畸形的怪物
> 無論地上、天空，還是水裡的牲畜
> 樣貌的數量都不及我[29]

人面獅身之謎的答案是「人」，這暗示了人在某些地方就像一種會變形的怪物。神話中那些看門的巨人與怪物都要人答出謎語才能通行，才能從無知走入覺醒，從一處走到另一處。這些怪物的百變模樣，使他們出謎語時看似在問「我是誰？」這個古老的問題：猜不出

就被吃掉，猜出來就能通行；答錯了就進怪物的肚子，答對了就被吐到另一端。謎語經常是決定停止或通行、減速或加速的守門員，人面獅身（Sphinx）的名字可能就源自「σφίγγειν」（sphingein，縮緊），她的功能似乎也跟身體裡那些用收縮和放鬆來決定要不要讓事物通過管道的肌肉結構一樣，例如肛門外括約肌（sphincter ani）、陰道括約肌（sphincter vaginae），以及咽喉的括約肌。我們難免會認為謎語像是篩子，兩者都可以把某些事物擋下來，讓其他事物通過。而兩種不同類型的謎語雖然在語源上沒有任何關係，卻很可能用某種方式影響了彼此。

也許大部分的謎語分析之所以既冗長又令人困擾，就是因為它們只在意謎語是什麼，而不在意謎語做了什麼；只分析謎語本身，而不分析其他類似或相關的事物。我們可以把猜謎當成一種問答活動，而除了猜謎之外，人類也會用各種不同的方式來探索彼此究竟知道哪些事物。只不過謎語分析通常並不關心，為什麼各式各樣不同的人會花大量時間問彼此一些固定形式的問題。

結構主義的謎語批評家經常把謎語看成一種認知過程；一種檢驗、協商社會意義的方法。艾拉．康葛斯．馬蘭達（Ella Köngäs Maranda）認為謎語本質上「結合了無法結合的事物」，某程度上和婚姻制度相似，而現實中謎語也經常與婚姻有關。[30] 事實上，她認為謎語就是一種描述婚姻制度的方式：

也許我們可以把謎語當成一種特定的語言，人們用這種語言來談論男女結合這種最基本的社會行動。在社會行動的層次上，無論是現代西方這種兩人之間的結婚，還是許多其他社會中多人之間的結婚，結婚的基礎都是彼此互惠。而我認為，這種互惠關係在「結婚現場」結束之後，還會使人們持續化解那些彼此之間較為無形、但同等重要的認知差異。[31]

伊恩．哈姆內特（Ian Hamnett）則認為，我們甚至可以說，謎語能讓我們反省思維的排序方式有沒有問題，「謎語與猜謎可能會讓我們發現，我們經常用某些規則把社會行動與認知分成不同類別；而且這些分類方式相當模稜兩可」。[32]

不過謎語可能還有一個更重要的功能。有時候我們不把謎語當成知識載體，而是當成一種形塑打磨知識的過程，以一種有韻的形式去了解我們因為哪些原因求知、用什麼樣的時間形態求知、發掘事物之間的隱藏連結、提問，以及獲得啟示。謎語與笑話之間最重要的關係，就是兩者都會讓思考變慢，並且逐漸注意到思考帶來的張力。在這方面，謎語是一種帶著情感來分析認知過程的方式。麥修．馬瑞諾（Matthew Marino）說，他嘗試用濟慈的「無為之功」（negative capability）原理來主張《艾克西特書》（*Exeter Book*）中謎語的文學價值，濟慈認為掌握無為之功的人，不需要急著弄清事實與原委，可以維持在無定、神祕、疑惑之境，而這「剛好解釋了《艾克西特書》的謎語為何給人各種衝擊」。[33]這種說法想要把文學謎語與民間謎語區分開來，大部分的民間謎語都一翻兩瞪眼，答案經常立即徹底地解開謎題。但無論是否具文學性，認知的張力都來自求知的方法，來自認知過程中有時付出、有時收穫，有時躊躇、有時前進，有時確定、有時不確定，以及在即將獲得知識之前放下懷疑、選擇滿足的感覺。文學謎語的確可以讓這種預測與回憶的遊戲變得比口頭謎語更複雜、功能更多，但這些都只會讓謎語的時間張力更強，不會讓猜謎者暫時無視張力，也不會把張力變成別的事物。伊蘭．阿米特（Ilan Amit）認為，寫謎與猜謎所投入的認知資源，顯露了謎語是如何讓認知發揮作用的——

> 我知道某則你不知道的事情，並且希望利用這個優勢。如果我告訴你，我可能就會失去知識優勢；但如果我不說，你也不會知道我擁有這項知識。所以我可以把它包裝成謎語，讓你認為自己有所不足、需要補強，這樣我就確立了自己的知識地位。不過我最後可能還是得解開謎底，讓你知道這項知識，以防其他事物吸走你的注意力，或者被你自己想出答案。[34]

這個原則告訴我們，我們遲早會獲得謎語中的知識，但總不在正確的時間。如果你原本就知道答案，知識就來得太早；如果你得費心猜，知識就來得太晚。出題與答題是一種把這種矛盾狀態強制整理成時間順序的方法，一種讓人了解答案遲早會出現、不必急著現在馬上問出來的方法。它讓我們同時花時間去思考，並注意到思考需要時間，它讓時間把知識錘鍊出來。

謎語只是許多與知識相關的探索方法之一。它的呈現形式，很容易讓人認為答案與問題之間只會以提問的方式彼此對話。當人們對生命的意義或者宇宙的大謎感到困惑時，就會以為去問「我是誰？」這種問題的人一定是想追尋某個既有的真理，或者以為追尋真理的人一定要知道自己問的是什麼樣的問題。大學剛畢業的研究所新生，有時會弄不懂老師為何希望他們不要問問題。這些新生總是等著別人給答案，而非自己找出答案，所以老師一旦反問他們「你想問的是什麼？」，就經常一臉痛苦或困惑。但研究的目的不是去回答既有的問題，而是找出我們應該去回答哪些問題。我們經常聽到學者抱怨某種觀點「很有問題」，這意味著學術討論的內容並不只是設計一些問題來思考或回答而已，除此之外還有其他意義。

如果謎語跳過了問與答之間的探究過程，那麼猜謎這件事也同樣跳過了問與答之間應該要有的認知干涉。你在猜謎時會做哪些事？有趣的是，你有時會認真思考，有時則會瞎猜。約翰．惠欽格（Johan Huizinga）認為：「謎題的答案不是用分析或邏輯推出來的，而是在某種意義上，像字面上說的那樣突然解開（solution），提問者用問題綁住你的紐帶會在某個瞬間突然鬆開。」[35]人們似乎在猜謎時會有一種直覺，這表示人們會在這時相信某種特殊的未知知識、某種可能與外在力量或平常思考時不會出現的外在干涉相關的知識。謎題是用猜的，不是用想的：與其設法找出答案，還不如設法走在正確的路上去撞見答案。英語到了今天還有「用靈感來猜答案」（inspired guess）的說法，因為英語的「猜」（guess）這個詞彙既意味著找出答案，也意味著在不知道答案的情況下逐漸看到答案：我們會說「你是怎麼猜到／知道的？」（How did you guess?），但德語將這兩種「猜」分開來，分別叫作「raten」跟「erraten」。「猜」出來的事物或許有點飄忽不定，但依然是一種知識，至少是一種類似知識的事物。「猜」是「推測」（conjecture）的近親，而「推測」在十四世紀的意思比現在更接近於「咒法」（conjuration）。尼布甲尼撒王在威克里夫版聖經的〈但以理書〉第二章第五節中，命令迦勒底人解釋王所做的夢：「e shuln shewe to me the sweuen, and the coniecturyng, or menyng therof」（你們要解釋我的夢有什麼意義、預告了什麼或者想告訴我什麼）；而直到一五八〇年為止，《法英辭典》都一直把法語的「devinement」翻譯為「猜測（coniecturing）、遠見（diuination）、預言（soothsaying）」。[36] 照此來說，猜謎也是某種預言，是為了把自己在未來才會知道的知識強行拉到現在。根據上面的說法，謎語注定會用這種方式從不確定的事物中擠出真理，這也正是明明大部分的謎語都有很多合理的答案，卻總是只有一個答案是正解的原因。謎語是一種從不確定之中產生確定的裝置，或者用惠欽格的話來說，是「逼眾神出手干預」的裝置。[37] 莎拉・伊爾斯・強斯頓（Sarah Iles Johnston）從希臘的神諭中看見預言、謎語、詮釋如何互動，神諭總是用謎語的方式傳遞消息，需要詮釋以及一連串的還原才能理解——

就像德爾菲所做的一樣，與其說占卜是去**解決**某個問題，不如說是把人類提出的問題從人類只能想像的世界，**重新引導**到一個人類行動可以產生具體效果的世界中。[38]

想要了解人類社會的猜謎行為中最強大、也最重要的特徵，就得回頭讀約翰．惠欽格，他主張謎語在「遊戲與求知」之間建立了一種連結。[39]他認為在最早的神明鬥智故事中，智慧與輕佻是形影不離的，無論是《梨俱吠陀》（Rigveda）還是《偉大織者之歌》（*Vafþrúðnismál*）的奧丁（Odin）與巨人智者瓦夫蘇魯特尼爾（Vafþrúðnir）這些自相矛盾的宇宙讚美詩，全都有留下證據。惠欽格主張：

> 我們不能以為嚴肅會退化為遊戲，也不能以為遊戲會昇華為嚴肅，而是要知道文明會逐漸孕育出兩種不同精神生活方式，一種我們稱為遊戲，另一種稱為嚴肅。但這兩者之間最初有一種連續的精神媒介，而文明正是從這種精神媒介中誕生的。[40]

惠欽格認為人類的智慧源於「神聖的遊戲」。[41]也許知識與遊戲從來沒有真正分開過，但這並不表示我們應該將遊戲視為神聖，而是我們發現自己似乎一定得藉由遊戲才能思考知識。惠欽格認為古代的問答遊戲，反映了當時重視衝突的世界觀。但問答遊戲讓知識進入了它所描述的痛苦畫面之中，讓能夠捕捉事物矛盾之處的知識，捲入它所描述的矛盾之中。也許問答讓我們更了解，所有的求知都是在與知識玩耍，這不是因為所有知識都是假的，而是因為在我們能夠把知識變成遊戲、把知識玩出來之前，我們對知識皆一無所知。華特·翁恩發現一件有趣的事：拉丁語的「學校」（ludus）這個詞彙也有「遊戲」的意思，這並不表示古人把學校當成遺世獨立的玩樂或消遣之地，而是他們認為學校玩的遊戲是在為戰鬥或生活中的挑戰做準備。翁恩認為這件事在教拉丁語時特別明顯，而拉丁語是打造一個以嚴謹、威脅性、自我主張為基礎的學術部落文化的核心。[42]歐洲學術界會形成一種以「論戰型思維」聞名的風格，就表示他們沒有鼓勵學生重視「客觀性」（但這個概念本身就有很大的爭議），而是鼓勵「站定立場支持某學說，或者批評別人支持的學說……學生通常用辯論來學會事物」。[43]即使到了今天，「合邏輯」與「不合邏輯」幾乎仍然是學術界最有威脅性、或最不中立客觀的形容詞。

問答是一種獲取知識的方法，一種在猜想中變出知識的魔術。最重要的是，問答將知識置入時間之中，將求知的過程延伸成未來的知識。人類的知識通常是時間的敵人，我們從時間那裡贏得知識，並因此得以跳脫時間的擺布，反過來掌控時間。但知識也一定得回到時間之中，而問答的過程，似乎就是由問與答共同進行的一場遊戲，釋放各種可能性。也許這就是鬥智遊戲常有時間限制的原因，例如必須在日落之前或某段時間之內答出正解。如此說來，也許在鬥智遊戲中，時間永遠是知識的對手。要讓知識進入遊戲中，就得在知識希望當家作主的時間內把知識玩出來，讓遊戲持續沉浸於知識之中，同時又浮現於知識之上。所謂的玩遊戲，既擱置時間又占有時間。遊戲的時間是思考的時間，它讓人總是既想到時間，又忘記時間。

很多鬥智故事似乎都有生死的元素，如果無法用機智或詭計獲勝就得死（通常會被吃掉），伊底帕斯與人面獅身的鬥智就是典型的例子。詭計在故事中總會戰勝武力，大概是因為故事本身就是由巧智所構成，容易站在詭計這邊吧。但詭計本身並不是武力的反面，而是武力的一種形式，而且為了獲勝而施的詭計，本身就是刻意偽裝以讓我們不會注意到它的武力伎倆。武力可以或軟或硬，化為能量或化為形式，化為實體或化為資訊。那些摧毀金融系統或醫療系統的網路攻擊，與真刀實槍的軍事攻擊同樣致命。有時軟武力的勝利，也會造成硬武力戰敗。如果知識是一種玩樂的力量，可以把武力轉化為詭計，那麼我們就可以經常把知識當成純粹的遊戲來玩。與知識玩樂可能是一種雙方心照不宣的戲劇。是的，我們很難想像有哪種人類關係完全不受求勝意志支配，即使維持和平的意志使我們不再在意輸贏，這樣的意志仍然勝利了。

到了二十世紀，謎語與祕密變得愈來愈晦澀，尤其是在藝術與文學領域。但無論是布萊恩．塔克（Brian Tucker）認為浪漫主義文學與精神分析都會出現的「朦朧修辭法」（rhetorics of obscurity），還是丹尼爾．蒂芬妮（Daniel Tiffany）口中現代抒情詩常見的朦朧修辭，它們的晦澀朦朧都是一種公共行動，因而都有爭勝的意味：也許這些修辭並不是想寫成一個眾人皆知的祕密，而是要公然挑戰讀者或觀者，讓他們來解謎。[44]塔克寫道：「語言與知識之間出現了一種新關係，在這種關係中的理想狀態不再是清楚的溝通，而是朦朧的不溝通。如果看見了阻力、延宕、匱乏，就代表著文字、圖像、符號比較優秀。」[45]這種修辭方式似乎不想交代自己為何會因此感到興奮。用知識論的角度來看，這種狀態中的愉悅似乎是真心的。而用「知識對心智造成的影響」來看，把文本寫成謎語或者用謎語的方式來表述自己的做法，似乎代表那些無視他人自得其樂的行為，注定引人沉醉。

完整的半小時

過去一千年來，謎語鬥智中的問答結構已經具體發展為兩種不同但彼此相關的形式：一個是充滿各種正式辯論與論文的知識與學習結構；另一種則是百花齊放的益智遊戲與娛樂謎題。兩者乍看之下沒有什麼關係，畢竟前者設法在對話中追尋真理，後者卻是無關緊要的娛樂活動，但其實兩者皆以知識競爭，並且讓知識變成競爭的方法。

正式的哲學辯論源自柏拉圖的「蘇格拉底對話錄」（Socratic dialogues）。事實上，我們認為哲學做的那種持續不斷的正經反思，可以說就從辯論開始。到了十一世紀左右，這種傳統從古典世界傳到了中世紀歐洲的基督教世界，讓當時歐洲剛開始成立的大學經常用正式的辯論來研究宗教爭議，以及傳播知識。而且根據《論辯之藝》（*ars disputandi*）期刊上的研究，辯論不僅能傳播知識，到了近代初期（early modern period）更成為人們關注的本體，十七、十八世紀有大量的文獻都在討論應該如何辯論。[46]

辯論（disputation）的字首是「dis-」，它有很多不同的意思。主要的意思是有兩個力量以相反的方向拉扯一個事物，這與希臘語的「bis」（二），也就是二元性有關。古羅馬歷史語言學家瓦羅認為，辯論的基本原則就是從不純粹的事物中提取出純粹之物，源自樹藝家修剪枝枒（pruning）的行為，而拉丁語的「putare」主要意思就是清除或淨化（附帶一提，瓦羅留存至今的著作除了《論拉丁語》〔*De lingua latina*〕以外，另一本就是《論農藝》〔*Rerum rusticarum*〕）——

「Disputatio」（討論）與「computatio」（核算）都源自「putare」這個概念，「putare」的意思是把事物弄「purum」（乾淨），而古人用「putum」（純粹）來表示「purum」。修剪樹木的人把樹弄乾淨，所以叫作「putator」；商業帳戶叫作「putari」（調整），淨額叫作「pura」。所以那些把字詞排列得「pure」（整潔）、不會搞混、意思清晰的對話，就叫作「disputare」（討論）問題。[47]

不過「dis-」這個字首後來逐漸發展出一種更普遍的意思和一種激烈的意思。前者是指遠離某個既有狀態，例如「dispersal」（播遷、散布）；後者是指把事物推到極致或極限，例如「dissolution」（溶解、解體）。「disputation」這個詞彙似乎就同時有這兩個意思：它保留「dispute」（爭論）同時接觸兩邊的意思，但也納入了全面而正式地檢查所有相關可能性的意思。辯論不可能完全和平，但它能往各種不同方向發展的特性，分散了人們的心神，使衝突只停留在思想上，難以化為實際行動。於是，辯論的實際影響力變得愈來愈小。「dissertation」這個詞彙的意義演變就是很好的證據，這個詞彙現在是「thesis」（論文、論題）的同義詞，而「thesis」意思是由於占據了某個位置而站穩腳跟；「dissertate」在稍早時期是動詞，源自「disserere」，其中的「serere」是播種、分派、安排的意思。「dis-」似乎以某種完滿的方式井然有序地傳播，按照順序向外開展。瓦羅寫道：

> 「disserit」這個詞彙既是一種譬喻修辭，又有一種農藝上的意思，例如菜農會把各種作物「disserit」（分種）在自己的田裡；而能將自己的話分送到聽眾耳裡的人，演說技巧則是相當「disertus」（高超）。我認為「sermo」（對話）源自於「series」（承繼），後者又源自於「serta」（花圈）；此外我們會說衣服已經「sartum」（縫好了），因為縫合就是讓一塊布接上另一塊布。[48]

在衝突中思考是為了平衡兩種力量，一種是侵略以及利用知識優勢來影響他人的力量，另一件則是想要和平對話的力量。這種觀點認為思考是為了擴散觀點，而不是為了打磨刀鋒、砍穿對手的裝甲。交流是為了繼續討論問題，把問題一直留在場上，不要驟下結論。

到了十三世紀，巴黎大學與牛津大學的章程規定了公開辯論的規則，於是辯論在學術界變得愈來愈重要。[49]大學學位考試最重要的環節就是最後的口試，學生必須用辯論的方式證明他的程度足以成為「學術共和國」的公民。[50]但請注意，辯論的結構與執行方式都包含大量的表演成分。辯論者身旁圍繞了許多主動、有興趣的觀眾，因此增加了大量戲劇性。中世紀的辯論經常辦在節日或假日，尤其是大齋節（Lent）和降臨節（Advent），邀請達官顯貴參加。[51]辯士熟練而迷人的技巧，能夠吸引認真聆聽的聽眾，這些聽眾即使完全不嘲諷、不喝倒采、不鼓掌也會影響整場辯論，如果有的話可能更是加分。辯論展現的是智力與論證，不能只提出證據與反證，還得用表演的方式讓它們看起來像是某種模範，確保它們的威力。論證，是一種藉由證明某件事可以辯論以顯示自己正確的活動。

照理來說，辯論過程至少有兩個人，每個人陳述並捍衛自己的觀點，並攻擊其他人的觀點。這表示相較之下，擁有某個觀點，似乎比知道哪個觀點較為正確簡單多了。但人們真的知道「擁有某個觀點」是什麼意思嗎？人們究竟要怎麼知道？在辯論的當下，我們的行為看起來就像是因為相信不同的意見才會分歧，但事後回頭想，往往會發現形構意見的人才是造成分歧的原因。由此，辯論可以事先排演，我們可以在辯論前先宣布意見，安排好要怎麼說，不需要到了當場才去回應已經準備好的意見。也正因如此，中世紀有一種「綜合式」（quodlibetal）的辯論，就像現在的辯論社或辯論節目一樣，開放觀眾點歌，無論提出任何題目都可以拿來辯。當然，學者們無論如何都有辦法說出一套正式的論證，所以就像很多與學術討論相關的拉丁詞彙一樣，「quodlibet」的意思變成了某種意義不明的吹毛求疵詭辯。辯論的目的並非尋找任何真理，而是設法說服自己世上有某些特定的方法，可以讓自己的觀點從其他人的觀點中脫穎而出。辯論是一種讓你以為知道自己在想什麼的方法，也是一種把觀點整理成特定規格、藉而引發爭議的方法。

歷史學家在試圖重建辯論場景時碰到的問題之一是，我們對古代辯論的了解大部分都來自於辯論的報導或書面紀錄，但這些紀錄通常是由不太中立的觀眾所寫下，有些甚至由辯士自己發表。這些預先寫好或事後回憶的紀錄很難真實還原辯論現場，就像現代的會議一樣，重點不是與會成員有誰，而是會議紀錄是誰寫的。不過光是要區分哪些紀錄是辯論現場的逐字稿、哪些是事後的書面重述，可能就相當困難。羅賓・維倫（Robin Whelan）說：「古代後期的基督教辯論文獻中，辯士經常會假想對手的回應，將其寫成對話，然後再寫出自己的回應去反駁他們。」[52]這時候辯士本人熟悉的辯論方式，就會影響他想像中的對手會如何回應。辯士塑造的自我形象也是這種虛擬對話的內容之一，「辯論者的形象，既是辯論的武器以及辯論的目標，也是展現自己掌握語言與聖經知識的方法」。[53]因為辯論的形式已經告訴我們，無論當下辯論什麼問題，辯論的效果都會受到這場辯論的本質與意義所影響。而在正式重述辯論辯論過程、寫下辯士發言的時候，這個機制又會變得更明顯；不過幾乎所有辯論經驗都顯示，去搶奪辯論題目的掌控權、去證明自己比對方更清楚了解題目，是辯論的重要本質之一。

也許辯論最重要的特質，就是它會強迫說話者漫無目的地自我宣傳。拉丁語的「arguare」（主張、爭論）源自希臘語的「ἀργής」（白色）和「ἀργός」（明亮、閃耀、像鵝一樣閃閃發光）。拉丁語的「argentum」（銀），以及後來的地名「Argentina」（阿根廷）也都源自於此。神話中的百眼巨人阿戈斯（Argos）就是以其明亮的眼睛聞名，許多地方報紙取名為阿戈斯，也是為了顯示自己具備敏銳的洞察力。但爭論（argument）的意思卻變得與前者相當不同，爭論容易引發誤解和僵局，反而比較難清楚表達意思、取得共識。英語會說兩個人「陷入爭論」（get into an argument），這種譬喻相當準確，因為人們總是很快被自己弄出的爭論所吞噬，你總得先確定你提出的論據支持你的論點，你才能站在自己的立場爭論。

我們幾乎不可能從內部看到辯論的輪廓，但這並不是指參與辯論的人全都沒有注意到它的輪廓。要說起來，辯論之所以沒有固定形狀，正是因為每個參與者都想要用自己的方式來定義這場辯論，我們甚至可以說，辯論的目的就是掌握整場辯論，參與者就像是不同的隊伍各自想登上高峰，掌握整塊地圖的完整全貌。每場爭論都是一座錯綜複雜、彼此制約的翻騰之海；所有論證在某種意義上都在「扮」成自己想成為的那個論證。而一切成敗全都取決於論證如何呈現，即使論證除去了表現形式其實別無他物。

當然，正式的辯論與自然發生的辯論並不相同，但兩者之間的差異也是這兩種辯論的組成元素。正式的辯論想要用一種外在規定的形式，去呈現一種必然從內向外逐漸撕裂、可能會在隙縫處爆開的過程。它似乎把純粹的力量化為一種形式，給每個參與者一個固定的角色或位置，例如正方、反方、主席（praeses，「第一個座位」之意）等，根據規則輪流發言。不過正反辯論這種事，除非出現什麼反對的力量想要取代或推翻某個立場，否則也無從開始。如果各個立場之間完全沒有任何彼此對抗的力量，它們就不會變成正方與反方。正反雙方對辯的結構，不僅是外在的規則，也存在於辯論本身之中。力量之中有著形式，同時力量也源自於形式。

一九七二年十一月二日，英國廣播公司首次播映蒙提．派森（Monty Python）的辯論小品，就是上述原理的典型例子。故事中有個男人前往一家機構付錢並想與人辯論，但他的荒謬之處在於，會花錢想要辯論，表示他根本沒什麼要辯論的主題，那麼自然也不需要辯論了。但既然沒什麼好辯論的，就表示這名男子要的其實是一場像文藝復興時期那樣有觀眾在旁邊看的「綜合式」辯論。於是接待這位客戶的人，就巧妙地把禮貌的對話轉變成激烈的論戰，他先問客戶到底知不知道要怎麼判斷自己的東西是否值得辯論，然後再固執而孩子氣地否認客戶的所有主張，進而討論辯論到底是由哪些事物所組成：可憐的客戶堅稱，直接否認對方的所有說法以及誠實仔細的討論都是辯論，他引用《牛津英語辭典》的定義，說辯論就是「為了支持某個命題的一串彼此相連的陳述」。但眼前的這個人對辯論的看法，似乎卻與客戶心中想的完全相反，於是客戶被激怒了，最後踏進了一個陷阱，把辯論說成了自己堅決反對的某種非勝即敗、為了求勝而不在乎真理的幼稚爭鬥；反倒是眼前的接待者似乎有辦法謹慎合理地說出一種顛撲不破的理由——

客戶：啊哈！如果我沒有付錢，為什麼你在跟我辯這個……你自相矛盾了吧！

震盪先生：你是沒有付錢啊。

客戶：不……你現在在跟我辯論，所以我一定付過錢了。

震盪先生：未必吧，我可以在休息時間辯論啊。[54]

我們很難判定每一次鬥智或者知識遊戲到底是不是「玩真的」，因為一旦開始用知識來玩遊戲，就很容易在認真求知與玩耍之間擺盪不定。

學術界與許多地方至今依然相當重視辯論，但如今辯論影響知識的方式已經與一千年前完全不同，其中最重要的差異就是證據所扮演的角色。中世紀與文藝復興時期主要使用辯論來解決爭議，主要是因為當時的爭議都是無法用證據支持的形上學問題；有時新的觀點與詮釋可能帶來戲劇性的翻轉，但這些觀點與詮釋仍源自理性地使用既有的權威知識。這表示在近代初期正式對立的其實並非科學與宗教，而是相當反直覺的一組事物：科學與理性。但到了最後，辯論對詮釋的依賴還是勝過了對實驗的依賴，因為辯論似乎仰賴且預設了一種概念，那就是人們能夠記得自己知道的所有知識，需要的時候就能立刻講出來。辯論文化乍看之下對新方法相當開放，但本質上其實很保守，原因之一可能就是辯論是當場用嘴巴說的，操弄當下已知之物的能力，比發展新思想的能力更有利。某份後期的辯論指南，在討論學術辯論時相當篤定地說：「人們不可能在真理中發現新事物。」[55]威廉・克拉克（William Clark）也說過，辯論的目的——

不是要創造新知識，而是要重申既有的舊教條。口頭辯論完全就是這種規則下的產物。辯論的目的並非累積知識或散播知識，而是要減少或破除那些可能的、或者想像中的錯誤。[56]

這呼應了華特・翁恩的說法，翁恩認為辯論在本質上就充滿防衛性：

文藝復興時期的大學變得更重視口說，充滿辯論與演講。例如物理學課堂上教的理論或立場，就似乎隨時隨地都會有人來攻擊一樣。彼得・拉莫斯（Peter Ramus）認為他在課堂上並不是用清晰明確的方式，去解釋邏輯、算術等各種因為重視「方法學」而本身清晰明確的「技藝」；反而是不斷去反駁對手的質疑，有時候對手甚至是想像出來的。[57]

約書亞・羅達（Joshua Rodda）同意，文藝復興時期的辯論不只是要尋找真理，而是要確保人類有辦法驗證真理。雖然辯論源於天主教的士林哲學（scholasticism），但對新教徒也同等重要（也就是說，重點不是找到真理，而是證明我方比較有道理。證明的方式通常都是辯論，就像一五五九年的西敏寺大辯論，本來就是為了證明天主教徒無法合理抗議《國王優位法》與《信仰統一法》〔the Acts of Supremacy and Uniformity〕而設計的一樣）。[58]因此，辯論是「消除人犯下的錯誤；超越告解的極限，用大家都相信的現有權威來檢驗學說的方法」。[59]文藝復興時期的作者通常都像瓦羅一樣，把「辯論」當成修剪枯枝或病枝，而這經常會與辯論的防衛性有關，因為辯論就是要消除那些錯誤與虛假，將它們「截肢」（amputation）。英語的「截肢」這個詞彙似乎是從拉丁語衍生而來，最早出現在一六〇九年討論提到異端邪說時的文獻，該文表示「異端與分裂教會者的最大罪行，就是讓信徒無法觸及天主教會的祝福，彷彿肢體被截離身體」。[60]

實驗科學的發展，讓大量資料以超乎個人接收能力的速度不斷快速更新，也讓辯論的許多特質不再那麼吸引人。在那之後，當下立判的辯論不再產生知識，也不再呈現知識，知識被迫回到文本網絡之中。幾個世紀之後，口頭辯論逐漸被書面論文所取代。張谷銘說：「論文文本變得愈獨立，作者的身分就愈個人，論文就愈脫離中世紀辯論的那種經驗性、群體性表演特質。」[61]當然，書面論文也會彼此攻擊，有人甚至認為對手不在眼前的時候，言語暴力會簡單很多。到了十八世紀晚期，大學畢業的口頭答辯開始被書面考試取代，最早轉向的可能是劍橋大學，在剛以書面考試決定學位的過渡時期，還會口頭念出題目給應試者聽。威廉．克拉克注意到，乍看冷靜的書面考試，其實可能帶著另一種暴力——

傳統的口頭考試是英雄劇，在法學家的眼中就像帶著桂冠的運動員經歷《羅馬法》的三次試煉。雖然劇中充滿鮮血與磨難的隱喻，但似乎造成不了什麼實際傷害。相較之下，現代的考試卻是一種世俗的功績主義，得要考生流汗苦幹，可以真的把人「累死」。[62]

北歐國家的高等學位考試至今仍保留了相當正式的形式，學生必須在觀眾面前公開進行「抗辯」，考官也仍經常被稱為「對手」。英國的博士生則是仍需要口頭（in viva voce）答辯，只是過程並不公開（不過牛津仍稱其為「公開考試」，而且考生需要穿學位服應試）。這種戲劇性的確有點荒謬，但也讓公開答辯的過程免於威脅。公開答辯的論文通常已經發表，甚至實際上已經通過考試，而考生可能也已經在旁聽其他同儕的答辯時，了解答辯如何進行。相較之下，英國模式的博士生就很難預先知道口試時會問什麼題目。在那些風格較為正式的口試答辯中，考生知道（甚至可能是從中世紀大學的歷史中知道）自己要跟考官一起表演。公開的表演，有時候可以阻止潛在的威脅。

邏輯演繹（deduction）裡面有一個神奇的事物，這套系統表示只要排序命題，就可能找到隱藏在結構中的知識，或在一般演說與假設中沒有講明的知識。演繹理性的內心世界，雖然是一個封閉的空間，卻同時可以無限擴張。因此，學術辯論的邏輯其實就是謎題的邏輯，只要篩選既有知識或把既有知識當成謎題去解析，就可以揭露乍看之下未知或神祕的性質。學術辯論使用的方法就像本章先前提到的科拉．戴蒙所說，是在既有空間之中拉出一個新的維度，而非把既有空間向外衍生。也許這就是學術圈一直維持辯論、讓它擁有龐大力量、在各種學術考試中都看得到影子的原因：似乎所有主題都可以拿來辯論，而辯論這種彈性無限大的形式，可以保證討論過程不會改變主題的本質。

解釋和證據是彼此互補的，必須先有證據才能解釋，而證據必須放在解釋之後才有意義。但我們可以說，辯論本身就帶著自我影響（inclensive）的傾向，會對自己宣傳自己，因為它的結論不可能超過前提，而且必須經常自我指涉，參與者會不斷注意到自己，最後認為自己比其他人更重要；至於證據則是一種向外影響（declensive）的事物，可以讓別人知道自己的主張。近年來許多學者開始研究辯論的歷史，正式辯論的歷史相當漫長，從蘇格拉底演變至十八世紀才衰微，包含了大量引人入勝的材料；但也正因細節實在太有趣，許多研究者都忘了思考辯論的本質是什麼，為何能讓聰明人前仆後繼投入。辯論之所以能讓人瘋狂，不但是因為它無法解決任何問題，更是因為它的設計初衷就是不要解決問題。這種用知識來玩的遊戲，讓人們可以在幾百年的時間內日復一日地辯論相同的主題。如果辯論的目的和結果是為了找到真的知識，那麼一旦找到答案的題目就不需要再次辯論了；但人類似乎對繼續辯論比較有興趣，對解決爭議則興趣缺缺，而且一旦碰到要維護的信仰就變得更加嚴重。辯論讓人認為自己只要除去錯誤就可以獲得真理，於是就忘了去思考理性的人可能會注意到的其他相關問題，把那些都當成「無從辯論」（non est disputandum）的個人意見。辯論的存在是為了在不斷面對危險、克服危險的過程中，表現出理性的理想。而知識在其中的重要性，似乎則是為了要確保辯論無法變成任何一種真正有意義的事物。十三世紀的「綜合型」辯論，就證明了辯論制度可以撐過所有可能的挑戰，而且清楚地證明了這種制度本質上極為虛幻。很多人都想過而且公開說過，辯論只不過是浪費時間的無聊行為，只會引發驕傲、嫉妒、輕蔑，讓人一聽到辯論就過敏。到了最後唯一能擊敗辯論的，只剩下人們對辯論的厭倦或者對其他事情的興趣，因為愈是去說辯論有什麼壞處，愈會讓人想去玩這種耍嘴皮子的遊戲。

也許有人會說，這種正式辯論的文化後來變成了經院學者（Schoolmen）的強項，是一種結構勝於實質的事物，被彌爾頓的《論教育》（*On Education*）批為「經院哲學時代的野蠻粗鄙作風……用最難懂的抽象邏輯與形上方法，講述根本不夠格進入大學的幼稚淺薄內容」。[63]而且這種文化還讓人焚膏繼晷地研究古代經典的句讀語言，忽略經典到底說了什麼東西。洛琳．達斯頓（Lorraine Daston）認為，在培根以及其他十七世紀早期的著作中，公理（axioms）與通用系統的權威地位，讓給了某些「孤立的具體事物」，並讓後者成為「不容置疑的知識核心」。[64]而這些具體事物後來就像瑪莉．柏薇（Mary Poovey）所說，愈來愈常以數字的形式出現，到了一六三〇年獲得了一個拉丁語味道的名字：「數據」（data），但拉丁語的「data」其實並沒有這個意思。[65]

現代的問答是跟著中世紀的辯論一起出現的，但問答在意的是事實，而非參與者的詮釋能力。最初的問答形式就是考試，它逐漸取代大學中的辯論。到了二十世紀初，人們開始把從十七世紀起就很常見的「一般知識」（general knowledge）拿來考試。

十八世紀初，「gerund-grinder」（拉丁文法老師）這個詞彙開始出現學究腐儒的意思。這個詞彙最初可能出自奧斯華·戴克斯（Oswald Dykes）一七〇八年的《英國諺語的道德意涵》（*Moral Reflexions Upon Select British Proverbs*），作者在書中自稱為一名「卑微的Gerund-Grinder，或者販賣名詞與動詞的縫紉用品商」。[66]該書寫道，在「各大派別的賢人與巨匠眾星雲集的」異教徒婚宴上，「有一位Gerund-grinder，一位煩人的詭辯家，一位被他的經院哲學同儕稱為兩面刃的人」。[67]這個詞彙到了十九世紀初簡稱為「grinder」，和「crammer」這個詞彙一起用來指涉那些叫學生死記硬背應付考試的填鴨式教師，最早的文字記載是一位固執的年輕人巴克赫斯特·福康納（Buckhurst Falconer）試圖說服父親放過他，把他的笨哥哥扔進教會受填鴨教育的說詞：「找一個聰明的grinder或crammer來訓練哥哥，他們很快就會把拉丁語和希臘語硬塞進哥哥的腦袋裡，然後他就很容易進入大學了」。[68]這些經院學者反覆對學生灌輸一種完全抽離事實的辯論形式，弄得人們到十九世紀已經普遍認為這些虛無飄渺的鬼玩意讓孩子吸收背誦時備受煎熬，只是在折磨（grist）心智，而非鍛鍊精神（Geist）。

測驗

不過到了二十世紀下半葉，「一般知識」這種事物從正式的考試變成了一種稱為「測驗」（quiz）的奇妙娛樂活動。我們不確定「quiz」這個詞彙的最初，某種意義上這種不確定起源的現象可能就是一種「quiz」。這個詞彙似乎是在一七八〇年代開始流傳，原本是用來指古怪或有點可笑的怪異現象，尤其是指長相。一七九五年的《不列顛雜誌》（*Britannic Magazine*）上就有一首滑稽詩寫道：「時尚達人——只是某種怪人／我來告訴你什麼叫時尚達人。」（A man of fashion – nothing but a quiz / I'll tell you what a man of fashion is）[69] G・S・克理（G. S. Carey）在一八〇〇年的某首諷刺詩則說：「貴格教徒實在有夠古怪／背挺那麼直，表情那麼呆。」[70] 這個詞彙就這樣在諷刺滑稽詩中一路傳承，從查爾斯・狄賓（Charles Dibdin）的《歡笑與節拍》（*Mirth and Metre*）、喬治・丹尼爾（George Daniel）的《德謨克利特在倫敦》（*Democritus in London*）到托馬斯・胡德（Thomas Hood）的詩作。拜倫（Byron）很喜歡這個詞彙，還讓它在《唐璜》（*Don Juan*）與「形而上」（metaphysical）一詞押韻——

但我總是容易太形而上：
和時間一樣一起「亂了套」；
忘了這首詩只為了讓人迷惘，

而且討論的事物愈來愈無聊。71

「quiz」當動詞用的時候有奚落、戲弄、逗弄的意思，這表示有時別人可能會反過來「quiz」（嘲笑）你拿出來的「quiz」（測驗題目），例如唐璜看到幽靈時就「打量了一下眼前的訪客或幻象，／想一想該不該說出自己看見什麼，／擔心自己中了惡作劇或迷信」。72湯瑪斯．摩爾（Thomas Moore）在《拜倫的一生》（*Life of Byron*）中也說「他的著作有太多可笑（quizzible）之處，多到我讀他的作品時總是無法嚴肅」。73同樣地，「quiz」也可以用來形容喜歡用測驗來捉弄人的人，而非測驗本身，像是約翰．科林斯（John Collins）在一八〇四年的諷刺詩選中就寫道：

所以我為了省錢，把外套翻面來穿，這招在窮的時候很有用，等到另一面髒了，就再把它翻過來一次；要是有人想來取笑，我就說「看什麼看／別來煩我」。74

其實「quiz」後來會出現質問的意思也不難想像，因為測驗的問題經常會讓人毫無頭緒。一七九七年就有一名老人在《The Quiz》雜誌中說道：

無論我走到哪裡，都會有人裝熟過來問益智問題；他的厚顏無禮和我的滿頭疑問，讓事情最為滑稽；這些莫名其妙的問題總是讓我搖頭而去，但他卻在背後高聲大笑，說「哈哈他被問倒了，真是有趣」。75

查爾斯・狄賓在一七九三年的《益智問答，或通往極樂之路》（*The Quizes, or A Trip to Elysium*）中寫了一首〈Quiz的語源〉（The Etymology of Quiz）的詩，相當尖銳地點出益智問答的荒謬之處：這種題目似乎沒有標準，一切都看出題的人高興——

在每一場益智問答的輸贏裡，
題目跟答案之間的關係都相當詭異，
老實人的意思變成了無賴，
無賴的意思與老實人無異，

盛裝帥哥可以等於懶蟲，反過來也沒有關係，
窮人與富人沒有差別，整個世界都混成一圈。
只要走進這恐怖的益智遊戲，世上隨便兩個事物都可以等同在一起。76

「quiz」這個詞彙有一點拉丁語血統，拉丁語有很多詞彙都以「-quis」和「-quibus」結尾，有些詞彙則以「qui」開頭，例如「quodlibetal」（怎樣都行）和「quibble」（狡辯）。哈姆雷特（Hamlet）在墓園裡就說過：「這不會是個律師的頭顱吧？他的鑽牛角尖、他的詭辯都哪裡去了？」（Why may not that be the skull of a lawyer? Where be his quiddities now, his quillets?）（《哈姆雷特》第五幕第一場）「quiz」與拉丁語「quis」（誰）的關係，則讓許多想匿名的作者拿它來當假名（話說《超時空奇俠》〔*Doctor Who*〕劇中的「博士」〔Doctor〕的角色名字如果出現在十九世紀，可能也算是某種假名）。一八〇九年有讀者偽稱是報社編輯寫了一封諷刺信，要求報社〈該為下一個夏天預先寫好一些「新聞」〉，該信署名就是「騙子大街的吹毛求疵魔人」（Quiddity Quiz, Humbug Row）。[77]人們也經常把賽馬、寵物狗，以及蒸汽船（對，有點詭異）命名為「quiz」。約翰·威廉士（John Williams）在一八〇四年諷刺亞歷山大·漢彌爾頓（Alexander Hamilton）的《漢彌爾頓》（*The Hamiltoniad*），就引用古羅馬諷刺詩人賀拉斯（Horace）的名句「Vir bonus est quis?」（「誰是好人？」，出自《書信集》〔*Epistulae*〕），並用火星拉丁語（dog-Latin）翻譯成「決定誰是好人，是一個政治益智問題」（The good man's a political Quiz）。[78]

「quiz」會帶著拉丁語味道，和它最初的意思似乎是在諷刺學院的書呆子有關。它被理查·波海利（Richard Polwhele）在〈牛津蠢事〉（The Follies of Oxford）中列為大學生的時髦用語；最早的解釋則出現在一七八三年的小冊子《給牛津與劍橋的建議》（*Advice to the*

Universities of Oxford and Cambridge），而且開宗明義就說「我相信這種心神不定的生物就是從大學跑出來的」，[79]它是一種「愚蠢、愛賣弄、了無生氣的畜牲，好像被規則牽著鼻子一樣，只會沿著既有的路線跑，而且每走一步都心驚膽顫，只要碰上條條框框就嚇得神不附體」。[80]這種生物的主要特徵，就是想被當成一個勤奮有深度的學者——

如果他不想繼續整個早上都待在房間裡，就讓他出去吧，不要再用大學的圍牆去關著他，不要再把厚厚的希臘語對開本巨著塞在他的腋下，不要讓他裝出一副每走一步路都在思考枝微末節的論述、脫離現實的學術樣子……他總是隨時準備好那本對開本，一旦把房間收拾乾淨就重新拿起來，走到校舍的中庭慢慢踱著步，讀著書，算好角度對準導師研究室的窗子，讓那本大書朝向那面窗子翻開……他說的話總是滿滿的學究氣，因為他在開口說話的很久之前就已經研究過了，而且他很小心，總是選用那些最罕見的字眼。[81]

作者似乎承認並不是歷史上每一個時間點的「quiz」這個詞彙的意思，都帶有學術界的這種怪癖，但他還是重申學術界與古怪的測驗有關，「上述的『Quiz』似乎主要特指某種書呆子性格，但根據觀察，我相信所有的『Quiz』都有相當嚴重的掉書袋特質」。[82]到了一七九四年，某篇惡搞仿作進一步證實了「quiz」與學院書袋惡習的關係，該文叫作〈致劍橋大學新生〉（Address to the Freshmen of the University of Cambridge），作者署名「Quizicus」。文章一開場就說：「你們早就都聽過，也都嘲笑過『Quiz』這樣的人；而且你們也一定全都被某些**好朋友**之類的人告誡過，不要墮落成那個模樣。」[83] 接下來，該文開始定義什麼叫作「Quiz」：

> 這個詞彙原本是指紀律嚴明的人，或者已經從目前這個世界拿到所有能拿到的滿足或期待的人，這樣的人會無視社會上的一切習俗與文化，致力實現心中的計畫。[84]

根據上述定義，「quiz」當時的意思相當於「swot」（sweat〔苦幹實幹〕的一種變體，該詞彙要到一八五〇年才出現）。

> 但現在年輕人只要希望能被朋友送進大學**進修**，就會馬上被叫作「Quiz」，然後被每個玩咖（buck，劍橋裡的一種特殊人類）取笑。[85]

根據「Quizicus」的說法，在大學中唯一不被取笑為「Quiz」的方法，就是縱情享樂。「Quiz」這個詞彙的命運似乎與字母Z緊緊相連。《李爾王》（*King Lear*）第二幕第二場有一句罵人的話叫作「thou whoreson zed!」（你這個多餘的字母！），因為拉丁語裡沒有Z，除非是外來語，尤其是來自希臘的詞彙，否則根本看不到Z，這個字母在拉丁語中就意味著異己。[86]不過字母Z的生命力似乎相當頑強，而且愈來愈常見，到了一八〇五年「Quiz」已經成了山謬・普拉特（Samuel Pratt）的滑稽詩〈現代大力神〉（The Modern Hercules）的開頭：「除了貓頭鷹那讓人糊塗的Quiz／所有鳥裡面鵝大概最沒意思」。[87]亞歷山大・羅傑（Alexander Rodger）的〈牧師頌歌〉（A Clerical Canticle）則寫道：「跳個幾步我們的牧師舞／把大家都quiz進五里霧。」[88]化名「摩墨斯・歐楂」（Momus Medlar）的諷刺作家在一八一三年出版了幾期名為《The Quiz-quozian Gazette》的雜誌。史上有好幾本短命的諷刺雜誌都叫作《Quiz》，一八七九年的《泰晤士報》報導了一名叫作約翰・羅徹福（John Rochfort）的人，由於想出版「一本悖德猥褻的《Quiz》刊物」而遭起訴，一名叫作詹姆斯・辛普森（James Simpson）的報販也因為「販賣《Quiz》與《倫敦針孔秀》（*London Peep Show*）這些淫穢報紙」而被起訴。[89]

一八三五年的一則故事認為自己可以解釋「quiz」這個詞彙的起源。亞力・伯斯（Alex Boese）把整件事的來龍去脈整理在他的「惡作劇博物館」（Museum of Hoaxes）網站上。[90]故事最早的版本出現在《倫敦與巴黎觀察家》（*London and Paris Observer*）雜誌，文章開場就說得斬釘截鐵：

史上沒幾個詞彙能像單音節的「quiz」那樣流傳得這麼廣、承載這麼多意義；但無論這個詞彙有多怪，那些編纂辭典的人都比它更怪。從貝禮（Bayley）到約翰遜（Johnson）以來從沒有人解釋過它，也沒有人寫出它的衍生字詞。背後的理由很明顯。這個詞彙沒有意義，而且完全不衍生自世上的任何一種語言，無論是巴比倫那樣的混亂古語還是今日的語言，都找不到它的起源。[91]

故事接著又說，都柏林一家戲院的老闆理查・戴利（Richard Daly）跟人打賭，說是可以在隔天找到一個「沒有任何意義，不源自任何已知語言」的詞彙，[92]接著就派出戲院的每位員工在鎮上的每扇門窗上寫上「quiz」。故事最後說：「每扇門、每扇窗上的這個怪詞讓市民驚訝不已，從此之後只要有人說出奇怪的事情，人們就會說『你是在quzzing我吧』。」[93]同樣的故事稍微刪減一下之後，以「S. T. B.」之名投書於一週後刊出的《文學、娛樂、教育之鏡》（*The Mirror of Literature, Amusement, and Instruction*），然後到了一八三五年五月二日又出現在《紐約鏡報》（*New York Mirror*）上。當然啦，這則惡作劇故事並不是真的，它本身就是一則惡作劇，或者像它說的最終定義一樣，是一則「quiz」。

但這則惡作劇的故事還沒完。班・齊默（Ben Zimmer）找到一些證據，顯示這則一八三五年故事中某些部分確實為真，當時的確有人把詞彙寫在門窗上，只不過寫的不是「quiz」而是「quoz」。[94]一七八九年八月十五日，倫敦《世界報》（*The World*）報導兩位紳士打賭，

「其中某一位必能找出某種荒謬的說法，在一定時間內**傳遍該城每條大街小巷**」。[95]根據該文章，這場活動原先只是想用粉筆在門上寫下「quoz」一詞，後來卻「在各種點子與創意的推波助瀾下，從『quoz』衍生出各式各樣的幽默說法」。[96]該文羅列了好幾種寫法，其中可能部分為杜撰，即使這些寫法當時沒有，現在也肯定會讓人滿頭問號——

亞平敦太太的大樓：貝琳達、阿拉貝拉、愛拉敏，以及不朽的青春，你們真是太quoz啦。

A—R小姐住處：以前有兩張臉的男人叫作雅努斯（Janus），那麼現在我們該如何稱呼一位女士？quoz。

加羅律師住處：給一個壞理由，然後進行交互詰問，quoz就無人能敵了。

爾斯金先生閣下住處：當你找誠實的約翰當陪審員，他相信你是真心的；但當你做得更誇張（為什麼你要這麼做啊）之後，事情就變得很quoz。[97]

一週之後，該報八月二十二日又刊出一份戲劇廣告，說是倫敦乾草劇院（Haymarket Theatre）要上演《公爵與不公爵，或崔波林的奇想》（*Duke and No Duke; or, Trappolin's Vagaries*），其中一首約翰·艾德溫（John Edwin）寫的歌就叫作〈Quoz〉。[98]也許該報先前的謠言就是為了宣傳這齣戲的廣告，但無論是真是假，這則廣告都不是唯一一次。九月五日，〈Quoz〉這首歌登上了《日誌報，或伍德費爾手記》（*The Diary; or, Woodfall's Register*）——

每當你走過鎮上，轉過頭頸，人們就盯上你的臉，看見「Q」、「U」、「O」、「Z」：四個字母彷彿怪獸，讓迪普夫人尖叫撕裂肺心寫在街道的窗板上，丟臉下流的QUOZ……昏昏沉沉，迷迷糊糊，混混沌沌，醉醉醺醺，所有意義清楚的詞彙都比不上QUOZ……有人說它來自法國，有人說來自拉丁，有人相信上面的說法，有人反唇相譏：怎麼說都行，管它是真有意思還是胡言亂語，但我認為這些全都是QUOZ。[99]

到了隔年，「Quoz」甚至出現在湯瑪斯．潘恩的《人的權利》（*Rights of Man*）裡。潘恩批評「憲法」這個詞彙意義之模糊，說服力之高，簡直就跟「quoz」一樣（只不過兩者原因剛好相反。「quoz」之所以模糊好用，是因為人們不斷使用這個詞彙，憲法模糊好用卻是因為說的人不寫明自己說的憲法是什麼），「如今憲法變得『bore』和『quoz』一樣了，大街小巷的窗板與門柱都寫滿了『bore』和『quoz』，演講和國會則是一天到晚出現憲法這個詞彙」。[100]

要說起來，這些說法說比「quoz」這個詞彙更詭異。它們就像詹姆斯．喬伊斯《尤利西斯》裡不斷重複出現的那張明信片所說的「U.P.: up」，帶有某種威脅的氣息。[101]「quoz」似乎除了「quiz」的意思之外，還意味著空話、胡扯、無意義。但這個詞彙其實只是在描述某種語言行為而已，當人們不斷重複說這個無意義的詞彙，原本無意義的事物就有了名字跟意義。

從一八六〇年代的某個時候，可能是從美國開始，「quiz」的意思由捉弄和嘲笑變成了仔細檢查或詢問。也許這是因為十八世紀晚期的流行，「優雅人士」經常拿著那種有柄單片眼鏡也叫作「quizzing glass」的關係。最早如此稱呼這種眼鏡的書面記載，似乎是一八〇二年六月《歐洲雜誌與倫敦回顧》（*European Magazine and London Review*）的一份報告，該文說在拉 拉赫（Ranelagh Gardens）舉行的一場慶祝拿破崙簽署和平協議的宴會中，抽獎獎品包括了「披肩、陽傘、手帕、quizzing glasses」等物。[102] B．H．斯馬特（B. H. Smart）在一八三六年的《重塑行人：英語關鍵發音新辭典》（*Walker Remodelled: A New Critical Pronouncing Dictionary of the English Language*）中，把「quiz」定義成「讓人混淆的事物、意圖難以看清的人、怪人」；「quizzing」的定義則是「以刁鑽的題目或者故作嚴肅的討論，來嘲笑他人的行為」。[103] 他舉了一個「適合quizzing」的句子，並附註「quizzing-glass是一種眼鏡」。[104] 顱相學者喬治．康布（George Combe）也在一八三九年寫道，他有很多朋友都來看他蒐集的大量頭骨標本，「有些人真的是來看的，有些則是來quiz的」，這裡的「quiz」是取笑的意思，是認真觀察的反面。[105] 這時人們似乎已經逐漸開始把假裝一絲不苟的態度當成真正的認真觀察；

而「quiz」的意思也從檢閱變成了調查。

在此有一份證據可以進一步證明最初把「quiz」當成詢問的可能是美國人：這種用法最早出現在一八七三年八月二十九日的《泰晤士報》，一位美國人投書討論格蘭特總統（President Grant）到了一八七六年是否會再獲提名競選，「如果報紙想知道他之後是否會再獲提名，就該問問（quiz）目前推舉他的政黨」。[106]

「quiz」這種事物出現之後，出題目考人的傳統就以神奇的方式從學術界傳進了大眾文化之中。「quiz」和謎題最早都出現在報紙與流行雜誌上，先行者之一就是路易斯．卡洛爾，卡洛爾畢生不斷撰寫各種謎題，只是沒有把「quiz」這個詞彙或任何其他相關形式收錄在他的出版作品中。後來「quiz」這種大眾娛樂成為廣播節目，尤其是美國廣播的主要內容，一九三六年還開設了第一個「quiz」主題節目：《教授益智問答》（*Professor Quiz*）。[107]

「quiz」考的東西與其說是常識，還不如說是大家都知道的事。人類之所以能聚成團體，原因除了習俗與制度之外，還包括其他成員和自己知道相同的事物。例如過去的人會因為熟讀莎士比亞而成為團體，現在則會因為每個世代、每個族群、每個品味圈共享的冷知識而聚首。那些喜歡某類運動的人或者特定隊伍的瘋狂粉絲，經常都吸收了多不勝數的相關知識，而這些知識可能與謎語一樣，可以判定誰是自己人、誰是不屬於我們的門外漢。這種知識的使用價值完全是社會性的，它的功能就是用來確定人們對某些資訊的定義與理解是否與社會一致。這種知識既成為一種象徵，又具實用性。象徵是因為這種知識並不直接影響日常生活，它不影響你的謀生，不會改變你在交通、商業、通訊上的談判條件，而是象徵一種特殊的社會關係；至於實用則是因為這種象徵性的知識關係，早已構成現代人大部分的社會聯繫網絡。名人就是個好例子，他們的主要功能似乎就是讓大家經常聽到、想到，給人們一些共通的參照點和討論話題。

「共識」（common knowledge）這個詞彙的重點也隨著時間偷偷改變。在十九世紀，這個詞彙通常是指知識的水準而非知識的範圍，例如用來指涉與專業知識相反的通用知識，「我們認為只需要有因果關係的共識，就可以知道目前有好幾個因素正在集結，即將造成最嚴重的悲劇」。[108]當時「共識」與「常識」（common sense）經常一起使用，例如一八四八年的某份聲明就說：「『腦袋清楚』的標準很明白，每個眼觀四面的人或多或少都掌握著這個世界的某些常識。」[109]一八五二年則有一段話說：「聰明的人只要過了四十歲，掌握了營養學的常識，又時時小心避免生病，就會極為吝嗇地嘲笑醫生。」[110]到了一八六七年，美國的《科學人》（*Scientific American*）則認為「在遙遠的未來，人們的常識與財富都會大幅增加」。[111]

但現在的「常識」卻不像是一般程度的知識，而更像是廣泛流傳到每個人都知道的知識，帶有一種「這種事最好不要問」的意味。奇怪的是，明明進入了媒體社會，這種村夫民婦式的思維卻沒有減少，反而變得更多。此外，如今人們偶爾會用「常識」來指涉某種眾人一起追求知識的理想狀態，例如杜克大學出版社（Duke University Press）的《常識》（*Common Knowledge*）期刊的目標，就是打造一個「基於對話與合作的學術新典範，不再像戰爭和運動比賽喜歡的譬喻那樣逼人『選邊站』」。只不過在那段文字之後，編輯依然立即提醒讀者「本刊將不斷挑戰我們對學術界的觀點，以及學術界在人類社會中該如何自處的看法」，藉此讓讀者也將共同追求知識當成一種挑戰（不過在那些看到別人的論述就不假思索投入筆戰的人眼中，每篇學術文章應該都早就是「挑戰」的戰帖了吧）。112

人們通常不把益智問答節目所考的常識視為知識，這些事物沒有任何作用，唯一的用途就是拿來給別人看。也就是說，人們認為某些「知識」真的跟「quiz」或「quoz」一樣，充滿著各種隨意挖出來的吹毛求疵問題，目的就是讓人滿頭問號。

益智問答的其中一項原則就是基於這種想法：正確答案一定絕對正確。如果益智問答所問的真的是知識，答案就一定只可能接近真，不會絕對為真。但益智問答仰賴的是同質性與可分割性，它之所以似乎涵蓋所有領域的問題，就是因為它預設每一個問題都是等價或可以等分的，你答對了多少題，就得到多少分數或獎金。無論問題本身屬於什麼領域，只要可以分進某個給定類別，就可以出現在問答節目裡。而最重要的是，即使某些問題和答案其實就像謎題與謎底那樣一體兩面不可分割，只要出現在益智問答裡，就還是可以切割開來。如果聽到來賓用問題來回答問題，益智問答的主持人就得裝出一副私立高中歷史老師的嘴臉；如果有人說「所以答案是瑪麗一世嗎？」，主持人就得說「同學，你是在回答問題還是問我問題？」。只要來賓的發言形式不是清楚明瞭的答案，不管是探問、反思、沉思、思考，主持人都一律回以「你確定嗎？」、「請直接回答問題」。

此外，益智問答必須以不可動搖的標準界定哪些答案算是正解，這樣遊戲才會有輸贏。某種意義上，這是為了讓問答變成比賽，大部分的比賽都有這種非黑即白的分野，例如你得規定什麼樣的情況下才能罰角球、得規定讓僥倖踢進或趁人不備踢進的球和神乎其技的射門都算一分、得規定只要板球球員「有一點點可能」懷孕就不准比賽。而在益智問答中，問題一定得有一個絕對正確的答案。理論上，益智問答的題目可以是真正的問題，但這可能會讓節目陷入某種卡夫卡式的噩夢。強迫娛樂（Forced Entertainment）於一九九六年最初公演的《Quizoola!》就是如此，舞台上的人必須連續六小時、甚至二十四小時持續即興彼此問答，有些問題是具體的問題，例如「愛斯基摩人長怎樣？」、「說出七種乳酪的名字」；有些則是修辭形式，例如「這裡誰說了算？」、「你找我碴嗎？」；有些甚至是形上問題，例如「地獄存在嗎？」、「人死了之後會去哪裡？」。《Quizoola!》的回答規則與一般相反，一般的益智問答來賓第一句說出口的必須是答案，但《Quizoola!》的演員必須一直回答提問，直到提問者滿意為止，而且沒有明確規定到底怎樣算是滿意。

我們很容易用益智問答節目的方式，去區分真實的知識跟問答遊戲裡的冷知識，然後罵某些人書讀太少或像嬰兒一樣笨。要說起來，益智問答節目打從一開始就很愛把各種教育程度與權威層層分級。美國最成功的益智問答廣播節目是一九四〇至一九五三年的《神童問答》（*Quiz Kids*），由十幾歲的青少年回答各種困難的問題或者謎題。[113]英國電視節目《QI》則會用一個圓圓的笑臉代表「路人級無知」（General Ignorance），只要來賓陷入某種常見的推論（例如水槽裡的水為什麼會順時鐘旋轉），就會得到一個笑臉；不過來賓如果正確指出某些問題「沒有人知道正解」，則可以得到額外的分數。

歐拉夫・霍斯切曼（Olaf Hoerschelmann）稱益智節目為「討論並接收各種知識的象徵形式」。[114]這種節目是「接納各種知識與實作細節的獨特場所，是維持或改變教育文化階級的核心工具」。[115]當然，益智問答節目似乎會玩弄觀眾的期待，正如托馬斯・狄龍（Thomas A. DeLong）研究這類節目之後的樂觀看法，這類節目會讓觀眾認為「參賽者都有血有肉，會哭會笑，是觀眾能夠認識能夠聊天的鄰家男女」。[116]

不過審問別人懂多少知識的幻想，仍然深植於我們對知識的理解中。有一件事應該說給熱愛益智節目的觀眾聽：問答節目《智多星》（*Mastermind*）的場景與音樂，是設計師比爾・萊特（Bill Wright）根據自己當戰俘被審訊時的經驗改編出來的。[117]一個說出「無論如何我都不會說」的人，心中會想像什麼樣的場景呢？用老虎鉗壓碎問答來賓的拇指嗎？這就好玩了，問答節目中的審問既不是要問出你所知道的情報網絡，也不是你跟魔鬼做了什麼交易，而是某首浪漫派交響樂曲的暱稱為何。這種幻想的荒謬之處在於，某一天那些瑣碎散亂的資訊可能會決定你的生死，這種想像一旦開啟就可以無盡衍生下去，什麼時候會結束也不清楚。

照理來說，益智問答所問的應該是一些無法預先準備的問題。只不過還是有些參賽者會盡力研讀百科全書、新聞全集，以及坊間販賣的益智問答考古題，但這樣就失去意義了，即使不算作弊，也讓問答變得相當無趣。益智問答節目經常會讓你想起一些自己沒意識到的知識——參賽者常在節目中說「不要說，不要說……我**知道**答案，我**真的知道**。」就是因為如此，他們認為自己知道答案，只是想不出來。這種節目之所以能存在，就是因為現代社會充斥各種偶然零碎的資訊，這些資訊處於知識與無知之間的無主之地，吊掛在知道與不知道之間的半透明懸崖。

益智問答節目的另一個特色，就是讓娛樂與整人之間出現某種緊張的關係。這種節目經常讓來賓想鑽進地洞，尤其是英國的《大學挑戰賽》（*University Challenge*）更是讓那些答不出題目的參賽者看起來像是自稱博學多聞的騙子。為什麼參賽者經常會說「抱歉，我不知道」呢？他們認為這是需要道歉的事情嗎？也許原因與謎語會讓答題者丟臉的機制類似吧。

看來，要如何從人們的表現判斷他懂不懂某項知識，仍是知識必須面對的一項重要挑戰。謎語、辯論、益智問答都帶有一種遊戲式的嚴肅。這種設計問題的方法，以及把知識寫成問答的方法，是一種認知過程。但更重要的是，這也是一種與知識有關的行為模式，甚至可以說是某種**表現出**知識的行為模式——表現／舉止（behave）這個詞彙就是十五世紀從「擁有你自己」（have yourself）衍生出來的，表示你有一種適合自己的存在方式，或表示你可以用目前的方式繼續存在，說不定這兩個詞彙之間還有某種謎語關係呢。

我在本章一開始就摘掉了「enquire」（詢問）或「require」（要求）這些詞彙的字首，把它們變成「quisition」（問答），藉此把與知識相關的行為模式，以及賦予知識某種形式的行為分開來看。然而，其實所有的問題都帶著某種要求，都想索取某些事物。對世界提出問題，就是讓世界去面對問題，就是建立並且不斷重新建立某種競爭關係，讓各種事物在被創造出來之初就注定放棄自己的存在意義。對海德格來說，我們與自己的競爭關係就是這種形式，他在《存有與時間》（*Being and Time*）中說：「此在（Dasein）的獨特之處就在於，它光是存在（Being），就必須時時**考慮**自己要如何存在。」後來沙特（Sartre）也受其影響，主張意識是一種「需要懷疑自己是否存在的事物，因為光是意識存在，就意味著意識可以變成別的事物」。[118] 至於知識這種事物的瘋狂之處，則在於它相信問題不是因為提問而產生，而是本來就已經存在了，只是等著人們問出來。這種說法不只與知識的形成與機制相關，更帶有一種本體論的味道，它暗示著某些力量彼此扭曲或彼此對立，並讓我們能夠去思考「存在」的問題，因為「存在」這種範疇不但本來就相當可疑，各種事物的「存在」也是質疑的根本對象。

5

偽稱知識

IMPOSTURE

有一個為眾人所知的麻煩知識相關問題：如何知道一個人是否知道某件事？以及如何知道他是否真的知道？這兩件事皆難以確認，所以只要有人聲稱自己知道某件事，我們可能就不免猜想對方是不是在唬我們。而當我們無法確定某個人是否知道某件事，我們就不可能完全相信對方真的知道那件事。我們都假設自己可以知道別人是否知道某件事，這樣才能彼此溝通、彼此影響，擁有正常的精神生活。心理學家與哲學家將我們發展出來的這種能力稱為「心智理論」，我們用這種能力來合理猜測或假設別人是否知道某件事，以及與我自己知道的差多少。但事實上，我們很可能不只是用這種能力來假設他人擁有知識，更經常用相同的能力判斷自己知識的性質與範圍。也許我們必須藉由不斷理解其他人如何知道事物，才能開始了解「知道」的真義。

群體中一旦有人假裝自己擁有知識，就會打碎複雜而脆弱的公共知識，然後把它重新亂捏成別的樣貌。公共知識的知識可信度必須可以遞移，一旦張三無法確定李四知道張三知道的某件事情，張三知道的可信知識在別人眼中就未必可信。大家都知道，許多詐欺的目的都是獲取經濟利益，由於假定別人擁有知識，可說是某種平行的社會信用體系，它讓社會相信自己有辦法維繫成員投注的信任。我真希望梵蒂岡在二〇〇八年金融海嘯之初沒有順利將「信用緊縮」（credit crunch）譯為拉丁語，因為金融信用的概念其實與宗教信仰相當接近。這可能會讓我們想到信仰的經濟學：我們一定有某種宗教式的聯繫才能維繫信念共享網絡，才能把自己相信的事物分享給其他人。信任永遠都是情報的基礎，我們得安心相信有辦法彼此交流知識，才能從彼此身上學到東西。不過知識體系其實就像它所誘發的、而且與它極為相似的金融體系一樣，是某種騙局。我們很容易搞錯別人知識的性質與範圍，而且往往會以為別人擁有的知識跟我們的求知欲、跟我們想要成為有知識的人的欲望相同，而這會讓我們錯得更離譜。這些衝動也許和情緒有關，因為對知識的欲望不只源於特定認知能力帶來的效用與滿足，以及知道自己擁有這些能力時感到的滿足；更大的原因是社會地位，以及想要被當成但丁（Dante）口中的「color che sanno」（擁有知識的人），因而獲得自尊。[1] 如果我們要被當成擁有知識的人，就必須假設自己能夠認識他人。知識這種事物注定為眾人所共有，孤身漂流荒島的人沒有祕密，因為根本沒有任何其他人能知道你知曉的任何「祕密」，我們如果要擁有知識，就得投注大量信任去相信駕駛員、廚師、醫生、父母，相信這些人知道自己在做什麼。這種對他人知識的信任，正是讓人們能夠組成社會的重要要素之一。

因此那些冒名頂替、假裝擁有知識的人（impostors）往往較一般的詐欺和騙子更讓我們生氣。這些人成功騙過我們，讓我們以為他們真的擁有他們聲稱的知識，或讓我們相信他們真的知道自己在做什麼。他們嚴重威脅人類社會仰賴的知識框架，讓我們無法繼續信任別人擁有的知識，並懷疑自己無法知道別人擁有多少知識。這種行為比單純的詐欺更危險，因為它可能會讓人們發現，我們對知識的二階理解與三階理解其實一直都變幻無常，有如夢幻泡影。

此外，冒名頂替者與江湖術士的形象有時還會變得迷人而具誘惑性，甚至像是英雄。歷史傳記經常有這種現象，它們即使不刻意幫這些騙子塗脂抹粉，卻似乎仍相當敬佩這些冒名者的膽量，或者欽佩他們的能力。[2]江湖郎中（charlatan）已經變成了另一種玩世不恭、脫離常軌的形象，和女賊、玩弄女性者、靈媒、吸血鬼、海盜一般引領流行，成為當代學術界關注的明星。而我們很快就會發現，那些最喜歡描寫冒名頂替者的作者，其實往往知道自己的作品與筆下的這些人物有些共通之處，其中最好的例證莫過於英國劇作家班．強森（Ben Jonson）。

當然，並非所有冒名頂替的人都偽稱自己擁有某些知識，只有被稱為江湖郎中的騙子才是本章討論的重點，這種騙子會說自己具備某些知識、技能，甚至心智能力，而旁人很難判斷他們到底是不是在說謊。光是「假裝」（pretend）這個詞彙的意思就包含刻意說謊，而意圖是一種很難判斷的事物。「pretend」（prae + tendere，意味著向前伸展）這個詞彙，直到十七世紀仍然具有嚴肅主張、指控、宣稱的意思，而且如今法語的「prétendre」也依然保留了這種含義，只不過現在的英語中似乎只剩下掩飾或欺騙的意思了。也許「pretence」（偽裝）這個名詞的意義轉變更能讓我們看出一些端倪，它以前的意思是主張自己擁有某財產或某地位，米爾頓一六六七年的《失樂園》就寫道：「穿上正義偽裝的靈魂／與我們一同從天堂墮落」（Spirits that in our just pretences armed / Fell with us from on high）。[3] 到了十八世紀，被稱為「幼僭王」（The Young Pretender）的「英俊王子查理」（Bonnie Prince Charlie，亦即 Charles Edward Stuart）覬覦英國王位時也是認真到不行。把「pretence」當成「假裝」的當代用法似乎要等到五十年後才確立，例如伊萊莎·海鄔德（Eliza Haywood）一七一九年《過度的愛》（*Love in Excess*）裡面女主人對僕人的命令：「進去客廳看看，如果進不去的話就找個藉口（make some pretence）在舞會結束前盡量靠近它。」[4]

有些人假裝擁有知識是為了獲得利益、獲得信任，而有些人則單純為了自己爽。亞里斯多德認為那些故意用有問題的論證來唬人的詭辯家就是如此，他主張詭辯家的辯證方法：

> 真正有知識的人是不會使用的，只有那些假裝自己很有知識的無知之徒才會用。辯證學者（dialectician）會認真地用單一事件去檢查通用原理是否正確，詭辯家則會假裝自己在這麼做。[5]

不過，既然要完全確定某個人是否了解自己以為擁有的知識、是否全心全意相信自己的信念已經相當困難，那麼要嚴格區分一個人究竟是冒牌貨還是他們想要假扮的正牌貨就更不容易了。外在形象對人際關係的各方面都很重要，尤其在知識與學習領域，人們更是要靠外在形象才能想像自己之後獲得某個學術地位時會是什麼模樣，而那些冒名頂替的江湖郎中很可能就是用這種想像能力騙過自己，進一步矇騙身邊的人。畢竟要成功進入你扮演的角色，你對自己的信賴程度就必須和其他人對你角色的信賴程度同樣高，所以你得騙過自己，或至少暫時不去懷疑你公開聲稱（profess）自己相信的事物。「Professing」這個詞彙原指一種宗教行為，後來改指稱某種世俗狀態，字義從一頭擺盪到另一頭。「Professor」（教授）就是「profess」（公開聲稱）自己擁有某些事物的人，這個詞彙一開始表示某人擁有信仰，但到了一五三〇年左右開始暗示著某人口是心非，「上帝保佑每個聲稱信守聖潔的人，都能真正保有聖潔」（Wolde to God every man that professeth chastyte coude kepe it well）。[6] 到了十八世紀後期，「professional」這個詞彙不再指某人發誓或聲稱具備某些專業，而是指他從事某種職業，而且往往意味著這種職業照理來說應該帶有其他價值，如今卻變成有錢就辦事的傭兵，例如羅伯特．洛斯（Robert Lowth）一七八七年就寫道：「那些職業哭墓團的悲慟與哭喊造詣都相當專業，總用流下的淚水換取合理的報酬。」[7] 到了現在，「professional」的意思已經從抱持特定信仰的人，完全變成能用某種專業技能討生活的人了，「professional saint」（職業聖徒）或「professional victim」（職業受害者）這類詞彙如今都是在罵人。

十九世紀出現一批用哲學方式行騙的江湖郎中，他們的目的不是錢財或社會地位，而是建立一套信仰或哲學體系，藉此獲得信徒與名聲。最常出現這種人的兩個領域，就是醫學與宗教。醫學與宗教之所以經常有人弄虛作假，可能跟它們分別處理肉體與靈魂的生死終極問題有關（「health」〔健康〕與「holiness」〔神聖〕也源於相同字根）。這兩個領域都迫切需要大量真相，或需要某些感覺很像知識的事物，於是就成了江湖術士的完美舞台。當然，這也讓偽稱醫學與宗教知識的行為，受到最強烈、甚至最惡毒的譴責。

十九世紀末最有名的學術騙子之一就是第三章提過的布拉瓦茨基，她原是紐約的靈媒，後來用巧妙的方式把各種神祕學與宗教東拼西湊，發明了一套稱為「神智學」的宗教哲學體系。雖然她主要的動機是把古人的智慧打造成一套複雜崇高的體系，使其刻意遠離庸俗的唯心論，但實際上卻沉迷於各種假鬼假怪的騙術，最後也因這些騙術被揭發。正因如此，我們無法只靠直覺判定她和她的信徒是否在騙人，也難以指控布拉瓦茨基偽稱自己掌握了神祕知識。有人可能會說，她對神祕學與東方思想的理解很膚淺，但這跟她說謊是兩回事。她這套「騙術」的麻煩之處在於，她似乎真的相信自己宣揚的這套體系，或至少在宣傳時表現出她相信的模樣。那些冒名頂替的江湖術士，很多時候都不知道自己是偽稱擁有知識的人，他們相信自己宣傳的謊言並從中獲利。狄更斯（Charles Dickens）曾寫過一個場景——人們詢問葛萊恩太太是否痛苦，她說：「我相信痛苦存在這房裡的某處……但我不能確定它在我身上。」[8]也許偽裝就是如此，我們只知道社會信任網絡有某處造假，卻難以確定到底是誰或哪個東西在造假，而這些東西又是在騙誰。

「冒名頂替」的標準本身就相當不穩定，因為只有那些以江湖術士的狂熱癡迷等級盲信事物的人，才可能相信自己的知識絕對正確。路易斯．卡洛爾筆下的愛麗絲說，人們無法真心相信不可能的事情，一定是假裝相信。但我們假裝相信的事物可多了，要說起來可以包括所有事情。即使面對不容置疑的知識，我們也必定會提出各種質疑與猜想，畢竟在有人把事情說出來之前，我們無法知道任何事物。因此，其實每個人都可能變成江湖術士，一廂情願地去探索那些自己相信為真的事物，卻不知道這些事物根本不存在。看看江湖術士的演變史就知道，錯誤、幻想、偽裝總以難以預期的方式交替出現，並結合為一。

不過無論江湖郎中是否相信自己說出口的事物，都得用某種方式顯示自己的知識，才能吸引別人的支持。如果一位江湖郎中對自己的高深學問祕而不宣，就自相矛盾了。「charlatan」（江湖郎中）這個詞彙源於義大利語的「ciarlare」（喋喋不休），後來經由法語傳入英語。安東尼．穆戴（Anthony Munday）在一五九〇年的劇作就曾出現「我們怎麼會以為他是正港的外科醫師，而非江湖騙子（Ciarlatan）呢？」這樣的台詞。[9] 科特格雷夫在一六一一年的《法英辭典》中，則將「charlatan」定義成「招搖撞騙者、江湖賣藥郎（quacksalver）、喋喋不休的騙子、一直瞎扯鬼話的人」。[10] 其中「quacksalver」這個詞彙之前就已經在英語中出現，有人認為它源於近代早期荷蘭語的「quacken」，意思是呱呱叫、庸醫、喋喋不休或自誇。

班・強森的《煉金術士》（*The Alchemist*）描述了人們在好幾種求知欲的交織之下淪為受騙肥羊的模樣。英語把受騙肥羊叫作「gull」（又有海鷗的意思），可能和巢中幼鳥無論看見什麼都不假思索吞下的動作有關。強森這部劇作裡的騙子角色叫作「奧祕」（Subtle），他假扮成煉金術士，不僅想讓別人認為他博學多聞，更要使一隻隻肥羊自願跳進他的「計畫」中。奧祕先生騙到了一位伊壁鳩爵士（Sir Epicure Mammon），這位大人被發財之夢沖昏了腦袋，掰出了一套荒謬的幻想——

> 我手上有一塊傑森（Jason）的金羊毛，它可不像隨處可見的煉金書，而是用上等羊皮紙撰寫，包在大羊皮書封的珍本。這裡頭寫滿了畢達哥拉斯的股肱、潘朵拉（Pandora）的澡盆，以及美蒂亞（Medea）的所有魔咒。我們的煉金術，要用公牛造爐使熊熊烈火燃起，拔銀龍之牙使水銀昇華，讓每顆利齒亮白堅硬、萬世如新；然後將它們放入傑森的戰盔裡蒸餾，種在馬爾斯的土地，如此讓原料不斷昇華，直到不再變化。然後赫斯珀里亞（Hesperia）的花園、卡德摩斯的故事、朱比特的流星雨、米達斯（Midas）的魔法、阿戈斯（Argus）的眼睛、薄伽丘（Boccace）的怪物，以及其他多出千萬倍的神奇寶物，就會全都收納在這顆賢者之石的祕法之中。[11]

這位大人幻想出來的事物其實並非煉金術理論，而是把各種神話傳說東拼西湊，企圖從中尋找祕密的寶藏或暗示。在他眼中，傑森的金羊毛並不是一塊具體的毛皮，而是一份煉金術的指南。這讓我們想起煉金術本身就是一種寓言，它讓人們把假想出來的知識漫無目的地投射在化學反應上面。例如劇中的伊壁鳩爵士，就是把幻想的過去投射成為夢想的未來。史上所有的煉金術都把象徵意義與化學反應混在一起，把普通的金屬變成黃金的祕密藏在寓言之中，而這種做法可能本身就是一種寓言：它用寓言的形式講述神祕知識或哲學知識的力量究竟位於何處。這些力量藏在祕密中，而祕密藏在祕密裡。

《煉金術士》把知識與幻想結合的過程隱喻為「投射」（projection），投射也是煉金術的最後階段，根據喬治・雷普利（George Ripley）《煉金指南》（*Compound of Alchemy*）的記載，煉金術必須經過鍛燒、液化、分離、結合、腐化、凝結、攝入、昇華、發酵、躍升、增殖、投射等步驟。投射在字面上的意思，是指將石頭或金屬投入可以把一般金屬變成黃金的熔爐中。它在十七世紀早期也有將三維物體投影到二維平面，以及設計出方案或計畫（projects）的意思，像莎士比亞《亨利四世・下》（*Henry IV, Part Two*）第一幕第三場的巴道夫（Bardolph）就用這個詞彙來描述哈斯伯（Hotspur）出人頭地的野心——

……他在心中填滿了希望，
從此僅以空氣果腹，

投射出一種
比他最微不足道的思緒更瑣碎的力量，並被它壓垮……

正因如此，煉金術士必須把財富無限倍增的夢想設定在未來，並使他們騙來的肥羊只著眼於未來，忽略現在。《煉金術士》裡的伊壁鳩爵士就把煉金的力量投射在數字之上——

但你看這靈藥的力量多麼龐大，
可以把其中一個投射到一百之上，
讓它多如水星、金星或月亮，
讓它成為太陽的一部分；
或讓它倍增成百上千，浩瀚無限：
無須多言，你將親眼所見。[12]

伊壁鳩爵士這部分的想像似乎很符合雷普利的《煉金指南》，清楚地指出「投射」的概念與讓東西成倍增長的想像相關。投射可以引發一種連鎖反應，不只能讓一般金屬變成黃金，也能讓東西一變十、十變百。雷普利寫道：

如果你一開始是把十乘以十，
一百這數字看起來就很病態，
但如果是把一百乘以一百，
那麼一萬這數字就一點也不奇怪，
如果是把一千乘以一千，
一百萬就一點都不值得意外，
一萬乘以一萬自然是億，不須你費心去疑猜。

接下來再照我說的那樣把億乘以億，
就成為一億個億，
雖然我不知該怎麼稱呼這麼大的數，
投射倍增的規則卻永遠不會失誤。[13]

伊壁鳩爵士真正的目的並非積攢黃金，而是要變成慈善家救濟窮人以彰顯自己的聲譽，「我唯一關心的只有／要去哪裡弄到夠多東西；／這城市對我毫無意義」。[14]但這也讓他的行動變得很好猜測，而且結果必定會歪得很嚴重。該劇一開始就安排了幾位騙子看衰爵士的計畫、彼此說嘴，其中一位叫作「普通人」（Dol Common）的角色更直言不諱說這計畫注定

「違背預期」。[15]《煉金術士》也提到知識帶有性意味這件事，該劇讓煉金術與性欲同時出現，讓這位叫作「普通人」的角色一下子假扮成仙后（Queen of Fairy），一下子假扮成貴族的瘋妹妹去騙人上鉤。知識一旦成為欲望，就表示知識永遠不可能在當下擁有，不可能在當下精通。根據性的精神分析，求知欲不會因為投射在實體物件上面就得到滿足，反而會在投射出去後變得更強烈持久。在這種二十世紀早期才出現的心理學思維中，「投射」的意思是我們潛意識地把感情或欲望扔到另一個人身上。不過班．強森的《煉金術士》似乎早就知道這件事，它讓整齣劇變成所有角色彼此重疊、所有計畫彼此交互投射出來的一幅高維投影。

班．強森刻意讓該劇符合古典戲劇的時間地點統一性規則，劇中的事件與舞台上的時間等長，而且都在觀眾眼前的「愛智」（Lovewit）角色大宅中發生。這讓「投射」一詞出現另一個含義——舞台上描述的所有事情其實都在我們看不到的「奧祕」角色的實驗室裡發生，即使是最後的實驗室大爆炸，讓「膚淺」（Face）這位角色哀嘆「一切的努力／都被燒成了灰，每一片玻璃都和火爐、／租金，一同炸飛」，整場爆炸也只存在觀眾的想像之中（而且「爆炸」本身就是一種譬喻，通常有演員被轟下台的意思）。[16]這種設計讓角色的匆忙與欺騙變得更加喜劇性，它把被騙的肥羊先推上舞台再踢下舞台，同時讓騙人的術士無路可出，必須即興去回應這些肥羊。不過這種「所見即所得」的形式，也讓這齣劇本身欺騙了觀眾。因為「愛智」角色的大宅並不只是觀眾眼前的空間，同時也是一個充滿入口、出口、偽裝、取代、投射的劇場。於是這齣戲變成了一則討論何謂戲劇性的寓言，它既是原本的模樣，又不是原本的模樣，它說自己就是一種欺騙，誘騙願意去看戲的觀眾去相信一個不太可能成真的詐欺故事。《煉金術士》既傑出地示範，又成功地闡釋了冒名與詐欺故事最重要的一項功能：讓我們相信別人有多好騙。

班．強森在《狐坡尼》（*Volpone*）與《煉金術士》中討論了兩個經常讓人想到詐騙、而且至今仍經常有人冒名頂替的領域：醫學與宗教。照理來說，這兩個領域的詐欺比其他領域更危險，它們不只會讓無知的肥羊上鉤，還會讓肥羊去分擔一大堆詐欺師原本要做的工作，就像腹語術表演者利用暗示，讓觀眾以為聲音從別的地方發出那般。許多人認為，近年來科學與學術界在一般人面前喪失權威，轉而營造吸引力與尊榮形象的現象，就是各種不同形式的知識彼此互鬥的結果。各種類型知識的互鬥，讓古老的欺世盜名手法以「主流」、「邊緣」、「被壓抑」知識之間的差異之名捲土重來。其中醫學特別嚴重，醫學史上有一大堆理論彼此競爭，而在該領域力量最大的說法就是「專業化假說」（professionalization hypothesis），它認為整部醫學史就是專家與一般人的做法彼此競爭的過程而已。一九七〇至一九八〇年代流行的馬克思主義就是如此，不斷在各時各地尋找資產階級崛起的證據；而這種討論醫學史的說法，也不斷尋找醫生與醫療體制試圖鞏固專業權威、打壓另類假說與另類療法的證據，但這些證據只要真想找就一定找得到。其中說得最堅決的著作之一就是皮耶羅．甘巴奇尼（Piero Gambaccini）的義大利江湖郎中史——《江湖郎中與庸醫》（*Mountebanks and Medicasters*）。這本書把江湖郎中寫成一種反威權的英雄，筆法很耽溺，甚至相當深情——

當那些有牌醫生高高在上地開出毀滅性的灌腸劑、劇烈的催吐劑、讓人拉得七葷八素的瀉藥、殘酷的放血療法時，江湖郎中默默賣著每個人都買得起的藥，並以溫柔的話語讓顧客獲得希望，得到安慰。這些人出來賣藥，未必都是為了欺騙純樸無知的民眾，有些人是為了對抗虛假、傲慢、專橫的職業醫學。有時候在他們小丑一般的反諷外表下，其實藏著一位不願服從主流醫學、充滿創新與勇氣的自由叛軍。[17]

羅伊．波特（Roy Porter）在撰寫非主流醫學史時，拒絕用這種感情用事的標準把醫療人員分為行內人與行外人、掌握話語權的人以及被話語壓迫的人。雖然我們往往認為庸醫是一群欺騙肥羊的騙子，但其實沒有什麼清楚的方式可以區分哪些人是庸醫，那些人又是把他人指為庸醫的醫生。更重要的是，與其說庸醫的定義是由某個位高權重、敵視外界、設法殲滅各種傳統療法的既得利益小圈圈所界定，還不如說是醫療市場在十七世紀晚期後發展得愈來愈複雜所自然造就。醫學與非醫學之間的界線，是醫學界、「江湖賣藥郎」、患者之間的三方鬥爭，各方的需求與欲望都不相同，而且各方除了都想讓患者康復之外，也都想要知道（或想要以為自己知道）患者為什麼會康復。尼可拉斯．朱森（Nicholas Jewson）指出，十八世紀的醫生與患者之間是一種「各自分散、不受管控的網絡」，而解釋理論是決定實作方式的關鍵——

成功改革治療方式的人會把疾病的真實樣貌，用患者聽得懂、符合親身經歷的方式敘述出來。此外，前線的醫生也需要醫學理論去凸顯他的療法與眾不同，讓他在無所不在的競爭同業之間脫穎而出。[18]

波特則延續朱森的看法，指出：

當時患者的荷包深度，以及長期無視自身生理變化的作風，讓空想醫學有如雨後春筍般擴散；許多人一旦生病，就希望有人指出目前的醫學詮釋哪裡錯了。因此，古代的體液論，以及中古的化學與機械論一直沒有退潮。而當時的醫學理論中，又剛好有一些很愛把心臟啦、血液啦、神經啦說成影響一切的核心。於是正規醫學、人們的無知，以及患者必須在兩種對立的思維中選擇其一的心理壓力，就一起讓醫學的解釋體系變成一團混亂……整個十八世紀，患者的力量持續擴張到讓**正規醫學**的生存處境變得跟如今我們所說的**庸醫**同樣糟糕。[19]

學者在當代的偏見下，經常不願意面對事實真相與市場。無論是印刷機還是網際網路，新興媒體的出現與擴張讓偽醫學日益強大。

人類似乎相當不擅長判斷什麼樣的治療方式才有效，即使有用的方法近在眼前也不知道。不過，某些患者早在十九世紀前似乎就發現了一件當代醫學史家後來才注意到的事：只要沒有臨床實驗或醫學研究證實，所有十九世紀末之前出現的醫療方式都是騙人的，無論是老阿嬤、助產士、傳統醫學醫生，還是醫師公會成員說的療法都一樣，從上到下無一例外。醫學史就像神學史，是一部人們不自覺地騙來騙去的歷史。在這之中，幾乎每個人都確信自己在做什麼，以及為什麼要這樣做，幾乎每個人都可以解釋自己的做法為何有效。但這正是問題所在。也許我們會說，很多當下證實有用的療法根本是個黑盒子，醫師既不知道它為何有用，也不知道背後機制為何，只確定它的確有用。這也是我們可以從錯誤的方法與結論中發現新知識的原因，江湖郎中過去經常被稱為經驗主義醫派（empirics），因為他們用經驗跟觀察來決定療法，不仰賴醫學理論。但大家也認為他們是騙子，假裝自己有知識，其實並沒有。因此真相與我們以為的完全相反，在流行病學與細菌學出現之前，其實早就有醫學知識了，只是這些醫學知識無法用來真的治好病人，只不過是眼所能見、耳所能及的生理學現象統整。

強森作品的獨特之處就在於，他把豐富的語言知識，與江湖郎中肆無忌憚亂掰出來的偽知識融合起來，變成劇中的笑點。由於判斷事情可信與否的標準，並不是非黑即白、一望即知的原理，而是空想與可能性之間的一種詭異平衡，很多時候一件事情是否為真，就跟其他類型的知識是否為真一樣，要用特土良的歸謬法原理（credo quia absurdum）才能知道。

理性在判斷真假時，得不斷面對必然與偶然的問題，得知道每一個真理都只會在特定的複雜條件下為真。人類獲得知識的方式也是如此，如果你不認真（或至少看似認真）從複雜的現象中找出規則，而僅僅剔除那些不可能的選項，是無法獲得知識的。因此最容易騙到人的假知識，就是那些介於真假灰色地帶之間的事物，這些事物無法用環境來判別。歷史上的各種體液論就是很好的例證，這些說法認為我們的健康是由四種不同體液（humours）交互作用所決定，其中兩種叫作「黃膽汁」與「黑膽汁」的體液完全是想像出來的。這種理論雖然承認身體的運作細節極為複雜精妙，卻把所有疾病都簡化為體液「失衡」，變成了所有醫學理論中最違反平衡的一種謬論（只不過身體之複雜精妙也是這種謬論出現的原因之一，這樣它就能把所有現象解釋成「複雜」的體液互動）。也許這就是歷史上偽醫學那些能解釋所有事情的理論總會鬧出笑話的原因吧。畢竟真正正確的理論，一定得了解什麼是合理、什麼是荒謬，理論必須能解釋問題本質，如果什麼都能解釋就會走火入魔。

假知識必須寫成書面形式才能成功騙到人，書面文字既能讓偽知識廣為傳播，又能讓偽知識與提出者彼此獨立。十七世紀之後的偽醫學橫行，都是因為市面上真假交雜的各種醫學著作愈來愈多。一七八六年，呼籲反對偽醫學的詹姆斯．阿岱爾（James Adair）就在《醫學警告》（*Medical Cautions*）收錄了一篇討論「時髦疾病」的文章，指出當時某些醫藥與療法已經變成時尚的宣傳，例如十八世紀初的人們相信有一種「脾病」同時和身體健康與社會地位有關——

公主殿下後來成為安妮女王之後，經常感覺先前的公主身分汙辱了她，後來的女王身分則給她帶來麻煩。女王因此陷入憂鬱，御醫就幫她這種現象取了一個名字，並開了順勢療法和熔了珍珠的糖漿給她吃。同樣的症狀與療法，也適用於那些認為自己最樸實無華且枯燥的上流社會人士。[20]

諷刺的是，根據一八四八年的傳記，阿岱爾自己也感染了這類「疾病」，他「變得對自己的健康疑神疑鬼，一八〇二年死於哈羅蓋特村（Harrowgate）」。[21]

宣傳假知識的人，都得聲稱自己的消息來自「權威人士」，如果是在歐洲，通常說來自東方就可以了，要說成源自何處則看情況。如果是煉金術，告訴對方它來自阿拉伯國家就對了。不過隨著十八世紀後期「神祕東方」的概念不脛而走，神祕知識的泉源也變成了印度、西藏、中國。那些假鬼假怪的說法只要來自這些地方，都會變得相當具權威性。

從十七世紀開始，人們關注的重點從江湖郎中為何想用假知識騙人謀生，變成江湖郎中的詐騙為何可以如此成功（話說這種詐騙到現在也同樣成功）。羅伊．波特提醒我們不要把十七與十八世紀的另類療法，與十九世紀之後的類似療法混為一談。很多人會用浪漫的想像，把十七、十八世紀的江湖騙術當成真正「另類」的醫學或者養生理論，但事實並非如此。當時江湖郎中只是把科學、魔法、邪教儀式混合起來賣錢，並沒有提出任何另類的激進醫學理論，「十八世紀那些喬治王時期的經驗醫派賣藥郎，並沒有把『回歸大地』、『回歸自然』的概念帶回歐洲，反而是加倍用啟蒙思想的光環來包裝他們的祕方」。[22]這時候的另類醫療，只是借用了一種尚未完全建立通用權威的新說法來幫自己背書而已。到了十九世紀，真正具有「另類」思維的另類療法才開始出現，它們拒絕接受既有的醫學權威，以其他領域懷疑權威的方式來抵抗主流。於是十九世紀的江湖郎中吸引了反叛者與知識分子的喜愛。

關於江湖郎中，最詭異而且可能從來沒人研究的問題是，為什麼這種笨得有夠誇張的騙術，可以紅遍古今中外的每條大街小巷而永遠無法根絕？大部分人聽到這問題都會說，因為江湖郎中都賣藥給天真、低能、沒讀過書的人。這種說法短期上是用羞辱的方式讓人們不想成為江湖郎中與受騙的人，長期上則主張加強教育讓人們免疫這類騙術。但這兩招似乎都不太有效。而且事實與我們的直覺相反：教育與人民意識逐漸提高之後，反而讓更多人容易上當。亞歷山大・波普（Alexander Pope）在一七〇九年的《批評論》（*Essay on Criticism*）就這麼解釋：

> 要汲飲智慧之泉，就要懂得喝對，
> **一知半解**的人最會吃到大虧：
> 唯有融會貫通，才能保你心智平安，
> 淺嘗即止的半瓶醋只會讓你腦殘。[23]

不過知識浸淫愈深性格就愈穩重這件事情，並沒有那麼一翻兩瞪眼。它忽略了知識學得愈深愈廣，就會碰到愈多不同種類的符號與呈現方式，這些事物都會影響我們，讓我們對知識的感覺變得愈是各形各色。讀了愈多書，我們對於「知識」的看法以及對知識的想像、蔑視與渴望，就愈不受真正的知識所影響。知識的符號、投射、呈現方式，都既不只是「真正」知識的附屬品，也不只是那些天真的肥羊才會上當相信的事物（他們的確容易相信這些事物，但那是另一回事）；這些事物本身會影響知識的資源分布，影響知識的儲存、投資、交換、消費、分配系統，這些系統不僅會影響事實、資訊、證據，也會影響我們對智性活動的概念、意象與投射。

羅伊．波特說，人們會認為江湖郎中在鬼扯，說不定是因為他們表演得太過頭——

> 這些表演到底給我們什麼樣的感覺？……它們的戲劇性是否搬磚砸了自己的腳，讓銷售看來像在反串，像純粹為了騙人而設計的話術，結果雙方只是一個願打一個願挨？也許人們就是因為如此，才認為江湖賣藥郎都在胡扯。不過，這些郎中真的都只是想用荒誕的故事讓人佇足傾聽，聽了開心而已嗎？會不會有某些郎中其實希望觀眾去懷疑、嘲笑、吐槽他的荒謬表演？24

不過江湖郎中那些在大庭廣眾下誇張荒謬的話術，或許反而讓觀眾願意繼續站在前方聽他胡扯。因為眼前的聽眾既不需要抱持任何信念，也不需要信任你，仍舊可以站著聽你說故事。打從十七世紀中期開始，醫療健康問題就充斥各種針鋒相對的互罵與爭議，如果江湖郎中不斷在聽眾面前提醒要小心其他江湖郎中，或許反倒能讓觀眾認為他的說法可信。也許人們都把江湖郎中說成樣樣通樣樣鬆的笨蛋，但去嘲笑其他的笨蛋，其實正是他們走跳賣藥時很好用的開場段子。

因此，怎樣算是醫療詐欺的討論，既非某種無病呻吟也非某種改善消費者關係的方法，而是認真討論醫學什麼時候才算是知識。醫學包含了各種領域，每個領域各自都有不同的人根據不同的假設，以不同的方式對不同的主題提出說法。當然，許多人沒有時間去聽那些江湖郎中的說法，或者去注意他們做了什麼；但也有愈來愈多人完全不理會自己遇見的醫護人員做出什麼判定、引用誰的權威，反正各種療法有效無效總是在醫學界朝令夕改。醫學詐欺的橫行讓疾病從身體轉移到了心理，人們開始認為，無論你是否生病都得為自己的健康負責。很多警告民眾不要輕信郎中甚至不要相信醫生的說法，都像是一九八六年防治愛滋宣導那般呼籲人們不要「死於無知」，但它們忘了可能有同樣多的人並非死於無知，而是死於一知半解。

可想而知，在醫學詐欺大幅增加的時候，當代的疑病（hypochondria）現象也開始出現。約翰・寇瑞（John Corry）在《識破江湖郎中》（*Detector of Quackery*）中認為：

> 倫敦人有四分之三的疾病是**想像出來的**，很多人都對醫生的生計很有貢獻，定期大方地請醫生照顧健康，但醫生服務的項目並非真正的身體疾病，而是以為自己生病的**怪異心理**。[25]

疑病的意思在十八世紀從某種腹部疾病，變成了某種擔心自己生病的「神經質」現象，這段時間人們對疾病的知識逐漸增加，於是未來可能患病的焦慮，就逐漸變得比當下真正的不適更痛苦。江湖郎中掰出各種名詞以回答患者擔心是否付得出醫藥費時所問的假問題，其中像是「神經性」（nervous）、「膽汁性」（bilious）這類術語從十八世紀就出現，直到我小時候父母那一代人依然掛在嘴邊。到了二十世紀，幾乎每一個生活細節都可以分為健康或不健康，每個角落都充斥著「療法」、「治癒」這類詞彙，彷彿疾病變成某種司空見慣的事情，而非某種避之唯恐不及的異常狀態似的。健康也從一種遠離疫病後就會自然恢復的狀態，變成了一種必須認真爭取的事物。

到了十八世紀末，江湖郎中開始愈來愈懂得「證明」自己的療法真實有效，他們弄出一堆「純」科學實驗，以各種不同的方法與管道公開表演與演講，從倫敦皮卡迪利大街的埃及廳（Egyptian Hall in Piccadilly）、英國各地政府的會議室，到著名的皇家學會（Royal Institution）都有。湯姆·甘寧（Tom Gunning）提出「吸引力電影」（cinema of attraction）這個概念討論二十世紀初電影時說，當時觀眾去看電影不只是為了看內容，也是為了「看看機器有什麼能耐」。[26]其實早在一八九〇年代就有人用壯觀的科學器材證明了這一點，當時的X光機變得相當廉價，到處都有人拿這種機器來表演，對江湖術士而言則是如虎添翼。

早期最有名的江湖術士叫作詹姆斯．葛拉漢（James Graham），他在倫敦的帕摩爾街（Pall Mall）搞出一個「健康神殿」，裡面擺了一張「天堂之床」供人租用，謊稱只要上床就保證懷孕。當他快離世的時候，他已經在倫敦西區投資過頭、經濟透支，於是決定親身示範「大地療法」的威力，要求人們將他全身脫光、包裹在高門村（Highgate Hill）挖來的泥土中，證明泥土的治癒力量。

正如羅伊．波特所言，打從十八世紀末開始，建立知名度就取代了賣藥，成為江湖郎中的活動重點。當時這群郎中的努力目標變成推廣自己的看法，以及尋求科學、學術界、權威人士的背書。[27]在此同時，這些騙徒也開始兜售、吹噓各種保健科技玩意，最常見的就是在人體上通電或者發明各種新奇怪招，[28]結果江湖郎中乍看之下反而比正牌的醫生更與時俱進。同一時間，其他各種強調自然治癒力的另類療法也如雨後春筍般出現，各自使用空氣、水，或者剛剛提到的泥土來治病保健。但所謂的自然療法其實一點也不自然，它只是以自然成分為幌子，實際上卻得由專家以及倡議那些療法的人來解釋施用。這些另類療法其實都跟催眠術差不多，都是一種聰明精巧的包裝話術，它們背後都沒有生理學基礎，全仰賴患者的心理暗示。對催眠術與安慰劑效應的了解告訴我們，心理暗示的力量的確相當強大，有時也相當有用。安慰劑之所以有效，是因為「noscitur」（**你知道**）自己吃了它。

其實十八世紀就有人預想到，江湖郎中的目標會從賣藥獲利轉向生產假知識，例如約翰・博卡・緬可（Johann Burkhard Mencken）一七一五年的《學術界的江湖騙徒》（*De charlataneria eruditorum*）就這麼說。緬可在書中指出，當時江湖術士的騙術和知識分子的故作姿態之間已經愈來愈難以分別，而知識分子的這種矯揉造作也愈來愈與學術生活難分難解。緬可自己就是萊比錫的歷史學教授，他喜歡嘲笑學者的虛榮、瑣碎、愛出鋒頭、熱愛各種奢侈頭銜——

> 欺世盜名的人滿街都是……不只是蒙古大夫，學術界也隨處可見。這些傢伙對掌聲的渴望不亞於他們呼吸的空氣，以為別人給他愈多掌聲，他就愈像上帝……坊間的江湖術士喜歡炫耀自己的學位與文憑，幫自己編造冠冕堂皇的頭銜；很多學術咖也不遑多讓，用一堆時髦的新詞彙來顯示自己的地位……義大利的學術界最誇張，什麼詭異荒誕的頭銜都寫得出來：掛什麼阿爾戈英雄啦、六翼天使啦、飛升者啦、異界客啦、古希臘的帕特森人（Parthenian）啦、奧林匹亞人啦都不害臊，至於那些不可見者、青澀者、無後者、固執者、混沌者、無涉者、欲睡者、無能者、神奇怪人的頭銜則更是常見。[29]

欺世盜名者是一種刻意詐騙，而學術工作中也有另一種相當有用的騙人行為，那就是書寫。早在柏拉圖《斐多篇》裡的蘇格拉底對書面記載提出懷疑之後，人類就知道寫成文字的事物未必皆可信。蘇格拉底認為，文字乍看之下就像是學識淵博的演講；但實際上文字只能帶來智慧，卻永遠不等於智慧，因為文字永遠不知道自己傳達的是什麼——

斐多啊，書寫和繪畫相同，兩者皆有一種奇怪的特質。畫中的人都像活著一樣，但你一旦問他們問題，他們只會全然沉默；書寫也是如此，那些文字乍看好像都很有智慧，但你一旦問它們在說什麼，內容究竟是什麼意思，它們卻永遠只會複述已經寫成的說法。文字只要寫下來就能廣為傳播，但其中只有某些讀者能夠看懂，某些卻毫無興趣；只有某些讀者適合去讀，某些卻不該去看。要是文字受到不當的對待或辱罵，就需要它的父親出手幫忙，畢竟它無法保護自己也無法找到解方。[30]

蘇格拉底認為寫作本身就是一種造假，以文字所寫下的「我死了」也許能令人深信不疑，但若換成當面口說「我死了」則能讓人明白辨識出說話者在說謊。正因文字本身不知道任何事物，不像演講那樣位處當下，人們可以用文字假裝自己還活著，活在他或她（其實是它）的話語裡。蘇格拉底的說法之後並未消失，至今依然有人認真地認為，作者應該要知道自己寫的文本是什麼意思。人們很容易以為，作者會記得自己寫每一句話時的真義分別是什麼，所以可以拿這些問題去問作者。這意味著作者必須像其他讀者一樣去詮釋自己寫的文本是什麼意思，而且這似乎表示我們即使不在書寫的當下，沒有當面聽見作者想對我們說什麼，仍然有辦法弄懂字字句句的「原意」。閱讀，其實是指能讀懂事物寫成文字之後，會有哪些部分變得不可信任。

用文字來造假的歷史相當悠久，它引發許多複雜的問題，也用相當複雜的方法在人群中傳播。其中一個誇張的例子就是「三個大騙子」（The Three Impostors）的故事，十一世紀時出現了一篇論文，主張亞伯拉罕一神教的摩西、耶穌、穆罕默德三位先知都是冒名頂替的騙子，認為這三人聽到的神啟都是假的，由他們傳播的教義沒有任何根據。時至今日，眾人還是不清楚該論文究竟是說這三位先知是騙子，或只是假裝說謊，當然我們也不知道哪種狀況更糟糕。沒有人知道是誰寫了這篇引發八卦又語焉不詳的論文（正因為語焉不詳，讀者勢必各自揣想，所以才成功演變成八卦），可能寫作此文的作者跨越各個時空，從腓特烈二世（Frederick II）、阿威羅伊（Averroes，又稱伊本．魯世德〔Ibn Rushd〕）、圖爾奈的西蒙（Simone of Tournai）、貝納迪諾．奧齊諾（Bernardino Ochino）、卡帕內拉（Campanella）到馬基維利（Machiavelli）皆有可能。更好笑的是，這篇論文明明十八世紀中葉才正式出土，卻有很多人都聲稱自己讀過。[31]這根本就是一種關於偽稱的偽稱的偽稱：你說自己讀過一篇論文，這篇論文說亞伯拉罕宗教的先知在說謊，這些先知說自己聽到神啟；但其實你可能根本沒有讀過，或讀到的根本不是這篇論文，或者這篇論文根本就不存在，或者文章根本就沒說過三位先知是騙子。這整串詐欺故事都卡在一個由知識、真相、信念織成的網中，已經完全無法用鑑別冒名騙子的方式知道到底哪部分是真相。

英語的招搖撞騙之所以叫作「imposture」，是因為它會強加（impose）某種狀態，但其實強加的狀態本身也有可能造假，畢竟很多時候譴責某個人或某份文件在造假，像魔鬼那般危險，就可以讓你的說法聽起來變得很正統。事實上很多人都認為，造假之所以像魔鬼一樣邪惡，就是因為魔鬼擁有的並不是真正為惡的力量（上帝是全能的，所以魔鬼能做的事情一定是上帝許可的，並非真正的惡），而是偽稱自己能夠為惡的力量。照此說來，第一個詐欺行為就是撒旦在伊甸園裡欺騙夏娃，只要反抗上帝的命令就能獲得重要的知識，「蛇對女人說：『你們不一定死；因為神知道，你們吃的日子眼睛就明亮了，你們便如神能知道善惡。』」（〈創世記〉第三章第四至五節）。〈創世記〉的墮落故事讓造假與獲取知識從此密不可分，在這樣的故事中，亞當與夏娃既能知道善惡又不能知道善惡，甚至不能知道善惡的知識本身究竟是善還是惡。

隨著書面記載變得愈來愈常見，靠紙本與電子書寫過活的人愈來愈多，知識造假也變得愈來愈普遍。早在一九五〇年代中期、「人工智慧」開始發展之前，人類就發現文字本身帶著某種認知與預測的能力，並且會產生德日進（Teilhard de Chardin）所說的「心靈空間」（noosphere）。奇妙的是，雖然我們從熟悉的日常生活中獲得知識的方法，背後潛藏著許多有待追尋的故事；但我們從不會說話的紙上文字、作者不在現場的語句中感知知識的方法，背後的故事也完全未曾減少。此外，這個世界似乎即使什麼都不做也會自己產生各種文本，因此每一個概念究竟源於何處、作者是誰的問題就會變得更加麻煩。其中最麻煩的就是作品是否抄襲。

很早以前就有許多討論抄襲的文章，方向大概可以分為兩類：有些討論抄襲的實行、偵測、預防方式；另一些則討論抄襲的道德問題。後者的態度又分為兩種：有些人對抄襲毫不妥協，有些人則試圖解釋抄襲或認為抄襲的問題沒那麼嚴重。但無論哪一種文章，都相當認真地看待抄襲這種事。K．R．聖翁恩（K. R. St Onge）在討論抄襲的文章開頭，就以參議員喬．拜登（Joseph Biden）就讀法學院時抄襲一篇已發表文章的事件，表明自己對這種事的強烈態度——

> 拜登參議員的事件提醒我們，被指控抄襲會造成極為嚴重的傷害，而且判決過程本身就是第二次指控，指控者與旁觀者都會想巨細靡遺地了解這類「悲劇性人格缺陷」的細節。然而抄襲這種事既不是一場戲，也不是一場決鬥；而是人們真實地施加傷害的過程。無論這種行為叫作抄襲還是其他名字，都是一種刻意隱瞞真相、刻意讓誠實者受傷的事情，皆會令人痛苦。[32]

我們需要把知道的事情說出來，最好是寫出來，才能證明自己知道，例如有一句名言就說「在說出想法之前，我並不確定自己在想什麼」（I don't know what I think until I see what I say）。這似乎讓我們可以理解為什麼大家都對抄襲深惡痛絕，畢竟大多數的抄襲顯然是想在不需要付出努力的情況下，獲得思考或寫作所帶來的榮譽或利益。不過有點反直覺的是，我們常說抄襲侵犯了別人的「智慧財產權」，不尊重他人的權利；但它可能也是尊重他人工作結果的證據。當你抄襲某作品，就證明了該作品才是權威，尤其是如果你用偷來的點子造出一篇比原作更精彩的東西，就更承認了原作有多重要。

抄襲、複製文件的技術門檻很低，這不僅顯示全世界的學術界早就充斥各種抄襲，也顯示抄襲很容易被發現，如今某些大學甚至聘了正職員工專門偵測抄襲的文章。但真正成功的抄襲其實很累，如果不自己投入很多時間，就得有很多錢請人幫你做這些工作。有時候，抄襲必須把作者或來源各自不同的好幾篇文章拼接在一起，讓它看起來像一篇新文章，但這難度簡直就和自己寫一篇差不多。於是很多人會好奇，既然如此為何不乾脆自己寫就好？

我這邊所謂的抄襲，是指那種偷走別人知識成果的行為，而非在文學藝術作品中沿用別人的技法、卻偽稱是自己「想出來」的行為。抄襲藝術點子的人想把別人的作品據為己有，剽竊學術或哲學作品的人則想盜用別人的思想或知識榮耀，前者冒充別人的創作身分，後者冒充別人的知識權威。當然很早就有許多論證指出，知識的原創性討論起來相當複雜，知識、真相、真理（很多人都同意我們無法「知道」假的東西）在某種意義上不能算是財產，所以也不會變成贓物。也就是說，你只能抄襲文本、只能侵犯那些可複製之物的智慧財產權，但無法抄襲裡面記載的知識；你只能抄襲牛頓的《自然世界的數學原理》（*Principia mathematica*），但無法抄襲裡面的運動定律，因為那些運動定律（基本上）是真理，如同我們往往認為沒有人能夠抄襲「常識」也是基於同樣的道理。我們經常討論創作作品的抄襲，因為我們浪漫地相信作品是無中生有的原創之物。但你要如何抄襲那些記載真相、真理的文字呢？這些事物不是智慧財產，所以當你聲稱自己抄來的文字記載了真理或知識，其實你是在聲稱這些事物並不屬於原作者所有或獨創。

抄襲知識成果之所以會令人極度反感，原因之一就是它帶有惡意。抄襲者想偽裝成具有知識的人，想要享有知識分子具有的「認可」或「榮譽」，他們不願意給原作者這些好處，但卻想把這些事物搶過來用。也許人們這麼厭惡學術抄襲，以及學術抄襲的後果極為嚴重，其實點出了知識和語言之間的關係相當脆弱——人們往往以彼此說了什麼來判斷彼此知道什麼，而非用自己知道什麼來判斷要說什麼。我們能夠知道自己在想什麼、可以思考自己知道什麼，是因為我們能說話，更重要的是能夠寫字。當別人直接複製我的話，他不只侵害了我身為作者的權利，更搶走了我之後用這些話來證明我真的想出這些思想的證據，而且這些思想幾乎可以說是世上唯一完全屬於我的事物。當你引用我的文字卻沒附上來源，就是用文字來偽裝成我這個人。抄襲了我的文字，即奪走我思考的證據。

這就是史丹利·卡維爾（Stanley Cavell）所說，知道（knowing，包含各種不同意思的知道）與承認（acknowledging）之間的差別。我們能夠真的知道或者幾乎知道哪些事物，是一個知識論問題；但我們願意承認哪些事物，則是倫理學問題——

「不知道」可能只是缺了某塊知識、心中有某塊空白；「不承認」卻是你的心被某個事物卡住，或者陷入困惑、冷漠、麻木、疲憊、冷酷。心靈的空白與心靈的空虛可不一樣。[33]

此處，卡維爾談的是一個經典問題：我們到底如何知道別人處於痛苦之中，或者我們能不能知道別人處於痛苦之中？他的答案是，說自己知道自己正在痛苦是沒有意義的（因為我們可能不像自己以為的那麼痛苦，或者比自己以為的更痛苦，又或者我們以為自己處於某種痛苦，其實卻處於另一種）；但我們卻可以用承擔自己的痛苦或者見證別人痛苦的方式，承認自己或別人正在痛苦。這種「承認」和懺悔很像，因此卡維爾才會在文章的最後說：「所謂我知道你很痛苦，是指我承認你很痛苦，或者說我明白你正以只有自己才能體會的方式處於痛苦之中。」[34]

這種承認，跟不承認自己偷了另一個人的話來說有關嗎？某種意義上剛好相反，它不僅承認別人的痛苦，更像是把別人的痛苦說成自己的痛苦。然而抄襲別人的言論則表示，你不願意承認自己總有一天必須為你抄來的話負責，不願意為這些言論背後承載的思想負責，不願意像普洛斯彼羅（Prospero）對卡利班（Caliban）所說的那樣「承認這醜陋的事物是我造出來的」（《暴風雨》〔*The Tempest*〕第五幕第一場）。當我不承認我引用的言論來自別人，我就是偷了他們的言論，甚至有時會讓讀者誤會是原作者抄襲我。而同時我也不再為自己的言論負責，不再理會自己是否欺世盜名、說的話是否證據不足、是否聲稱了一些我其實根本不知道的事情。只要是真正源於自己的言論，多多少少都得承擔這種風險，所有正牌原作者都一定得面對這種矛盾。

波林・克蘭斯（Pauline Clance）與蘇珊・艾姆斯（Suzanne Imes）在一九七八年的論文指出，許多成功的女性都認為自己的成功並非自己努力掙來、而是僥倖得來，隨時可能有人出面指控自己是騙子。[35]不過到了一九九三年，克蘭斯又發表了一篇論文表示，許多調查都發現「認為自己是冒牌者的比例，與性別沒有關係」，而後來的研究也得到相同的結果。不過很多人還是難以接受這種「冒牌者現象」（或者後來習稱的「冒牌者症候群」〔impostor syndrome〕）與性別無關，至今還是不斷有人用這個現象來解釋女性為何無法在企業或學術爬到夠高的位置。[36]例如達娜・西蒙斯（Dana Simmons）在二〇一六年的文章中仍然相當篤定地說，冒牌者症候群是「高成就女性特有的問題」。[37]也許高成就女性的確經常有這種問題，但不表示其他人就沒有這種問題。

西蒙斯為冒牌者症候群提出了一種全面的解釋，並提出一種解方，建議受這種問題所苦的人不要被知識非黑即白的主流說法所主宰，告訴自己即使你說出來的知識有一部分不屬於自己也沒關係。但她解釋這種問題的方法本身，卻同樣帶有濃厚的主宰意味——

冒牌者症候群反映了人們對於從個人出發的局部知識具有焦慮。當你認為自己是個冒牌者，就表示你相信有一個全能的上帝之眼能知道什麼才算正牌。但這是一種幻想，只是把你從來無法觸及的各種知識與視角，全都統合在上帝般的視野裡面而已。這是一種主宰的視角，與奴役、剝削、收編緊密相關……讓人想要控制、想要占有。當我認為別人具有這種視角，並且因為自己沒有這種視角而道歉時，我也就做起了主宰之夢。[38]

冒名頂替並不是某種偶然而抽象的特徵，並不只在呈現知識時才出現。每一項命題都預設一個發言者，當我們把發言者等同成某一個人，就是在扮演那個人。也許我們並不是因為缺乏自信，才會誤以為自己在冒充他人；反而是因為不再把知識與自己畫上等號、不再相信自己有辦法天衣無縫地與自己說出來的話完全相同，才會產生如此的擔憂。每個關於知識的命題，都會預設一個擁有該知識的主體，而唯有刻意冒名頂替的人，才真正知道自己並不了解那些知識、知道那個主體不是自己。本章討論了吹牛、江湖術士、偽造、抄襲等各種冒名頂替方式，它們全都證明我們無法清楚地區分人們什麼時候是真的知道一件事、什麼時候是假裝知道那件事，因為只要你假定自己擁有知識，就或多或少得扮演那個擁有知識的主體，有時甚至得假扮成自己。知識永遠都是人寫出來的，它永遠都允許我們去扮演那個書寫的人。

6 無知

UNKNOWING

嘲笑和侮辱存在於人類社會的長久歷史（contumelics）之中，有幾種特定的類型總是不斷反覆地出現。例如性侮辱，這包括嘲笑戴綠帽的人和出軌的人。這種類型的侮辱也常常牽涉到身體殘疾或醜陋相關的嘲笑。還有在以前的年代，宗教上的侮辱比起種族上的侮辱很可能有更強大的影響力（後者的影響力在當代的反對聲浪中被放大了）。當然宗教上的侮辱有時也會牽涉到種族上的侮辱。這些不同類型的嘲笑和侮辱經常同時出現或互相關聯。其中一個特別生動的類型叫作「雞姦者」（bugger）。這個詞源於十一世紀保加利亞的一群異教徒，他們被懷疑從事禁忌的性行為。異端邪說和性變態在那時是緊密相連的。甚至在「傳教士體位」的觀念中，我們依然可以看到宗教異端與性行為偏差之間的連結。[1]

但也許最常見和最普遍的一種侮辱，就是嘲笑有心智缺陷或障礙的人，譬如稱他們為笨蛋或瘋子。而且針對笨蛋或瘋子這兩種人的嘲笑經常神奇地結合在一起。人類想要進行心智侮辱的衝動似乎是根深蒂固的，也因此那些原本在創造時並沒有價值判斷的專業術語，很快就會轉變成貶義詞。一個典型的例子是「蠢蛋」（moron）。在一九一〇年的時候，這個詞彙受到了美國智力障礙研究協會的正面認可，因為當時它沒有什麼負面含義，但後來這個詞彙卻成為了最強烈的嘲笑用語。就這方面而言，它跟隨了「白癡」（idiot）這個詞彙的腳步。因為在古希臘語和拉丁語中，「白癡」（idiot）的意思只是「個體」。另外，「蠢蛋」（moron）也預示了「弱智」（retard）這個詞彙的命運。在一九〇九年前後，教育心理學家經常使用「弱智」一詞。但到了一九六〇年代，這個詞彙已經不再是科學用語，而是成為現在熟知的流行用語。[2]

也許，指責他人的愚蠢（stupidity），事實上是一種後設的侮辱（meta-insult）。因為「愚蠢」或「瘋狂」（madness）這兩個詞彙通常暗指一個人淪落到一種物體的狀態或是被歸類的物體性質。這代表對方只是一個「被指涉」的事物，而不是本身有能力主動表達意義的人。在指責他人「愚蠢」或「瘋狂」時，實際上就是牽涉到這種貶低侮辱。因為成為所謂「辱罵」的對象，實際上就是被當作一個器具或是可以任意操弄的物件，而不是被當作一位語言的使用者。因此，認知上的侮辱就是把他人物化，把他們排除在語言使用者之外（雖然說侮辱造成的痛苦，仍然取決於被侮辱的對象有能力正確理解那些侮辱詞彙的含義）。

人們經常把愚蠢視為一種無知覺的狀態，也就是說，把無知的人或學習緩慢的人當作一種愚鈍、遲鈍、不可理解、總是無反應的物質狀態。人們喜歡用木頭和糞便（例如：「腦袋裝屎」）來做這樣的類比。另外有點讓人驚訝的是，空氣也經常被人們用來做類比（這些物質狀態的共同之處在於，它們都缺乏敏銳性、獨特性或個體性等性質）。所以我們會有「木頭腦」（blockhead）、「腦袋結塊」（clot/clod）和「呆瓜」（numbskull）等罵人的詞彙。此外，愚蠢一詞也經常與「緩慢」、「遲鈍」、「暗淡」、「駑鈍」等概念連結。把人形容成塊狀、泥塊、遲鈍或駑鈍，也就是把人退化貶低成像是泥巴般沒有敏銳性與獨特性的存在。笨蛋還會像磚頭或兩塊木板一樣粗厚，或者就像法斯塔夫（Falstaff）形容波恩（Poins）那樣：「他的腦袋就像蒂克斯伯里的芥末醬一樣厚；他的智力跟木槌不相上下。」（《亨利四世・下》第二幕第四場）無知的人不再是人類，甚至可以說他們還未成為人類。愚蠢還像是昏迷或失去知覺的狀態；愚蠢不僅是沒有知識，也是沒有知覺。後者是人類最常表現出的一種麻木不仁的愚蠢。透過玩弄「感知」（sense）一詞的雙關（既可以理解成「感覺」也可以理解成「理智」），人們把無知的人想像成「不存在的存在」，想像成沒有感知任何事物能力的人。約翰・鄧恩（John Donne）在一六二二年發表的〈愚人的真實性格〉（True Character of a Dunce）一文中寫道：

> 笨蛋的靈魂淹沒在一團肉塊裡頭，或者說他是一塊泥土，而普羅米修斯（Prometheus）偷來的火，連一半都沒有放在這塊泥土裡；他是一個沒有欲望的邊緣人，也沒有愛的感覺；他是最危險的生物，因為他的存在確認了無神

論；無神論者會直接宣稱，笨蛋的靈魂就僅僅是他身體的溫度。3

如果說在追求知識和智慧的觀念中，存在著一種巨大的幻想渴望，那麼相對地在敵視愚蠢的觀念中，就存在著一種恐懼和消遣。這樣的恐懼和消遣經常出現在假定別人本來就無知的時候。的確，無知比愚昧更嚴重。無知被視為毫無智慧、不理性，因此近乎瘋狂，甚至近乎「不存在」。在十七世紀時，「愚蠢」實際上就有「癱瘓」的意味。事實上，許多人經常用麻木或發呆狀態來理解「無知」，或甚至不把「無知」理解成人類的可能存在狀態，但這些想法本身其實就是一如既往的愚蠢。這也是生動又值得一提的一種愚蠢：這種對於愚蠢的看法，與愚蠢本身一樣缺乏想像力。甚至前者比後者還更糟。批評愚蠢的背後「邏輯」似乎是這樣：只有擁有智慧，才有可能將我們從物質世界獨立出來，或者將我們從其他物種中獨立出來。人有了身分（identity）才能在時間消逝時仍然保有自己的人格；「白癡」一詞一開始意味著分離出來的個體，但白癡（idiot）的字根是「id」，意思是「它」（it）。這似乎代表白癡僅僅只是重複出現的代名詞「它」，而非作為真實的存在物。因此，愚蠢最終總是被認為與物質世界毫無區別。

也許，錯誤歸因就是真實顯現出我們對無知（或者說不同的知識狀態）的愚蠢理解。因為某些無知的狀態（例如嬰兒期或老人癡呆）其實常常伴隨著相當程度的活躍，譬如強烈的困惑與激動或是其他種類的聲音與憤怒。事實上，正如我們在這一章中所看到的，「知識」

似乎並不完全知道如何歸因愚蠢的根源。

性器官

人們經常透過身體的想像來理解「愚笨」、「愚鈍」（例如腦袋結塊、凝結或魯鈍之人等）與「空洞」等概念所隱含之兩種相反的物質狀態。這樣的想像特別會牽涉到性器官（尤其是女性性器官）。「愚」（folly）以及它許多的衍生詞，字源都來自拉丁語「follis」。這個詞彙最初的意思是一個袋子或一聲轟鳴，後來透過語意上的轉移，衍生出「胃」的意思。所以，愚蠢既可能是空的也可能是滿的。在男性和女性生殖器相關的語言遊戲之中，我們也可以看到這種類似的相反狀態交替出現。笨蛋會被稱為「笨雞」（lobcock），這個詞彙原本指的是軟弱無力或鬆弛的陰莖，或是指嘴巴，就像是笨蛋嘴張開的樣子。笨蛋也會被稱為是「Tom-cony」，指的是容易被哄騙的人。另外這個詞彙也可能是指某人的性器官，譬如某個妓女的陰道。但同時，男性勃起的性器官也有笨蛋的意涵，正如一句美國諺語所說的那樣：「硬挺的陰莖沒有良心。*」[4]

* 譯註：「硬挺的陰莖沒有良心」（A stiff prick hath no conscience.），「prick」是雙關語，可以指陰莖，也可以指笨蛋。

性侮辱往往意味著將人化約成性器官或性行為。這也就是將人化約成一隻純粹的動物，因此讓人變得幾乎像是物質一樣。你可能會認為「自以為是的人」（clever dick）和「蠢蛋」（dickhead）幾乎是同義詞，但它們其實是反義詞（嚴格來說也不完全是，因為前者是被用來諷刺那些自以為無所不知的人，或者用來諷刺實際上並不如自己所想的那樣聰明的人）。在這一點上，「自以為是的人」（clever dick）類似於「wittoll」這個詞彙，後者是中古晚期英語「cokewold」加上字根「wete-」的一個變體。「wete-」也就是「wit」，這個詞彙最初的意思是指某種戴綠帽的人：他知道自己被戴了綠帽，但基於某種原因，他會用一種自我滿足（甚至令人惱火）的方式去忍受。我們只要從十七世紀早期蒐集一些相互矛盾的諺語，就可以清楚看出其中的邏輯，「對一個男人來說，沒有比成為戴綠帽的人更可恥的事了！有啊，成為『wittoll』」。[5] 從這裡我們可以發現，「witall」一詞泛指為「傻瓜」或「缺乏智慧的人」，再加上「-old」或「-all」的字尾。

令人驚訝的是，用「dick」表示陰莖的用法，直到一八九一年才有正式的紀錄。雖說這個詞彙很有可能早已被廣泛使用了（例如在軍隊和學校中）。[6]「dick」一詞的複雜性有一部分來自於「dickens」的影響。「dickens」指的是魔鬼，這個詞源也許可以解釋人們對於「上升陰莖」（up to dick）的崇拜，這個片語意味著飛起、警報響起或「達標」。這個片語也可能是「tricky-dicky」這個詞彙（指美國總統理查·尼克森〔Richard Nixon〕）的由來。另外在音素語義近似詞中，「dick」是「字典」一詞的發音簡稱，所以「吞下dick」（swallow the dick）這個片語的意思，就是指在不知道一個長詞彙的意義時使用它（儘管這也很可能隱含「dick」作為性器官的含義）。[7]在具體的「白癡相關物件」中，我們經常可以看到語言和事物之間的神祕互動關係。的確，「dicky-dido」的意思是白癡，但一開始這個詞彙透過歌唱般的偽字謎而流傳，並在橄欖球歌曲〈貝斯沃特的市長〉（The Mayor of Bayswater）出現語意轉移，意指女性的性器官。這首歌的副歌（有著英國威爾斯民謠〈榛樹林之歌〉〔the Ash Grove〕的曲調）是這樣唱的：「她陰道（dicky-dido）上的毛髮垂放至膝蓋。」

雖然將陰莖與愚蠢做連結（例如「prick」、「plonker」、「pillicock」、「pillock」）是很常見的事，但這樣的連結卻沒有什麼侮辱性，有時這樣的連結甚至顯得相當深情或充滿讚賞。正如同許多人所觀察到的那樣，相較之下，「女性陰部」（cunt）一詞在英語中已經從一個相當典雅與親切的詞彙（我們之後會提到，「古雅」〔quaint〕最早實際上在某些脈絡能與「cunt」互換使用）轉變成為最具侮辱性的詞彙。「陰部」往往意味著厭惡和貶低，這種貶低似乎與將愚蠢的人「物化」這件事，有著特別強大的連結。就像俗語會說，一個人若不是傻瓜（當人們被愚弄時，我們也可以用成為「泡影」〔bubble〕來形容），就也不會是陰部。

「陰唇」一詞會讓人產生一種想法：女性生殖器會發出一種無意識的聲音。例如早期基督徒之間的流傳信仰提到，女祭司從私處說出她的預言。這個想法後來被精心融入幻想之中，賦予了鄧尼斯．狄德羅（Denis Diderot）靈感，寫成了《輕率的珠寶》（*Les Bijoux indiscrets*）。這部作品描述了一枚可以讓女性陰唇說話的魔法戒指。在故事中，陰唇會違背主人的意願，不由自主地胡言亂語。於是人們認為陰道可能只是一個空洞但健談的容器。這樣的想法引發了滑稽的頭部和生殖器互換。這也就像以下這個令人不舒服的典型「金髮蠢妞」笑話：你要如何對金髮妞洗腦？灌水進去，然後倒過來搖一搖。[8]

然而有趣的是，在「陰部」這個詞彙的歷史中，也融入了關於「知識」的暗示。在十三世紀的古早用法中，「陰部」經常被賦予「古雅」的含義。這是從盎格魯—諾曼語中的「coint」一字發展而來，也源自拉丁語中的「cognitus」，其意思就是「知道」，而且是相當聰明、技術純熟的那種「知道」，因此也有優雅、有禮貌或文雅之意（尤其是用來形容人的口語表達）。因此，一個典雅的演說家或許可以這樣來定義：他就是最不可能說出「陰部」這個詞彙的人。喬叟（Chaucer）在《米勒的故事》（*The Miller's Tale*）中把「cunt」與「quaint」這兩個詞彙的關係表達得相當清楚。當描述修道士尼可拉斯與木匠妻子愛麗森之間的調情時，喬叟重複使用「queynt」一字來押韻。這彷彿就是為了體現這個詞彙所隱含的兩種話語場域：既知性又感性，既知識淵博又充滿本能欲望——

聰明的尼可拉斯
開始與這位年輕的妻子鬼混，
就在她丈夫前往奧斯尼之時，
這位修道士慢慢靠近，既狡猾又典雅（queynte）；

然後突然抓住了她的陰部（queynte）。[9]

就像其他表示智慧和聰明才智的詞彙，「quaint」也可以滑向黑暗面，用來表示好奇、奇怪、奇異或甚至神祕。這個詞彙曾出現在沃爾特・斯科特（Walter Scott）於一八〇八年出版的《瑪爾米翁》（*Marmion*）。在故事裡，受到亞歷山大國王召喚的吉福德男爵（也就是雨果・吉福德），從自己的地下洞穴中出關，幫助國王擊退入侵的丹麥人：

吉福德男爵，在地下深處，
聽到亞歷山大的號角聲，
從容地換了衣服，
不過，這位巫師的習慣很奇怪，
他的現身既古怪（quaint）又可怕；
他的斗篷上襯著雪白的狐皮；
他那布滿皺紋的高聳前額顯得相當不自然，
再加上一頂尖帽，就像舊時
修道士們說法老王的法師們都如此打扮。[10]

在貶義的用法中，「quaint」意味著狡詐、狡猾或詭計多端，有點近似「精明」（canny）之意。「canny」在德語中的對應字「heimlich」曾吸引了佛洛伊德，因為它具有奇怪的反轉性，既可以表示熟悉，也可以表示一種可疑的怪異：

> 「heimlich」一字在不同層次中，與它的反義詞「unheimlich」展現出相同的意義。因此，有「heimlich」性質的事物也會有「unheimlich」的性質……一方面來說，「heimlich」是形容熟悉和令人愉快的事物。但另一方面，它也可以用來形容隱匿以及無法觀察的事物……所有「unheimlich」的事物本應保持私密和隱匿，但是現在卻都暴露出來了。[11]

就像我在第三章所提到的，北方英語中的「精明」（canny）表現出與「heimlich」相對應的矛盾語意，「canny」可以表達既舒適又不安的意思，後者也就是類似於「un-canny」的意思。的確，「陰部」（cunt）這個詞彙似乎牽涉到繁瑣的詞彙連結，因為「精明」（canny）經常與「狡猾」（cunny）連用，而「陰部」（cunt）則與「狡猾」（cunny）或「狡詐」（conniving）連用。十七世紀早期的形容詞「incony」，為性化的知識感覺論（sexualized epistemopathy）這錯綜複雜的星狀鏈組織提供了額外的鏈結。「incony」將插入式性行為的概念，與稀有、珍貴、精緻的感覺連結在一起。因此，這也許會讓人想起中世紀意義上「典雅」（quaint）一字的意思。在馬羅的《馬爾他猶太人》（*The Jew of Malta*）劇中，伊瑟莫爾對妓女貝拉米拉說道：「愛不貴親密，而貴長久。讓音樂轟鳴／讓我在你珍貴的（incony）環抱中墜落。」[12]在莎士比亞的《愛的徒勞》（*Love's Labour's Lost*）劇中，科斯達德稱莫絲為「我那可愛的小不點人肉，我那珍貴的（incony）猶太情人！」，後來科斯達德還用這個詞彙來描述他在交換情書時所帶來的麻煩——

憑我酒鬼的靈魂及愚蠢小丑的靈魂發誓。
主啊，主啊，我和女士們是怎麼羞辱你！
哦，我的真心話，最甜蜜的玩笑，最珍貴（incony）又下流的風趣，
當這樣的風趣變得如此平凡，如此淫穢，
就彷彿一切都如此得體！

「Incony」這個詞彙於此處似乎在玩一個語言遊戲：它可能暗指在「陰部之中」（in the cony），或與法語中的「inconnu」相關，後者的意思是「無知」。它也有「uncouth」的意思，這個詞彙來自「un-」以及古英語中「cuð」的組合（「cuð」為「cunnan」的過去分詞，意思為「知道」）。於是「incony」在這裡產生了類似蘇格蘭語「unco」的意思：形容奇異、奇怪或神奇。陷入女人的陰部中就是陷入圈套，如此一來你也會變成愚蠢之物的一部分；但

「cunt」其實也可以指一個舒適的子宮，或美妙的位置。

「cunt」一字在與法語中的「con」（意思是笨蛋或蠢蛋）以及「conning」（意思是學習與認知）的連結似乎也很明顯。在中古英語寫成的《海丁箴言》（*Proverbs of Hendyng*）中，我們可以看到「cunt」與「cunning」的聲音連結（如果先不提語源的連結）。在十三世紀晚期後的十份《海丁箴言》手稿中都提到了這樣的連結，實際上也是英語中第一次出現關於「cunt」的紀錄：「你的陰部（cunt）要放聰明（cunning）點，把任何要求保留到婚禮之後（ȝeve þi cunte to cunnig and crave affetir wedding）。」[13]

「陰部」（cunt）也經常與中世紀的「兔子」一字連結在一起，例如「cunny」、「coney」或「cony」。這很可能是因為「陰部」被用來作為一種暱稱（就像用小貓〔pussy〕來形容陰部），或是因為「陰部」與「毛茸茸」之間產生某種聯想；兔子可能在十一世紀之後才被引入英國。而「coney」這個詞彙也是在十四世紀早期才第一次在《牛津英語辭典》中出現，意思是兔子。但早在那之前的一百年，這個詞彙就被用來指「兔毛」或「兔皮」了（可能專指進口的兔子毛皮）。此外，我們也可以看到拼字書寫上的連結。「Coney」在盎格魯－諾曼語中的拼字紀錄是「conynge」與「cunil」，而在中世紀拉丁語中則記錄為「cunningus」。「coney-catching」指的是「欺騙的奸計」，或者曾經有人這麼解釋：「典雅（quaint）又神祕的蠢蛋欺騙學。」[14]「coney-catching」這個片語是由羅伯特．格林（Robert Greene）在一五九一年出版的兩本小冊子所介紹。當時他用這個片語來指「透過紙牌來騙人」。[15]不過，提到某人被當作蠢蛋（coney）的話，肯定是在說性方面的事。讓我來舉個例子。在湯瑪斯・德克爾（Thomas Dekker）和湯瑪斯・米德爾頓（Thomas Middleton）的《誠實的妓女》（*The Honest Whore*）劇中，佛魯洛對名妓女貝拉弗朗特指控：「昨天你還只是一名單純的娼妓，今天你卻成了騙人（coney-catching）的賤貨。」[16]「coney-catching」這個片語可以有兩方面的意思，一方面可以表示透過騙術（coney）來捕獲（catching）蠢蛋，另一方面也可以表示捕獲（catching）騙子（coney）。後者因為唐納・川普（Donald Trump）惡名昭著的用法而成名。所以，這個片語的意思取決於被抓到的是騙子還是被騙的蠢蛋。就像十七世紀一本漫畫小冊子的標題所暗示的：「在一間集會所或會場，騙人（coney-catching）的新娘按照時下流行的方式私下結了婚。她相當漂亮地拯救了自己，避免讓別人抓住（caught）她這個騙子（coney）。」[17]

在十六世紀晚期，「coney-catching」開始與「canting」一字連結在一起。後者是用來指當時一群乞丐（被懷疑是騙子的乞丐）的某種奇特歌唱、嘟囔或說話的方式（「cant」這個詞彙也因此開始用來指花招或把戲）。在博蒙特（Francis Beaumont）和弗萊徹（John Fletcher）所寫的《丘比特的復仇》（*Cupid's Revenge*）一劇中，伊薩姆諾斯說道：「我所見過所有騙子（cant）中最聰明、最可惡的流氓。」[18]當時「canting」還與某些牧師的偽善言論連結在一起，這個連結至今仍保存在現代「cant」的字義當中。其中一本最早的專有名詞字典將「canting-crew」定義為：

乞丐、吉普賽人；異議分子（他們用一種特殊的鼻音和腔調或怪聲怪調，區別出自己的獨特性，就像他們那夥人用特殊行話區分自己人）；吉普賽人與乞丐所有的特殊行話；他們祈禱時的不同音調（較鮮為人知），或是乞丐乞討時的哀鳴（較為人所知）。[19]

在同本字典中，「cony」被定義為「一個愚蠢的傢伙：單純的cony就是相當愚蠢的意思」。此外，莎士比亞在《哈姆雷特》（第三幕第二場）中提到的「性事」（country matters）一詞，可能也運用了「cony」的意思（尤其對當時的倫敦人來說）。莎士比亞寫道：「出生在碗鈴聲中；（在倫敦）還對性事一無所知。」[20]「canting」與「cunt」或「cunning」之間都沒有字源上的直接關係（雖然可能有像是表親或姻親的間接關係），但透過許多十六世紀晚期開始出現的「流氓語言」或「黑暗行話」相關書籍，我們可以發現「canting」一字與「coney-catching」片語之間的緊密連結。[21]「cunt」指的是終極的愚蠢，是「假定本來就無知的無知者」。「cant」則是指神祕、不值得信任的無知者（inconnu）。

「coney」一字與兔子的連結，源自於拉丁語中的「cuniculus」。這個詞彙既可以指兔子，也可以從兔子的挖洞行為引伸為地下通道、洞穴或溝渠之意（例如「coninges」與「conyes」就在一四五〇年被用來指士兵挖掘地下通道潛入城市的行動）。在中世紀拉丁語中，「cuniculum」也指下水道。[22]有一首淫穢的紐卡斯爾（Novocastrian）歌曲〈喬迪失去了他的石頭〉（Geordie's Lost His Penka）就在描述一位男孩努力想從下水道（這裡使用的是「cundy」一字，源自「conduit」）取出大理石，所以他把各式各樣的事物（譬如戲服或家裡的狗）拿來水中翻攪。在每個情境下，咆哮的副歌都是這麼唱：「他把東西塞進了下水道。」艾略特在他一九二〇年〈老頭〉（Gerontion）一詩的某一段裡，也呼應了這個詞彙在地理上的意義。這首詩使用了十七世紀的措詞，來描述歷史知識的複雜性（不過即使根據最近人們對這首詩的細緻解讀，此處也並未影射女性生殖器與某種狡猾無知之間的語意連結）：[23]

> 有了這樣的知識之後，還談什麼寬恕？思索現在
> 歷史上有許多狡猾（cunning）的通道，人為設計的迴廊
> 以及問題……[24]

這裡的「狡猾通道」其中之一可能是「摸陰巷」（Gropecunt Lane）。這個街道的名字在英國大約二十個城鎮中都曾出現過，象徵著對妓女的需索。這個名字最早的紀錄是出現在一二三七年左右的牛津，到了一三一二年，人們將它縮寫為「摸摸巷」（Grope Lane），後來也改寫成「果園街」（Grove Street）或「喜鵲街」（Magpie Street）。[25]毫無疑問，這個名字所表示的就是性交易。尤其諾里奇市（Norwich）的「摸陰巷」在拉丁語中也被稱為「turpis vicus」，意思就是「骯髒的街道」或「可恥的街道」。[26]值得一提的是，這個街道名稱最早

出現在牛津。而其他這樣的街道也都集中在主要的教會城市（譬如倫敦、約克、威爾斯以及北安普頓），在那裡有許多受過牛津與劍橋大學教育的神職人員。基斯．布里格斯（Keith Briggs）提出一個看法，他認為這個街道名稱的起源可能是「學術行話」。這也再次暗示了知識淵博與充滿本能欲望兩者之間的連結。27

「通道」一字連接了地形測繪學和生物學上的知識。妓女的其中一個俗稱是「公路」（road），其他的俗稱還包括「便利設施」（conveniency）、「管道」（conduit）或「導管」（conduct）。這些都暗示著人群的性行為和性器官：約翰．克雷藍（John Cleland）在一七四八年的情色小說《芬妮希爾》（*Fanny Hill*）當中，提到了女性的「管道」以及「愉悅的導管」。28如果分析這個與欺騙相關的詞彙「cully」，我們也可以看到性器官和狡猾通道之間的連結（「cully」這個詞彙可能呼應了法語中的「cul」、「arse」、「cullion」、「coglione」以及「testicle」。此外字源還可以追溯到古希臘語中的「κόλεος」、「koleos」，意思是鞘或保險套（sheath））。「cully」的意思是傻瓜或容易受騙的人（所以也可以指妓女的恩客）。此外，「cully」也可能與「溝渠」（gully）、「峽谷」（gullet）、「溝槽」（groove）、「溝痕」（furrow）等詞彙相關。

以上所有分析都表明了，在女性生殖器的名稱和本質方面，都存在著某種「知識」和「無知」的混合體。這與之前提到的「uncanny」分析有點相似（也許正是因為這個因素，這混合體中有一種神祕〔uncanny〕的感覺）。在喬伊斯《尤利西斯》的〈賽絲〉章節中，有一位妓女就名叫「小娘們凱特」（Cunty Kate）。她與史蒂芬・迪達勒斯（Stephen Dedalus）進行了一場模仿狡猾學術語言的討論：

鼓掌小雞：　你聽到教授說什麼了嗎？他是我們學院的教授。

小娘們凱特：　有啊，我聽到了。

鼓掌小雞：　他表達的時候，用了引人注目的精鍊措詞。

小娘們凱特：　的確如此。而且同時還展現如此貼切的犀利。[29]

「狡猾的特技表演」（cunning stunts）是源自「絕色美女」（stunning cunts）一詞的「首音互換」（spoonerism）。這個詞彙是前衛搖滾樂團「大篷車樂團」（Caravan）在一九七五年使用的專輯名稱，充滿了暗示性。另一家女性劇場公司的名稱也用了這個詞彙。這家公司（營業時期為一九七七年至一九八二年）綜合了馬戲團和歌舞表演，由艾瑞斯・沃爾頓（Iris Walton）和簡・鄧吉（Jan Dungey）創立。一九八〇年代在英國廣播公司肯尼・埃弗雷特（Kenny Everett）的節目中，出現了一位傻里傻氣、名叫「丘比特的噱頭」（Cupid Stunt）的年輕女明星。此外，琳達・威廉姆斯（Linda Williams）在二〇〇六年的詩〈關於在詩中不使用「cunt」一詞〉（On Not Using the Word “Cunt” in a Poem）的結尾處，暗示了「陰部」（cunt）與「狡猾」（cunning）之間的連結：「你能給我的詩訂個日期嗎？／或者我必須自己算出我的「狡猾」（cunning）出沒之日期嗎？」[30]

因此，「愚蠢」和「有知識」似乎與「在場」（presence）和「空缺」（absence）的問題緊密地綁在一起（不管是在邏輯或生理學的層面）。佛洛伊德在他一九二二年的短篇隨筆〈美杜莎的頭〉（Medusa's Head）中，思考了這些主題。內容提到美杜莎被斬首的頭，其實同時表達了對陰莖閹割的恐懼以及對陰莖的保護。這是由於對陰莖閹割的恐懼來說，美杜莎的蛇髮就像是一種過分凸出、類似暴露狂般的補償——

> 美杜莎的頭髮經常以蛇的形式出現在藝術作品當中，而這都是源自於閹割情結（castration complex）。值得注意的是，不管蛇本身有多麼可怕，但牠們實際上有著緩解恐懼的作用，因為蛇替代了陰莖，而陰莖的空缺正是恐懼的根源。這也確認了一條技術性的規則，根據這條規則，陰莖象徵的增加其實就意味著陰莖閹割。（*SE*, XVIII, 273）

因此，陰部（cunt）很狡猾（cunning），也比看上去更加複雜（或者我們更有理由說：比看上去更少）。對佛洛伊德來說，美杜莎頭部所象徵的女性生殖器神話，是一個關於數字的議題。就像他在上述那個卓越又隨意的評論中所說的：「陰莖象徵的增加其實就意味著陰莖閹割。」這裡指出了一個原則：在陽具崇拜的相關物件中，太多就代表了減少。佛洛伊德曾在討論中，提及盲目的「神祕性」（The Uncanny）就是閹割恐懼（其中會出現單眼盲目與多眼盲目的交替情況）。同時他也提到，夢的語言同樣「喜歡用生殖器象徵的大量增加來表示閹割」。（*SE*, XVII, 235）[31]這反過來又回應了佛洛伊德自己在《夢的解析》當中的看法：「如果夢中某個普通的陰莖象徵出現了很多次，這就代表了閹割的開始。」（*SE*, V, 357）「夢境中呈現閹割的常見方式，就是呈現兩個陰莖象徵，其中存在一種反抗且對立的願望。」（*SE*, V, 412）所以，從女性生殖器隱藏在頭髮之後的討論（這也可能代表它們實際上沒什麼好隱藏的），可能造成我們無法輕易判定出陰莖是否存在。關於陰部的難題，就是如何數出它的數量，是單數形式（譬如陰道）還是複數形式（譬如大小陰唇）。史崔奇所翻譯的「陰莖象徵的增加」，其原文是「Vervielfältigung der Penissymbole」。[32]這裡的「falt」表示「折疊」（fold），這有看似簡單本身卻仍然複雜的意思（在拉丁語中，「simplex」的意思不是完全沒有折疊，而是只有一個折疊）。「falt」的同根字還有「field」（也可作「fold」，例如「sheepfold」）。而「sheepfold」的意思是指某塊圍起的土地，但它既寬廣又有明確界線。

奇怪的是，傳統上類似的陰莖與睪丸意象，卻幾乎沒有產生同樣的數字難題。然而，數字的振盪存在於對閹割意義的不確定性當中。閹割一詞可以用來指各式各樣的切除，包括農業飼養中的切除（譬如從蜂窩中取出一部分蜂蜜）、園藝上的修剪，甚至是文學上的刪除，但是它的根本意義就是切除睪丸。在精神分析學中，對睪丸喪失的恐懼被轉移到對陰莖喪失的恐懼，最終這樣的恐懼固定在陰莖上，這是一種「從少增多」（Vervielfältigung/makingmany）過程的倒置。這裡的邏輯是，在解剖學上的兩種多樣形式中，女性和男性生殖器在任何情況下都可以被理解為解剖學上的重新折疊或複製。其中一種形式暗示著不可思議的複雜性，而另一種形式則代表（或是假裝）著唯一性。在這兩種情況下，身體的「在場—空缺」以及「知識—無知」的連結之間，存在著一種同源性（homology）。

關於美杜莎的頭，我們看到了一個揭露與隱藏的遊戲，這對應了在許多委婉語中類似的揭露與隱藏遊戲。畢竟在那些委婉語中，「陰部」（cunt）這個詞彙一直以來都是若隱若現的。這也許包括喬叟使用的「queynt」一字。有些人把這個詞彙的出現，看作是對「陰部」這個詞彙在禮貌或委婉用法中所產生的一種輕微的不安。這樣的不安也延伸到了「摸陰巷」，讓這個名稱在表面上演化出許多更文雅的版本。譬如在英國城鎮中的「葡萄巷」（Grape Lane）和「果園通道」（Grove Passage）。*這種不安還存在於其他其實不太猥褻的詞彙當中，譬如之前提到的「狡猾的特技表演」、「絕色美女」或是「那個C開頭的字」。於是只有透過謠傳，才能知道「那個C開頭的字」是指什麼。[33]觀看、認知與言說，在這裡構成了一種替代的多樣性。喬伊斯在《芬尼根守靈》（*Finnegans Wake*）的「安娜・利維婭・普羅拉貝爾詩組」當中，兩名洗衣女在利菲河對岸展開了一段對話。這段對話以許多河流般的聲音展開，而對話的開頭是這樣的：「拜託，你知道，別說你不知道（don't you kennet），我不是告訴過你，每一個故事都有一個結局，那就是他和她的結局。」[34]肯尼特河（Kennet，目前我們可以假定其命名是來自於許多關於「水道」的詞彙）與古英語和蘇格蘭方言中的

「kenning」一字（意思是「知道」）一起流淌，就像河流在順流和逆流中流動一樣；「默伊的想法在卡爾林（Cullin）、康恩（Conn）、孔恩（Cunn）與科林（Collin）之間徘徊。」喬伊斯又寫道。他這裡在玩「山丘」（hill/col）與「水道」（channel/cunny）兩個詞彙，也在玩法語中的「cul」以及「con」等字。[35]在《芬尼根守靈》的前面段落中，喬伊斯以嘲弄術語的方式描述了一種耳朵形狀的無線電設備，書中叫作「和聲冷凝器」。在此他喚起了另一種複雜的解剖迴旋。喬伊斯寫道，「和聲冷凝器」是「由彎曲且奇形怪狀的管道所調節」，它也是「一個肉質的海螺，能夠壓縮所有雜七雜八的聲音」。[36]「陰部」這個詞彙就像喬伊斯筆下的河流，在流向大海的過程中擴展成一個複雜的三角洲。這個詞彙的歷史滲透出了知識與無知、智慧與愚蠢、顯現與隱藏、言說與不言等想法。

近年來，我們可以看到有些人努力在改造或重新定位「陰部」（cunt）一詞的價值，他們想強調這個詞彙的豐饒創造力而不是暴力。譬如伊芙・恩斯勒（Eve Ensler）一九九五年的作品《陰道獨白》（*The Vagina Monologues*）就是其中之一。這種改造似乎隱含了一種幻想，幻想將這個詞彙提升到有益且光明的知識層次，不受任何敵意和恐懼的侵犯。但是，消除「陰部」一詞的過去意涵，也會去除它一切讓人陶醉的力量（不管是正面還是負面）。即使在改造過後、淨化過後的快樂模式之中，這個詞彙本質上仍然是關於身體的詞彙。但它指的

---

* 譯註：這些名稱是利用「grope」與「grape」或「grove」的近似拼音所做的文雅改寫。

不完全是感覺，也不完全是理智；不完全是純粹的存在，也不完全是純粹的知識。這個詞彙的意義似乎充滿著肉體性，隨時準備在純粹的感覺世界中吞沒自己。然而，它也不讓肉體的存在迫近，它仍然象徵著可知、可說的事物。就某種意義上來說，「陰部」一詞指的是一種純粹、野獸般的無知或身體的虛無。在這一點上，它指的是一種肉體的空洞、一種從肉體中挖出的空間。這個空間既是身體的祕密洞穴，也是身體的空洞本質。同時，「陰部」是未知的、隱蔽的、無法描述的，而且錯綜複雜到難以形容。女性生殖器是一種有「空缺」意涵的器官，它中斷了知識，因為一直以來我們不能也不應該理解它。但是這是一種特別的無知，因為在這種無知之中仍然有所謂的知道自己不知道的認知。在這樣的退縮之中，這個詞彙似乎同時要求自己能夠被顯現出來，也要求自己能夠被知道。

易受騙的人

就像在「陰部」一詞的歷史發展中我們看到的那樣，「知道」與「命名」兩者之間有著緊密的連結。許多表示愚蠢的詞彙都可以歸類到兩種區分：一種是來自日耳曼語中表示物質基本狀態的詞彙，通常有點土里土氣；另一種則是來自仿拉丁語（或說損壞的拉丁語）中複雜精緻的詞彙。以直接的方式去理解一些譬如「易受騙者」（nincompoop）和「無知者」（ignoramus）等這種侮辱性的詞彙，其實聽起來就像在利用很有學問的術語來嘲弄對方。但通常被侮辱的目標族群不太可能理解這樣的詞彙，所以是以此來強調對方的無知程度。然而，使用像這樣的術語，在某種程度上也是對自己使用術語的行為產生嘲弄，也許代表一種模仿、一種外行人的拙劣模仿。這樣一來就會削弱這個單字在智性或精神上的力量，最後讓它變成純粹的聲音。「無知者」（ignoramus）一詞源自大陪審團所做出的法律判決。當大陪審團發現起訴書中的證據不足以支持小陪審團的判決時，會將起訴書退回，並在上頭寫上「ignoramus」，用來表示「我們不知道」或「我們不認可」。所以，交還或退回一個無知的判決（ignoramus），在之後就衍生成表示一個人對某件事的無知。「無知者」這個詞彙還曾被用來諷刺愚昧的律師，最後才開始被普遍用來表示無知或愚蠢的人。[37]例如在一六一五年約翰．史帝芬斯（John Stephens）的《為普通法與律師辯護的諷刺作品》（*Satyre in Defence of Common Law and Lawyers*）一書中，以及在喬治．拉格（George Ruggle）的戲劇《無知者》（*Ignoramus*）中，都可以看到類似的用法（此劇在一六一五年首次用拉丁語演出，羅伯特．柯德林頓〔Robert Codrington〕在一六六二年將此劇翻譯成英語）。

在這一點上，「無知者」（ignoramus）一詞跟隨了「愚人」（dunce）一詞的腳步。後者的起源並不單純是拉丁語，但的確是來自學術用語，且與英國宗教改革的歷史有關。「愚人」是用來表示聖方濟會約翰．鄧斯．司科脫斯（Franciscan John Duns Scotus，也被稱為斯伯第里斯博士〔Doctor Subtilis〕）的信徒。鄧斯是十三世紀後期最令人敬畏且最有影響力的宗教哲學家之一。就如同理察．特倫奇（Richard Chevenix Trench）曾解釋道，提到鄧斯的信徒，原來會想到高度抽象、細緻、吹毛求疵和邏輯性強的思考模式，但後來開始轉變。於是「鄧斯」（Duns）這個名字就被當作語意轉變的試金石：

很多時候，信徒們會訴諸這位偉大的博士（大家通常稱呼他為「鄧斯」）來鞏固自己的立場；但那些拒絕接受這種權威的人會輕蔑地回應「哦，你是一個鄧斯信徒（Dunsman）」，或者用更簡單的說法，「你是一個鄧斯（Duns）」，又或者「這裡有個鄧斯人（dunsery）」。後來由於新的學問不斷出現，也吸收更多時代的天才和他們的學識，所以「鄧斯」的頭銜漸漸變成一個貶義詞。[38]

威廉・廷代爾（William Tyndale）那時可能就已經開始流行使用「愚人」（dunce）一詞，來形容強詞奪理的詭辯家：

就像猶太人編寫了一本叫作《塔木德》（Talmud）的傳統書籍，來摧毀聖經的意義；他們信仰這本書，而不信仰聖經。儘管聖經寫的淺顯易懂，但《塔木德》卻說要拯救經文的真義，因為他們說聖經難以理解，「即便如此，也要追隨鄧斯、湯瑪斯與千位類似的學者，建立扭曲經文的謊言」；有人說沒有他們的《塔木德》就無法理解經文，雖然說經文寫得淺顯易懂。[39]

湯瑪斯．布朗特的《術語詞彙字典》（*Glossographia*）將「信仰猶太法教義者」（Rabbinist）定義為「從事研究的人，或者狡猾的猶太法作者；有時用來指愚人（dunce）」。[40]所以「愚人」（dunce）指的不是不懂任何基本概念的人，而是指不理解某些想法是基本概念的人。「愚人」並不完全是「無知者」（ignoramus），或更確切地說至少在某些方面是如此。在鄧恩的〈愚人的真實性格〉中，他描述愚人不是缺乏知識，而是對他可能擁有的知識缺乏理解：

愚人是上帝創造出來最沒有優點的生物之一；他無法正確使用自己的能力，大概只適合裝在貨車裡或是去揮舞連枷，但他又會不小心被捲入書堆之中；這樣的人無法告訴別人自己的長處，他大概只能到處移動填滿房間，或是作為活的工具，讓他人雇用做些基本的工作；或者他會擔任一個更聰明的人的搭檔，或者為聰明的人服務（有人說怪物也會這麼做）；他的存在只是為了展現大自然的多樣性，或是用來點綴一下這個世界；他所說出來的話，都是某本書或某群人對他說過的話，當中絲毫不會有任何改變，因為他很少自己思考；你可以從他的談話中知道他最後到了什麼地方，因為他昨天讀到或聽到的事物，他會從記憶或筆記本中提取出來；但他沒辦法運用他的理解力，因為理解力在他身上從來不存在。[41]

在馬羅的《浮士德博士》開頭，兩個學者天真地詢問浮士德的下落，卻被他的僕人華格納嘲笑。華格納藉由一連串巧妙的推託和挑剔，最後說道：「如果你們不是笨蛋的話，就不會問我這樣的問題。難道他生下來沒有身體嗎？他不會移動嗎？如果是這樣，你為什麼還要問我這樣的問題呢？」[42]這段話可能表示浮士德在他自己的野心和逾矩行為上，也是一個笨蛋。因為他的悲劇不在於「他生下來就是個笨蛋，而在於他那麼努力學習，就只是為了成為一個笨蛋」。[43]於是「愚人」是指有假學問的笨蛋，而不是一個直截了當又誠實的白癡。這個想法也讓波普的整部尖銳諷刺史詩《杜西亞人》（*Dunciad*）充滿了活力。

愚人帽（dunce cap）是一種專門在學校中會使用的羞辱方式。有時會與傳統上表示笨蛋的驢耳朵造型一起使用。鄧斯（Duns）本人喜歡戴這種帽子。有些人認為愚人帽的圓錐尖頂是源自於巫師帽，根據《芝加哥讀者報》（*Chicago Reader*）的問答專欄所述，鄧斯之所以喜歡這種帽子，是因為「他發現巫師們據說都戴著這種帽子；尖頂被認為是知識的象徵，而這種帽子就像是知識的『漏斗』，將知識傳給戴帽子的人」。[44]但漏斗的譬喻，卻讓這個解釋變得有點令人困惑，因為漏斗通常是反過來作用的。當然，把圓錐形的尖端放在頂部是比較好，就像一個無線電天線而不是避雷針？但朝向頂點聚集的入口又會在哪呢？

人類社會中還存在許多其他類型的尖頂帽。尖頂帽通常被當作卓越或地位顯赫的象徵。

這就像中世紀法國婦女的圓錐帽（hennin，雖然說圓錐帽有時也有挑釁的意味），又或者像普魯士的軍隊頭飾。後來也能在英國員警的頭盔上看到類似的頭飾。關於帽子（尤其是大型帽子）討論的重點在於，因為它們很容易脫落、很容易被風吹走，甚至很容易被人坐上去，所以我們可以說它們所象徵的權威也很脆弱。因此帽子很容易用來象徵人類智力的脆弱性。這樣的象徵尤其可以在小丑的帽子玩笑中看到。而小丑的玩笑似乎也意味著某種玩弄腦袋的方式。貝克特在《等待果陀》（*Waiting for Godot*）一劇中，也用了一段帽子交換的戲碼來戲謔和強化這種玩笑。在一七八三年，詹姆斯．吉爾雷（James Gillray）創作了諷刺版畫《阿波羅與繆斯在帕納塞斯山折磨帕波索》（*Apollo and the Muses Inflicting Penance on Dr Pomposo Round Parnassus*）。畫中正在悔過的笨蛋其實是指塞繆爾．約翰遜。約翰遜因為把了不起的文學，化約成枯燥的文學批評而受到指責。於是約翰遜舉著一塊牌子，上面寫著他被懲罰的理由：「因為我不經思考就批評，而誹謗了我永遠無法模仿的天才。」約翰遜就戴著一頂金字塔形狀（而非圓錐形狀）的傻瓜帽，上面刻著他批評過的詩人名字（其中有些詩人到了現在已經不再有名了）：米爾頓、奧特威（Otway）、沃勒（Waller）、格雷（Gray）、申斯頓（Shenston）、利特爾頓（Lyttelton）、蓋伊（Gay）、丹曼（Denman）、柯林斯。

從「愚人」（dunce）相關的歷史中，我們可以看到這個詞彙的語意從指稱「荒謬的假精明」慢慢貶低到指稱「可恥的愚蠢」。「愚人帽」這個名稱最早出現在狄更斯一八四一年的《老古玩店》（*The Old Curiosity Shop*）一書中（雖然這種帽子更早就有在圖畫中出現了）。愚人帽這個詞彙可能是由逆生構詞法（back-formation）創造。就像很多學術圖像學一樣，這個詞彙屬於某種視覺詞彙，其語意代表的是後來的人想像過去的不同方式。[45]當加州理工學院的一群生物學家將有學習缺陷的黑腹果蠅命名為「愚人」（dunce）時，這個詞彙就已經沒有任何「精明」的意味了。當時生物學家發現，這種果蠅無法學會將特殊的氣味與電擊連結起來，但這是普通果蠅都能做到的事。[46]後來其他顯現出同樣學習障礙的變種果蠅，也被無情地稱作「蘿蔔」（turnip）、「大頭菜」（rutabaga）或者「瑞典人」（swede）。[47]

所以，人們重視因智力而得到的讚美或好處，也將這些好處提升成為一種必要的需求。如果一個人要被看作是人，那麼他就必須滿足這種需求。「智力是一種道德特質。」阿多諾（Adorno）在《最低限度的道德》（*Minima Moralia*）一書中寫道。[48]提出這樣的看法，也就是在強調知識的同時，取得並行使一種強制力量，同時由此產生一種排斥無知的力量。求知的意志，比起成為應該知道某些事但卻不知道的人來說更有價值。求知是一種渴望，渴望用特別的詞彙來命名那些無知的人，同時繼續討厭他們。

內部知識

針對無知的人最常見的辱罵詞就是「愚蠢」（stupid）。但事實上，我們可以有效做出「愚蠢的人」和「無知的人」的區分。雖然無知也有分有意或無意，但是我們完全有可能在某些情況下不去責備無知的人。相反地，對愚蠢的指責則總是隱含「愚蠢的人冒犯了社會」這種觀點（而且愚蠢的人必須對冒犯的後果負起責任）。愚蠢的人不必然是不聰明，甚至通常都不會不聰明。人們更常認為愚蠢的人是傲慢又不知悔改。此外有些人可能會說：愚蠢的人應該可以了解更多一點才對。這句話代表事實上愚蠢的人並不一定是缺乏知識，而只是沒有必要的理解能力來正確詮釋或應用他們的知識。所以，愚蠢雖然是一種缺陷，但不是缺乏知識。

人類賦予自己「智人」（sapiens）的榮譽頭銜，這也讓人們因此充滿好奇心地談論無知，但也對無知產生了嫌惡。人類對那些無知的人感到好奇。在每個時代中，許多人似乎都對傻瓜或白癡抱持一種輕蔑的態度。但是這種輕蔑卻也常常和迷戀有關，就好像人們懷疑傻瓜或白癡也可能擁有某種隱藏的智慧，或者懷疑他們其實擁有某種無知的力量。我們也許可以說，有一些神祕或不完全可知的事物存在於那些無知的人身上。既然愚蠢的性質代表著一個人不完全是人類，所以我們可以看到許多「低智商」與「動物形象」之間的連結：雞腦，兔腦，笨驢，呆鵝，呆頭鵝，糊塗蟲。其他一些與白癡或愚蠢有關的詞彙，也隱含了怪異的意思。「畸形兒」（oaf，為「aufe」和「ouphe」的變體）一詞指的是精靈的後代，或妖精遺留下來的醜小孩；或是指畸形、笨拙、愚蠢的孩子；或是泛指傻瓜。一六九九年的一本專有名詞字典將「oaf」定義為「假聰明」（wise-acre）、「傻子」或「蠢蛋」。其中「假聰明」一詞與中古荷蘭語的「wijssegher」是同源詞，背後的含義是「輕視假裝聰明的人」。[49]

我們可以在一些類似於「無知論」（agnoiology）這樣的新造詞彙中，觀察到認知狀態與無知狀態之間的糾葛。「無知論」指的是：研究什麼是人無法知道的事物。蘇格蘭唯心論哲學家詹姆斯・費瑞厄（James Frederick Ferrier）在一八五四年創造了這個詞彙，他寫道：

直到今天，理性、有系統性的本體論仍然是哲學中的必要之物，這是因為我們還沒有發展出一套理性、有系統性的無知論……擺脫這種困境的唯一方法，就是充分承認我們的無知，然後對無知的性質和特徵進行徹底的研究。50

費瑞厄認為，之所以能對某件事情無知，就是那件事情原則上有可能讓人知道。如此一來，人類與其他動物的不同之處就在於，人知道自己不可能知道那些實際上不可理解或自相矛盾的事情。因此，無知是一種榮耀，而不是羞辱。無知也是一種抱負，而這樣的抱負可以體現在一個關於海洋的卓越譬喻之中——

無知論貫徹並且完成了知識論的工作。在知識論中，我們只觀察到必然真理的背部（或者我們可以說它的「背鰭」）。但在無知論中，我們還可以從下方或是各種面向去觀察真理。藉由研究無知，我們能仔細研究真理，讓它顯露出陰暗的身體以及閃閃發光的腹部。這就像賀拉斯詩中的水手在凝視著海怪一般。51

於是不意外地，無知的狀態開始擁有其獨特的魅力。甚至愚蠢也可能看起來近似於聖潔崇高，或接近一種赤裸裸的智慧。笨蛋是受眷顧（sely）、討人喜愛（selig）、快樂（happy）、賜福（blessed）、幸運（fortunate）或福氣（blissful）的人。在約翰・斯凱頓（John Skelton）一五二一年所寫的諷刺詩中，與作品同名的敘事者科林・克勞特（Colin Cloute）從無知者的角度擁護無知（甚至也可以說同時反對無知），他說：

談東談西，
他的頭如此肥大，
什麼也不懂
也不能深談他說的。
他咯吱咯吱地哀嚎，
他刺探，又偷窺，
他罵人時，喋喋不休，
他嘮叨時，口若懸河，
他會發出噹啷噹啷的聲音，
他會愛管閒事，又一知半解，
他會幸災樂禍，又愛奉承；

如果說他說話直接，
那麼其實是他缺乏腦袋，
他只是個傻瓜；
讓他去上學，
坐在三腳凳上，
好好讓他坐著，
畢竟他缺乏智慧；
如果他擊中了
自己頭上的釘子，
對他也沒什麼用；
他人會說，魔鬼死了，
魔鬼死了。[52]

當我在網路上搜尋「對無知的偏見」或是「對愚蠢的偏見」時發現，一頁又一頁的結果都在複誦反對「對無知的偏見」，但是卻沒有人表達出我在本章想提出的問題。這種缺乏可能說明了一個事實：對於無知的偏見，就像偏愛美感（剛好也是我們自以為知道的未知物）的偏見一樣邪惡（我幾乎要寫下「一樣白癡」）。因為偏見會在我們的日常思考不由自主地出現，以至於我們很難去反思。威廉・黑茲利特（William Hazlitt）曾說「偏見是無知之子」。若本能式地同意他看法的話，就似乎代表我們應該從原則上來反對無知（因為要反對偏見）。[53]這不必然代表我們應該對無知的人抱有偏見。但我們總有一種根深蒂固的習慣：把一種性質的所有者誤認為是性質本身。而我們很難抗拒這種習慣。後來我終於在網路上找到一篇文章，它似乎可以滿足我的需要。二〇一〇年邁克爾・迪肯（Michael Deacon）在《每日電訊報》（*Daily Telegraph*）上發表了一篇文章〈即使是傻瓜也有感覺，讓我們結束這種偏見〉（Even Stupid People Have Feelings – Let's End this Bigotry）。他說，大家很快就清楚地明白，無論是要求防止雇主歧視智商較低的求職者，或是要求國會應該實行配額制度來確保無知者的代表權，都會像是私底下諷刺的竊笑一般（就像斯威夫特（Jonathan Swift）所寫的《一個小小的建議》〔*A Modest Proposal*〕）。[54]的確，我們幾乎沒有辦法用不滑稽的方式來談論愚蠢。

知識最強大的功能之一是組成並維繫人類社群。在社會中作為一個孩子，一定得學習流行且大家認可的必要專業知識（無論是什麼類型的知識，譬如電影、流行音樂、時尚或體育活動）。而名人提供的八卦，讓全球媒體能推波助瀾支持幼稚主義。這些八卦的主要社會功能就只是為出名而出名，或者為了以某件事聞名而去做那些事。雖然我們會樂觀看待知識的力量，以為它能夠讓我們克服偏見並理解彼此，但是我們的共同知識也有一個扭曲的孿生兄弟，它會讓我們用蔑視的態度，去面對那些和我們有不一樣共同知識的人或是不屬於我方的人。人類往往透過知識的運用，來行使宗教包容與宗教排斥。因為宗教不僅僅是一種習慣而已，而是一種共同的信仰和教條、一種教導的結果、一種大家認為是「已知」的事物。在我的人生中，我的心中從來沒有存在過任何一秒的宗教信仰感。但我曾在宗教儀式中有長時間的沉浸式體驗，也曾在學校裡花時間祈禱、唱宗教歌曲，我一生都在教導文學作品，而這些作品的作者和讀者有一些都是基督徒。他們會用某種基督教思想來思考幾乎所有事情（譬如性、金錢、政治、健康、時尚、園藝等等）。透過這些經驗，我希望我能在有宗教信仰的人（當然有時我會懷疑他們的理智，而他們毫無疑問也有時會懷疑我的理智）面前表現得和藹可親。這樣一來，我就可以在上流社會的宴桌上扮演好自己的角色，而且幾乎不會有丟臉的風險。畢竟我經歷了很多，我知道什麼是有知識或沒知識的事。

幾乎所有國家裡都存在關於不同族群的笑話，常見的愚蠢嘲笑是針對愛爾蘭人、波蘭人、巴基斯坦人、女人或男人，也包括其他任何被排除在嘲笑者圈子外的群體。人類是透過認可（recognition）的過程，才真正成為人類並且保持這樣的狀態。他人的認可並不能確切定義我們，但認可是社會知覺的回響或回聲（就字面意義上來說）。透過社會認可，我們假設對方應該知道什麼、假設對方的身分（「假設」〔suppose〕與「讓對方服從」〔subject〕實際上是同個詞彙）。這就是為什麼我們經常使用像是「認可」和「承認」這樣的詞彙來描述團結效應。一個社群的共同之處，在於它共同的內部知識以及共同的外部未知知識。「認可」的想法有很強的正向聯想力量，這也許是因為「認可」往往代表接受別人對我們的要求。不過參與針對愚蠢的攻擊和訕笑也會有同樣的作用（尤其在面臨加入或離開社群的壓力之下）。我們經常會認為某人或某事滑稽可笑。這樣的行為，是透過社群建構的暗示來進行和延續。社群建構是一個建立知識的過程，它也會建立關於其他群體知識的內部知識，並將這些知識充當社群的堅實地基。如果沒有教育體系，那麼任何社會都不可能存在。同樣地，如果你不是某個社會裡的一分子，那麼你不可能學會任何事。「kin」一詞是「ken」的表兄弟。「kin」的意思是「知道」、「讓大家知道」或「認可」，但這個詞彙也可以指「懷孕」、「生產」或「生小孩」。知道一件事就是讓自己進入知識之中，而所有的知識都是一種「內部知識」。

這就是為什麼愚蠢和瘋狂在社會功能上扮演了一樣的角色（儘管在其他方面，理解混亂的人與理解有限的人兩者存在明顯不同）。這是因為一個無知者也很可能會擾亂社群的團結，而團結是維繫社群生存的關鍵。無知者同時體現了人類與無知兩種看似矛盾的特質。知識是成為人類的必要條件，也是我們八卦閒聊（法語：causer）的內容，知識能成為起因、起源或創新成因。知識能夠幫我們建立常識。「cause」和「case」兩個詞彙可能源自於拉丁語「cavere」的過去分詞，後者的意思是留意、注意、保持警惕或防禦。

傻

這可能也解釋了為什麼許多不同的聖愚者（holy fool）或藐視知識的無知者，其刻意自卑的行為會有如此強大（與矛盾）的影響力。聖愚者的概念和基督教特別會連結在一起。當時基督教的興起，就是在回應強大而普遍的希臘羅馬與猶太文化中的制度化知識。雖然神聖的上帝會出現在神殿裡的高層辯論之中，但基督教的真正力量卻生根於不受文字約束的幼稚和簡單行為之中。聖愚者似乎就是從許多隱士和苦行僧當中出現的。而隱士和苦行僧是從宗教社群中退隱的一群人，過著禁欲而簡樸的生活。從中世紀到宗教改革時期，聖愚者的傳統一直在基督教中維持著強大的影響力。而時至今日在基督教的東方傳統中（尤其是在俄羅斯），聖愚者仍然是強而有力的存在。這是一個相當冒險的策略，但在某些情況下，「神聖的愚蠢」可以建構出一個基於知識上異議、而非知識上一致性的替代共同體。約翰・薩沃德（John Saward）認為：

> 苦行表達了一種想要「忘記時代情感」的渴望，想要重塑自己的身體、思想和精神，在上帝的注視下將自己轉變為永不妥協、真正的新人類。聖愚者的天職，似乎就是把他的教友們也召回來從事他們的天職，讓他們不相容於當今世界所流行的智慧。[55]

現今的社會中，一群看似白癡的人（或有白癡行為的人）操縱著政治，讓政治變得愚蠢。這時我們會感到驚訝和沮喪。但是這或許告訴了我們，每一個白癡都有能力從事政治活動，並因此能形成一個政體，所以政治上當然可以存在所謂的「白癡政體」。白癡政體為了認真從事政治，本身也會有政治上的策略甚至惡意。簡而言之，這種政體必須像是「擬似愚蠢」（simulated folly）。（*PF*,20）

在那些更依賴知識而非權力或傳統的社會中，「聖愚現象」被賦予了特殊的力量。由於人類社會是透過交流溝通所組成，而交流的過程就需要付出相當多的認知成本。因此當社會愈龐大、愈複雜，就需要愈多的智慧（無論是個人的智慧，還是在交流紀錄中的眾人智慧）來管理和優化相互矛盾的利益。在這樣的社會中，工具理性和計算理性能創造長期穩定的發展，兩者也因此變得比魅力型理性（charismatic reason）來得更重要（後者是由熱情驅動，並與社會上的衝突和動盪相關）。宗教的制度化也是這種理性化發展的重要部分。約翰・薩沃德指出：「在政治平靜時期，也就是教會適應政治現狀的時期，聖愚者最常出沒。」（*PF*, 28）這種理性化發展，容易增加「魅力型理性」反抗「計算理性」的機會。這是因為那些忽視或拒絕文明發展的人，其消極力量將會在這種條件下大幅增加，並且很容易將力量聚集起來，成為另一種新型積極力量的源頭。理性化的複雜發展會增加人們在社會、經濟和情感上的過剩資源，最後可能會讓社會關係增加許多不可預測性。因此上述適度的理性發展，就讓聖愚者獲得了以前未曾有過的力量。

與聖愚者有關的文獻總是強調簡單而非世故，強調智慧而非學問。聖愚者並不反對知識本身，而是反對人們小心翼翼地連結「知識」以及「世俗意義上的自我保護」——

關於生命的訊息，福音中講述到自我犧牲和死亡。這與當今世界的假設格格不入。當今世界的生命是活在肉體的法則之中，並在任何可能之處努力保護自己。世界相信權力和榮耀來自於謹慎的自我保護。於是這個世界無法理解「十字架」這個詞彙，無法理解「釘在十字架上的基督智慧」，因此認為這些都是「精神錯亂」（mōria，〈哥林多前書〉第一章第十八節以下）。（*PF*,3）

「魅力型愚蠢」的另一個重要條件是符號與傳播媒體的必然成長，後者也是社會理性化發展的一部分。傳播媒體通常是在文明發展後期出現，這個時期的特徵是社會有中央集權的官僚以及不斷增加的經濟系統。傳播媒體的用處，主要是讓人們理解理性行為的本質，同時讓人們對於理性行為產生同質化的理解。但是我們也必須將社會的理性化過程，理解成社會傳播中的一種多樣化整合。所謂的「愚人」一定不只是一個野人或瘋子，後者的存在完全不能被社會秩序同化。相反地，愚人必須能夠實際存在於一個可辨認的類別之中，或者我們可以說那是「沒有類別的類別」（the category of the non-categorial）。作為一個已知的未知事物，愚人的無知必須變得愈來愈容易理解。聖愚者的表現總是明顯類似於一種無知與智慧的綜合體。畢竟有時他們仍會以堅定的決心，保有他們對福音正統信仰的祕密。

這些聖愚者也就是「基督徒中的傻瓜」。這句話是使徒保羅為哥林多人（Corinthians）所寫的第一封信中提到的，後來被用來理解或管制聖愚者。有時這句話也被解釋為「為了基督而存在的傻瓜」。雖然說這是在擅自解讀保羅所使用的希臘語：「μωροὶ διὰ Χριστόν, moroi dia Christon」（〈哥林多前書〉第四章第十節）。在這裡「dia」表示「透過」或「藉由」之意。但這可能代表說基督所忍受的嘲弄和羞辱，禁止一切愚蠢的模仿。或者，另一種暗示是，透過基督的榜樣或行為，愚蠢能夠獲得轉化或精神提升。無論如何在上述任一情況下，愚蠢都暗示了某種不合邏輯的理性。白癡學（morosophy）在過去可以指聰明的愚蠢，也可以指關於愚蠢的哲學；又或者，我們可以提起一個更罕見的十七世紀詞彙，這個詞彙似乎比較常在字典中出現，而非在日常生活中出現：愚蠢學（morology）。因此，雖然說聖愚者對於社群的紐帶連結存有明顯的敵意，但聖愚者的行為必須被看作是一種社會交流，或者一種社會意義的創造——

> 聖愚者的意義，總是取決於他與特定群體之間的關係。的確，後來一些聖愚者離開了他們的修道院社群，但卻在城市的更大社群中扮演愚人。在上述任一種情況下，聖愚者都是一種社會表現。（*PF*,17）

聖愚者追求的是簡單的超脫，但這種超脫要有意義，就必須脫離一個人際連結和交流愈來愈多的世界。聖愚者的行動就是自身的標誌，而他的行動愈瘋狂、愈遠離肉體，就愈具有象徵意義。最後，超脫於世界的行動必然會回歸到現實世界，因為現實世界必須擴大，才能去關注和包容聖愚者的世界。這樣一來，反智愚人的同質性受到許多異質壓力的影響而複雜化。唯一不變的聖愚形式是（也就是說，完整且不自相矛盾的形式），不僅要對世俗的事物漠不關心，也要對神聖的事物漠不關心。畢竟這才能讓聖愚者的行為擁有理性、有包容性的框架。薩沃德就認同這種雙重思想（doublethink）：他堅持認為「為區分出真正的愚蠢和錯誤的愚蠢、真正的智慧和錯誤的智慧，我們必須提供精確的『理性』標準」。（*PF*,73）他相信這個說法的合理性，但是卻沒有注意到這一切必然會引起的悖論。拒絕接受世俗世界是沒有意義的。例如，這樣的拒絕並不能解釋為何當福音愈有說服力，它就愈可能擴大信仰。也許可以說，正因為聖愚者的不入世，上帝智慧才必須以更世俗的方式出現。只要善良、真理、正義、仁慈、愛和信仰是這個世界的全部，思想正確的世俗之人就會繼續唾棄聖愚者。只有在上帝的良善仍然不為人所知、世界仍然不完全虔誠的情況下，聖愚者的智慧才能成功。

這也就等於讓人放棄了各種各樣的機會，讓具有情感的人可以透過貶低自己來獲得受虐的滿足：例如睡在溝裡、脖子上掛著死狗、舔麻風病人的瘡等等。這是聖愚者另一種被掩飾的複雜性，當代聰明的反對聖愚人士不會忽視這樣的特質。聖愚者的狂熱，本質上是一種拒絕複雜性的行為，而不是一種針對自己的複雜反諷。聖愚者總是不斷以自我否定的方式，來證明這一個事實。就像彼德．斯洛特戴克所指出的，一神論的狂熱是試圖超越上帝、讓歷史倒流，並改正上帝創造世界時犯下的錯誤。[56]但「狂熱」一詞來自希臘語「ζῆλος」和拉丁語

「zelos」，意思是嫉妒或競爭，也代表一種「競爭式的比較」。聖愚者的單純，總是讓大家以為他們幾乎沒有從事任何的欺騙。這假設了一種情況：從受汙染的複雜世界回到小孩的狀態或白癡的狀態（白癡的希臘語是「ἰδιώτης」，而拉丁語是「idiotes」。就像之前提到的，這個詞彙有「個人」之意，或是有與公領域相對的「私領域」之意。此外這個詞彙的詞根來自於「it」，代表純粹、無變動的事物本身）。但這種「回到基礎」的特質，永遠是一種加了知識的混合物。想減去複雜性，本身就代表了某種知識意涵。聖愚者的獨特性總是生產了某些知識。

這種充滿矛盾且無法達成的無知之知，在宗教時代之後依然存在，並且在後來的時代中，以驚人的相似形式重新出現。人們依然表達出對於無知的野心。在浪漫時期，一七九八年華茲華斯（William Wordsworth）的〈白癡男孩〉（The Idiot Boy）一詩中，就頌讚天真爛漫、溫柔得像孩子一般的白癡。他還在白癡身上的精神無能之中，看到了他在自然世界中自由享受幸福的能力。這種信念體現在這首詩本身的悠哉韻律，以及無知性的歌唱愉悅之中。詩中的白癡「強尼」（Johnny）口齒不清，而這首詩還強調了他說話的含糊：「小貓頭鷹在叫，小貓頭鷹在叫，強尼的嘴唇也在叫叫叫／他走到月亮下。」[57]這首詩在描述一個無足輕重的故事，因為讀完故事之後，我們會發現詩中的故事本身，並不像詩中音樂與感官上的動物性愉悅一般如此重要。在故事中，蘇珊．蓋爾（Susan Gale）和她的朋友貝蒂（Betty）一樣，愈來愈擔心強尼與他的小馬（貝蒂和強尼一樣心地善良，但也像強尼一樣相當不可靠）。因為擔心，所以蘇珊隨時都會從床上跳起來，「就像被施了魔法一樣」。[58]這首詩將約翰嘟囔的「結巴」（burring）對比了貝蒂在尋找他時所表現出的「驚慌」（flurry）和匆忙（hurry）。在此這首詩給我們的選擇似乎是要嘛「機靈」的理解（關心故事），要嘛享受「愉悅」，後者就是一遍又一遍體會「男孩」（boy）與「福伊」（Foy）兩詞彙之間的押韻（「福伊」是貝蒂的姓，是信仰〔faith〕與愚蠢〔foolishness〕的合成字）。這首詩的結尾在押韻中詮釋了理性的消亡：強尼結結巴巴回答了貝蒂他整晚都在做什麼。「（讓我告訴你強尼的原話）／公雞雞啼，咕咕咕／太陽的照耀好寒冷。」[59]這首詩所有的情感效果，當然都取決於未受汙染的純潔與無知。但是這首詩似乎也不經意地表明，這種純潔與無知是不可能存在的，即使這首詩已經盡可能隱藏在第一部分中，貓頭鷹鳴叫的傳統詩歌形式「吐呼」（to-whit）。這種形式最早在一五九四年的一首歌曲〈吐呼或呼呼，貓頭鷹確實在哭泣〉（To whit to whoo, the Owle does cry）中出現。此歌曲來自約翰·萊利（John Lyly）的喜劇《幫彼媽媽》（*Mother Bombie*）中。[60]當鳥鳴作為一種展現無知的知識表演時，鳥鳴聲的表達中就不可能完全缺乏知識。

在世界各地的教育系統中，經濟和文化的中心地位日益提高，而技術性和專業知識的影響力也不斷增強。這樣的情況導致了針對知識權威的反對運動。有時聖愚者的形象就會在這樣的運動中重新浮現。就如同聖愚者對於知識的畏懼是從宗教界中出現一般，同樣地，針對知識統治制度（epistemocracy）或學術知識權威的反對運動，也是從學術界中出現（關於知識統治制度，我將在本書的最後一章加以描述）。尤其這些反對最常來自於那些受到技術性知識威脅最大的人文學科領域。白癡般的人物成為重要的主題。它除了被汙名化窮追不捨以外（例如在派翠克．麥克多納〔Patrick McDonagh〕的白癡文化史當中），也會成為一種反智魅力的主題。[61]然而，雖然在早期渴望超脫（transcendence）的浪漫時期中，人們著重白癡人物的單純而療癒特質，但是現代人們著重的特質卻是白癡人物與複雜性之間的關係。所以，就像馬丁．哈利維爾（Martin Halliwell）在他對現代白癡形象的研究中，所得出的結論：

> 如果白癡性質（idiocy）經常被想像成一種空虛的主體或貧乏的自我，那麼其實它也可以被當作是一種豐富的體驗。因為它能不受約束地存在著，而非謹守嚴格的身分界線。那種自由的存在無法用社會的偏見來界定，也無法被簡單的醫學標籤來歸類。[62]

於是我們可以說，白癡具有一種魔力。「魔力」（glamour）這個詞彙經歷了與「愚人」（dunce）一詞類似的訛誤。它的詞源是「語法」（grammar），後來變成「魔法」（gramarye）與「魔術」（grimoire）（指巫師手冊、神祕學或巫術），而後大部分歸功於沃爾特．斯科特的用法，這個詞彙變成了象徵「虛幻魔力」的詞彙。因此，這個詞彙重新調動了知識中的魔力，將神奇的力量賦予在任何反對知識的事物上。

關於愚蠢的幻想

吉內斯・格爾（Genese Grill）在讚揚羅伯特・穆西爾（Robert Musil）於一九三七年發表的〈論愚蠢〉（On Stupidity）時總結道：

> 有些人自認為早已知道一切，或是自豪地選擇安逸棲身在井然有序且充滿先入為主預設的制度之中。與這些人相比，我們會對另一種奇怪又混亂的狀態感到驚奇，因為在那樣的狀態中出現了有口吃或結巴的新世界預言家、出現了新語言和新傳統的先驅或不合時宜的愚蠢角色。[63]

的確，人類歷史中有許多創新的想法曾經被認為是愚蠢的，同時也有許多其他想法被認為是偏見或先入為主；而上述的說法聽起來更像後者，而非前者。畢竟，當我們遇到結巴的人時應該保持耐心和專注，但這不代表說每次遇到了結巴的人，都暗示著他的結巴代表了遠見卓識。

在過去兩百年裡，「愚蠢」（stupidity）一詞似乎逐漸取代了「笨蛋」（foolishness）和「白癡」（idiocy）兩個詞彙，穩步成為反智談話中的核心詞彙。但「愚蠢」一詞並沒有相對應可以用來描述愚蠢之人的常見名詞（曾經出現過幾個少見的名詞，例如「stupe」（出現於一七六三年），或是從逆生構詞法中的「a stupid」或「the stupids」，這點與後兩個詞彙明顯不同（後兩個詞彙有形容人的名詞，例如「fool」或「idiot」）。這個特徵讓「愚蠢」一詞因此有了普遍適用性（general applicability）上的優勢。但「愚蠢」一詞還有另一個優勢：它代表了一種活躍的詞彙概念複合體。當我們說一個人愚蠢，就是把他化約成一種無聲的物質狀態（這種化約也會出現在其他許多描述一個人不聰明的情況）。拉丁語中的「stupor」，原先指遲鈍、麻木或缺乏感覺的狀態。但是後來，「stupor」一詞卻不僅是指那些狀態，而還引伸為對於某些刺激的反應。一個人可能會因為昏昏欲睡而變得愚蠢，但他也可能會因為遭遇某些驚人（stupendous）的事而變得愚蠢。「驚人」（stupendous）的原始意思就是形容一件事會導致「驚呆」（stupor）狀態。這就是為什麼在一二五〇年馬修・帕里斯（Matthew Paris）的《大紀年》（*Chronica magna*）中，腓特烈二世會被稱為「令人驚呆的皇帝」（stupor mundi），或是「世界驚奇」（wonder of the world）。[64] 所以「驚呆」可以用來表示一種驚訝、像是震驚而被石化一樣。這個詞彙的概念，可能會讓人想起之前提及的佛洛伊德的評論：美杜莎的頭具有死亡與覺醒的兩面性，同時也能讓人感到石化般的震驚。

我們還不是很清楚「驚呆」（stupefy）相關詞族與拉丁語中「stuprum」一詞之間的關係，後者的意思是強暴、通姦或玷汙，同時也衍生出「stupre」和「stupration」等詞彙（兩詞彙的意思直到十七世紀時都還是強暴或強姦）。在法蘭西斯・范爾皮（Francis Edward J. Valpy）的《拉丁語詞源辭典》附錄中，他引用了斯卡利傑（J. J. Scaliger）的看法，認為

「stuprum」源自「stupeo」或句子「ut quod facit ut stupeamus」（就像那些讓我們驚呆的事物）。[65]阿爾弗雷德・埃努特（Alfred Ernout）與阿爾弗雷德・梅耶（Alfred Meillet）向他們的讀者保證（雖然他們沒有提供證據），「『stuprum』一詞肯定與『stupeo』屬於同一個詞根」。[66]或許這之間的聯繫概念是：被動但狂喜地「著迷」（rapt）。這裡的「rapt」是「rapere」的過去分詞，意思是抓住、狼吞虎嚥或強暴。

芙蘭納莉・歐康納（Flannery O'Connor）在她的評論中，為近期許多針對愚蠢的重新評價開了一扇新的門。她說：「有一種愚蠢是小說家必備的能力，那就是凝視，或是不急著立即抓住要點的能力。」[67]羅伯特・庫格爾曼（Robert Kugelmann）以他的熱情，放大了歐康納的想法。他解釋說詩人（庫格爾曼暗自將歐康納所指的小說家提升為詩人）會——

> 僅僅專注於事物的表象。當他開始凝視呈現在眼前的一切，並且感到吃驚時，想要超越眼前物質世界的欲望就不再發揮作用。如果他能在表象的泥淖裡待上夠長的時間，不去抽象化、不去分類眼前事物，那麼眼前事物的本質就會自己顯露出來。歐康納認為在這種狀態中，事物不僅會顯現其特殊性，同時詩人又會看到事物的普遍性：儘管詩人會感到吃驚而無法動彈，但是眼前的事物卻也因此能在詩人的內心深處產生回響。[68]

我發現自己很難理解要如何在不去歸類事物的同時，把事物的特殊性也當作普遍性。或許庫格爾曼會認真地要我去努力嘗試。但他接下來談到的那種「既自由又有回響」的方式，顯然是為了逃脫知識的束縛，也代表說這種愚蠢與普通的愚蠢不同。這種愚蠢是「愚蠢本身知道自己的愚蠢」。[69]所以這可能根本不像任何一種普通意義上的愚蠢，甚至可能與「聖愚者」的概念有某種親屬關係。這種想法就像其他很多本書提到的知識論態度和傾向一樣，是想要玩弄「愚蠢」的概念，讓這種「擬似愚蠢」與〈引言〉所提到的瑞恰慈詩意的「擬似知識」相符，也建立了將白癡看做神祕事物的浪漫幻想。如此一來，庫格爾曼認為我們可以達到欲望與知識交融的狀態——

愚蠢是一種追求純粹表象的運動，也是追求世界本質的運動。這樣的運動令人陶醉。愚蠢是對於世界的渴望，也是對於事物簡單存在的渴望。只要愚蠢是一種欲望，就代表說它是以某種難以言喻的方式「知道」自己的目標。它知道什麼是表象和實體。畢竟陷入泥淖也是有目標的行為，而這種「知道」儘管很愚蠢，卻反映了一種反思。[70]

庫格爾曼的描述並不是言之無物，雖然說他所描述的並不是表面上看起來的那樣。他在描述的是一種知識幻想的狀態、一種對知識的渴望。我們無法簡單知道「事物的簡單存在」，因為「簡單存在」本身就是一個複雜的概念，愚蠢的我們沒有能力了解；但我們知道對於「簡單存在」的渴望。我們很容易發現，藝術的實踐或是藝術家的態度，在維持這個融合了知識與無知的平靜白日夢之中，扮演著重要的角色。這是因為從十九世紀以來，「美感」（aesthetic）的一個重要功能就是容納並鼓勵這種無節制的幻想。這種幻想是想要達到某些神祕的知識狀態。

東尼・傑斯諾斯基（Tony Jasnowski）也跟隨了芙蘭納莉・歐康納的腳步。他認為作家有必要「超越邏輯與理性的安全領域，進入荒謬與愚蠢的危險領域」。[71]他心目中的愚蠢在狹義上被定義為「高尚」（virtuous）的愚蠢。他告訴我們，這是因為「高尚而愚蠢的行為，代表作家根據自己的信念時會不知道自己知道些什麼，然而實際上卻知道很多」。[72]這相當於「基督徒被稱呼的真實愚蠢」。[73]這樣的說法讓作家成為了一位聖愚者。雖然說事實上傑斯諾斯基的定義其實排除了大部分會被視為愚蠢的特質，而只是提出一個平淡無奇的建議：作家們最好相信自己的直覺，因為這樣通常能得到很好的結果。所以既然作家是否採用危險的寫作策略，與作家自己和讀者能看到的成果並沒有太大關係，那麼這種策略很可能就不像上面所說的那樣，是一場進入知識荒野的激動冒險。

娜塔莉・波拉德（Natalie Pollard）也用類似的方式讚揚了某些令人感到陌生或難以理解的詩的力量。這種力量會讓讀者產生一種驚呆、困惑或難以言喻的「麻痺化」（stupefaction）狀態——

無法抓住某種感覺，同時又無力放開。詩人、讀者、學者都著迷於（著迷地抓緊、握住、策馬向前靠近）愚蠢之中……當代詩中對於愚蠢的研究提醒了我們：藝術有能力俘虜我們，而參與和藝術的對抗時，我們需要許多的勇氣和智慧。[74]

這種需求和喜悅的混合體，聽起來確實相當激勵人心。無可否認地，波拉德所宣稱的這種可能性，的確有人一想到就會雀躍不已。但是我們仍然必須懷疑，現代詩的讀者（或任何作品的讀者）是否曾經真的有過類似的體會。相較於讀者因讀詩而感到困惑、不知所措、好奇或愉悅等這些其他有趣而熟悉的狀態，讀者其實很少真的體會到波拉德所描述的那種絕對沉浸的狀態。所以波拉德所描述的狀態，其實不是讀者的經驗，而是用來鼓勵讀者以特定方式談論他們所閱讀的事物。簡而言之，這是一種虛擬而非真實的經驗，是一種文學批評中「讓我們假裝知道」的知識夢想。

近幾十年來出現了許多推崇愚蠢的方式。但這都是因為人們對於理性有一種過於簡化的理解（也因此我們有時必須有意識地去懷疑這種簡化）。這種簡化的理解把理性（大寫的Reason）看成唯一、絕對、相當系統化且獨一無二的事物。同時這種看法還時常伴隨一種誇大的觀點，該觀點預設了「愚蠢」與這種假設存在的絕對理性之間，有一些特定的關係。我們當然有可能一直堅持絕對理性這樣的概念，但這卻不是普遍的看法。為了提供更好的理由

（reason），或者更「合理」（reasonable）的理由，一種更清醒、更靈活的觀點因而誕生。此觀點認為，「理性」包括了許許多多曾被認為是理性之外或愚蠢之內的事物。

為了打破或解除所謂的理性約束，阿維塔．羅內爾（Avital Ronell）對愚蠢的狀態提出了一個更加深入的說法。類似於之前提到的例子，她也分析了詩的寫作過程（在某種程度上也包括閱讀過程）。她說，詩的創作需要一種面對未知的勇氣——

詩意的勇氣，在於能欣然接受心靈衰弱所帶來的可怕疲憊，也在於能忍受近乎真實的愚蠢……詩人就像華茲華斯筆下的白癡男孩一樣，獲得了難以解釋的免疫與庇護，勇敢無畏地向前，冒險穿越了難以描述的安全地帶。從而在過程中遭遇最可怕的危險。75

這種勇氣指向了一種特殊的精神狀態，而羅內爾喜歡把這種狀態擬人化，成為一種無法完全掌握自己目的或創作的特殊之人——

在這些詩中，穿越危險地帶又冒著巨大風險（一種不知道也無法說明人將走向何方的風險）的態度所體現的，並不是某種變形的動作英雄（總是快速完成任務，又擁有確切目標）。這裡體現的是某種衰竭的人，因恐懼或冷漠（我們從來都不確定是哪一種）而退縮，一種從一開始就會因驚嚇而麻木、不完全存在的存在。沒有人能夠解釋在詩的起源過程中「不完全存在的存在」到底是缺少了什麼樣的事物。但詩人卻能以他們自己的方式，公開承認他們神祕的愚蠢經歷。（*SY*, 9）

我們無須否認有些詩人（或者或多或少某些詩人）認為，寫某些類型的詩有時需要一定程度難以下嚥的放肆。但是，我們也不應該武斷地說這樣的情況在所有詩的創作中都必然是真的或重要的（如果「詩人」這個豐富的詞彙真的有其意義的話）。詩人似乎不知道他們需要知道什麼（其實我們也不知道），因為詩人對自己的無知守口如瓶，甚至根據我們的推測，他自己也不知道自己的無知。在這樣的論述中，無知就像套索一樣被揮舞著。然而，「愚蠢是如此根本、普遍的內在之物……它先於主體的形成」。（*SY*, 11）羅內爾在書中寫下了很多精闢的見解，主要是關於知識的局限，以及寫作中所涉及的知識感覺論（epistemopathic）結構。例如她描述道，當我們在讀自己二十年前或二十分鐘前寫的事物時，會有一種羞恥與自戀愉悅交織的感受。（*SY*, 26）奇怪的是，對於知識極限的看法，書中所有這些真實、合理、不一致或斷斷續續（合理正是因為不一致和斷斷續續）的洞見，卻又用一種令人滿意的方式打包成一種叫作「愚蠢」的事物，或者我們可以叫它「永遠不讓人知道」（never-to-be-known）的精神狀態。這樣的狀態似乎眾所周知，而羅內爾也借用了一種貝克特式的說法寫道：

這是一種針對你心中寫作靈魂的無情攻擊。從荷德林（Hölderlin）到品瓊（Pynchon）的作品，再到你我的作品，都會產生一種來自某人或某物（這就是為什麼作品總是言之有物而不是言之無物）的毀滅性打擊。因為其中的內容雖然你看得到，但卻無法理解。接受打擊這件事本身其實已經超出了你的理解範圍。畢竟你不知道這種狀況是由誰來控制，也不知道你必須對誰說話，或者為什麼一定要這麼做。從貝克特的角度來說，除了默默前進以外，沒有什麼別的事好做。你無法繼續向前，但你仍然必須繼續向前。後者這種命令不會干擾愚蠢的浪潮，而是會坐上愚蠢浪潮的便車。我們都依賴著愚蠢，因為愚蠢會帶我們回到故鄉。（*SY*, 26）

透過一種很有價值、很有趣、甚至有時候很好笑的方式，羅內爾描述了當一個人無法掌控自己時的各種不同情況（尤其是寫作的情況）。她將形而上的可知性（metaphysical knowability）理解成一種愚蠢，但卻無法掌控這種情況下的愉悅與興奮（當然，她無法做到這一點的部分已然顯而易見）。她也提到自己寫這本書的衝動，是來自於學習太極拳時的挫折，以及聽到吉勒·德勒茲（Gilles Deleuze）去世消息的反應。德勒茲曾呼籲展開「一場質疑愚蠢之超驗原則的討論」。（*SY*, 32）的確，我們很難把那種神祕、無法形容、無所不在的力量，集中在一種笨拙、奇怪、混亂的感覺之中（譬如「當我們思考和寫作時，我們無法確定自己到底在做什麼」那樣的感覺）。在這過程中，羅內爾乘著愚蠢的浪潮，但甚至自己都沒有注意到它。這個浪潮是一種幻想的力量，一種對未知絕對狀態的幻想，而這種幻想已經聚集了好幾個世紀。不過無知中的心神貫注不是羅內爾關心的事。我們也無須指望她去注意這種狀態。我之所以提到，只是因為這是我所關注的事。

倪茜安（Sianne Ngai）提出了另一種愚蠢的形式：關於拯救與救贖的愚蠢。她稱此為「崇高愚蠢」（stuplimity），其定義如下：「一種驚奇與無聊矛盾地結合在一起的審美體驗，也因此，它會產生一連串的敬畏之心……但同時也有拒絕敬畏的感受。」[76]倪茜安認為，我們不應該在崇高愚蠢之中尋找超越世俗或理想化的經驗（畢竟它與「崇高」〔sublime〕不同）。這是因為「崇高愚蠢所依賴的是一種反靈光、反憤世嫉俗的無聊狀態，其甚至有時會故意冒著成為遲鈍狀態的風險，這與崇高的差別在於前者不會宣稱精神上的超越性或是諷刺的距離性」。[77]但是這種未決的狀態，卻似乎能強制我們行動。這就像在文化批評中提到的「抵抗」一樣隱含強制力。而這裡的抵抗，是與某種飄忽不定的不連貫立場有關。人們通常認為，這種飄忽不定的不連貫立場，會導致社會上各種話語機制失靈。[78]像葛楚・史坦（Gertrude Stein）和山繆・貝克特這樣的藝術家，「在抵抗周遭的體制時，都採納了這種『崇高愚蠢』的路線。他們的抵抗是來自於讓自己變得軟弱或失敗，或來自於在語言的碎片之中」。[79]羅內爾所推崇的這種破碎的抵抗（混雜著感傷的非抵抗），是一種簡樸貴族般的存在主義式愚蠢。這種愚蠢有一種勝過知識或概念的能力。因為它是「一種完全的感受性（receptivity）狀態。在這種狀態中，我們能在語言界定或概念化之前，就感受到（或甚至『感覺』到）不同物體之間的差異」。[80]雖然上述的情況我們可以想像，但我主張，這種概念化之前的「完全感受性」狀態事實上並不可能存在。

因為，愚蠢與麻痺狀態不同的是，麻痺可能由驚嚇、受傷、疲勞或藥物所引起，但愚蠢並不是人類自然所有的一種狀態（即使它可能只適用於人類），而是一種語言效果。愚蠢是一種特定侮辱行為所帶來的後果，我們可以把這樣的行為稱之為「愚蠢化」（stupidifaction）。就像「麻痺化」（stupefaction）的意思是「被麻痺了」，「愚蠢化」（stupidifaction）的意思就是「被當作是愚蠢的」，或是「被變成愚蠢」。「愚蠢」是人為言語的結果，而不是與生俱來的特質。愚蠢是某種社會關係的展現或是語言的使用結果，而不是一種人的存在狀態。愚蠢一詞雖然表面上是在指缺乏知識的狀態，但它實際上也構成了某種知性（intelligibility）。就像小孩常說的「笨蛋都知道」（any fule kno），說一個愚蠢的人愚蠢，才真的是相當愚蠢（當然，按照同樣的邏輯，其實也可以說這並不愚蠢）。這裡的重點在於，當我們說某人愚蠢的時候，其實並不是真的有「對方很愚蠢」的意思。雖然人類社群裡肯定有很多關於愚蠢的侵略性觀點和歸因，但我們沒有必要毫無保留地（或簡單滿意地）接受如同戴爾・斯賓塞（Dale C. Spencer）和艾米・費茲傑羅（Amy Fitzgerald）所提出的知識—權力等式。在對於起訴動物的法律研究中，他們提到：「如果社會中的理性要獲勝，那麼我們就必須將『非理性』或『愚蠢』所造成的社會混亂最小化。這代表如果『愚蠢』的動物要為他們的行為承擔法律責任的話，那麼『愚蠢』的人就也必須承擔法律責任了。」[81]這裡的引號是重點。畢竟，只有在假設對方並不是完全愚蠢的時候，你才能將他們的愚蠢和其後果告訴他們（無論這個愚蠢的他者是豬還是人）。

此外，無論是在心理上還是政治上將侮辱愚蠢這件事轉變成為一種讚美（就像最近在白癡學中，人們傾向將愚蠢提升為一種有救贖意義的知識原則），也都是上述語言化合物的另一種同素異形體。人類對愚蠢概念的想像和運用，都成為了知識感覺論中提到的親和、認可、接近、放棄和抵抗，而這一切都構成了人類社會生活的一部分。對那些試圖分析愚蠢行為的人（好似愚蠢真的是某種存在之物）來說，他們普遍傾向於下這樣的結論：事實上到處都可以看到愚蠢。因此，我們永遠不可能完全單獨地對它進行分析或切除；例如，羅內爾在她的研究中一開始就斷言，愚蠢「本質上與無窮盡之事物有關」。在總結的時候，她又說愚蠢有「無可救藥的不規則本質」。（*SY*, 3;277）愚蠢總是難以捉摸，又總是唾手可得，因為它常被人拿來當作掩飾或引用的工具。這種狀態，就像福婁拜（Flaubert）在小說中對愚蠢（bêtise）一詞的諷刺和使用（這個庸俗的法語詞彙有傲慢的成分）。克里斯多夫·普倫德加斯特（Christopher Prendergast）也提到：

就像幾乎所有針對福婁拜小說中男女主角的分析一樣，如果我們依賴於書中世界而引用來說明愚蠢的事物，就會不可避免地落入「愚蠢」（bêtise）的網絡當中。如此一來，我們如何理解隱含這個主張的那本書本身呢？難道所有的書、所有的文本、所有的話語秩序，都必定得遭受這個愚蠢計謀的致命汙染？[82]

羅伯特·穆西爾也同樣證明了愚蠢無所不在的力量：「任何想要談論愚蠢的人，或者想要在討論愚蠢時得利的人，都會必然假設自己並不愚蠢；同時他還會讓大家知道自己很聰明，儘管這麼做通常被認為是愚蠢的表現！」[83]跟隨其他人的腳步，穆西爾指出有一種特別無所不在且有害的「更高級的愚蠢」或「聰明的愚蠢」。這種愚蠢在知識分子的不安生活中經常出現，因為知識分子生活經常不穩定且缺乏成果。此外，這種愚蠢會用來概括所有知識不足的情況。[84]

所有的這一切（譬如說話不精確、不完全理解自己所說的話的含義、不像自己希望或認為的那樣完全了解自己的知識等等），其實都不像愚蠢所代表的智力缺陷或智力衰竭狀態。我不是很想主張，這種針對智力低下的「全有或全無式」譴責本身就是愚蠢的證明，但這可能是關於愚蠢的說法總是具有奇怪催眠力量的證據。甚至有人可能會說，愚蠢（理解為假定的絕對無知狀態）無論如何都不可能存在。因為愚蠢就像一堵想像的牆，而知識的話語不斷與之碰撞，然後愚蠢就會毫髮無傷地彈回到說話者身上。愚蠢和知識一樣，都是幻想的產物。愚蠢是虛構出來、被認為不可或缺的事物，但它卻被排除在追求知識的閃耀夢想之外。

7

知識空間學

EPISTEMOTOPIA

學派與學校

當涉及到知識架構時，我們很容易遭遇見樹不見林的困難。而同樣的困難，也會來自於現代世界中人們特定的思考方式與經歷（也就是學校教育或學派）。從精神分析學的歷史中梳理分析出各學派，是一個相當費力的過程。研究精神分析學的作家們相當關注學派，因為學派是精神分析實踐者的部落和世代群體——譬如佛洛伊德學派、布達佩斯學派、英國學派等。每個學派都會透過特殊的學習和知識架構，實踐身體和社會經驗，並解釋人類關係的每一個面向。事實上，就其架構與實踐而言，精神分析本身就是一個將課堂經驗擴展到生活各個面向的過程。佛洛伊德堅持認為，想要實踐精神分析，就得先經歷精神分析。這讓精神分析的經驗成為人類反思人生中持續的過程。精神分析學延續著人們的學校經驗，但似乎從未注意到這個面向。學校生活的壓力還會造成疾病和健康領域的問題：傅柯說醫院是一種規訓機構，但其實並非如此。事實是，關於健康和疾病的規訓學習，本身就會成為一種弟子式的規訓制度（discipleship）。我教導許多成人學生教了三十年，所以我深刻明白這一點：早期的學校經驗對於這些成人學生來說，存有相當根深蒂固且壓抑的記憶。

梅蘭妮．克萊恩是少數幾個認真對待學校經歷的精神分析作家之一。她最為人所知的是一篇寫於一九二三年的論文〈學校對性欲發展的影響〉。不過即使克萊恩在這篇文章開啟了學校經歷的話題，卻仍然沒說清楚地草草結束。她一開始提到一個所謂「眾所周知的事實：面對考試的恐懼，就像在考試夢境中那般，焦慮會從性的部分轉移到智性的部分」。[1]其中她引用了佛洛伊德的《夢的解析》，雖然佛洛伊德在書中提到考試夢境的那一章，實際上是在關注考試夢境如何用來掌控某種一般狀態的焦慮。佛洛伊德觀察到，這種夢境通常是夢到一個人順利通過考試（而不是夢到沒通過）——

考試焦慮的夢境（透過一次又一次的證實，當做夢者隔天將負責某項活動而擔心可能遭遇失敗時，就會出現這種夢境）會尋找一種特定的過往經歷：原本的巨大焦慮隨後被證明是毫無道理且與事實相矛盾的情況。這樣令人吃驚的例子代表清醒的主體誤解了夢的內容。原本被認為是對夢的憤怒抗議，像是「可是我已經是博士了啊！」，在現實中，實際上卻是由夢而生的安慰。這種夢境的作用如下：「不要害怕明天！想想入學考試之前你有多焦慮，可是什麼壞事都沒發生。你已經是博士了。」[2]

佛洛伊德直到這一章的最後，才提到了威廉．斯特克爾（Wilhelm Stekel）的觀點。佛洛伊德同意斯特克爾的看法：這類的入學考試夢境會在性成熟之前出現。[3]

對克萊恩來說，「學校和學習從一開始就決定了每個人的性欲，因為學校的要求會迫使一個孩子昇華他性本能的能量」。[4]這一個簡單的原則，會讓學校的經驗在之後發揮約束性欲的作用，而學校的經驗也因此被納入正統的精神分析符號學之中。我們必須說，克萊恩單方面、幾乎是偏執地把與學校有關的物體、人物和行為，都當作性觀念和性感受的象徵。這種分析甚至延伸到學校設備的象徵意義。她是這麼提到個案菲力克斯的（她推測對這位十三歲的分析對象來說，「起立」就意味著「勃起」，「摔倒」就意味著「被閹割」的可能性）——

> 有一次他在學校裡想到，那位站在學生們面前、把背靠在書桌上的老師應該要摔倒，應該要撞翻、撞碎桌子傷了自己。這個想法含有老師作為父親的意涵，而桌子則像母親一樣。這還導致他產生了性虐待的想法。[5]

克萊恩在註腳中強調了這個關於性的解讀——

講台、桌子、黑板等一切可以寫字的事物都具有母性意涵，就像筆桿、粉筆、鉛筆等一切可以用來寫作的事物也具有陰莖的意涵。這些意涵在這個例子和其他例子的分析中都是如此明顯，也經常得到證實。所以我把這個例子稱作「典型的」（typical）。[6]

的確，學校的教室可以成為性幻想的場所。但是學校的設備和建築不僅僅是性欲望的一個象徵。反之，這所學校本身就是一個充滿各種投射與幻想的劇院，其中包含了許多不同種類的焦慮、舒適、憤怒、怨恨、嫉妒、渴望和想像的機會。也許當學校幻想中的情色出現時，在很大程度上仰賴於先前和主要經驗中的性欲化，因為幾乎所有的事物都是學校經驗的體現和象徵。在上述提到的例子中，除了桌子是被動女性的形象之外，還有更多的東西可說，像是書桌在體制化的空間中標記出一個特定位置，有時代表學術地位；又如果它可以作為一個容器或支撐物，那麼它就是人的營地或巢穴；還有其他許多大家很熟悉常見而因此忽略的象徵。後來，克萊恩在文章中詳細描述了字母形狀對菲力克斯來說的性意義。她得出的結論是「閱讀的性欲意義，來自於書和眼睛之間的象徵性心神貫注」。[7] 克萊恩認為感情投注是從性欲的轉移中所產生。她的分析無疑讓我們對物件和書寫行為之間的感情投注，產生初步的了解。她分析的像是一種端直方正的欲力（orthographic libido），不需要混合性欲作為動力就能達到它自身的目的。這種感情投注可以被稱為「象徵性的感情投注」。這並不是說寫作的行為可以替代其他事物，而是象徵符號的生成本身就組成了一個複雜而快樂的場所。它之所以複雜，是因為這也是一種嚴峻的考驗，學校讓寫作與工作的想法密不可分。寫作的身體動作包含了人體欲望的具體實現。

事實上，學校不僅僅是如同克萊恩所假定的一種關於性的巨大舞台象徵。不過學校也的確必須喚起孩子們的激情，譬如他們的恐懼、興奮、野心、憤怒、解脫，或甚至厭倦感（這當然也可以是一種激情的形式）。學校會讓自己成為一個充滿情緒的空間符號劇場。事實上，學校象徵著我們的世界，學校傾向於（可能是有意地）把自己當作一個比例模型。這就是為什麼學校可以如此輕易地讓自己成為世界的縮影。學校是第一個人能將家庭以外的世界結構投射上去的地方，而它將在人的整個生命中持續發揮影響力。於是學校在執行上述功能時，它提供了象徵自己的第一個形象和第一個劇場，人們在其中可以表現出社會與熱情的象徵。克萊恩展現了她所相信（或維持）的感情，她所用的方法是象徵性的遊戲，而此遊戲又與學校裡的經驗緊密結合在一起，似乎有意同時投射又隱藏學校作為象徵性遊戲場的中心功能。學校不僅僅是一個充滿象徵符號的地方，而是一個本身已經象徵化（symbolization）的地方。在這個場所中，我們不僅學會了如何解讀符號，還學會了如何讓自己也成為符號。這個場所將永遠象徵著知識的加入。

因此，我們不應該對學校的故事在孩子們之間歷久不衰而感到驚訝。學校就是一個充滿故事的地方。而學校不僅將個體兒童的發展構建成為故事，或成為一個制度化的時間結構，它本身也是這個故事在個人幻想中的生成物。人們在學校的經驗是透過「曾經發生的事、我們希望曾經發生的事、發生在別人身上而不是我們身上的事、曾經發生卻無法想像的事，以及完全沒發生的事」等等拼湊而成。[8]

更重要的是，學校成為了一種跨越時間的倉庫。學生後來對知識和教育的感覺會對學生產生反向的投射（無論正面或負面）。黛博拉．布里茲曼（Deborah Britzman）指出了這種奇怪又複雜的混合體：

> 把解決「教育作為一種幻影」當成教育理念這件事，對我們來說並不容易。因為教育本身的特質，就是必須重塑人的童年，也必須設想人的未來：大量的抱怨、失望、自戀傷害和「酷兒情感」（queer feelings），加上用課堂和其中衡量成功與失敗、好經歷與壞經歷的方式，往往會瓦解教育的意義。[9]

精神分析和教育之間似乎有一種令人擔憂的關係，精神分析的教育學文化相當強大，尤其古典佛洛伊德的學說主張，理解力能將一個人從無意識的統治中解放出來。克萊恩的作品明顯忽略了精神分析結構和論點本身所可能引發的性欲指控（我們可以稱之為制度幻想層面的移情作用）。在這裡，學校的經歷被放到了特定的位置上，成為了克萊恩分析中的「學校」。成人學校因而取代幼兒學校。這或許也是人們為什麼喜歡捐款給帶有他們名字的大學。離開學校的唯一方法，似乎就是將學校留給別人。

我可能同時很有資格、沒有資格討論學校在社會各領域中所堅持的理念和神話，畢竟我是一名從未真正離開過學校的學術工作者（誰又真正離開過呢？）。雖然我的學術生活讓我有可能到世界各地的許多地方旅行，但我的具體學術實踐是在一個邊長約一百六十公里的三角形中的某一小塊地方度過的。我小時候在索塞克斯（Sussex）中部的霍舍姆基督醫院（Christ's Hospital, Horsham）上學，然後在南部海岸小鎮上的一所學校待了一段時間之後，我在牛津大學威德罕學院（Wadham College）當了六年學生。之後我在倫敦大學伯貝克學院（Birkbeck College）教了三十二年的書。現在則是劍橋大學的教授。我的履歷似乎不過像是一個能畫出三角形的學術動線。牛津、劍橋和倫敦在大家眼中被稱為所謂的「金三角」（其實更像等邊三角形），而金三角之所以稱為金三角，不是因為它包含了許多財富，而是因為它的斜邊比率等於φ，也就是黃金比例。黃金比例的特徵是：一條被分割的直線，其較短部分與較長部分的比，與較長部分與整條直線的比相同。黃金比例「將部分和整體整合起來，這點其他比例都做不到」。因此黃金比例似乎也應該用來稱呼抽象與現實之間的一致性，以及地理與幾何之間的一致性。也就是說，理性和現實之間的關係。[10]

書籍空間

建築的功能經常是將知識外部化並且賦予其幾何形式。在古典世界中，建築常被用於助憶術（mnemotechnics）。西元前八〇年的《修辭學》（*Rhetorica ad herennium*，作者身分不詳）推薦讀者利用當時著名的一種聯想空間序列，作為引導演講論點的結構（像是利用街道平面圖或房子的布局）。古羅馬修辭學家西塞羅（Cicero）和坤體良（Quintilian）之後也推薦了這項技術。另外《修辭學》的作者（曾經被認為是西塞羅本人）也建議以地點（loci）作為圖像的框架或背景，就像以蠟片或莎草紙來製作書面信件的背景，「因為背景很像蠟片或莎草紙，圖像則像字母，圖像的排列和布置則像筆跡」。哈利．卡普蘭（Harry Caplan），在洛布（Loeb）古典叢書中翻譯了這段話。他把「loci」翻譯成「背景」，這是因為他想明確指出「背景很像蠟片或莎草紙，圖像則像字母，圖像的排列和配置則像筆跡」，[11]但這其實是在捏造一種虛假的知識。卡普蘭認為，這裡提到蠟或紙是因為它們提供了一個不明顯的背景，以此讓字母在前景中被辨別出來。然而，原作者堅持認為「loci」本身一開始就必須能明確辨別——

我所指的「背景」，是指那些以自然或人為的方式、在小範圍內襯托出來、同時完整又明顯的場景。這樣一來，我們就可以很容易地用自然記憶去掌握和提

取它們。（*RH*, 208-9）

這就是一排相同的事物為何對記憶沒多大用處的原因。如果我們想要回憶特定的表單，我們需要將它們設置在特定的位置，也就是所謂「安排特定區域」（*RH*, 208）。但這可能代表我們需要一張寫了文字的紙，其中字母可以插入已經存在的插槽之中（被指定的位置）。雖然看起來很荒謬，但這樣的說法解釋了這種幫助記憶的裝置，會帶給我們什麼樣的使用感受：感覺好像不需要做任何努力就能記住特定的排列，彷彿這排列對我們來說是如此顯而易見、生根在記憶之中。

《修辭學》的作者用「inventio」（字源是「invenire」，意思是發現、遇見、碰見、設計或發明）這個詞彙形容使用這些圖像來記憶的狀態。他提供了我們一個「thesaurum inventorum」，意思是「發明出來的思想寶庫」（*RH*, 205），同時向我們說「cuiusmodi locos invenire」（*RH*, 208），意思是「我們應該發明什麼樣的背景？」。（*RH*, 209）關於「invenire」這個詞彙，路易斯（Charlton T. Lewis）和蕭特（Charles Short）的拉丁字典所給出的定義是「偶然發現」（to light upon）。而在《修辭學》中提到的兩種記憶之間的狀態，就是最能理解人類幻想運作的方式。就如同瑪麗・卡拉瑟斯（Mary Carruthers）所提到，庫存（inventory）的概念也在這樣的記憶術中運作。在這種記憶術中，即興創作的能力取決於記憶庫存的可得性——

擁有「庫存」是「發明」的必要條件。這句話假設：如果一個人沒有記憶貯藏（庫存），他就無法創造（發明）。除此之外，這句話也假設：一個人的記憶貯藏是有效的「庫存」，能夠立即在特定「位置」（location）被找到。所以存在某種位置結構，就是任何創造性思維的先決條件。[12]

在拉丁語和英語中，「locus」一字包含「空間」的意思。「空間」（place）在這裡指的是絕對位置，而「地點」（position）則是指某個更大結構中與其他事物的相對位置，譬如劇院中的某個座位、書中的某個段落，或者圖書館中的某個書架號碼。前者指的是物理上的空間，後者指的則是邏輯上的空間。軌跡與邏輯、地方與書寫之間，總是不斷變換位置。《修辭學》的作者建議，為了記憶的目的，我們應該徵用廢棄的空間來做記憶，「因為人群的擁擠和來往，經常混淆並削弱了我們的圖像印象，而獨立的場所能夠保持圖像鮮明的輪廓」。（*RH*, 211）事實上，人類的記憶似乎強烈依附於他們的居住地或建築空間（也就是一些已經被賦予價值和編碼的空間），而這些空間裡的人也因此開始研究符號之間的邏輯關係。任何人類空間，無論是有人居住的空間還是想像的空間（也許「居住」一詞的意思即「想像」，或者「能夠被想像」）。如此一來，「想像一個空間」在某種意義上即意味著「想像自己居住在它之中」），都會被「書寫」成一組特定的序列和關係，而這樣的書寫會投射在已知的空間之中。

書籍會保存在那些擁有良好外部和內部結構的空間之中，這樣的空間就是圖書館。而書籍也會從建築空間中借用而來產生書的內部結構，因此書中設有隱喻的入口、附屬建築、通道、出口及外圍工事。例如，哲學論證經常是透過一篇文章或一本書展開，但往往嘗試給人一種垂直上升的印象。論證往往由他們的「基礎」向上發展，像「前提」這個詞彙就同時指某個地點以及某個哲學假設。此外，我們提到一本書時也會說是一卷書（volume），這代表書是一個收納的空間。根據拜占庭文法學家約翰・采策斯（John Tzetzes）的看法，柏拉圖學院的入口處刻著銘文：「不懂幾何學的人，不准進入這個空間。」[13]這句話可能不僅適用於特定的研究領域，也能衍生到特定學習場域中其物理和抽象空間的結合。也就是說，這句話本身讓幾何學有了代表性的衍生意義，也因此在「缺乏幾何學」以及「無知」之間建立了一種隱喻的連結。所以，知識存在於某個特定的想像空間之中，而這個想像的空間就是幾何學。

圖書館是書籍的集合，這裡的意思是聚集在某個空間。「學院」（college）是類似的詞彙，雖然「collection」和「college」的字源都不像人們想像的那般來自於「col + legere」，意思是「一起閱讀」；而是來自於「col + ligare」，意思是「結合」或「聚集」。（事實上，「legere」這個詞彙的字源是希臘語「λέγω」〔lego〕，意思是「挑選」或「蒐集」，因此易讀性〔legibility〕和合格性〔eligibility〕之間的字源有所連結，「legere」和「ligare」兩字之間也有關聯。）思考與認知這兩個概念，很難與「聚集於空間」的相關概念完全分開。某個「集合」會讓相似與接近的事物保持一致，就像要重建一個想像的宇宙或絕對理性的宇宙，在那宇宙中，親近性（proximity）永遠代表親屬（kinship）或關係（relation）。海德格曾用了上述的字源來證明他以下的論點：希臘哲學最初並不承認思考與存在之間的區別。他說：

這裡所說的邏輯，對應到了「聚集」（gathering）一詞的真正含義。但就像這個詞彙同時指「聚集」以及「聚集之物」一樣，理性一詞也同時指「聚集」以及「聚集之物」（一開始就會聚集起來的事物）。「邏輯」在此並不是指「意義」（sense）、話語（word）或教條（doctrine），當然也不是指「教條的意義」。「邏輯」在此指的是，一開始聚集而成的聚集之物，對自己內部有強大的影響力。[14]

這一點可以用現象學來說明。在英語中，「考慮」（take thought）可以指「蒐集」（collect）或「聚集」（gather）某個人的想法，或甚至是透過考慮來讓自己聚集精神。「蒐集」是指在某一地點把事物集中在一起，而且該地點不需要是明確的空間。事實上，「蒐集」就是賦予某個地點意義，把多數化約為單一，或者說接近「同化」地把事物聚集起來。這是一種反巴別塔的態度，也是一種向內以及向後的大退縮，一切都是為了保證在關係開始散亂、思想開始分家之前，恢復伊甸園式的事物同一性。而如今，電子訊號的虛擬聚集則扮演了以前物理聚集的角色，現在的連結是透過網路、而不是透過裝訂機的線所構成。一九八九年全球資訊網（World Wide Web）建構初期，網路連結開始倍增，彷彿一種爆炸性輻射，向外無限擴展，不斷發現新的連結空間。而最近，這種連結似乎逆轉回自己身上，用一種壓迫性甚至自閉的方式，製造自我放大的泡沫。

打從一開始，文字符號的特徵之一就是物理空間和想像空間的重疊覆蓋。就像我們使用的「圖書館」（library）這個現代詞彙，在拉丁語中的「bibliotheca」同時指一個物理結構（容納書籍並集中在一起的建築或書架），也指書籍本身（視為一個書籍集合）。圖書館是一種容納自己或自我容納的形式。因此，圖書館可以作為一種想像的聚集空間而存在。另外就像剛才提到的自我象徵心靈劇場一樣，圖書館是把事物聚集在一起供人思考的象徵，同時也可以作為一種將思想容納後關閉的象徵。也許任何思想或學習的具體存在，都會傾向以這種方式作用，並成為一種提喻來指涉套層結構（mise en abîme）。也許所有的圖書館在這層意義上，都是想像的圖書館。

波赫士（Jorge Luis Borges）在一九四一年的小說〈巴別塔圖書館〉（The Library of Babel）中，就嘗試想像了一個足以容納所有其他圖書館的圖書館。故事中的敘事者，描述了他所居住的圖書館。圖書館本身就是一個宇宙，更確切地說，它就是宇宙本身。圖書館宇宙由無數六邊形的展間組成，展間的每面牆都有五個書架，每個書架上放有三十二本書，每本書有四百一十頁，總共三萬九千三百六十頁，而每個六邊形展間包含約十二億五千萬個字母。這些書似乎不是用任何已知語言所寫成，儘管有些書中出現了一些易懂的英語，「一些迷宮般的字母，倒數第二頁裡頭包含了一句話：時間啊，你的金字塔」。[15]這個故事的敘事著重在圖書館（透過居民）累積知識的歷史。在這知識累積的歷史上，最重要的事件就是發現圖書館實際上是有限但完整的（儘管實際上這只可能是一種假設）。圖書館裡包含了一百三十萬個字母（每本書中字母的數量）的每一種可能排列方式，而且不包含任何空白或重複。因此，圖書館包含了二十五個書寫符號（二十二個字母、逗號、句號和空格）所能表達的所有內容。由於整齊秩序在我們的宇宙中很罕見，所以圖書館裡大部分書籍都是沒有意義的字母組合；於是在這樣的圖書館中，埋藏著人類歷史上曾經寫過、也可能會寫下來的所有書籍——

所有書籍——關於未來的詳細歷史、大天使的自傳、圖書館的完整目錄、成千上萬的錯誤目錄、證明那些目錄為錯誤目錄的文字、證明真實目錄為錯誤目錄的文字、巴斯里德（Basilides）的諾斯底福音、對此福音的註釋、對此福音註釋的註釋、關於你的死的真實故事、每一本書的每一種語言翻譯、每一本書的添寫竄改、撒克遜（Saxon）神話的比德（Bede）專著之可能文本（但不實際存在）、塔西佗（Tacitus）佚失的書籍。[16]

圖書館無所不包的知識，一開始是居民歡欣鼓舞的源泉——

當得知圖書館容納了所有的書時，人們的第一反應是欣喜若狂。所有人都認為自己擁有一件完整而祕密的寶藏。無論是關於個人的問題，還是關於世界的問題，都有解決的辦法了。而解答就在某個六邊形展間的某個地方。宇宙的一切都可以被合理解釋；世界突然變得相容於人類無垠無限的希望。[17]

歷史（以及我們正在閱讀的敘事）的存在讓人類知道，宇宙的大小意味著我們可能丟失了許多事物（雖然還是存在一些珍貴的智慧之書）。而這個無所不包的圖書館就像一比一比例的地圖。波赫士在他一九四六年的故事〈科學中的正確性〉（On Exactitude in Science）中提到了這個譬喻。也就是說，圖書館實際上與世界是等同的，沒有任何裁減化約。從波赫士的角度看來，如果所有的知識都是經過化約和壓縮而成，那麼無所不知其實就等同於無知。因此，發現世界與文字之間的對應後所帶來的喜悅，開始讓位給一種徹底的淒涼感。這是因為一切事物（包括我們正在閱讀的圖書館描述）都必然已經被寫過了，「有條理的寫作分散了我對人類現狀的注意力。一種認為一切都被寫下來了的確信感，讓我們失去了信心，或者讓我們產生幻覺」。[18] 書籍空間有這樣的兩極性：無限的包容和無限的溢散。

個人圖書館（最常見的收藏形式）就像一個蠶繭、一種與自己合而為一或躲在自己親近之處的存在方式。個人圖書館當然可以作為一種工具，讓自己擁有許多文本，並希望可以經常查閱它們。但個人圖書館往往不會如此被使用，於現代尤其如此。路易斯和蕭特的拉丁字典，離我只有三步之遙，但在搜尋引擎中輸入「legere Lewis and Short」來查詢一個單字會快得多。的確，我的疑問自大腦中產生然後到達我指尖所花的時間，似乎比問題往返珀爾修斯（Perseus）線上圖書館的伺服器所花費的時間還要長。空間變成了速度，或者更確切地說，空間揭示了自己一直都等同於速度。今天在倫敦市擁擠的空間中，人們平均的移動速度頑固地保持在大約每小時十英里（幾乎跟十九世紀末差不多）。但也只有在如此擁擠的城市空間裡，你才能找到Wi-Fi連結以及公開、方便使用的圖書館資料庫。無所不在並不是真的無所不在，而是集中在某些地方而存在。

與其他所有的蒐集場所相同，圖書館也是自我認可甚至自我創作的一種。圖書館是某人能夠接納自己的第二家庭。學生偶爾會問我是不是讀過書架上全部的書，我回答他們：「是的，都讀過了，但也都忘記了內容。」我幾乎確信自己曾經讀過這些書，但必須再讀一遍來驗證它，置身於這些我認為自己都讀過的書之中，就像依偎在經常見面的熟人身邊一般，令人感到寬心慰藉。書籍是幻想的象徵，而不是實際的知識。書籍擁有者和書籍的常見關係，其實是書籍在擁有者消逝後仍能倖存下來，或許本應如此。我們對圖書館如此熟悉的事實，反而使我們容易疏遠它。劍橋大學彼得學院中的某位教授，在退休後搬出了學院的房間，因此不得不賣掉一大堆他已經沒有空間存放的書籍。不久之後，我聽到一個朋友對他說：「我在二手市場看到許多你的書，還以為你已經死了。」就像巴別塔圖書館的居民那樣，圖書館的主人會因他們的圖書館而不朽，或成為幽靈，縈繞著他們經常出沒的圖書館。此外還有許多紀念圖書館，其中最著名的是哈佛的威德納紀念圖書館（Widener Memorial Library），是埃莉諾．威德納（Eleanor Elkins Widener）送給她哈佛畢業的兒子哈里．威德納（Harry Elkins Widener）的禮物。哈里自己就是個書籍收藏家（後來死在鐵達尼號上。他母親當時也在船上，但搭上救生艇活了下來），圖書館的威德納紀念室完整保存著三千三百本他的藏書。那是一個圖書館中的圖書館。從一九一六年開始，應哈里母親的要求，哈里的肖像畫旁擺上了鮮花。

使我一生的記憶外部化的圖書館，或許也預先暗示了它會在我的記憶中成為什麼模樣。圖書館是一個空間，也是一個通道。因此，它也可以是一個訊息（message），甚至說它本身就是一個溝通媒介、一種智力遺產或智力商品。有一個故事經常被古代作家重複描述：亞里斯多德擁有一個宏偉的個人圖書館。這個圖書館換過許多主人，直到它最終成為著名的亞歷山大圖書館。[19]世界上許多大規模的圖書館都像大英圖書館（最早為漢斯．斯隆〔Hans Sloane〕的收藏品）那樣，最初只是作為私人收藏。

麗娜．博爾佐尼（Lina Bolzoni）曾詳細描述了文藝復興時期的文化規範如何運作。當時，文字和思想被系統性地轉譯成視覺形象，並透過身體語言表現出來（尤其是透過解剖學的示意圖）。在中世紀修辭學中，另一種用於形容系統思維的隱喻是機器。的確，修辭本身往往透過「修辭機器」在幾何結構（如格子、方塊和輪子）上做理解和解釋。[20]助憶術的概念實際上是一種同義反覆，因為任何技術或工藝都可以說是一種記憶機器、一種儲存程序的方法，並且可以按需要重新提取。「機器」這個詞彙具體來說通常也與建築相關，因為拉丁語的「機械」（machina）指的是某種起重機或吊車。[21]物理起重的概念也可以指「舉起來觀察」，而「machina」在拉丁語中則同時指奴隸被陳列出售的「平台」，或指畫家的「畫架」。這些想法繼續在當代的隱喻中發揮作用。大約從一九八七年開始，某種特殊的計算機架構會被稱為一個「平台」。某物之所以會被命名為平台，代表它是平整或不傾斜的（就像一張桌子或一張紙），所以它是適用於計算的空間（例如為了計算砲擊位置）或適用於展示的空間。有時平台的功能也牽涉到計算與展示的結合，例如田徑場的平台。在古希臘羅馬時期的劇院裡，「machina」也可以應用到「機器神」（deus ex machina，或稱神仙搭救），這是劇情最後用來解決困難或帶出結局的一種方法。[22]於是，「機械」與戲劇結構緊密連結在一起了（在戲劇結構中機械能提升事物的本質或強調相似性），這個事實也讓知識找到自己的定位。每一個想像出來的思維機制都是一種心理透視法，經由這種透視法我們就能把自己的精神投射到舞台之上。

法蘭西絲・葉茲（Frances Yates）曾描述上述觀點在「記憶劇場」（memory theatre）中奇妙的具體展現。記憶劇場是哲學家朱利奧・卡米洛（Giulio Camillo）畢生努力打造的概念。這是一個儲存空間充足、結構完美的記憶理想圖像，也包含這個圖像的具體化草圖。[23]卡米洛當時得到了國王法蘭西一世的資助。而卡米洛的畢生事業，可以在維格里烏斯・修切姆斯（Viglius Zuichemus）寫給伊拉斯謨的信中找到最詳細的描述。他的描述暗示了這個結構的魔力，「他們說這個人建造了一座圓形劇場、一座技藝精湛的建築。在這之中，無論誰作為觀眾討論任何議題時，都可以與西塞羅一樣流暢」。[24]後來的一封信還描述了這個結構的內部，裡頭滿是圖像和木箱——

> 他用很多名字稱呼他的劇院，現在他說這是打造出來的心靈建築和靈魂建築，甚至還有窗戶。他假裝人類的心所能想像到的一切以及我們無法用肉眼所看到的一切事物，透過勤奮的冥想集中在一起之後，可能藉由某些有形的符號來表達。以這樣一種方式，觀察者可以立即用他的眼睛感知一切。否則，一切就會隱藏在人類心靈深處。正是因為這種有形的外觀，他才把這個東西叫作劇院。[25]

這個劇院似乎是圍繞著一系列的圖像所構建而成，那些圖像可能是占星符號，與裝著書籍和文件的抽屜有所連結。[26]劇院實際上從未完工，也許永遠也不可能完工，因為它的具象化總與理想秩序相衝突。

在「書房」（study）一詞中，我們可以看到一種最矛盾的學術劇院。拉丁語「studere」的意思是努力或積極地專注於某件事。而「study」作為名詞，最初指一種精神狀態，就像「出神深思」（brown study）所表達的那樣（這個片語最早出現在十六世紀中期，指一種憂鬱或無目標的沉思狀態）。在羅伯特．曼寧（Robert Mannyng）的《日常道德工具書》（*Handlying Synne*, 1303）裡，「study」第一次在英語中被用來指一個人為了學習而待的地方。這本書談到一位熱愛音樂的主教羅伯特．格羅斯泰斯特（Robert Grosstesste），「下一個房間，就在他的書房旁／他的豎琴房就在附近」。[27]一開始，書房應該是模仿修道院的牢房而打造，而且只會出現在某些機構和大房子裡。隨著文藝復興時期開始發展出家庭隱私（特別是在十五世紀時），書房開始成為一般住宅建築的特色。書房與個體（通常是房子的主人）有強烈的連結。時至今日，書房的確可能仍是一間房子中最具個性的房間。在一間大房子中，一對滿足於同住一間臥室的夫婦，卻很可能擁有各自的書房。一五四四年，當喬凡．格里馬爾迪（Giovan Battista Grimaldi）向他的家庭教師請教如何擺放他在日內瓦宮殿中書房裡的書籍時，老師告訴他：「書籍會形成一座完整的圖書館，而圖書館會美化你的書房，然後更重要的是，它也會美化你的靈魂。」[28]

書房最早是學者或牧師的領域，而且常常鄰近臥房。書房是一種世俗化的教堂，也是主人獻身於沉思和自我修養的證明。在十五世紀早期的義大利，這種書房開始成為商人或律師私人住宅的特色。此外，它也發揮了辦公室的類似公共功能。書房通常位於樓梯下的夾層，可以快速通往一樓，但又與一樓分開，因為房子的主人可能需要隨時起身去一樓見客戶。[29]到了十八世紀，書房也開始會被醫生和其他專業人士用來當作會面或諮商的房間。佛洛伊德位於倫敦家中的諮商室，也同時是他工作和寫作的書房。書房中有書架、書桌和古董，還有供病人休息的諮商沙發。他的書房將病人和醫生的共用沉思空間具象化了。

如果書房的功能一開始是為私人研究提供一種新的空間，那麼隨著十五世紀開始出現許多對研究空間的描繪（通常描繪的主角是在教堂工作的聖徒或神父），書房的功能也變得愈來愈公共了。在這個過程中，私人書房變成了一個劇場空間。這類畫作中最常見的是聖傑羅姆（St Jerome）。描繪聖傑羅姆人生的早期畫作中，直接提到書房的其實不多。相反地，那些畫作著重的主題，要不就是聖傑羅姆曾住在基督出生的伯利恆糧倉，要不就是描繪他的死亡處境（據說他在洞穴中結束了自己漫長的生命）。此外，最重要的主題是強調聖傑羅姆居住在荒野之中。後來，在《黃金傳奇》（*The Golden Legend*）中，傑可布斯・沃拉吉（Jacobus de Voragine）引用了聖傑羅姆的話：「我也懷疑自己的牢房是否合適，因為我害怕自己的自負和想法，所以我怒氣沖沖離開並報復自己，獨自穿過了尖銳而激烈的沙漠。」然而聖傑羅姆生活的主要重心是他對神學的熱愛，於是「他把全部的精力都放在學習與研究。他日日夜夜從不休息，總是讀書或寫作」。[30] 因此，他的形象通常要嘛是在荒野中，瘦骨嶙峋，被太陽曬得黝黑，衣著暴露，卻又異常地以書籍為背景（譬如賓杜里喬〔Pinturicchio〕的《荒野中的聖傑羅姆》〔*St Jerome in the Wilderness*, 1475-80〕或者貝里尼〔Gentile Bellini〕的《鄉間聖傑羅姆的閱讀》〔*St Jerome Reading in the Countryside*, 1480-85〕兩畫作）；或者要嘛是在他的書房裡。喬瓦尼・曼蘇埃蒂（Giovanni Mansueti）的《風景中的聖傑羅姆》（*St Jerome Reading in a Landscape*, c. 1490）營造了一個介於室內與室外之間的舒適空間。在畫中，聖傑羅姆在一間設備相當齊全、似乎是他自己從岩石中鑿出來的鄉間小屋外，擺好了他的書籍、徽章、十字架、紅衣主教帽子，以及岩架上的骷髏和沙漏。

在以聖傑羅姆為題的繪畫作品中，室內的書房布景經常用特寫鏡頭來描繪，讓書房變得幾乎像是一個壁龕或洞穴，緊緊圍繞著聖傑羅姆的身體。在洛倫佐・莫納科（Lorenzo Monaco）最早的描繪中（一四二〇年左右），聖傑羅姆站在兩個書架之間一個幾乎被壓得粉碎的角落，畫作中絲毫沒有桌子的影子。然而，在這些書生氣息十足的室內布景中卻有一種荒野的暗示，畫作中會出現正在打瞌睡或可愛嬉鬧的獅子圖像。這種描繪暗示的是聖傑羅姆與獅子的故事（可能與安卓克利斯〔Androcles〕的故事有關）。謠傳聖傑羅姆曾經拔掉獅子的爪子，後來獅子還在聖傑羅姆晚年生活的修道院中自由奔跑。在尼可・科蘭托尼奧（Niccolo Colantonio）的《書房裡的聖傑羅姆》（*St Jerome in His Study*, c. 1445）畫作中，荒野性和圖書館同時出現了。獅子耐心坐在聖傑羅姆凌亂的書房裡，伸出爪子讓聖人除去尖銳的刺。在一五八一年到一五九四年之間，奧多里科・皮隆（Odorico Pillone）委託切薩雷・韋切利奧（Cesare Vecellio）為三卷《傑羅姆作品集》（*Opera omnia of Jerome*）創作前緣繪畫，其中有兩張畫了書房中的聖傑羅姆，另一張則是畫了聖傑羅姆在荒野裡的書房。

十五世紀時，對於聖傑羅姆書房的描繪出現了引人注目的兩個創新重點。第一是桌子的重要性（這強調了聖傑羅姆的翻譯工作，因為他需要一個空間可以同時讀跟寫），第二則是強調書房裡擠滿的各式各樣家具、設備和裝飾品。在處理這個主題上，表現最傑出的畫作是安東內洛·梅西納（Antonello da Messina）的《聖傑羅姆在他的書房》（*St Jerome in His Study*, c. 1460-75）。在畫中，聖傑羅姆坐在一個木製布景中，周遭既沒有圍牆也沒有天花板，而是一個似乎位於兩條長廊之間的空間裡，其中一端是窗戶，窗外陽光燦爛，有湖水、花園和豪宅，另一端則是優雅的柱子，這些柱子將觀者的目光導向更田園化的感受。當聖傑羅姆身處於這些外景之間，他脫離了他所掌控的二度空間。這幅畫最傑出的創新，即他走上了一個三階的講台，脫掉了拖鞋。我們看不見聖傑羅姆精緻紅袍下的腳，不過丟棄的拖鞋暗示了這是安靜而舒適的環境，而不是苦行。聖傑羅姆的書架上擺滿了書籍，不是整整齊齊地站著，而是敞開著（在這早期畫作的階段相當常見）。此外書架上還有罈子、罐子、盒子、掛在釘子上的鑰匙，以及最能暗示生活空間的毛巾架。這幅畫同時暗示著開放與封閉。聖傑羅姆好像在舞台上表演，甚至像在船的甲板上表演。每樣事物都整齊有序，均勻散布在空間之中，絲毫沒有凌亂的痕跡。其中唯一會動的事物就是紙張了。就連從右邊細長石柱之間走過來的獅子，也像一位彬彬有禮的朝臣般在走廊猶豫著，好像不知道是否該闖入。圖畫的中央是一條斜的視線，連接著聖傑羅姆的眼睛和他的書，他以遠視的距離，施展注意力的空間，似乎同時把畫面中所有分散的元素聚合在一起。空間的光線是由我們所站的地方發散出來的，而聖傑羅姆的視線則延續了光線所投下的陰影，在我們對這幅畫的視線以及聖傑羅姆對書的視線之間形成延續。這就好像這本書的空間已經穿過了所有可見的物理元素，甚至在畫裡窗戶中張開翅膀的鳥身上，我們也可以看到類似的暗示。

如第三章所述，知識生產的是不屬於知識本身的事物，而且知識必然會吸引物體（objects）並附著在其周圍。知識的對象，總是與知識相互依賴的物體，也就是拉丁語中的「obiacere」。沒有物體也就沒有知識。沒有屬格關係（genitive relation）讓知識成為對某件物體的知識，也就沒有知識。物體會引發占有的幻想。但是，按照知識感覺的反身邏輯，物體還提供了一種自我控制的中介形式。透過這種自我控制，知識可以得到知識本身。物體為知識的自身掌控，提供了風景和劇場空間；知識的對象可以提供知識的風景。如果物體能賦予知識以形體和堅固性，使所有知識的物體在功能上都類似於建築，那麼我們可以說建築物體（例如牆、地基、走廊）展示了知識的基礎結構和內在結構。由此，建築物體會容納思想的場景，而建築本身就是被扔進了場景之中的「套層結構」。建築既是思想的內容，也是思想的容器。

我們可以說，讓知識能夠成立的建築架構，實際上是劇場的一種。也就是說，這是一個既真實又虛幻的建築，是想像的實現，也是現實中的想像。劇場建築的功能是容納劇場本身，並開啟一個新空間或把劇場放在一個舞台上（舞台讓想像的劇場能夠在其中運作）。但這個空間必須永遠是景觀的一部分，允許觀看與表演同時進行。這個空間調節了它所提供的媒介。為了表達心靈僅僅是印象（impression）快速傳遞的場所，大衛．休謨在他對舞台隱喻的運用中提供了上述原則的例子和解釋：

> 心靈是一種劇場，其中幾種知覺相繼出現；通過、再通過、滑行並且混合各式各樣的姿勢和情況。嚴格來說，無論我們如何想像單一性和同一性，心靈都沒有單一性，也沒有隨著變化會維持的同一性。我們不能誤解劇場的譬喻。知覺構成了心靈，但知覺只是連續的感知。此外，我們也不能把這個場所理解為劇場中的場景於此再現或組成某些事物。[31]

所謂「笛卡兒劇場」的概念，就是有一個固定且主觀的自我，在心中觀看、回顧各種感官印象的流逝。但這個概念一直受到許多認知哲學家的批評，像是丹尼爾．丹尼特（Daniel Dennett）。但是劇場隱喻的優勢在於它考慮到了一個假想的空間，就像唐納．比徹（Donald Beecher）的解釋：「這個假想的空間是記憶和經驗的所在、真實幻想的所在，以及演員和幕後操作的空間，其中清醒與夢境的界線被短暫的經驗所混淆。」[32]在這種臨時、「好像為真」的情況下，「思考實體的自我不再是一個本體論的問題，而是一個功能和觀點的問題」。[33]心靈的劇場作為人類意識的譬喻可能並不那麼貼切，但這是一個強而有力的類比，因為它展示了人類意識對自身的影響。

思考是透過「會思考的物體」（thinking things）來進行的。「會思考的物體」是思想的虛無內容以及思想本身的中介。[34]這些物體是可投射的物體。它們有客觀的面向，因為它們處在心靈之外，提供場所穩定心靈的運作。同時它們也是投影，因為它們都是風景的一部分、是心靈投射給自己的風景。書籍、圖書館、實驗室、講堂和大學都是讓思想從內到外投射的方式。思想總被容納在它的容器裡，卻又同時超越它的容器。思想的空間也提供了自我超越的場景。

沒有地方比起圖書館更能看到空間與符號之間的擺盪。或者如同我們先前所說，也可以把這樣的擺盪叫作真實與虛幻之間的擺盪。如果一個系統的關係，是指一個元素的空間分布，以及排序抽象概念的距離和鄰近關係（同時或序列），那麼圖書館就是這個概念的反轉。因為圖書館是從抽象關係對物理空間進行排序。圖書館的使用者會發展動態記憶，找到與不同領域和主題相關的材料。這就像閱讀書籍的讀者會對頁面的位置有感覺一樣。當我們遇到了一段特殊的文字，我們會記得這是出現在行頭或行尾、頁面上端或下端、段落的開頭或結尾、書的開頭或結尾等。如今，我們可能會感覺圖書館的空間變得更加抽象和虛擬化，但熱力學和資訊必然還是有所交集。麗莎・賈丁（Lisa Jardine）住在離大英圖書館幾百公尺遠的布隆伯利（航行）。有一次她告訴我，如果她真的急著要一本書，她會坐火車去劍橋大學，因為大學圖書館通常允許讀者從書庫取書。但比起牛津大學或大英圖書館，在劍橋大學找書的讀者需要一種在巨大且複雜的空間中導航的技能和耐力。如果是前者，我只需要坐著等待，就會有人替我將書取來。而當我詢問如何使用劍橋大學圖書館時，我曾被告知說要「穿著寬鬆的衣服前往」。

令人驚訝的是，「導航」（navigation）已經成為在物理或虛擬資訊空間中移動時最常出現的隱喻。一個人會在海上航行，而大海是一個幾乎沒有地標的空間。這代表人必須使用輔助的參考座標，譬如航海圖、羅盤方位或星圖。這些輔助用品在航海時覆蓋了無特徵的海景，也就是現在所謂的「擴增實境」（augmented reality）。海洋一直以來都是合乎邏輯但卻未知的事物，必須放置於抽象知識的網絡之下。而不意外的是，航海導航現在成為了當代知識空間的模型。

建築架構

難以被關鍵字搜尋到的事物，可以說明很多事。如果上網搜尋「大學建築」，你會看到一個大學建築系的廣泛列表。搜尋「哈佛架構」，你會看到一種特殊形式的電腦架構，有別於馮諾曼（John von Neumann）架構（或稱普林斯頓架構）。知識架構在很大程度上已經成為一種抽象或非物質的事物。然而，沒有一所大學可以完全「開放」，因為大學始終代表知識的集中，同時知識集中也是傳播知識的手段。所以即使一所大學已經無處不在、超越了在地場所的限制，但大學機構仍然會將知識集中在某個空間與地方。

當然，大學喜歡把自己描繪成一個使知識觸手可及的地方。這個功能通常由大學裡的具體知識架構實現，可稱為「孤獨的開放空間」（sequestered open）。在資訊交換的開放領域裡，大學代表一種隔離的口袋。但是現代大學的作用並不是阻礙，而是選擇性加速知識的交流。資料庫的經濟學原理代表只要我能上網，我就能在任何地方讀到一本罕見的十七世紀書籍。但事實上，我還需要擁有憑證才能登錄早期英語圖書線上資料庫，這可能代表我需要成為某個選區的一員。謝默斯・希尼（Seamus Heaney）為慶祝哈佛建校三百五十週年而寫了〈週年紀念短詩〉（Villanelle for an Anniversary），這首作品展現了開放與封閉、堅硬與柔軟的對立精神。哈佛廣場的「這裡」是一個具有豐富層次、故事與巧合的地方。當西部還未拓荒、原子物理學還未發展、人類也還未登陸月球的時候，創辦人約翰・哈佛（John Harvard）即於此處漫步。這首詩提到了畢業典禮，在學生畢業的時候，希尼要學生聽他朗誦他寫的詩，以便重新開始，讓學生感覺自己跟隨了創辦人的腳步，幻想在哈佛校園中漫步，而書籍和大門都「敞開著」。[35]這首詩雖然有點多愁善感，但它回首過去的描述使用了一語雙敘法（syllepsis），「風霜和考試都很硬」這句話與我們說「某事很硬」的硬與軟感受相互連結。

大學不是單指一個地方。畢竟大學若單純指學習的地方，並沒有太大意義。而「學院」（acadeemia）這個詞彙則總讓我相當惱火。這當然不是一個新造詞，它也的確喚起了人們對一個開放學習場域（此處一半指的是地位的場域，一半指的是想法的場域）的看法。在西元前三八七年建立的雅典學院裡，確實有供奉雅典娜（Athena）的橄欖樹林，這給後來所有大學都留下了一種開放精神的暗示。「學院樹林」一詞要歸功於彌爾頓，他在《復樂園》（*Paradise Regained*）中喚起了這個詞彙作為雅典人孤獨智慧的一部分——

雅典是希臘之眼，藝術之母，
以及才智與口才之鄉，
或好客地，在她甜蜜的窩裡，
城市或郊區，勤奮的步伐和陰影；
你看，那是學院的橄欖樹林，
柏拉圖的引退，閣樓上的鳥，
她那濃密的顫音在整個夏天裡回蕩。[36]

事實上，亨利・皮坎（Henry Peacham）在他一六一二年的《密涅瓦不列顛》（*Minerva Britanna*）中也使用了類似的詞彙。在一首表達想要逃離倫敦喧囂的詩中，他寫道：「你的孤獨學院應該是／泰晤士河上美麗的樹林。」[37]

「象牙塔」一詞在聖勃夫（Sainte-Beuve）一八三七年的詩〈致維倫曼先生，八月的想法〉（À M. Villemain）中首次出現，這個詞彙跟詩中想像的地方有關。[38]葉慈於一九二一年至一九二九年間，住在一座十五世紀的城堡裡（他稱之為「托爾巴里利城堡」〔Thoor Ballylee〕）。在葉慈的作品中，他將該城堡神話化，當作一個遠離國內衝突的地方。在城堡內部的螺旋樓梯上，有一個沉思心靈的形象。這座塔表現出了雙重退卻，首先是向內退卻到一個特別集中的地點，然後向上盤旋，彷彿要離開地球空間本身。對於葉慈來說，高塔和螺旋樓梯相互依存：樓梯可以讓人爬上塔頂，但高塔的存在是為了支撐樓梯並將它帶到塔頂的開放空間。螺旋結構使得高塔在封閉的同時還能允許內在的運動。就像加斯東・巴舍拉（Gaston Bachelard）在一九五八年的《空間詩學》（*The Poetics of Space*）所描述的洞穴一樣，一個人不會在空間中移動，但會從自己的移動中創造空間。那座塔是一個垂直的冰屋，巴舍拉稱之為「有宇宙根源的房子」。[39]曾經是防禦工事的尖頂之塔，已經變成了上升的象徵，朝著開放的高層移動。

大學就喜歡這種結構（像倫敦大學的議會大樓），有時也會蓋一些不實用和過度悶熱的圖書館。柏克萊的薩瑟塔（Berkeley's Sather Tower）是一座鐘樓，鐘樓會定期演奏音樂，而建築裡的動物化石則是從加利福尼亞（California）的瀝青坑裡找到的，彷彿是要把生命變成石頭，然後把石頭變成知識的第二生命。當我第一次參觀匹茲堡大學（University of Pittsburgh）時，我認為把那座約一百六十公尺高的建築命名為「學習大教堂」肯定是一個深情的玩笑。但從一九三一年我於此處進行第一堂課那時，這就是它的正式名稱。事實上，「學習大教堂」是世界上第四高的教育大樓。前三高的塔樓是：莫斯科國立大學（Moscow State University）的主要大樓、東京Mode學園蟲繭大廈（Mode Gakuen Cocoon Tower in Tokyo，因其彎曲的形狀而得名，像是花蕾、種子或祈禱的雙手，視覺上暗示了大學的培育結構），以及名古屋Mode學園螺旋塔（the helical Mode Gakuen Spiral Towers in Nagoya）。

當我們思考學習和知識時，空間和位置可能發揮強大的影響力。譬如某人「畢業」（graduate）、某人獲得「學位」（degree）、某人在某個「領域」（field）中工作，或是擅長某個專業範圍（area）。大學往往扮演著知識秩序地圖的角色。牛津大學的大門周圍，寫著中世紀大學的古典學科（在我那個時代，那裡是男士洗手間，而天文學和修辭學的文字讓洗手間顯得莊嚴，但這個位置現在給了大學禮品店）。我們可以說，大學架構在很大程度上是要提供一個大學概念的品牌運動學舞台，作為一個充滿路徑、過道、通道和落腳的場所，並投射出學習和理解位置的圖像，讓人了解軟硬位置之間的接合處。即使像劍橋大學一般堅硬、看似穩定而持久的地方，還是可以被理解成為一種「波坦金村莊」（Potemkin village）。波坦金村莊的存在目的，是精確體現理念與具象化之間的矛盾關係。大學看起來愈真實，它的穩固性似乎就愈只是某種象徵。

大學也可能是一種絕緣體或黑盒子。在約翰·紐曼（John Henry Newman）於一八五二年出版的《大學的理想》（*The Idea of a University*）中，他談到了北方新教徒的優點就在於對物理隔絕的需求：

> 那裡陽光燦爛，在南方溫暖的氣候中，在地人幾乎不知道如何禦寒防濕。當地確實有刺骨的寒風，也有寒冷和傾盆大雨，但那只是偶爾，一天或一週；他們盡其所能承受不便，並沒有討厭如此的天氣；因為這並不值得；取暖和通風是北方的學問。天主教徒就是以這種方式在教育學上與新教徒對立；新教徒主要依靠人類的工具，他們唯一的資源就是利用他們所擁有的事物；「知識」

是他們的「力量」，僅此而已；他們是崎嶇土地上的辛勤耕耘者。我們的情況則不然；「給我的地界，坐落在佳美之處」（〈詩篇〉第十六章第六節），我們所獲得的是一筆可觀的遺產。[40]

但從紐曼開始寫作到現在，大學已經變成了（也許從那時就已開始改變）一座相當不同的機構，大學與環境的空間關係也變得相當不同。大學曾是支撐知識的地方，是抵禦粗心侵蝕與破壞的地方。羅伯特．伯頓觀察到：「有些人認為有一點煙霧的空氣將有助於記憶，就像義大利的比薩（Pisa）、柏拉圖之後的康登（Camden），這些也都造就了劍橋大學的所在地。」[41]事實上，對於不健康環境的知識優勢，威廉．卡姆登（William Camden）提出了略微不同的觀點（伯頓也提到了他的觀點）：

一個人在一所欣欣向榮的大學裡所需要的事物，在這裡都有。雖然此處的空氣，就像在沼澤裡樹木所呼吸的那般不健康。然而，畢竟最早建立大學的人也允許了放縱的行為。只要學習者體質好，為了學習，也不怕選擇阿提卡（Attica）不健康的學院。這樣一來，身體上那些多餘而且可能會汙染心靈的惡臭，就會被這地方的異常環境所抑制。[42]

如今大學已經不再是記憶的具體化身了。大學愈來愈像是一種通道、一種「認知機場」，其中的居民在任何時候都構成了詩人拉金口中的「脆弱的旅行巧合」。[43]現在的大學變得更像是工廠，而不是修道院：與其說是黑盒子，不如說是發射器。大學存在於複雜的社會空間生態中，並有其明顯的外在特徵。就大學的特定地形面向而言，也許我們可以開始考慮，把大學想成一種純粹的媒介？

大學已經變得愈來愈像一個虛擬的地方，學者開始比律師或銀行家還要花更多時間旅行（雖然是搭乘便宜得多的航空公司）。而二〇〇二年成立的「Eduroam」資料網路則更強化這種發展。「Eduroam」最初是在跨歐洲研究和教育網路協會（Trans-European Research and Education Networking Association）的支持下而建立，現在則由GÉANT機構管理。這個系統連接了歐洲各國的研究和教育網路。「Eduroam」主要是一個分散式認證系統，讓訪問其他大學的使用者，可以用他們的本地認證取用那些本地的網路系統。「Eduroam」系統最棒的地方在於，它只需要一次性登入：一旦你建立了特定設備和學校機構之間的連結，那麼無論你在哪裡，都會自動將你連接到本地學術網路。不管你身處哪個學校、時差多麼嚴重、多麼疲憊不堪或者迷失方向，不管你的投影片中嵌入的音檔是否頑固地拒絕播放，你的手機或筆記型電腦都會告訴你，你回家了，你能在「Eduroam」中漫步。伯貝克大學的晶體學家艾倫・麥凱（Alan MacKay）是我的朋友，也是自然界五重對稱（fivefold symmetry）的發現者，他是上述開放網路的早期夢想家。早在一九八〇年代，他就努力推動所有受公共資助的科學家在公共領域發表他們的研究成果，同時堅持自己並非某個民族國家的公民，而是他所謂飄浮的知識共和國的公民。不過我們看到一些跡象表明，這種政治體制正在瓦解：在英國脫歐公投之後，我們可以發現留歐的票特別集中在學術界以及大學城，譬如牛津、劍橋和倫敦市。這些地方從分裂的計畫中分離出來，希望能保持原有的狀態，也就是說，希望保有知識共和國。這也是一種頑固而拖拖拉拉的渴望，渴望抵抗不讓自己被驅逐回舊世界，那裡是熱力學的世界，有汗流浹背的奴隸、噴著白沫的馬和噴著廢氣的火車頭；而新世界則是一個充滿即時通訊和相互滲透的地方。新的地域政治似乎在位置與疊加、地點與語言、天文學與修辭學之間提供了選擇。

飄浮的知識共和國具有某種外太空般的性質。最能具體呈現這項性質的事物之一，就是位於帕沙第納市（Pasadena）的噴氣推進實驗室（Jet Propulsion Laboratory），它實際上是加州理工學院的一個部門（雖然說這部門的規模讓它的母機構都相形見絀）。噴氣推進實驗室的郵寄地址是帕薩迪納市橡樹路四八〇〇號。但事實上，它位於（如果這個詞彙貼切的話）郵寄地址以北三十公里左右的弗林楚奇鎮（Flintridge）。在那裡，你可以看到下一個火星著陸器正在建造當中，而建造的空間設計能讓大家仔細觀察。就像工人們忘記了自己的劇場功能，穿著生物衣的他們在一個真人大小的人體模型旁勞動。這個人體模型在參觀者抵達時就會完成他們的工作，因為他們不會進行建造。控制中心會與火星上的「好奇號」漫遊者、繞土星與木星飛行的「朱諾號」飛行器以及「旅行者一號」（一九七七年九月發射，於二〇一二年八月二十五日離開了太陽系）進行通話。旅行者一號在距離太陽一百二十五個天文單位（一百八十六億五千六百萬公里）的地方。它是人類有史以來最遙遠的通訊及遙控物體。旅行者一號在太陽系外的位置是透過測量得知的，測量同時得出它在一個密度為每立方英寸一點三個電子的區域。[44]太空資訊劇場並不只是給外人看的。當即時模擬資料從地球各地的各個傳輸站上下傳輸流動時，科學家和技術人員也有他們專屬的空間來監看任務。此外，噴氣推進實驗室的接待區有一座叫作《脈衝》（*The Pulse*）的雕塑作品。實驗室的視覺設計團隊在作品中展示了不斷向下和向上流動的即時資料。

多年前，我在之前工作的機構裡發現了文學院田野工作的最大筆預算來自哲學系。發現這件事情後，我開始想到以下的原則：在學術圈中，前往「特定的地點」仍然是一件很重要的事。在某種意義上，我們不再需要前往別的地方，畢竟很多時候我們就是「寄宿」（in residence）在學校。但同時，讓地點無所不在或對地點漠不關心的能力，其實仍會集中在特定的地點，例如《愛麗絲夢遊仙境》的場景似乎就屬於牛津大學的建築。城堡外牆上的窺視門，讓人可以瞥見閃閃發光的綠色草坪。劍橋大學似乎沒有類似的建築，所以不適合類似的發揮。劍橋的三面廣場比牛津多得多，往往還包圍著大草坪。卡洛爾在《愛麗絲夢遊仙境》營造出一種三維空間，令人窒息的秩序與抽象數字之間的垂直碰撞在那之中發生——

此時，國王咯咯地笑了。他之前有段時間一直忙著在筆記本上寫東西。「安靜！」他說著，然後朗讀起他的書：「第四十二條規則：所有身高一英里以上的人要退出法庭。」

每個人都看著愛麗絲。

「我並沒有一英里的身高。」愛麗絲說。

「你有。」國王說。

「差不多有兩英里高。」王后說。

「不管怎麼說，我不離開。」愛麗絲說，「再說，那也不是一條正式的規定，那是你剛剛才發明的。」

「這是書裡最老的一條規定。」國王說。

「那麼這應該是第一條規定才對啊。」愛麗絲說。

國王臉色蒼白，急忙闔上了筆記本。

「請決定你們的裁決。」他用壓低又顫抖的聲音對著陪審團說。[45]

如同所有的中介場所，大學是地點的中介處，或是全純（holomorphic）交換、分布和傳輸的地方。大學不是孤離的異托邦（heterotopia），也不是不存在的烏托邦（utopia），更不是無所不在的普托邦（pantopia）。大學是「後設托邦」（metatopia），一個溝通中介和媒介載體的地方本身的地方。

知識空間學不僅僅是一種地形學。要進入知識的空間，我們需要的也不僅僅是幾何學。知識空間學涉及到地形病理學（topopathology），也就是巴舍拉所教導的，要我們去觀看和感受空間的詩意。知識牽涉到滋養的幽閉癖、壓迫性的監禁，以及吞噬空間癖。吞噬空間癖與藝術史學家威廉．沃林格（Wilhelm Worringer）在一九〇八年提到的解釋相符。他說，原始人類具有「對空間的巨大精神恐懼」（*Raumscheu*）特徵，於是原始人類從高度抽象的藝術中尋求庇護，把抽象藝術當作空間服從於知識的圖像。[46]空間感（space-feeling）是由四個詞彙的同源性所支配：開放空間中欲望和恐懼的兩極，以及封閉空間中舒適和幽閉恐懼症的兩極。原則上在這個抽象的同源性中，探索空間的積極欲望以及怕被空間吞噬的防禦性恐懼，對應到的是在一個熟悉的私人空間感受到的正面舒適感受以及同個空間帶來的壓抑或窒息的負面感受。在上述任何一種情況下，都可能有一種強烈的誘因讓人想將自己融入空間，或想讓自己逃離這個空間（無論是向內還是向外逃離）。這個基本的模式也可以成為複合的情況。我們在第三章討論過這樣的經驗：現代通訊科技讓遠距離的接近成為可能，這也產生了一種遠距離的親密感。

一般而言，當一個人退卻至封閉或私人的空間時，會被引發的感覺似乎就減少了。所以巴舍拉以一種令人厭煩的方式強調：「幸福會帶我們回到原始的避難所。」[47]但當一大群人擠在一個狹小的空間裡時，就會產生埃米爾．涂爾幹（Emile Durkheim）所描述的一種集體沸騰狀態：「聚集的行為本身，就是一種相當強大的興奮劑。一旦這些個體聚集在一起，當他們靠得很近時，就會產生一種電流，迅速將他們提升至異常興奮的狀態。」[48]我們還必須考慮混合空間或過渡空間的經驗。在這樣的空間中，近與遠可說是緊密結合在一起。空間的擁擠似乎產生了一種安全與侵入的混合體，也產生了一種群體特有的奇異團結感和躁動感。

知識的瘋狂毫無疑問占據了空間維度。事實上，這也許代表空間在各種非理性的心理狀態中必然會激起一種感傷。非理性是無可估量的，但它出現的時候我們會知曉。的確，求知欲的無限擴張當然是一種自大妄想，因為它總是想擴張到等同全世界的大小；但求知欲也會帶來渺小自卑，在渺小自卑的過程中，知識會適當評價自己。於是兩種狀態交替出現，知識受到了雙重瘋狂的支配：無限超越自我的欲望以及明確限制自我的欲望，或是追求無所不在的欲望以及追求居有定所的欲望（同時無處不在，但也就在此處）。這就像馬羅在《馬爾他猶太人》中，寫下角色巴拉巴在計算自己從世界海洋貿易中獲得的財富時所說，知識所追尋的是「小小房間裡的無限財富」。[49]知識透過空間中的繁殖之力來擴展自己，而這種力量會將空間縮小到已知、有名字的地方，以此來支配空間：牛津、海德堡、海王星、半人馬座阿爾法星。但知識必須不斷爭取超越自身之力的力量，永遠不能將自己僅僅禁錮在某個地方。

8

知識統治制度

EPISTEMOCRACY

沉迷於「成長」的現代人很難承認，就像資源匱乏會帶來危機那樣，資源富足也會帶來危機。在過去，只有君主和公爵夫人會死於飲酒過量。我們可以說，人類的歷史就像其他生物的歷史，由資源的稀有性以及需求所推動。的確，如果把歷史當作一種發展或故事，那麼通常我們會把它理解為從資源匱乏到富足的成功鬥爭。但這讓我們很難將人類任何克服限制或增加極限（尤其那些自然條件或其他生物造成的限制）的方式，視為一個問題而非繁榮的成果。如果我們抱怨貪婪，往往是因為貪婪的人挪用了資源、創造了不必要的需求，而不會是因為大家可能擁有過多的資源（無論其他人是否遭受不便或不公的待遇）。「羨慕」這樣的情緒似乎讓我們迫切想要將「成功」理解為「勝過別人」。在占有資源以及占有更多資源中尋求繁榮，或將繁榮等同於成長，這些衝動似乎深植於我們心中。

然而也有跡象表明，我們能開始理解，資源富足可能會帶來一些與公平分配無關的問題。例如，即使世界上沒有饑餓的問題，肥胖造成的健康成本也是我們必須面對的挑戰。也許，我們在各個領域中都養成了資源膨脹的偏見，這種根深蒂固的偏見讓我們無法思考是否還有其他種類的危險富足，例如關於過多選擇、過多自由或過多交流機會所帶來的危險。

讓我們回到本書主旨的相關問題，如果社會中開始出現知識肥胖或「知識過剩」（knowledge glut）的現象，是否會出現與身體肥胖類似的問題，對我們造成傷害？[1] 我們是否能希望知識變得更少，又要如何實現這個目標？為了決定要怎麼刪減或保留知識，我們是否又需要更多知識？

自從柏拉圖的《理想國》（*Republic*）寫成以來，「理性應該指引權力」這個主張一直都是政治哲學中的重要原則。此外，人們也相信，人在行使權力時應以知識或智慧為基礎。權力和知識因此必須緊密結合在一起。即使那些質疑權力與知識結合的人（例如米歇爾．傅柯的追隨者），也很少有人聽到他們要求將權力拱手讓給無知與偏見。甚至那些系統性反對「西方」科學世俗主義、支持神權統治的人，也不是真心想依賴無知才這麼做。因為宗教信仰其實比科學知識更依賴知識真理的理想。教育已經被視為西方社會所賦予的權力，即使是西方社會的敵對者也是如此認為。譬如「博科聖地」（Boko Haram）這個名字的意思是指「錯誤是被禁止的」（「博科」一詞暗指「ilimin boko」，意思是錯誤的〔西方〕教育）。我們很難找到任何人來批評一個理性最大化的政體，雖說仍有許多複雜的論述（值得一提的是，許多論述背後似乎都沒有可靠的知識）在爭論實現理性最大化政體的不同方式，以及哪一種制度能確保這種理性政體得到最大理解和保障。許多烏托邦的理想似乎是因為對純粹理性的計畫感到不安而設計出來的，但這些理想卻忍不住一樣加強了某些其他形式的安心保證。知道更多而非知道更少會有什麼錯呢？寫到了這個階段，我的論證中有一點讀者應該很清楚了。我認為知識的一部分問題就在於，知識本身很少能完整評價它所帶來的感覺以及自身產生的效果。知識本身很容易承認自己並非無所不知，但要知識承認它對自己的運作方式所知甚少，就不是一件容易的事了。這種情況特別是在知識資源豐富時（或是強迫知識必須成長時）最容易出現。

思想家和知識分子通常會對他們自己與權力的關係而感到不安。他們憎恨那些沒有智慧的統治者，但又不願意自己承擔統治的責任。亞歷山大大帝與哲學家第歐根尼（Diogenes）相遇的故事，體現了類似的觀點（這個故事很多人在不同時代都曾說過，但最早的故事版本則出現在《哲人言行錄》〔*Lives of Eminent Philosophers*〕）。第歐根尼住在科林斯市場的一個木桶中。亞歷山大表明了自己的身分，並問第歐根尼他想要什麼。「是喔，」第歐根尼回答，「那麼你別擋住我的陽光。」[2]這則寓言故事加強了這樣的信念：「哲學家」（在這裡被視為「假定本來就有知識」〔one-supposed-to-know〕的幻想縮影）應該與權力保持一定的距離，他們寧願要第歐根尼的光明真理，也不要亞歷山大的陰影。這樣的觀點直接反駁了柏拉圖《理想國》中的哲學家國王理想，也反駁了「當有哲學家統治國家或者統治者是哲學家時，國家就會幸福」的柏拉圖式原則（克利斯蒂安・沃爾夫〔Christian Wolff〕在一七三〇年時仍然為這個原則辯護）。[3] 彼德・斯洛特戴克寫道：第歐根尼的故事——

一舉展現了古人對哲學智慧的理解。古人認為哲學智慧與其說是理論知識，不如說是一種正確的「主權精神」（sovereign spirit）。從前的智者深知，在令人上癮的理論中知識有其危險性。知識很容易就把知識分子拉入野心勃勃的洪流之中，讓他們屈從於智性上的反射動作而非自主的行動。這則軼事的魅力就在於，它具體呈現哲學家如何從政治家手中解放而自由。在這個故事中，第歐根尼不像現代知識分子一般想成為有權有勢之人的幫兇，而是拋棄權力、野心以及渴望被認可的欲望。第歐根尼是第一個敢放肆對王子說真話的人。[4]

然而知識變得愈來愈依賴世俗的力量以及世俗力量上頭的那些權力。這也許對大多數學者和知識分子來說尤其如此。有人可能會說，當代「哲學主權」最明顯的形式是有年金與法律保障的學術任期。據說，這樣的制度保證學術自由，讓學者能從事任何合適的研究，而不受政治恐懼或政治偏好的阻礙。而其中最重要的是，不讓任何事情阻礙他們的薪資。主權代表的是絕對自主統治的概念，但這個概念本身卻又總是自相矛盾，因為主權實際上不可能由自己賦予自己，也不可能真的直接從超越世俗的權力中獲得。但學術界的終身職是一種特別奇怪的混合體，它將絕對的自主權和可憐的依賴性結合成為一體。

在教宗若望二十二世於一三二三年十一月十二日頒布的法令當中，他開始嘗試消除教宗尼閣三世在一二七九年所建立的法令。早期的法令透過區分所有權和使用權，允許方濟會的修士們使用實際上屬於教廷的財產。後來教宗若望認為，方濟會不僅原則上擁有財產，實際上也擁有財產（而且是大量的財產），所以他們應該追隨基督和他使徒們的腳步，被允許自由運用這些財產。這後來被視為一段異端邪說的插曲，也是宗教機構與宗教熱情之間的異教式衝突。當時教廷除了必須對方濟會修士不斷增長的財富提供銀行服務以外，教廷還對另一件事相當惱火，那就是方濟會修士的穿著有著近乎暴露狂式的堅持，並且充斥虐待他人鼻子的氣味，這實際上都威脅到了整個天主教的名譽。之後，哲學家奧坎（Ockham）介入了。他以政治化的方式擺弄那把著名的唯名主義剃刀，斷言教宗若望二十二世本身就是一個頑固且根深蒂固的異教徒。[5]

我們在學術世界中也以類似的方式，參與了一些友善的冒名詐騙行為（就像教宗若望二十二世試圖解決卻沒有成功的問題）。在我們溫柔的方濟會式自我理解中，在大學裡（尤其是人文學院）我們相信自己處於權力和特權之外。因此，我們更能將知識運用在弱者或流離失所的人的身上，也更能代表他們向當權者說真話。但這種觀點其實仰賴於一種脆弱、多善感且愈來愈過時的理解。我們錯誤認知了知識的地位和權力。

高知識分子在現代已經成為統治階級，雖然說我們當中許多人可能會困惑地感覺自己像是匿名或甚至令人羞愧的知識領域成員。這種矛盾實際上是知識統治制度的一個顯著特徵。彼得・杜拉克（Peter Drucker）敏銳地指出了這項特徵。他於一九六九年寫道：「在知識社會裡，知識工作者是真正的『資本家』，但同時也是依靠工作而生存的人。」[6] 在英國，大多數的博士畢業生（其中有百分之二十五的畢業生擁有一流學位，如果是在幾十年前，他們馬上會得到穩定的終身學術職位）很難理解他們為何沒有得到受人敬重的知識自主地位。這是他們求學過程以來一直被誘導期待的。但倘若對歷史有更多了解，他們可能就會發現，統治階級的成員經常會感到既優越又不穩定，這樣的情況並不少見。（否則倫敦塔是做什麼用的？）

杜拉克透過他卓越的先見之明，指出知識統治制度中最強大的結構張力：為了達到最大化的社會和經濟效益，我們必須教育未來的知識工作者，讓他們能夠迅速適應環境。這實際上代表，他們所受的教育將遠遠超出現有職業所需的具體技能和專業知識水準。知識工作者必須被訓練成快速反應部隊，而不是緩慢的步兵，他們能夠透過不斷的重新培訓，以適應不穩定的情況和需求，好似能夠重新分配到任何生物功能需求的多功能幹細胞。而如果不設法找到資源實行迅速和廣泛的教育和培訓，這個社會就不可能繁榮。但這種社會教育的計畫也必須找到方法處理它們可能製造的抱負受挫危機，才能在政治上取得成功。如果將知識工作者視為特種部隊，那麼我們應該要知道，把這些人融入薪水階級是多麼困難的一件事。為了扮演好教育公民參與知識社會的角色，自由大學必須無意識或祕密地限制自己所宣稱的宗旨，也就是限制自己培養無限數量的具有自我意識、批判精神和智性自主的公民。在許多快速發展的經濟體中，知識和智性適應能力的迅速擴大，可能產生某種衝突，但這種衝突往往會被大學在法律、醫學、管理和工程等狹隘專業技術領域中（或者說在這些學科的狹隘理解中）的集中投資所遏制（「集中投資」這個詞彙在知識統治制度中，總是有一種可愛的情感意義和經濟意義）。在經濟衰退的已開發國家裡，大量的人們出現無法實現的智性抱負以及自我理解的問題，因此這樣的國家必須尋求更複雜的解決辦法。

適應這種轉變的方式之一，就是對傳統自由主義思想中普遍、獨立、人文主義的知識分子想像，展開持續性的攻擊。這是一場從一九六〇年代以來，由右派和左派一起發起的攻擊。雖然我們必須承認，左派一直更積極、更巧妙並更有效地追求這個目標。這讓原本不可預測且自由流動的「批判性智慧」能量，退縮到一個福音般的狂熱機器當中，以此進行集體社會改革。在這樣的改革裡，每個人都有權利和義務站在一個想像的災難之外，要求在任何特定的時間內，消除一些社會普遍認可的不平等或普遍排斥的弊病，譬如社會不正義的問題。就連現任英國保守黨政府也做出了反對社會不正義的承諾，其中包括種族、信仰、性別、殘疾、性取向、國家基本生活工資和工人權利、地區差異、世代公平、心理健康、家庭暴力和虐待、學校和技術教育改革，以及移民等社會不正義的問題。因此，政府的組成開始變得像是一群順從的官僚牛虻。這意思不是說我們應該反對這樣的政治承諾，恰好相反，就像根除罪惡那樣，我們不能反對這樣的承諾。

將知識轉化為批判工具這件事，已經成為社會拯救計畫中意想不到有用的第一步。而這樣的社會計畫也就是要工具化批判行動本身。於是我們看到結果帶來的是一種威權自由主義。這樣的體制會透過反自由的威權主義，在神權政治、後極權主義或更直接的黑幫社群中粗劣地完成它們的工作。在這種廣義、強調社會團結的自動批評中，其目標和優點之一就是針對自我排斥的系統性排斥，也是針對放逐者的取締或針對遵守十戒者的十戒。就像第六章中提到的隱士和聖愚者的歷史所暗示的，這些現象也有可能會成為像是宗教教育和高等教育中一種充滿問題的副產品。

然而，反對社會罪惡的運動就像所有體內平衡中的狀態一樣，只是暫時減緩的激流，而且十分可能轉瞬即逝。例如，如果要保持熱情，就需要相信自己是屬於陷入困境的少數群體（無論是在一個社會還是在一個被外界包圍的世界中的少數），於是人們傾向很快將熱情用完，就像射精一般，也像受到鞭策的修道士傾向安頓下來、成為穿著羊毛衫的聖公會教徒。另一方面，一旦熱情開始繼續發展，透過創造新事件和新機會，熱情會自我放大。所以我們很有可能會看到其他結構上的張力，而這樣的張力會來自於一個愈來愈依賴知識而進行組織和複製的經濟體制。

科學知識的權力縮影，體現在二十世紀的原子彈發展中。這種武器的發展對第二次世界大戰的結果起了決定性的作用。透過在各種專業技術上的巨大經濟力量發展與投資，軍事知識的權力在二十世紀後半得到了擴張和許多分支。如今，競爭優勢愈來愈依賴資源的可取用性以及勞動生產力。此外，它也依賴技術創新的能力。因為透過技術創新，人們才能讓自己超越資源的限制，並發明新的技術工具，繼續平衡不平衡的資源競爭。當然，作為一個非體制內的「知識分子」而生活仍然是可能的。不過「知識分子」這個概念，特別是所謂「公共知識分子」（public intellectual）這個概念，就是我要在這最後一章中提出「知識統治制度」的討論範疇。

就像「知識感覺論」一詞，「知識統治制度」這個詞彙在我之前就有人使用過了。雖然說在我寫這本書的時候，這個詞彙還沒有被收錄進《牛津英語辭典》當中。「知識統治制度」最常用來指：以專家學者的知識基礎而建立或是接受專家學者的知識指引之政府制度。最早使用這個詞彙的是特倫斯．鮑爾（Terence Ball）。在他一九八八年出版的《轉變政治討論》（*Transforming Political Discourse*）一書中，他提到：「知識統治制度的權威，指的是一個階級、群體或個人。他們透過專業知識來統治另一個階級，其中後者無法獲得前者所能獲得的專業知識。」就像鮑爾提到的那樣，這裡的假設是，一個有權威知識的人本身就應該擁有權威。[7]安東尼．格雷戈爾（A. James Gregor）用「知識統治制度」這個詞彙指「由有知識和能力的人所統治的政治體系」。這種體系曾經是義大利法西斯理論家和支持者所盼望的。同時格雷戈爾還加上「知識君主制度擁護者」（epistemarchs）這個新詞彙，意思是「那些主張讓最有天賦、最有知識以及最有熱情的人來統治的人」。[8]最近，「知識統治制度」（epistemocracy）這個詞彙被大衛．埃斯特倫德（David Estlund）縮減成為「epistocracy」。這可能是因為後者能有效暗示類似於「專家貴族制度」（aristocracy）的縮寫。埃斯特倫德把「知識統治制度」簡單描述為「由智者統治」，並提到在特定脈絡下，我們可以使用「epistocrat」來指「充滿智慧的統治者」或是「支持由智者統治的人」。[9]當然有人還可能會想，是否有一些「epistocrat」可以指技術官僚，而不是民選的政務官。換句話說，「充滿智慧的統治者」可能既不是領導者，也不是支持者，而是知識體系中的工作人員。

思考過知識統治制度的本質和優點的政治哲學家，大都追隨埃斯特倫德的觀點。他們認為這個詞彙指的是「政府由特定的專家或學者所組成」，也因此他們擔心此制度與民主制度的衝突。傑森・布倫南（Jason Brennan）更進一步認為，現代政府的複雜性加上大多數選民對多數問題有著令人沮喪的無知，這讓某種專家導向的知識統治制度比民主制度更好。[10]最近的政治發展鼓舞了這種看法。就像大衛・朗西曼（David Runciman）所說，最近的政治發展讓精英知識分子重新擔心起民主制度本質上的弱點（投票支持留歐的英國選民中，有近一半的人似乎都可以說屬於這類群體）。[11]根據朗西曼的調查，在英國脫歐公投之後，劍橋（他和我都在這裡教書，而且這裡留歐的票數相當多，只比直布羅陀以及我在倫敦市居住的區要少）當地的反應，幾乎是普遍地對那些支持脫歐的人展開惡毒的嘲弄，因為他們用這種不負責任和自我傷害的方式在投票。[12]當時在這裡，報復性的想法和抱怨到處都是。傑瑞米・帕克斯曼（Jeremy Paxman）意味深長地引用了門肯（H. L. Mencken）的觀點說道：「民主制度就是一般民眾知道自己想要什麼，所以對結果也應該當之無愧。」[13]我把這些事情記得相當清楚，就像朗西曼所描述的那樣。在二〇一七年二月，約翰・諾頓（John Naughton）

寫道：「投票結果說明了為什麼不投資教育或不解決教育落後問題，最終會造成巨大的社會成本（甚至可能包括民主制度的崩潰）。但這也不是什麼困難的火箭科學。」[14] 所以我們顯然不需要知識來知道答案是更多的知識。事實上，朗西曼的判斷更加微妙，他說：「在我們的政治中，教育的鴻溝並不存在於有知識和無知識之間，而是存在於兩種世界觀之間的衝突。」[15] 在過去的時代，人類為克服自己的無知而鬥爭。但在我們這個時代，最迫切的問題是我們應該怎麼面對我們所擁有的知識。

可以理解的是，大多數關於知識統治制度的批判性討論，都集中在合法性和有效性的議題上。許多人在討論是否把更多決定權交給專家會是個好主意。就像法比安・彼得（Fabienne Peter）提到的：「政治決策需要專家嗎？或者說我們能相信一個民主國家能自己做出正確的決策嗎？」[16] 這些爭論似乎可以歸結到下列兩者之間的選擇：最大化做出正確決策（或至少是好決策）的機率以及最大化人們參與決策的過程。特倫斯・鮑爾承認民主制度中有愈來愈多要讓複雜問題的決策徵詢專家的壓力，同時工程、醫學和物理學的專業知識也能對政治決策做出貢獻，但他反對把政治本身看做只是技術程序。相反地，他認為政治是「集體審議、對話和判斷的技藝」。[17] 娜迪亞・烏爾比納蒂（Nadia Urbinati）同樣認為，過於關注好的決策結果，可能對維持民主程序產生風險，而民主程序本質就是一種好的價值，她說：「雖然出於崇高的理由，儘管這能將智慧賦予大眾，但是公共領域的認知扭曲，會改變民主獨特的不和諧和不精確特質，而這些特質是享受政治自由的必要條件。」[18] 雖然大衛・埃斯特倫德有所疑慮，但是有些學者認為建立有限形式的知識統治制度，可以避免民主進展中所產生的扭曲。[19]

這些都是複雜而重要的問題，但是它們不是唯一可以想像到的問題。此外，如何做政治決策的問題，也不是關於知識統治制度的唯一問題。也許這類問題近年來獲得這麼多關注的原因之一，是因為它提供了一種機制，允許對決策過程進行詳細的理論模型建構和測試，就像埃斯特倫德的著作及那些對此做出回應的人一樣。但不管它在知識上多麼有益，用這種理論方式關注政治，就會把政治生活簡化為政府的形式體系，同時將政府簡化為提問和回答問題的系統。有人可能會懷疑在選舉裡，特別是以贊成和反對形式舉行的公投之中，民主制度是否還是堅強的制度。

關於「知識統治制度」這個術語有一種更理想化的用法。納西姆·塔雷伯（Nassim Nicholas Taleb）在二〇〇七年《黑天鵝效應》（*The Black Swan*）中的〈知識政體，一個夢想〉一章裡，使用「知識統治者」（epistemocrat）一詞來形容那些表現出「知識謙卑」的人，因為「這些人會懷疑自己的知識」。[20] 對塔雷伯來說，他們是警惕、溫和的自我譴責者，而其中最具代表性的人物就是法國文藝復興時期的哲學家米歇爾·蒙田（Michel de Montaigne）。雖然說在這樣的情況下，我們也可以想像不那樣吸引人的「知識謙卑」版本，譬如無止境、強迫症般的自我懷疑，或是成為更嚇人、更具侵略性的普遍懷疑主義者。這代表的是一個人的知識謙卑理想，可能會延伸到他對自己的懷疑。塔雷伯接著就提出使用「知識統治制度」來稱呼「法律都是基於人類的知識謙卑而制定的制度」。[21]事實上，關於知識統治制度的話題在塔雷伯的書中只有幾段，後來他就進入了更有趣的話題（但基本上與我們的主題不相關），開始討論預測未來的困難。不過他在二〇一〇年《黑天鵝效應》第二版中繼續發表了一些評論：「我的夢想是擁有一個真正的『知識統治制度』。這代表的是，我們的社會能夠經得起專家錯誤、錯誤預測和傲慢預測的考驗。這樣的社會能夠抵禦無能的政治人物、監管機構、經濟學家、央行行長、銀行家、政策專家以及流行病學家。」[22]布倫特·波德格（Brent C. Pottenger）跟隨了塔雷伯的腳步，在他的「醫療保健知識統治者」（Healthcare Epistemocrat）部落格上宣稱：

> 今天，所謂的知識統治者會關心他或她所不知道的事、熱衷終身學習並且博學、找尋動態平衡、擁抱不確定性。本質上，知識統治者也是實踐家（同時是思想家和實業家，或是有耶穌精神的「行動的沉思者」），他會謙卑地尊重（透過悖論）身為人類的極限，並同時尋找（透過思考）實際且現實的解決方案，以幫助我們在這個日益複雜又不斷重複的世界中共同生活和成長。換句話說，也就是幫助我們更多樣化。[23]

我想我所能理解的知識統治制度（以及它的起源和發展）是另一種事物。差別在於，我所理解的知識統治制度是由專家管理，此外還有普遍化專業知識的堆積和增殖。這個制度暗示知識原則的權威正在不斷增長，而不只是特定知識分子的權威。這也可以稱為「分配型知識統治制度」（distributive epistemocracy），或者由下而上的知識生產制度（或許不是真的由下而上，但至少可以說，這比由上而下制度有更多方向和維度）。

這種情況所要問的問題是：在知識統治制度的條件下，生活會是什麼樣子？如果賦予了知識至高無上的權威（無論是誰將擁有權威），這樣的社會有怎麼樣的基調？那些認為解決效率和正當性問題便足以解決一切問題的人，很可能會說如果我們只能這樣做，那麼生活就會變得更好（如果是這樣最好，但其實這麼做不一定會無損民主制度的運作）。他們認為，因為我們都將能做出更好的決策，所以最終我們都會得到好處。這種觀點的假設是，讓人們不快樂就是糟糕的決策，而好的決策會讓他們更快樂。但是政府不僅僅是做決策的單位而已。反之，政府也是審議的過程，而這樣的審議會以許多不同形式存在於各個領域。

審議

以決策為導向的審議，假設我們必須深思熟慮，以便找到最佳方法消除通往幸福目標的障礙。這種方式有很多好處，因為我們都知道通往幸福目標的障礙有很多：貧窮、疾病、壓迫、無知。但這種方式並不是完全沒有缺點，因為我們會發現有一個意想不到的原因阻礙著我們：消除所有通往幸福的障礙，也會是通往幸福的障礙之一。人們總是預設人類想要幸福，但人類似乎並不是真的如此。人類最想要的似乎是「想要快樂」這件事，因此人類總是想要努力實現快樂。人類喜歡解決問題。的確，這麼做比其他任何事情都讓我們更快樂。但這不是因為我們想看到問題獲得解決，而是因為我們喜歡有問題需要解決。我們解決問題不是為了解決問題；相反地，我們設計問題的解決方案，是為了讓解決問題這件事變得有價值，也是為了讓我們有必要參與解決問題的活動。這些對我們來說都很重要。我們真正想要的不是快樂，而是有意義，而知識逐漸成為實現這個目標的手段。

對於克服困難來說，知識很有用，而且往往是不可或缺的（儘管不一定是克服困難的充分條件）。這也就是支持知識貴族制度（epistocracy，知識集中在特定知識貴族階級）的重要理由之一。但是一旦知識被充分傳播之後，也會成為容易製造並延續困難的事物。事實上，知識最重要的目的之一，就是不斷製造困難。我們不是為了獲得知識而審議；反之，我們擁有知識是為了擁有可以審議的事物。人有理性是為了最大化理性思考的機會。事實上，這就是支持知識統治制度（或者稱為由分散式知識所組成的政治體制）的最強理由之一。

知識是審議過程的重要核心，但知識並不是這裡唯一重要的事物。知識有用，但也可能帶來瘋狂。這就是為什麼透過這本書所討論的各種方法來玩知識或展現知識，對我們來說很重要。因為知識表演可以讓我們不僅僅是尋找到解方，也能讓我們繼續發展事情（若只有解方，伴隨而來的是消亡）。

知識與玩知識是密不可分的。我們可以經常觀察到，當動物愈聰明，牠玩的動機就愈強。當然這不是理性存在的唯一理由，但這似乎是理性令人感興趣的地方，畢竟其他的存在理由，都因為人類成功克服生存障礙而逐漸消失了。我們會玩知識，是因為知識的目的首先是消除所有出現的障礙，然後我們會清除更多障礙，以便開始玩遊戲。

知識的誕生是為了提高那些發展知識的人的生存機會（或者說那些倖存下來的人恰好發展出了知識）。但生存本身只是一種確保「遊戲」可能性的手段，而知識對於遊戲來說，也是一種本質的必然性。知識遊戲的概念，允許我們融合工具知識和非工具知識。工具知識處理的是關於生存問題，而生存問題若不解決，就會威脅到知識遊戲發生的可能性。生存的意義在於能夠繼續遊戲，而生存的代價就是更多的遊戲。我們可以推測，工具性問題在處理存在威脅時，也順便提供了玩知識的可能性。在這些情況下，工具知識提供了嚴肅性，而這樣的嚴肅性是必要的，因為它提供了我們可以玩的事物。這種以好玩為主的知識目的，在工具知識中必須被隱藏起來。的確，也許工具性就是知識隱藏自己了解遊戲方向的一種方式。因此，遊戲安居在嚴肅之中，嚴肅也可以安居在遊戲之中。這一切本身都是一種遊戲。

知識殖民地

對於知識統治制度悲觀或警惕的人，會強調知識過程中知識分子或知識統治者的角色。

塔雷伯脆弱的樂觀主義更側重於知識本身的謹慎規則。在這裡我想提出一種診斷，並藉此將哲學家國王與謹慎不可知論者之間的界線一分為二。我在這裡所猜想的知識統治制度是一種社會條件，在此條件中知識的價值凌駕所有其他的社會價值。這種制度的焦點不是效益，而是知識的理念。而我懷疑在短期內，我們不太可能將這種理念與幻想分開。這種制度或許不會被認為是一種特殊的社會政治體制，而是一種特殊的社會傾向——一種集體知識癖（epistemophilia）。

知識統治制度的重要背景是來自於社會理性化（rationalization）理論的發展，尤其是從馬克斯．韋伯（Max Weber）的著作開始。韋伯認為，現代社會遠離了傳統模式的權威與政府（傳統模式的基礎是富有魅力的領導人以及世襲繼承等政治信仰），而走向理性計算的模式。引領這種轉變的兩個主要驅動因素，是官僚行政的發展以及市場經濟的影響。理性化概念的發展，產生了與之相對的「生命世界」（Lebenswelt, lifeworld）概念，其核心原則可能是：生命世界是理性化的物體或是理性化物體所運作的環境。對於艾德蒙．胡塞爾與阿爾弗雷德．舒茨（Alfred Schütz）來說，生命世界是一個背景（意義背後的給定之物、假設或預先判斷），也是一個後續效應。在社會理性化的過程中，我們傾向第一次揭開這個單純生命世界的原始面貌，但卻很可能之後再也無法這樣了。

許多人認為生命可以被（或一直以來就是被）分割為自發性的「生活」（living）和程式化的「理性」（rational）。這種想法其實很難在理性思考中存活下來。但是它卻仍然是二十世紀以降哲學和社會理論的重要支柱（無論我是否完整表達了這些詞彙的意思）。這種想法還推動並合理化了二十世紀的許多藝術和文化實踐，以及學術界的許多思想體系。這尤其是因為這些研究被劃分為不同的智慧財產在學術機構中分類，其中有些被歸類為「生活經驗」領域，另一些則被歸類為「技術知識」領域。生命世界經常被認為是生命的殘餘部分，也是技術生產中所留下或排出的「殘餘精華」。因此，那些本應調查、辯護並豐富他們生活世界的人文學者已經習慣將自己的知識也視為一種殘餘（儘管是一種至關重要、具有救贖意義的知識殘餘）。尤爾根·哈貝馬斯（Jürgen Habermas）曾描述一種正在進展中的「自主系統對生命世界的殖民」。這樣的想法已經成為一種廣泛應用的概念，從史賓格勒到斯克頓（Roger Scruton）的右派思想家，以及從阿多諾到幾乎所有左派思想家，都分享了這個觀點。[24]「生命經驗和自主知識系統之間的衝突」這種想法是如此普遍，普遍到這種想法已經融入思想體系的一部分，甚至不再是一種獨立理念了。換句話說，這種想法事實上已經是社會知識理性體系的一部分了。

人們通常認為，知識貴族制度的前景，就是透過將政治簡化為專家的計算，讓計算理性的權力和權威在生命世界中做進一步延伸。但我在這裡所主張使用的「知識統治制度」這個術語，不是用來指透過計算理性展開對生命世界的殖民，而是一些看起來完全相反的情況，也就是指「知識被生活世界殖民化」的情況。生命並非從屬於知識或那些自私自利的知識模仿者，而是知識受到了文化的薰陶，在「經驗」的系統性幻想中自己作為「生命世界」而存在。

在我的用法中，知識統治制度指的是知識文化體制。這樣的概念不會把政府視為抽象的體系，而是視為對於那些體系的感覺。但這樣的感覺會因為傳播媒體的快速傳播，愈來愈被提升類似於抽象體系的存在。知識文化體制不僅依賴於知識的生產和傳播，還依賴於知識想法的承諾、宣告以及履行。知識不僅會受到重視，知識本身還會提供一種協調的價值觀語法以及一種日益普遍化的交換媒介。知識社會是以它的本質來定義；而知識文化則是知識社會看起來的樣子。這個區別只是一種抽象的區別，而不是在兩個術語的用法之間真的存在明確的區別。而毫無疑問地，知識文化與知識社會之間會相互融合和重疊，於是知識社會的本質開始會回過頭來影響該社會的形成條件。

「知識社會」這個詞彙，是在一九六九年彼得．杜拉克的《真實預言！不連續的時代》（*The Age of Discontinuity*）中首次被使用。一九七三被丹尼爾．貝爾（Daniel Bell）認為知識社會是「後工業時代」（post-industrial society）的主要特徵。此後在一九八〇年代中期，「知識社會」一詞開始被廣泛使用。到了二〇〇〇年代以後，更可以在在官方政策聲明和日常生活中經常看到。這個詞彙已經愈來愈深入人心。[25]這種深入人心的效果，是同時鼓勵人們反思知識社會可能需要什麼、依賴什麼、有能力做什麼，並且鼓勵反思為什麼我們應該用這樣的詞彙（似乎完全不是必要的詞彙）來思考。「知識社會」這個詞彙的成功，改變了社會修辭學上的風氣。尼科．斯特爾（Nico Stehr）提出了知識社會的最重要原則：「用科學知識滲透生活的各個面向」，但他後續也發現到，知識的種類和風格不斷增加，遠遠超出了知識社會中的科學或技術知識。[26]的確，也許知識社會中最重要與最有利的條件是計算科技的發展。當今這些科技決定了各類資訊以及各類社會經驗如何被儲存、處理和交換。

當前，「知識社會」的理念中似乎仍然充滿著樂觀和善意。聯合國教科文組織一份《邁向知識社會》（*Towards Knowledge Societies*）的報告認為，增加獲取知識的機會絕對是一件好事。他們說：

> 一個知識社會應該要能夠整合其中所有成員，並促進當今世代與未來世代的團結。任何人都不應該被排除在知識社會之外。因為知識是公共財，每個人都應該要能夠取用。[27]

知識社會就是一個擁有更多知識的社會，其中知識對於社會的穩定和繁榮有著無比重要的角色。但令人驚訝的是，我們實際上很難衡量或管理知識。事實上，無論如何衡量知識，必然會出現的是知識代理以及知識關係。知識的表演是知識感覺的載體，也是本書的主題。這些知識代理中最凸出的事物，或許是教育體系中的經濟投資和社會參與。人們通常認為，這一定代表說更多的人會知道更多的事情，也知道如何做更多的事。但是在這裡我們仍然可以質疑：在過去沒有受太多教育的人能做的某些事情（數學、文法等等），對現在的人來說卻是很有挑戰性的，更不用提許多先進社會的公民所缺乏的基本生活技能了。

我們甚至有理由認為，知識社會可能是一個整體智力集中程度較低的社會。因為在知識社會中，取用並傳播專業知識的能力，比實際擁有專業知識更重要。因此，知識社會中的個體成員對更廣泛事物的知識，很可能比以往任何時候都還要少。事實上，現在的知識社會需要（並且增加了）更多知識中介的數量和種類，而這些中介為知識文化的形成提供了必要的條件。換句話說，社會會透過這些中介，尋找到知識的理念和理想。

一方面來說，我們可以發現知識社會中能夠當作知識的事物種類，毫無疑問相當的多樣化。就像丹尼爾．伊訥拉瑞提（Daniel Innerarity）所說：

> 知識社會是一個知識（而非科學）具有重要意義的社會。如果我們要完全理解知識社會，那麼我們就必須認知到這樣一個事實：在知識社會的作用和衝突中，它包含了許多不同類型的知識，甚至有些是互相矛盾的知識。[28]

另一方面，日益增長的知識統治制度似乎把任何有價值的事物都當作知識，也把知識看得比什麼都重要。但這可能並不一定是一種幸運。

外知識感覺論

格諾特．伯梅（Gernot Böhme）在一九九二年的一篇論文中主張，知識社會不僅僅是一個擁有更多知識的社會，它還是一個能夠知道自己組織方式的社會：

為了用知識讓社會成為可控制的事物，社會本身必須按照知識結構來組織：社會過程必須按照功能進行區分、按照模式進行安排；社會行動者必須在某種程度上受到約束，讓他們的行為服從於資料蒐集，或者讓他們的社會角色和活動限縮在他們所生產的資料範圍內……如果要從這個角度來說，現代社會是一個知識社會，那麼就有必要強調，這不是「社會本質上是什麼」的知識問題，而是社會如何透過知識而組織起來的問題。[29]

或許當代知識社會所提出的最大難題，就是知識開始遠離計算科技中的人類認知能力。人工智慧已經出現很長一段時間了，甚至我們可以說人工智慧在人類出現時就存在了，因為所有的智慧都可以說是人工的，所有的智慧（在判斷能力的意義上）都需要人類來外部化（譬如提交報告）。知識的作用是什麼？知識是用來交流傳播的。如果人們有一種強烈的欲望要把某種知識隱藏起來，那麼這可能是因為有著交流知識的潛在迫切欲望。「智慧」這個詞彙充分體現了這一點：有智慧的意思，就是有可以傳遞下去的智慧。「資訊」這個詞彙也出現類似情況：資訊不僅僅是給定的，而是「必須」給定的。的確，如果原則是「我不知道我在想什麼，除非我聽到自己說了什麼」，那麼直到我能夠說出來告訴自己之前，我都不知道自己知道些什麼。我只能認知我所能認出的事物。驅動我想要知道的力量（如果有這樣的東西），是一種能夠說出自己知道什麼的動力。知識似乎永遠都不嫌多：一個人必須傳達他所知道的資訊，或至少確保資訊不被竊走或遺忘，以便在需要時可以召回它。我在做的是寫一本關於知識的書，這項工作也是自己實現這種模式的一部分。但對我來說，找出我們關心之事中可能需要知道的事物，與找出我們是如何說出知識相關的事物，是兩件不同的事。區分兩者有時並不容易。

但是當一個人說出自己知道的事情時，一些意想不到的事情就發生了。因為這個把知識轉變為專注和實現的過程，也開始把我與我的知識分離。因此，我很可能會忘記如何理解我已經寫出來的事物。人們有時會禮貌地請我解釋我曾寫過的觀點或論述。有時當我將自己所知道的事物外在化或者書寫出來之後，我會被要求將那些知識擬人化，盡我所能假設知識的身分，令人信服地去解讀。但當我以某種方式表達知識，讓它具有可理解性時，這就代表此知識不再完全屬於我了。而且隨著時間流逝，這種知識變得愈來愈與我無關。這就是為什麼當別人請我解釋我所寫事物的含義時，我必須重新設身處地站在他們的角度思考，重新閱讀自己的作品，就像讀者會為他們自己所做的那樣。

所以，沒有訴說就沒有知識，尤其沒有可重複訴說的寫作，也就沒有知識。但寫作是對自己知識的侵蝕，甚至就像蘇格拉底所擔心的那樣，寫作是失憶的載體。或者就像第六章中引用的喬伊斯在《芬尼根守靈》的那句話，每一個故事都有一個結局或結尾。我有時做事或說話，都好像我認為我在儲存我所知道以及我所寫的事物，就好像在積蓄知識，直到某一天知識離開了我，或我離開了知識。但隨著外在積蓄的知識愈多，我真正擁有的知識就愈少。知識將永遠存在於我所寫的作品當中。這些作品授權並提供了想要透過寫作而知道的幻想。這為寫作提供了想像的支持（否則寫作可能看起來沒有任何起源，也沒有任何基礎），但寫作本身就是這種假設的依據。當我寫作的時候，我必須總是依靠某些事物，譬如一些假設或支撐物（桌子、膝蓋、手掌，甚至是朋友舒適的後背）。正是這些寫作的必要支撐之物支撐了我，也支撐了我的想像。

在後設思考自身想法的歷史中，自動化思考的欲望一直不斷反覆出現。這也許是一種感覺的邏輯延伸，這種感覺認為理性本身就是一種機械式操作，而心靈必須服從於這種操作。就像法蘭西斯·培根在他的《新工具論》中所提到的，有時這似乎代表一種從可疑心靈活動的知識中淨化——

還有一個救贖的希望、一條健康之道：整個心的工作將重新展開；從一開始，心就不應該留給自己，而應該被不斷地控制；這樣所有事情就會被機器自動完成了（如果我可以這麼說的話）。[30]

對另一些人來說，機械化（也因此外部化）計算的心靈活動，節省了能量，也因此釋放了其他類型認知活動的希望。瑪麗・布爾（Mary Boole）是數學家喬治・布爾（George Boole）的合作夥伴與妻子，她在代數邏輯方面的研究為現代網路搜尋提供了基礎。她在一八八三年寫道：

如果要我指出本世紀對人類社群貢獻最大的兩個人，我想我應該提到巴貝其（Babbage）先生，他發明了一種計算級數的機器；還有我必須提傑文茲（Jevons）先生，他製造了一台三段論串連機器。根據無可辯駁的事實，他們已經完全證明計算和理性思考就像織布和犁田一樣都是工作，但不是人類心靈的工作，而是類似於將鐵和木頭巧妙結合在一起的工作。[31]

布爾認為，用鐵和木頭的組合來譬喻這些工作，將讓我們對於知識成長的方式產生更多的理解——

如果你花時間做機器會比你快完成的工作，那麼這只能用於鍛鍊自己、娛樂或

> 用機械性工作來舒緩心情，就像你在舉啞鈴、整理花園或編織東西時一樣。但你不能透過這種工作找到真理。你可以透過這種人為的安排得到任何你想要的事物（無論是物質的還是思想上的）。也就是說，你可以對現有材料進行無機轉化。你想透過這些工作做什麼都行，但你沒辦法讓你的知識增長。32

但是這種認為人類認知能力將會被自動化計算理性所解放的信心，還要應付另一種可能性：外部系統也可能發展出這些更高層或更核心的人類智慧。二〇一七年九月，Google的DeepMind團隊在一場名為「人類和機器的記憶與想像」的會議中提到，他們希望神經網路能夠開始讓機器學習所謂的「想像力」。當時會議中的討論，反映了在描述計算科學發展的某種樂觀的謙虛以及某種憤怒的防禦反應。後者通常來自自認為是人文學科代表的人。對其中一些人來說，這個計畫似乎是企圖要霸占他們所繼承的領土。雙方似乎都對「想像力」的本質表現出一種天真的實證主義精神，好像大家都很清楚那是什麼。雖然說想像力本質上其實保持了某種程度的不可言說性。

當我們在問所謂「想像力」的意思，我們不僅僅是要問它指涉的事物，而是我們如何處理這個詞彙。我們怎麼對待這個詞彙，與這個詞彙的指涉不同，前者是在這個詞彙的定義上增加更多幻想的成分。我們很可能可以同意反對計算學派者的意見（他們認為機器有想像力只是一種幻想），但這不是因為機器想像的方式總是低於人類的想像方式，或是在本質上不同於人類的想像力，而是因為人類的「想像力」這個概念本身，很大部分就是由幻想所構成。我們必須依賴想像來決定「想像力」的含義。更重要的是，對於「想像力」的理解，仍然是一個還在進行中的幻想工作，其中機器的想像力也是這個工作中的一部分。對於機械式想像力的幻想，從一開始就是想像人類想像力的一部分。這可以追溯到擬人法（prosopopoeia），其在一五六一年被解釋為「人的偽裝」（the fayning of a persone）。[33]

在此英語比起其他一些語言有修辭上的優勢。因為英語是由拉丁語（Latinate）和日耳曼語（Germanic，在此使用它的拉丁語名稱）兩者組合而成。而這兩個語系的詞彙中，具有現成的機器式代碼，可以用來在感覺事物與認知事物之間進行轉譯（由於歷史和政治原因，英國被拉丁語民族諾曼人〔Normans，在此使用他們的德語名稱〕征服）。既然我們的語言結合了情感詞彙和認知詞彙，因此它能提供一個敏感的登錄機制，記錄感覺與知識的交替，同時伴隨語言的遞迴表達（例如：我們感覺到自己想到自己知道自己的感覺）。

有人可能會想到某種詞彙的命運，這種詞彙是從知識定義開始，隨後詞彙逐漸充滿了某種感覺。一個例子就是「數據」（data）這個詞彙。幾十年前，數據這個詞彙指的往往是指科學實驗中所獲得的結果，通常是某種數值。因此，數據就是專門針對數據生成而進行的某種系統性調查的產物。所以數據並不像這個詞彙所暗示的那樣，是指那些簡單給定的事物；數據必須以特定且深思熟慮的方式，並在特定的脈絡中生成並取得。但在過去的二十年中，個人電腦的普及帶來了大量預先編碼的數據，而這些數據可以立即用來加以處理和操作（當然，這些操作可能包括監視、行銷和身分竊取。因為雖然數據還是需要被製造，但是數據也會自動從我們許多個人行為和群體互動中製造出來，尤其是從那些會自動建檔或數位的互動而來）。過去，許多人類社會對頭髮、指甲（和其他人體排泄的皮膚毛髮）的神奇用途感到極為緊張。現在，我們關心的是我們數據排泄之後的產物。數據並不像這個詞彙所暗示的那樣，是自然給定的事物，好像它自己會無節制地不斷釋放。就像碎紙機產業的巨大成長，證明了碎紙給我們帶來的風險。「數據」這個詞彙愈來愈多常暗指人們的這種擔心或關心，而不是單指抽象或技術事務。

另一個在認知意義和感覺意義之間搖擺的是「演算法」（algorithm）這個詞彙。演算法是一種計算程序：就像我大學的一位電腦科學教授對我說的：「演算法只是一份食譜。」因此，演算法是人類在生活中最熟悉的作業之一。每次當你測量牆壁尺寸、決定需要多少壁紙，每次你烹煮義大利肉醬麵時先煎洋蔥而不是後煎，這些都像演算法。如果我在《牛津英語辭典》裡查「演算法」這個詞彙（我剛剛就這麼做了），我會使用一個自己的演算法來查字典。演算法的有用之處，在於它是目的性和自動化的混合體：我不需要每次做這些動作時，都思考一個新程序。

「演算法」（過去這個詞彙的常見形式有「algorism」、「algorym」或「augrim」）至少從十三世紀就開始出現了。當時是用來指阿拉伯的十進位算術與計算系統，也因此與使用算盤的「算術」不同。演算法的名字來自於九世紀的波斯數學家穆罕默德・花拉子米（Muhammed ibn Mūsā al-Khwārizmī）。花拉子米在一本算術論文中解釋了印度人對於數字的使用法。後來這本書從阿拉伯語翻譯成拉丁語的，同時花拉子米的名字也被翻譯成拉丁語「Liber algorismi de numero Indorum」。此後花拉子米的拉丁語名字也就成為了他在書中想解釋的算術法的代稱。十五世紀早期的《算術法技術》（*The Crafte of Nombrynge*）一書中寫道：「這本書是演算法之書，或者叫作算術之書。而這本書的名字『算術法技術』，其中的技術就是指演算法。」[34]演算法這個詞彙似乎是從希臘語的「ἀριθμός」（意思是算術或數字）混合而來，也許還受到了「代數」（algebra）這個詞彙的影響。花拉子米本人也寫了一些關於代數的書籍，而代數這個詞彙也是從花拉子米的名字而來。但「演算法」與「占卜」（augury）兩詞彙之間並沒有詞源上的連結。後者源自於拉丁語的「avis」（意思是「鳥」），和印歐語系的「-gar」（意思是「叫」或「讓大家知道」）。雖然盎格魯—諾曼語系中的「augorime」和「algorism」有些許相似度，代表很可能兩詞彙在發展過程中曾互相影響。此外毫無疑問地，希臘語「arithmos」（意思是「數量」）以及十六世紀開始出現的詞彙「節奏」（rhythm，從希臘語「ῥυθμός」／拉丁語「rithmos」而來，其意思是測量過的時間或順序循環），為「演算法」這個詞彙也增添了一些奇妙的弦外之音。

這些弦外之音似乎在「演算法」這個詞彙的當代用法中被重新喚醒了。一段時間以來，自動化的認知處理程序（有些是機械式的，但大部分是電子式的）變得愈來愈快，也愈來愈複雜且自主。「演算法」這個詞彙過去曾是程式設計師和電腦科學家的其中一個術語，但是隨著人們愈來愈熟悉自動化計算的世界（譬如在金融交易、醫療診斷、戰場生物識別和叫計程車等不同領域，自動化計算都得以不受管制做出決策），「演算法」開始進入了文化和政治生活當中。同時帶來的還有許多擔憂，譬如擔憂搜尋引擎會透過演算法篩選過濾，向使用者提供選擇的在地資訊。這代表人類知識的傳播會由非人類的機制所控制。在二〇一五年的論文集《演算法生活》（*Algorithmic Life*）中的一些文章指出，演算法這個詞彙迅速被同化，開始用來表示非人、自主的資訊系統所造成的影響。[35]不僅是關於演算法的想法已經愈來愈頻繁出現，也愈來愈有強烈的影響力，計算程式也愈來愈有能力改變人類的感覺和知覺。這讓我們在知識、知識的對象、關於知識的感覺的知識等狀態之間產生了一種快速又難以預測的互動。「演算法貴族制度」（algocracy）這個詞彙（衍生自埃斯特倫德的「知識貴族制度」）最近被提出來，作為面對這種令人震驚情況的回應。[36]

演算法社會依賴於所謂的「數據化」（datafication）現象。所謂數據化就是將人類的一切交流行為，迅速轉化為能夠被處理並利用的資訊。最重要的轉變在於，過去蒐集數據資料是一個艱苦而耗時的過程，但現在數據資料可以從寫好的資料產生系統中自動產生。而這些都源自於統計學的發展（譬如倫敦鼠疫盛行年代的死亡率調查，或是法國革命政府的大量社會資訊蒐集）。因此，人工智慧不僅僅是指對於自然和人類世界所進行的智慧型操作，還是指由智慧系統製造的「智慧」。當今時代的知識，比以往任何時代都還要多，因為我們生產智慧型物體的能力也增長得如此迅速。在這種情況下，就像史蒂夫·富勒（Steve Fuller）所說的，我們最好不要太關注知識的物理學，而要更關注知識的化學，如此一來，我們才可能「不汲汲營營尋找能夠將知識與其他事物區分開來的基礎，而將重點放在如何尋找能將任何事物轉化為知識的原則」。[37]

我們對這個系統有所理解，並且在其中居住。但我們對抽象系統本身時常過度關注，而且有某種神奇的例外原則穿梭在這個系統之中。這種原則確保一個人永遠不能完全融入他能夠完全理解的系統之中。所以我們也許需要一個可以稱之為「外知識感覺論」（exopistemopathy）的概念，以回應「外知識論」的前景。對於人工機器系統竊取或篡奪人類本能知識（或說自動化知識）的憤怒，也是一種人類正確認知、學習和理解的能力。一想到有一種知識在我們不知不覺中運作，我們就會產生一種不穩定、神奇、愉悅和恐懼感的混合物。這也許是因為這是我們所有知識共有的特徵。這樣的系統構成了我之前所說的「夢想機器」（dream machine）。這個機器是用來製造對於機器的夢想，以及製造它們能幫我們做什麼的夢想。[38]關於人工智慧的許多幻想，都可以被看作是被外星人綁架一般的幻想（可能指幻想被外星人綁架以及幻想外星人會想綁架我們）。事實上，這種幻想本身可能就是一種人工智慧。

人們很自然認為，由於知識取得的不平等，在過去一直是階級分化的原因，所以擴大知識取得的管道本身，就能起到抵消階級劣勢的作用。但是知識不一定總是中性的好價值，也不一定能帶來去極端化和聰明的利益分享。事實上，大學就是一個很好的例子，可以用來說明分化的知識（而不是缺乏知識）有多麼巨大的影響力。隨著知識統治制度的沉澱，我們很可能會看到強大的知識群體或知識階層不斷增長，這將跨越甚至完全取代傳統的階級、種族、宗教、性別、年齡、地區、職業和收入等群體標籤。就像我們要創造共和國、財團、派系，甚至是有共同目標的軍隊一樣。許多人的假設是，大量投票支持川普和英國脫歐的人之所以那麼做，是因為他們被誤導或欺騙了。這個假設本身就是一種知識統治制度的展現，因為這表現出特定知識階層對自己的特權被侵犯這件事感到不滿。「我們怎麼能接受未來的知識社會成為像是私人專屬俱樂部那樣，只為少數人運作呢？」聯合國教科文組織《邁向知識社會》報告的作者如此說道。[39]我們可能會好奇，是否知識的傳播會簡單且必然地帶來更多的社會融合和共識。此外我們還可以預期，知識的衝突將愈來愈成為知識統治制度內部的衝突。

聯合國教科文組織的報告花了大量篇幅在區分不同種類的知識（但他們總是認為，無論哪種知識都是積極、有益、仔細、令人滿意的），譬如資訊和數據兩者的不同之處。後者很容易造成疏遠和壓制，或被商品化或工具化，最後減少了人類的自由或是製造了衝突。人們假設知識與所謂的「批判性反思」相同，並認為知識是教育的結果。但是自由主義理想中的批判性反思，是否與其他社會中對於知識和教育的理解相同，這一點大家也完全不清楚。例如，在教育體系中總是存在著強大的威權主義傳統，指望它自己消失是愚蠢的想法。當然，這種威權主義傳統，也是聯合國教科文組織報告中敦促我們保護的各種知識傳統之一（為了防止先進國家的知識殖民）。

聯合國教科文組織在《邁向知識社會》報告出版之後過了八年，又在二〇一三年出版了《知識社會願景後續報告》（*Renewing the Knowledge Societies Vision*）。這八年的時間似乎加深了資訊和知識之間的裂痕。然而，隨著時間過去，我們還是沒有說服或解釋資訊和知識之間的差異。報告只有斷言資訊可能會帶來不良影響，而知識既能賦予力量又能增進和平。這個主張的基礎是「知識代表著意義、占用與參與。」[40]這似乎是在說，資訊是東西（it），而知識則是我們（us）。換句話說，資訊和知識是不一樣的，因為知識需要人類來詮釋。而這彷彿是在重述佛洛伊德的野心：有東西，就有我們。[41]

但這個說法與其說是對知識的定義，不如說是對某種理想的思考和感覺模式的讚美。這種理想的思考和感覺模式，是關於擁有和交換資訊的方式。聯合國教科文組織的報告稱：「儘管機器技術的發展愈來愈先進，但它們永遠不會取代人類。因為人類將資訊轉化為知識的反思是無可取代的。」但我們很難認同這樣的信心，尤其報告本身在幾句話的篇幅中承認：「從此以後，認知狀態就不能再以經典知識理論的模型來思考，這種理論將知識視為一種個人心理狀態。」[42]

公開資料（open data，或者有些人更喜歡稱為「狂野〔wild〕資料」）的可預見結果，就是恐怖主義、武器擴散、各種欺詐、盜竊、盜版和剝削、私人和公共威脅和騷擾的增加、低落的新聞報導（成為更骯髒、充滿虐待狂式嘲弄的泥巴），以及焚燒女巫和追求道德復仇。

將「資訊」一詞隔離出來作為一種糟糕、機械式、非人性的知識，以區別好的知識或有意義的資訊（透過人類的詮釋獲得），是一種糟糕的做法。畢竟可以肯定的是，伊斯蘭國並不缺乏人類的詮釋或人類的意義創造。就像任何激進狂熱分子的團體一樣，伊斯蘭國也充分地滿足了知識社會的所有必要條件。

要理解知識社會的知識特徵，最重要的一點在於，知識愈來愈少體現在知識者（knower）身上，而更常存在於知識傳遞和交換的能力當中（這也是所謂資訊傳播與衰亡的循環）。知識在結構、生產和節奏上已經成為像是一種流行病的事物。這是因為知識已經變得更加具有中介性，同時它也變得更加能夠立即獲得。知識成為中介，也消除了責任，即時性則讓知識很難限制其效果。因此，知識最重要的原則是它變得具有流動性。只要「知識」不會被任意地限定在某個群體之中，只為了他們的利益而生產，那麼這種流動性似乎就是好的。但如果知識會包括各種真實或虛假、危險或安全、有用或無用、富足或墮落的資訊，那麼把這種不可控的加速傳播視為絕對的好，就會是一種幼稚的觀點。聯合國教科文組織認為「知識」需要抽離與拖延，但是不斷增加知識的知識社會，則會關閉一切拖延、延遲或抽離的可能性。

在知識分散的發達知識統治制度中，我們可以想像到兩種相反的危險。第一種是無知者日益加深的劣勢。矛盾的事實是，知識和教育傳播得愈廣，對弱勢群體就會有更多更殘酷的傷害。百分之二十的不識字率比起百分之四十的不識字率要好得多，但是作為百分之二十的不識字群體，卻要比作為百分之四十的不識字群體要糟得多。而如果是作為百分之二的不識字群體，那麼幾乎就把一個人從人類存在的社群中完全抹除了。知識社會的增長，勢必加深那些無知者的劣勢。貧窮問題可以用金錢相對快速地補救，甚至暴力問題也容易用某些社會和法律緩解措施來解決。但無知問題以及人類生活中日益嚴重的排斥無知行為所帶來的災難，就需要更昂貴的代價來補救，甚至超過某個階段就可能是無法補救了。在大多數社會中，被認為是愚蠢的人，就是人們所能想像到最惡毒、最無情的排斥，因為這種排斥剝奪了人們參與社會生活的權利。知識社會有能力創造「非人類」或「前人類」，而這個能力比任何一種權力關係都來得強大。

我們可以預期權力將繼續從有錢人、男性、白人，甚至可能從長得漂亮的人（在不勞而獲的優勢中，這總是最後一個被審視的）那裡流失，並且穩定地流向聰明的人手中（或僅僅是精明的人）。在一個知識統治制度中，對知識的漠不關心或卑躬屈膝，可能會讓人比以往任何時候都更難理解原來還有許多比無知更糟糕的事（譬如懦弱、惡意、驕傲、自私、背叛、懶惰、無情、憤怒、殘忍、上癮等等），也可能會讓人忘記人類的優雅和美德與智力之間沒有必然的關係。關於這個事實，有相當多珍貴的歷史紀錄佐證。當然，尊重和培養這些其他價值（譬如耐心、勇氣、韌性、忠誠、公平、冒險、快樂、溫柔、友好、健忘、奉獻、慷慨、活潑、歡樂、愛、多愁善感、猶豫、幽默、憐憫、關心），需要我們的智慧。我這本書的目的之一，就是嘗試說明人類對自身知識力量（包括實際和想像的力量）的迷戀，是多麼複雜、不理性、令人討厭，甚至有時多麼危險。同時我也跟隨了其他思想家的腳步（名單包括伊拉斯謨、蒙田、休謨、詹姆斯和賽荷）。這些思想家總是富有洞察力，同時又不令人討厭，而且他們最終會把關於愛的知識放在對知識的熱愛之上。我們不應該認為我們與知識的關係是不可改善的。但重要的是，我們應該試著用更聰明的態度對待不聰明的人事物。要特別這麼做是因為，如果羞恥的力量具有強大的毒性，那麼羞恥的狀態（可以說是最痛苦的脆弱形式），也可能藏匿著令人吃驚且危險的叛亂力量。

知識統治制度的另一個危險，與其說是智力缺陷不如說是背叛。知識統治制度敞開的這扇門，開啟了激烈的衝突。因為知識不僅成為了一種資源，也成為了一種工具。「知識就是權力」這個原則在此可以被理解為知識是為「權力」服務的一種工具（譬如作為國家權力的工具，以維護其統治權），或者這個原則也可理解為知識是勇敢反抗權力的一種工具。但重要的是我們要了解到，隨著各方面知識的增長，知識是無所不在的力量，尤其對每個擁有它的人來說知識都是力量。例如，當今智慧財產權領域的衝突與緊張局勢不斷加劇（譬如藥品專利、軟體以及音樂和其他文化產品的所有權），這些情況已經複雜到涉及太多私人利益團體的鬥爭，不能把這件事浪漫地簡化為企業和大眾之間的鬥爭。[43] 如果我們不願意為了和平而犧牲真理，那麼幾乎就沒有什麼事物能阻止知識競爭的升溫以及近期政治選戰中產生的惡意（甚至在川普當選和英國脫歐公投之前就已經開始發生）。期望以邏輯論據代替意見（doxa）的啟蒙運動目標，在面對各式各樣可以想像的教條依循和意見權威的倍增時，也不得不放棄。知識的增長可能不僅是透過增加個人知識（以及知道如何去做）來實現。知識的增長也會增加「揭露知識」和「生產知識」的機會和欲望。塔雷伯對知識統治制度的理想（審慎、實用且自我限制的知識模式。這種知識能夠抑制自己對於知識的興奮和吹噓）目前看似幾乎不可能達到。

知識生產

上述我所說的，都在「知識生產」這個詞彙中獲得了認可。這個詞彙在我的人生某個階段之後已經聽起來不奇怪了。並非所有的人類時代或人類社群都相信知識的無限生產力，這也是為什麼相當多人類社群如此關注知識的繁衍。事實上，似乎大多數人類社群對知識的時間性都有一種抽象的理解，他們傾向認為知識會逐漸占據愈來愈多人類可知的有限空間，而不是傾向認為知識會向外擴展到一個無限空間（其中知識會在前進的過程中形成自己，就像火車頭在前進過程中鋪設自己前方的軌道）。奇怪的是，照理說從過去資源無限的觀念調整到現在這種資源有限的觀念，我們或感到很痛苦，但如今這樣的觀念竟然顯得很自然。有人肯定會懷疑這裡有某種知識感覺論式的補償原則，就好像知識需要召喚出一個幻想擁有超能力的自己，一切都是為了彌補它被迫了解有限性時的鬱悶。另一方面，認為知識生產有著無限的視野，這可能是一種上帝代理般的幻想，想像無邊無際地給自己帶來新生。這種陶醉雖然看起來是向內發展的，但結果並不總是很好。

與此同時，知識和知識關係的生產表演都有著悠久的歷史。其中一些歷史已經在本書的章節中進行了探討。這可能暗示，知識與某種戲劇作品是不可分割的（我並不是說只有知識可以這樣）。知識永遠不會達到它應該到達的地方：性欲必須取代這個地位。知識需要舞台、典禮、模仿、演出、傳播工具、戲劇性場面、劇本、慶典以及木偶戲等等，來代替它總是在某些時刻令人抓狂的缺席。亞里斯多德所假設的求知欲，不斷地被轉換成一種「想讓知道的過程被知道」的欲望。對知識來說，總是要有某種表演形式、情節、角色塑造以及場景鋪設。其中一些知識的場景，已經在前面的章節進行了探討：在浮士德式的幻影中，用粉筆畫的圓圈指揮著整個宇宙；在精神分析的私人診間裡，進行自我反省和心理手術；神祕戲劇和煙霧繚繞的祕密場所；充滿敵意的法庭和審判展示（在這種情況下，知識必須對自己坦白）；荒蕪之地與荒野、迷霧與沼澤，以及無知的神祕狡猾走廊；書房、教室、圖書館、實驗室和演講廳（在這些地方，演出要嘛必須停止，要嘛必須繼續）；以及可說是對知識「投資」的各種方法（無論是服飾、心理、軍事還是經濟上）。另外最明顯的是這本書沒有出現的場景（但所有思考工作的執行都有賴於此）：這本書如夢幻泡影的時空本身。這也是我們最熟悉和最穩固的人工智慧，這種智慧能把知識轉譯成語言的位置、場合和詞類，衍生出知識在文法上的假定（supposition）、介係詞（preposition）和延遲使用（postponement）。

這裡所寫的一切都不是在說，我們應該削弱讓我們的知識更加豐富、精確和廣大的決心，也不是在說我們不應該透過教育將知識傳授給更多的人。事實上我試圖論述的是，我們的社會對知識的依賴，讓無知比起以往任何時候都更加成為一種剝奪。但我們也應該認知到的是，過去的我們可能會比現在的我們更仔細、更好奇地理解我們對於知識所做的情感投資。聯合國教科文組織的《邁向知識社會》報告，喚起了所謂的「真實知識」（genuine knowledge）的概念。這個概念闡述了一個模糊的希望，希望我們知道這個詞彙的意義，也希望當我們看到真實知識的時候就能夠認出它來。同時這也顯示了一種不安的半知覺意識，也就是說，知識可能會、並實際也會做許多不可預測的事或棘手的事。[44]在二十多年前「知識社會」的觀念剛形成的時候，尼科・斯特爾所談到的在現在看來，比以往任何時候都更真實：

> 當今的現代社會理論總是把知識放在核心，這種理論最嚴重的缺陷是……他們對關鍵成分（也就是知識本身）的處理相當粗糙……我們對知識的認知並不是相當複雜，也不全面。這曾經是因為知識社會學的關係。[45]

我們有信心知道一些關於無意識知識的事物，但是卻幾乎沒有開始掌握知識的無意識。知識的瘋狂有許多不同的形式，但也許它們都圍繞著一種瘋狂（insanity）的含義（也就是「sanus」這個詞彙的字面意義）：不健全、不完整、不全面。也許我們可以用尼采的話來表達，運用《論道德的系譜》第三章的題詞來改寫：「我們擁有的知識愈多，我們作為知識者所知道的就愈少。」[46]這可能是一種知識中無可救藥的不完整性，這種不完整會永遠把我們弄得不像自己。因為如果知識自己毀滅了，也就等於毀滅了我們。

很可能我們在幾個世紀以前，就已經達到了人類可能知識（以及實踐知識）的操作極限了。這代表人類知識的任何增長，都完全必須發生在我們已儲存的集體知識或傳播知識當中，所以我們任何一個人都不應該用古老的所屬占有關係來說我們「知道」某件事。我們在歷史中的現在，比起以往更加依賴任何能夠增強我們知識的能力。我們也比以前更狂熱、更陶醉地在賭博。譬如，我們繼續提出技術工具，試圖超越地球上一直以來的物理限制。如同往常一樣，這種對知識的依賴似乎讓我們既強大又虛弱。譬如如果我們社會組織的行為模式讓我們比起以往任何時候，都更不能依賴對疾病的免疫力，那麼我們將前所未見地依賴醫療專業知識和醫療經濟投資，因為它們會讓我們的鼻子保持對病原體的抵抗力。抵禦風險的唯一手段來自於人們生活中彼此之間愈來愈大的糾葛（政治上、軍事上、醫學上、環境上的糾葛），或者說似乎愈來愈多的知識糾葛。這些都是我們需要努力準備好解決的技術難題。

在本書中，我試圖保有一種策略，將「我們能知道什麼」的知識論問題，與關於我們對於知識的夢想、恐懼和渴望的知識感覺論問題區分開來。後者的內容還包括：我們對知識根深蒂固的理想化和獻身精神；對於神祕事物、精通和發現的渴望；將知識與競爭（或爭論）區分開來所遭遇的困難；我們對無知的幻想以及對無知的渴望和厭惡；我們如何小心翼翼地將自己對於知識的景仰體現在我們所建造的空間之中；以及我們與客觀世界的關係。如果我能一直把我們所知道的與我們對知識的感受區分開來，那麼我們就會愈來愈意識到，我們需要更充分地理解和管理我們的野心與投資歷史，就好像這部歷史是已知和可知世界的一部分。也許我們的生存和福祉都不再像以前那樣受到威脅。但是我們或許也不應該冒險假設威脅真的減少了。知識通常代表的是提升、吸收、誠實、治療、解放、擴大、有用、授權、和平、尊嚴、陸地和文明。但在不同的時期，它也代表了貪婪、傲慢、好鬥、誇大、自負、強迫、奴役、好戰、短視、殖民、麻痺、保守、狡猾、懦弱、懶惰以及無法治理。

在這本書裡我一直假設，人類在了解自己知識本質所面臨到的困難，會體現在人類的知識經驗之中。這種了解自己知識的困難在於不僅要確定一個人的知識範圍，而且要能夠知道「知道一件事」是什麼感覺。至少在某種程度上，我能夠知道我知道一件事，也能夠知道我是如何知道一件事，但我似乎不知道我的知道（knowing）。這句話的古怪之處就證明了這個事實。了解知識的困難類似於感受感覺的困難，就像大衛·休謨指出的那樣。我能感到寒冷、發癢或悲傷，但我感覺不到我對這些事物的感覺。同樣地，我知道怎麼騎自行車、知道怎麼在巴黎點一個煎蛋捲、知道怎麼解釋熱力學第二定律，但是知道我對這些事物的知識（而不是學習、記憶或交流它們）不是我能自然或輕易感覺或做的事情。知道我所知道的最多只是一個假設，在給定的條件下我也許能做到這樣，但很難說擁有任何一種知道自己知道的經驗到底意味著什麼感覺。知識本質上的不可知性，意味著人類被迫透過各種符號和替身，來尋求和維持自己與知識的關係。這就像有一種「參照感覺」（referred sensation），指的是一種替代疼痛的感覺會發生在沒有神經的器官上（譬如心臟病發作時的左臂疼痛），所以可能有關於知識的「參照知識」也不一定。這本書的大部分內容，都與這種參照知識的變換或影子劇場有關。

其實在人類表現的某項領域中，反思、觀察、發現、學習和記憶等人類智慧可能比其他任何領域都來得更發達。而對於早期人類的生存來說，這個領域也必然更重要。我指的是農業。知道如何種植作物，成為了人類文化發展的決定性技能：關於成長的知識，大大加快了人類知識的增長。另外農業技能需要並鼓勵書寫文字的發展，這件事也可以加倍看出農業技能的知識影響力。在一個地方耕種，而非從一個地方遷徙到另一個地方尋找新資源，會需要由會計和計算提供的智慧流動性。這讓一種外在的象徵系統成為必要之物，最終這個象徵系統（最初可能是與數量相關的象徵系統）就發展成文字。口頭表達是游牧民族的東西。對於定居下來的人來說，書寫是必要的。因為他們需要且能夠保留、回憶、傳播，甚至轉換更多關於環境的知識。如果一個人的環境牽涉到生產，那麼他與環境的關係就必須牽涉到計算。當然游牧生活肯定會有推算和計算，但這些都是群體所做出的生活選擇中的內在因素，而這些選擇很可能基於習慣。游牧民族本身就是對他們生存環境所進行的計算，而定居的人們則是抽象地進行計算。你可以移動，或者你不移動的話就會獲得知識：也許這就是為什麼我們在大學裡有所謂的系主任（Chairs），以及為什麼無所不知的上帝通常被描繪成坐著，而非奔跑。

農業使我們稱之為「文化」的第二天性，成為可能獲得的必要之物。令人驚訝的是，認知的作業（尤其涉及到寫作時）仍然透過模糊的農業和園藝暗示來進行。神學院（seminary）原來是指一塊播種種子的土地；育兒所原來是指植物的苗圃，源自於拉丁語「nutrio」，意思是「滋養」，就像「校友」（alumnus）和「母校」（alma mater）是源自於「alere」（意思是供養或維持）；謎語和閱讀讓人想起篩網的運作；花園則是圖書館，圖書館和選集也是花園，而書籍頁面則是曠野。人類文化似乎變得愈來愈像地球之外的世界了，雖然這樣的形容其實掩蓋了一件事實：我們仍然像從前一樣依賴於地球抓緊太陽所釋放出的能量的能力。生物化學似乎將會輔助或甚至取代作物栽培。工業和農業之間的舊界線失去了意義。但是，當工程學（維持和改變物理、生物、心理和象徵的生存條件的學問）成為全體人類的職業，我們將會比以往任何時候都更需要精心發展栽培的知識，才能以此輔助我們的知識培養。為此，對於「想要成為知識者」（would-be knower）的人來說，我們可能需要更了解知識對我們的意義。

Runciman, David, 'How the Education Gap is Tearing Politics Apart', www.theguardian.com, 5 October 2016
St Onge, K. R., *The Melancholy Anatomy of Plagiarism* (Lanham, New York and London, 1988)
Saward, John, *Perfect Fools: Folly for Christ's Sake in Catholic and Orthodox Spirituality* (Oxford, 1980)
Sforza, Michele G., 'Epistemophily-Epistemopathy: Use of the Internet between Normality and Disease', in *Psychoanalysis, Identity and the Internet*, ed. Andrea Marzi (London, 2016), pp. 181–207
Simmel, Georg, 'The Sociology of Secrecy and of Secret Societies', *American Journal of Sociology*, XI (1906), pp. 441–98
Simmons, Dana, 'Impostor Syndrome, a Reparative History', *Engaging Science, Technology, and Society*, II (2016), pp. 106–27
Spengler, Oswald, *The Decline of the West*, vol 1: *Form and Actuality*, trans. Charles Frances Atkinson (London, 1926)
Stehr, Nico, *Knowledge Societies* (London, Thousand Oaks and New Delhi, 1994)
——, and Richard V. Ericson, eds, *The Culture and Power of Knowledge: Inquiries into Contemporary Societies* (Berlin and New York, 1992)
Stuckrad, Kocku von, *Western Esotericism: A Brief History of Secret Knowledge*, trans. Nicholas Goodrick-Clarke (London and Oakville, CT, 2005)
Taussig, Michael, *Defacement: Public Secrecy and the Labor of the Negative* (Stanford, CA, 1999)
Thomas, Jeannie B., 'Dumb Blondes, Dan Quayle, and Hillary Clinton: Gender, Sexuality, and Stupidity in Jokes', *Journal of American Folklore*, CX (1997), pp. 277–313
Thornton, Dora, *The Scholar in his Study: Ownership and Experience in Renaissance Italy* (New Haven, CT, and London, 1997)
Tucker, Brian, *Reading Riddles: Rhetorics of Obscurity from Romanticism to Freud* (Lewisburg, pa, 2011)
UNESCO, *Towards Knowledge Societies* (Paris, 2005)
Walsh, Dorothy, *Literature and Knowledge* (Middletown, CT, 1969)
Wilgus, Neal, *The Illuminoids: Secret Societies and Political Paranoia* (London, 1980)
Winter, Sarah, *Freud and the Institution of Psychoanalytic Knowledge* (Stanford, CA, 1999)
Wood, Michael, *Literature and the Taste of Knowledge* (Cambridge, 2009)
Yates, Francis A., *The Art of Memory* (London, 1966)

——, 'Some Observations on Knowledge, Belief and the Impulse to Know', *International Journal of Psycho-Analysis*, XX (1939), pp. 426–31
Lipsius, Justus, *A Brief Outline of the History of Librairies*, trans. John Cotton Dana (Chicago, IL, 1907)
Lord, Evelyn, *The Hell-fire Clubs: Sex, Satanism and Secret Societies* (New Haven, CT, and London, 2009)
McDonagh, Patrick, *Idiocy: A Cultural History* (Cambridge, 2011)
McGann, Jerome J., *Towards a Literature of Knowledge* (Oxford, 1999)
Mansell, Robin, and Gaëtan Tremblay, *Renewing the Knowledge Societies Vision: Towards Knowledge Societies for Peace and Sustainable Development* (Paris, 2013)
Maranda, Ella Köngäs, 'The Logic of Riddles', in *Structural Analysis of Oral Tradition*, ed. Pierre Maranda and Ella Köngäs Maranda (Philadelphia, pa, 1971), pp. 189–232
Mencken, Johann Burkhard, *The Charlatanry of the Learned*, trans. Francis E. Litz, ed. H. L. Mencken (London, 1937)
Mijolla-Mellor, Sophia de, *Le Besoin de savoir: Théories et mythes magico-sexuels dans l'enfance* (Paris, 2002)
Musil, Robert, 'On Stupidity', in *Precision and Soul: Essays and Addresses*, ed. and trans. Burton Pike and David S. Luft (Chicago, IL, and London, 1990), pp. 268–86
Nagel, Jennifer, *Knowledge: A Very Short Introduction* (Oxford, 2014)
Nesbit, E., 'The Things That Matter', in *The Rainbow and the Rose* (London, New York and Bombay, 1905), pp. 3–5
Nietzsche, Friedrich, *The Will to Power: Selections from the Notebooks of the 1880s*, ed. R. Kevin Hill, trans. R. Kevin Hill and Michael A. Scarpitti (London, 2017)
Ost, François, and Laurent van Eynde, *Faust, ou les frontières du savoir* (Brussels, 2002)
Pollard, Natalie, 'The Fate of Stupidity', *Essays in Criticism*, LXII (2012), pp. 25–38
Porter, Roy, *Quacks: Fakers and Charlatans in English Medicine* (Stroud, 2000) Poovey, Mary, *A History of the Modern Fact: Problems of Knowledge in the Sciences of Wealth and Society* (Chicago, IL, and London, 1998)
Posecznik, Alex, 'On Anthropological Secrets', www.anthronow.com, 1 October 2009
Procopius of Caesarea, *The Anecdota, or Secret History*, trans. H. B. Dewing (Cambridge, MA, and London, 1935)
Rabb, Melinda Alliker, *Satire and Secrecy in English Literature from 1650 to 1750* (Basingstoke, 2007)
Richards, I. A., *Science and Poetry* (London, 1926)
Ronell, Avital, *Stupidity* (Urbana, IL, 2002)
Rudnytsky, Peter L., and Ellen Handler Spitz, eds, *Freud and Forbidden Knowledge* (New York, 1994)

epistemopathies.html
——, 'Thinking Things', *Textual Practice*, XXIV (2010), pp. 1–20
Cook, Eleanor, *Enigmas and Riddles in Literature* (Cambridge, 2006)
DeLong, Thomas A., *Quiz Craze: America's Infatuation with Game Shows*(New York, Westport and London, 1991)
Donne, John, 'The True Character of a Dunce', in *Paradoxes, Problemes, Essayes, Characters* (London, 1652), pp. 67–71
Drucker, Peter F., *The Age of Discontinuity: Guidelines to our Changing Society* (London, 1969)
Felipe, Donald, 'Post-Medieval Ars Disputandi', PhD dissertation, University of Texas, 1991, https://disputatioproject.files.wordpress.com
Ferrier, James Frederick, *Institutes of Metaphysic: The Theory of Knowing and Being* (Edinburgh and London, 1854)
Gambaccini, Piero, *Mountebanks and Medicasters: A History of Italian Charlatans from the Middle Ages to the Present*, trans. Bettie Gage Lippitt (Jefferson, NC, and London, 2004)
Halliwell, Martin, *Images of Idiocy: The Idiot Figure in Modern Fiction and Film* (Abingdon and New York, 2016)
Haring, Lee, 'On Knowing the Answer', *Journal of American Folklore*, LXXXVII (1974), pp. 197–207
Harms, Arnold C., *The Spiral of Inquiry: A Study in the Phenomenology of Inquiry* (Lanham, md, 1999)
Hasan-Rokem, Galit, and David Shulman, eds, *Untying the Knot: On Riddles and Other Enigmatic Modes* (New York and Oxford, 1996)
Haunss, Sebastian, *Conflicts in the Knowledge Society: The Contentious Politics of Intellectual Property* (Cambridge, 2013)
Heller-Roazen, Daniel, *Dark Tongues: The Art of Rogues and Riddlers* (Cambridge, MA, 2013)
Hoerschelmann, Olaf, *Rules of the Game: Quiz Shows and American Culture* (Albany, NY, 2006)
Innerarity, Daniel, 'Power and Knowledge: The Politics of the Knowledge Society', *European Journal of Social Theory*, XVI (2012), pp. 3–16
Kaivola-Bregenhøj, Annikki, *Riddles: Perspectives on the Use, Function and Change in a Folklore Genre* (Helsinki, 2016)
Kugelmann, Robert, 'Imagination and Stupidity', *Soundings: An Interdisciplinary Journal*, LXX (1987), pp. 81–93
Lewin, Bertram D., 'Education or the Quest for Omniscience', *Journal of the American Psychoanalytic Association*, VI (1958), pp. 389–412

延伸閱讀 FURTHER READING

Adams, Cecil [pseud.], 'What's the Origin of the Dunce Cap?', www.straightdope.com, 21 June 2000

Amoore, Louise, and Volha Piotukh, *Algorithmic Life: Calculative Devices in the Age of Big Data* (London, 2006)

Andersen, Abraham, *The Treatise of the Three Impostors and the Problem of the Enlightenment. A New Translation of the Traité des Trois Imposteurs (1777 Edition)* (Lanham, md, 1997)

Batsaki, Yota, Subha Mukherji, and Jan-Melissa Schramm, eds, *Fictions of Knowledge: Fact, Evidence, Doubt* (London and New York, 2012)

Beecher, Donald, 'Mind, Theaters, and the Anatomy of Consciousness', *Philosophy and Literature*, XXX (2006), pp. 1–16

Berkman, Marcus, *Brain Men: The Passion to Compete* (London, 1999)

Bill, M. B., 'Delusions of Doubt', *Popular Science Monthly*, XXI (1882), pp. 788–95

Bion, W. R., *Learning from Experience* (London, 1962)

Birdsall, Carolyn, Maria Boletsi, Itay Sapir and Pieter Verstraete, eds, *Inside Knowledge: (Un)doing Ways of Knowing in the Humanities* (Newcastle upon Tyne, 2009)

Boese, Alex, 'The Origin of the Word Quiz', www.hoaxes.org, 10 July 2012

Brady, Michael S., and Miranda Fricker, eds, *The Epistemic Life of Groups: Essays in the Epistemology of Collectives* (Oxford, 2016)

Bullard, Rebecca, *The Politics of Disclosure, 1674–1725: Secret History Narratives* (London, 2009)

Camillo, Giulio, *L'idea del theatro* (Florence, 1550)

Carruthers, Mary, *The Craft of Thought: Meditation, Rhetoric, and the Making of Images, 400–1200* (Cambridge, 1998)

Cassirer, Ernst, *The Philosophy of Symbolic Forms, vol. III: The Phenomenology of Knowledge*, trans. Ralph Manheim (New Haven, CT, 1957)

Chadwick, Mary, 'Notes upon the Acquisition of Knowledge', *Psychoanalytic Review*, XIII (1926), pp. 257–80

Clark, William, *Academic Charisma and the Origins of the Research University* (Chicago, IL, 2006)

Connor, Steven, 'Modern Epistemopathies' (2017), www.stevenconnor.com/ modern-

26 Nico Stehr, *Knowledge Societies* (London, Thousand Oaks and New Delhi, 1994), p. 9.

27 UNESCO, *Towards Knowledge Societies* (Paris, 2005), p. 18.

28 Daniel Innerarity, 'Power and Knowledge: The Politics of the Knowledge Society', *European Journal of Social Theory*, XVI (2012), p. 4.

29 Gernot Böhme, 'The Techno-structures of Society', in *The Culture and Power of Knowledge: Inquiries into Contemporary Societies*, ed. Nico Stehr and Richard V. Ericson (Berlin and New York, 1992), p. 42.

30 Francis Bacon, *The New Organon*, ed. Lisa Jardine and Michael Silverthorne (Cambridge, 2000), p. 28.

31 Mary Everest Boole, *The Message of Psychic Science to Nurses and Mothers* (London, 1883), pp. 246–7.

32 Ibid., p. 247.

33 Heinrich Bullinger, *A Hundred Sermons vpon the Apocalips of Iesu Christe* (London, 1561), p. 199.

34 Robert Steele, ed., *The Earliest Arithmetics in English* (London and Oxford, 1922), p. 3.

35 Louise Amoore and Volha Piotukh, *Algorithmic Life: Calculative Devices in the Age of Big Data* (London, 2015).

36 John Danaher, 'The Threat of Algocracy: Reality, Resistance and Accommodation', *Philosophy and Technology*, XXIX (2016), pp. 245–68.

37 Fuller, 'Knowledge as Product and Property', p. 158.

38 Steven Connor, *Dream Machines* (London, 2017).

39 UNESCO, *Towards Knowledge Societies*, p. 22.

40 Robin Mansell and Gaëtan Tremblay, *Renewing the Knowledge Societies Vision: Towards Knowledge Societies for Peace and Sustainable Development* (Paris, 2013), p. 1.

41 Ibid., p. 13.

42 UNESCO, *Towards Knowledge Societies*, p. 50.

43 Sebastian Haunss, *Conflicts in the Knowledge Society: The Contentious Politics of Intellectual Property* (Cambridge, 2013).

44 UNESCO, *Towards Knowledge Societies*, p. 96.

45 Stehr, *Knowledge Societies*, p. 91.

46 Friedrich Nietzsche, *On the Genealogy of Morality*, ed. Keith Ansell- Pearson, trans. Carole Diethe (Cambridge, 2006), p. 3.

'Pope John XXII and the Michaelists: The Scriptural Title of Evangelical Poverty in Quia vir reprobus', *Church History and Religious Culture*, XCIV (2014), pp. 197–226.
6 Peter F. Drucker, *The Age of Discontinuity: Guidelines to our Changing Society* (London, 1969), p. 259.
7 Terence Ball, *Transforming Political Authority: Political Theory and Critical Conceptual History* (Oxford, 1988), p. 115.
8 A. James Gregor, *Mussolini's Intellectuals: Fascist Social and Political Thought* (Princeton, NJ, and Oxford, 2005), pp. 27, 142.
9 David M. Estlund, *Democratic Authority: A Philosophical Framework* (Princeton, NJ, and Oxford, 2008), pp. 29, 278 n. 16.
10 Jason Brennan, *Against Democracy* (Princeton, NJ, 2016).
11 David Runciman, 'How the Education Gap is Tearing Politics Apart', www.theguardian.com, 5 October 2016.
12 Ibid.
13 H. L. Mencken, *A Little Book in C Major* (New York, 1916), p. 19.
14 John Naughton, 'The Education Gap and its Implications', *Memex 1.1: John Naughton's Online Diary*, http://memex.naughtons.org, 6 February 2017.
15 Runciman, 'Education Gap'.
16 Fabienne Peter, 'The Epistemic Circumstances of Democracy', in *The Epistemic Life of Groups: Essays in the Epistemology of Collectives*, ed. Michael S. Brady and Miranda Fricker (Oxford, 2016), p. 133.
17 Ball, *Transforming Political Authority*, p. 119.
18 Nadia Urbinati, *Democracy Disfigured: Opinion, Truth, and the People* (Cambridge, MA, and London, 2014), pp. 5–6.
19 Anne Jeffrey, 'Limited Epistocracy and Political Inclusion', *Episteme* (2017), pp. 1–21.
20 Nicholas Nassim Taleb, *The Black Swan: The Impact of the Highly Improbable* (London, 2007), p. 190.
21 Ibid.
22 Nicholas Nassim Taleb, 'Black Swan-Blind', *New Statesman* (5 July 2010), CXXXIX/5008, p. 30.
23 Brent C. Pottenger, 'What is an Epistemocrat?', *Healthcare Epistemocrat*, 2007, http://epistemocrat.blogspot.co.uk.
24 Jürgen Habermas, *The Theory of Communicative Action*, 2 vols, trans. Thomas McCarthy (Boston, MA, 1987), vol. II, p. 333.
25 Drucker, *Age of Discontinuity*, pp. 247–355; Daniel Bell, *The Coming of Post-industrial Society: A Venture in Social Forecasting* (New York, 1973), p. 212.

1612), p. 185.

38 Charles Augustin Sainte-Beuve, 'Pensées d'août', in *Poésies* (Paris, 1837), p. 152.

39 Gaston Bachelard, *The Poetics of Space*, trans. Marie Jolas (Boston, MA, 1994), p. 22.

40 John Henry Newman, *The Idea of a University*, ed. Frank M. Turner (New Haven, CT, 1996), pp. 16–17.

41 Robert Burton, *The Anatomy of Melancholy*, ed. Thomas C. Faulkner, Nicolas K. Kiessling and Rhonda L. Blair, 6 vols (Oxford, 1989–2000), vol. I, p. 236.

42 William Camden, *Britain; or, A Chorographicall Description of the Most Flourishing Kingdomes, England, Scotland, and Ireland*, trans. Philémon Holland (London, 1610), p. 486.

43 Philip Larkin, 'Whitsun Weddings', in *Collected Poems*, ed. Anthony Thwaite (London, 1990), p. 116.

44 Jet Propulsion Laboratory, 'nasa Spacecraft Embarks on Historic Journey into Interstellar Space', www.jpl.nasa.gov, 12 September 2013.

45 Lewis Carroll, *Alice's Adventures in Wonderland and Through the Looking-Glass and What Alice Found There*, ed. Roger Lancelyn Green (Oxford, 1998), p. 105.

46 Wilhelm Worringer, *Abstraction and Empathy: A Contribution to the Psychology of Style*, trans. Michael Bullock (Chicago, IL, 1997), p. 15.

47 Bachelard, *The Poetics of Space*, p. 91.

48 Émile Durkheim, *The Elementary Forms of Religious Life*, trans. Karen E. Fields (New York, 1995), p. 217.

49 Christopher Marlowe, *Dr Faustus and Other Plays*, ed. David Bevington and Eric Rasmussen (Oxford, 2008), p. 254.

第八章 知識統治制度

1 Steve Fuller, 'Knowledge as Product and Property', in *The Culture and Power of Knowledge: Inquiries into Contemporary Societies*, ed. Nico Stehr and Richard V. Ericson (Berlin and New York, 1992), p. 174.

2 Diogenes Laertius, *Lives of Eminent Philosophers*, trans. R. D. Hicks, 2 vols (London and New York, 1925), vol. II, p. 41.

3 Christian Wolff, 'On the Philosopher King and the Ruling Philosopher', in *Moral Enlightenment: Leibniz and Wolff on China*, trans. And ed. Julia Ching and Willard G. Oxtoby (Nettetal, 1992), p. 187.

4 Peter Sloterdijk, *Critique of Cynical Reason*, trans. Michael Eldred (London and New York, 1988), pp. 160–61.

5 Patrick Nold, *Pope John XXII and his Franciscan Cardinal: Bertrand de la Tour and the Apostolic Poverty Controversy* (Oxford, 2003), pp. 140–77; Melanie Brunner,

variarum chiliades, ed. Theophilus Kiesslingius (Leipzig, 1826), p. 322.
14 Martin Heidegger, *Introduction to Metaphysics*, 2nd edn, trans. Gregory Fried and Richard Polt (New Haven, CT, and London, 2014), p. 141.
15 Jorge Luis Borges, 'The Library of Babel', in *Collected Fictions*, trans. Andrew Hurley (New York, 1998), pp. 113–14.
16 Ibid., p. 115.
17 Ibid.
18 Ibid., p. 118.
19 Justus Lipsius, *A Brief Outline of the History of Libraries*, trans. John Cotton Dana (Chicago, IL, 1907), pp. 36–7, 52–4.
20 Lina Bolzoni, *The Gallery of Memory: Literary and Iconographic Models in the Age of the Printing Press*, trans. Jeremy Parzen (Toronto, Buffalo and London, 2001), pp. 65–82.
21 Carruthers, *Craft of Thought*, pp. 22–3.
22 Steven Connor, *Dream Machines* (London, 2017), pp. 153–4.
23 Giulio Camillo, *L'idea del theatro* (Florence, 1550); Francis A. Yates, *The Art of Memory* (London, 1966), pp. 129–59.
24 Quoted Yates, *Art of Memory*, pp. 130–31.
25 Quoted Ibid., p. 132.
26 Ibid., p. 144.
27 Robert of Brunne, *Robert of Brunne's 'Handlyng Synne' ad 1303*: Part I, ed. Frederick J. Furnivall (London, 1901), p. 158.
28 Dora Thornton, The Scholar in his Study: Ownership and Experience in Renaissance Italy (New Haven, CT, and London, 1997), p. 137.
29 Ibid., p. 77.
30 Jacobus de Voragine, *The Golden Legend; or, Lives of the Saints, as Englished by William Caxton*, 6 vols (London, 1900), vol. V, pp. 202, 207.
31 David Hume, *A Treatise of Human Nature*, ed. Ernest C. Mossner (London, 1985), p. 301.
32 Donald Beecher, 'Mind, Theaters, and the Anatomy of Consciousness', *Philosophy and Literature*, XXX (2006), p. 3.
33 Ibid., p. 14.
34 Steven Connor, 'Thinking Things', *Textual Practice*, XXIV (2010), pp. 1–20.
35 Seamus Heaney, 'Villanelle for an Anniversary', *Opened Ground: Poems, 1966–1996* (London, 1998), p. 289.
36 John Milton, *Paradise Lost and Paradise Regained*, ed. Gordon Campbell (London, 2008), p. 351.
37 Henry Peacham, *Minerva Britanna; or, A Garden of Heroical Devises* (London,

74 Natalie Pollard, 'The Fate of Stupidity', *Essays in Criticism*, LXII (2012), p. 136.
75 Avital Ronell, *Stupidity* (Urbana, IL, 2002), pp. 6–9. References, to SY, in the text hereafter.
76 Sianne Ngai, *Ugly Feelings* (Cambridge, MA, 2005), pp. 271, 280.
77 Ibid., p. 278.
78 Ibid., p. 284.
79 Ibid., p. 297.
80 Ibid., p. 261.
81 Dale C. Spencer and Amy Fitzgerald, 'Criminology and Animality: Stupidity and the Anthropological Machine', *Contemporary Justice Review*, XVIII (2015), pp. 414, 417–18.
82 Christopher Prendergast, 'Flaubert: Quotation, Stupidity and the Cretan Liar Paradox', *French Studies*, XXXV (1981), p. 266.
83 Robert Musil, 'On Stupidity', in *Precision and Soul: Essays and Addresses*, ed. and trans Burton Pike and David S. Luft (Chicago, IL, and London, 1990), p. 270.
84 Ibid., pp. 283–4.

第七章 知識空間學

1 Melanie Klein, *Love, Guilt and Reparation, and Other Works, 1921–1946* (New York, 1975), p. 59.
2 Sigmund Freud, *The Standard Edition of the Complete Psychological Works of Sigmund Freud*, 24 vols, ed. and trans. James Strachey et al. (London, 1953–74), vol. IV, p. 273.
3 Ibid., vol. IV, p. 274.
4 Klein, *Love, Guilt and Reparation*, p. 59.
5 Ibid., p. 60.
6 Ibid.
7 Ibid., p. 66.
8 Deborah P. Britzman, *After-Education: Anna Freud, Melanie Klein, and Psychoanalytic Histories of Learning* (Albany, NY, 2003), p. 3.
9 Ibid., p. 7.
10 Scott Olsen, *Golden Section: Nature's Greatest Secret* (New York, 2006), p. 8.
11 Anon., *Ad C. Herennium de Ratione Dicendi (Rhetorica ad Herennium)*, trans. Harry Caplan (London and Cambridge, MA, 1954), p. 209. References, to RH, in the text hereafter.
12 Mary Carruthers, *The Craft of Thought: Meditation, Rhetoric, and the Making of Images, 400-1200* (Cambridge, 1998), p. 12.
13 Joannes Tzetzes, βιβλιον ιστορικησ τησ δια στιχων πολιτκων/*Historiarum*

50 James Frederick Ferrier, *Institutes of Metaphysic: The Theory of Knowing and Being* (Edinburgh and London, 1854), p. 400.

51 Ibid., pp. 414–15.

52 John Skelton, *Poetical Works*, ed. Alexander Dyce, 3 vols (Boston, MA, and Cincinnati, OH, 1856), vol. II, p. 126.

53 William Hazlitt, 'On Prejudice', in *The Collected Works of William Hazlitt*, vol. XII: *Fugitive Writings*, ed. A. R. Waller and Arnold Glover (London and New York, 1904), p. 391.

54 Michael Deacon, 'Even Stupid People Have Feelings – Let's End This Bigotry', www.telegraph.co.uk, 2 August 2010.

55 John Saward, *Perfect Fools: Folly for Christ's Sake in Catholic and Orthodox Spirituality* (Oxford, 1980), pp. 16–17. References, to PF, in the text hereafter.

56 Peter Sloterdijk, *God's Zeal: The Battle of the Three Monotheisms*, trans. Wieland Hoban (Cambridge and Malden, MA, 2009), pp. 23–4.

57 William Wordsworth, *The Major Works*, ed. Stephen Gill (Oxford, 2000), p. 70.

58 Ibid., p. 79.

59 Ibid., p. 80.

60 John Lyly, *Mother Bombie* (London, 1594), sig. E5R.

61 Patrick McDonagh, *Idiocy: A Cultural History* (Cambridge, 2011).

62 Martin Halliwell, *Images of Idiocy: The Idiot Figure in Modern Fiction and Film* (Abingdon and New York, 2016), p. 233.

63 Genese Grill, 'Musil's "On Stupidity": The Artistic and Ethical Uses of the Feminine Discursive', *Studia Austriaca*, XXI (2013), p. 94.

64 Richard Vaughan, *Matthew Paris* (Cambridge, 1958), p. 60.

65 F.E.J. Valpy, *An Etymological Dictionary of the Latin Language* (London, 1828), p. 544.

66 Alfred Ernout and Alfred Meillet, *Dictionnaire étymologique de la langue latine: Histoire des mots*, 4th edn (Paris, 2001), p. 659.

67 Flannery O'Connor, *Mystery and Manners*, ed. Sally Fitzgerald and Robert Fitzgerald (New York, 1969), p. 77.

68 Robert Kugelmann, 'Imagination and Stupidity', *Soundings: An Interdisciplinary Journal*, LXX (1987), p. 87.

69 Ibid., p. 89.

70 Ibid., p. 90.

71 Tony Jasnowski, 'The Writer as Holy Fool: A Virtue of Stupidity', *Writing on the Edge*, IV (1993), p. 26.

72 Ibid., p. 30.

73 Ibid., p. 31.

Review, LXXXII (2006), p. 151.
31 Sigmund Freud, *Gesammelte Werke*, 18 vols (London, 1991), vol. XII, p. 247.
32 Ibid., vol. XVII, p. 47.
33 Briggs, 'oe and me cunte', pp. 36, 28, 31.
34 James Joyce, *Finnegans Wake* (London, 1975), p. 213.
35 Ibid., p. 203.
36 Ibid., p. 310.
37 John Stephens, *Essayes and Characters, Ironicall, and Instructiue* (London, 1615), p. 33; George Ruggle, *Ignoramus: A Comedy as it was Several Times Acted with Extraordinary Applause before the Majesty of King James*, trans. Robert Codrington (London, 1662).
38 Richard Chenevix Trench, *On the Study of Words: Five Lectures Addressed to the Pupils at the Diocesan Training School, Winchester* (London, 1851), p. 74.
39 William Tyndale, *An Answer to Sir Thomas More's Dialogue, The Supper of the Lord after the True Meaning of John VI and 1 Cor. XI*, ed. Henry Walter (Cambridge, 1850), pp. 48–9.
40 Thomas Blount, *Glossographia, or, A Dictionary Interpreting All Such Hard Words of Whatsoever Language Now Used in Our Refined English Tongue . . .* (London, 1661), sig. KK4V.
41 John Donne, 'The True Character of a Dunce', in *Paradoxes, Problemes, Essayes, Characters* (London, 1652), pp. 68–9.
42 Christopher Marlowe, *Dr Faustus and Other Plays*, ed. David Bevington and Eric Rasmussen (Oxford, 2008), p. 145.
43 Mikaela von Kursell, 'Faustus as Dunce: The Degeneration of Man and Word', *The Explicator*, LXXI (2013), p. 304.
44 Cecil Adams [pseud.], 'What's the Origin of the Dunce Cap?', *The Straight Dope*, 21 June 2000, www.straightdope.com.
45 Charles Dickens, *The Old Curiosity Shop: A Tale*, ed. Norman Page (London, 2000), p. 190.
46 Yadin Dudai et al., 'Dunce, a Mutant of Drosophila Deficient in Learning', *Proceedings of the National Academy of Sciences of the United States of America*, LXXIII (1976), pp. 1684–8.
47 J. S. Duerr and W. G. Quinn, 'Three Drosophila Mutations that Block Associative Learning Also Affect Habituation and Sensitization', *Proceedings of the National Academy of Sciences of the United States of America*, LXXIX (1982), pp. 3646–50.
48 T. W. Adorno, *Minima Moralia: Reflections from Damaged Life*, trans. E.F.N. Jephcott (London and New York, 2005), p. 197.
49 B. E., *A New Dictionary*, n.p.

vol. XVII, pp. 223–4. References, to SE, in the text hereafter.
12 Christopher Marlowe, *Dr Faustus and Other Plays*, ed. David Bevington and Eric Rasmussen (Oxford, 2008), p. 308.
13 Hermann Varnhagen, 'Zu den sprichwörtern Hendings', *Anglia: Zeitschrift für englische Philologie*, IV (1881), p. 190.
14 'Cuthbert Cunny-Catcher', *The Defence of Conny-catching; or, A Confutation of those Two Iniurious Pamphlets Published by R. G. against the Practitioners of Many Nimble-witted and Mysticall Sciences* (London, 1592), sig. a3r.
15 Robert Greene, *A Notable Discouery of Coosenage Now Daily Practised by Sundry Lewd Persons, Called Connie-catchers, and Crosse-byters* (London, 1591); *The Second Part of Conny-catching Contayning the Discouery of Certaine Wondrous Coosenages, Either Superficiallie Past Ouer, or Vtterlie Vntoucht in the First* (London, 1591).
16 Thomas Dekker and Thomas Middleton, *The Honest Whore, with The Humours of the Patient Man, and the Longing Wife* (London, 1604), sig. f3r.
17 Anon., *The Cony-catching Bride who After She Was Privately Married in a Conventicle or Chamber, According to the New Fashion of Marriage, She Sav'd her Selfe Very Handsomely from Being Coney-caught* (London, 1643).
18 Francis Beaumont and John Fletcher, *Cupids* [*sic*] *Revenge* (London, 1615), sig. h3r.
19 B. E., *A New Dictionary of the Canting Crew in its Several Tribes of Gypsies, Beggers, Thieves, Cheats &c.* (London, 1699), sig. c3v.
20 Ibid., sig. D1V; sig. C8V.
21 Daniel Heller-Roazen, *Dark Tongues: The Art of Rogues and Riddlers* (Cambridge, MA, 2013).
22 Keith Briggs, 'oe and me cunte in Place-names', *Journal of the English Place-name Society*, XLI (2009), p. 29.
23 Kit Toda, 'Eliot's Cunning Passages: A Note', *Essays in Criticism*, LXIV (2014), pp. 90–97.
24 T. S. Eliot, 'Gerontion', *Complete Poems and Plays* (London, 1969), p. 38.
25 Richard Holt and Nigel Baker, 'Towards a Geography of Sexual Encounter: Prostitution in Medieval English Towns', in *Indecent Exposure: Sexuality, Society and the Archaeological Record*, ed. Lynne Bevan (Glasgow, 2001), p. 210.
26 Ibid., p. 202.
27 Briggs, 'oe and me cunte', p. 29.
28 B. E. *New Dictionary*, sig. D1V; John Cleland, *Memoirs of a Woman of Pleasure*, 2 vols (London, 1749), vol. I, p. 196.
29 James Joyce, *Ulysses: The 1922 Text*, ed. Jeri Johnson (Oxford, 2008), p. 548.
30 Lisa Williams, 'On Not Using the Word "Cunt" in a Poem', *Virginia Quarterly*

34 Ibid., p. 266.
35 Pauline Rose Clance and Suzanne Imes, 'The Imposter [sic] Phenomenon in High Achieving Women: Dynamics and Therapeutic Intervention', *Psychotherapy Theory, Research and Practice*, XV (1978), pp. 241–7.
36 Joe Langford and Pauline Rose Clance, 'The Impostor Phenomenon: Recent Research Findings Regarding Dynamics, Personality and Family Patterns and their Implications for Treatment', *Psychotherapy*, XXX (1993), p. 496; Rebecca L. Badawy, Brooke A. Gazdag, Jeffrey R. Bentley and Robyn L. Brouer, 'Are All Impostors Created Equal? Exploring Gender Differences in the Impostor Phenomenon–Performance Link', *Personality and Individual Differences*, CXXXI (2018), pp. 156–63.
37 Dana Simmons, 'Impostor Syndrome, a Reparative History', *Engaging Science, Technology, and Society*, II (2016), pp. 119–20.
38 Ibid., p. 123.

第六章 無知

1 Thomas A. Fudge, *The Trial of Jan Hus: Medieval Heresy and Criminal Procedure* (Oxford, 2013), pp. 64–70.
2 Sharon Henderson Taylor, 'Terms for Low Intelligence', *American Speech*, XLIX (1974), p. 202.
3 John Donne, 'The True Character of a Dunce', *Paradoxes, Problemes, Essayes, Characters . . .* (London, 1652), p. 67.
4 Henry Cary, *The Slang of Venery and its Analogues* (Chicago, IL, 1916), p. 51.
5 Nicholas Breton, *Crossing of Proverbs, Crosse-answeres and Crosse-humours* (London, 1616), sig. a8r.
6 John S. Farmer and W. E. Henley, *Slang and its Analogues Past and Present: A Dictionary, Historical and Comparative, of the Heterodox Speech of All Classes of Society for More than Three Hundred Years*, 7 vols (London, 1890–1904), vol. II, p. 280.
7 Ibid., vol. II, p. 281.
8 Jeannie B. Thomas, 'Dumb Blondes, Dan Quayle, and Hillary Clinton: Gender, Sexuality, and Stupidity in Jokes', *Journal of American Folklore*, CX (1997), p. 282.
9 Geoffrey Chaucer, *The Riverside Chaucer*, 3rd edn, ed. Larry D. Benson (Oxford, 2008), p. 69.
10 Walter Scott, 'Marmion: A Tale of Flodden Field', *Poetical Works*, ed. J. G. Lockhart (Edinburgh, 1841), p. 103.
11 Sigmund Freud, *The Standard Edition of the Complete Psychological Works of Sigmund Freud*, 24 vols, ed. and trans. James Strachey et al. (London, 1953–74),

13 George Ripley, *The Compound of Alchymy; or, The Ancient Hidden Art of Archemie [sic], Conteining the Right & Perfectest Meanes to Make the Philosophers Stone, Aurum Potabile, with Other Excellent Experiments* (London, 1591), sig. k2v.
14 Jonson, *Alchemist*, p. 238.
15 Ibid., p. 219.
16 Ibid., p. 297.
17 Piero Gambaccini, *Mountebanks and Medicasters: A History of Italian Charlatans from the Middle Ages to the Present*, trans. Bettie Gage Lippitt (Jefferson, NC, and London, 2004), p. 5.
18 Nicholas Jewson, 'The Disappearance of the Sick Man from Medical Cosmology, 1770–1870', *Sociology*, X (1976), pp. 232–3.
19 Roy Porter, *Quacks: Fakers and Charlatans in English Medicine* (Stroud, 2000), p. 43.
20 James Adair, *Medical Cautions, for the Consideration of Invalids* (Bath, 1786), p. 13.
21 Henry John Rose and Thomas Wright, *A New General Biographical Dictionary*, 12 vols (London, 1848), vol. I, p. 84.
22 Porter, *Quacks*, p. 100.
23 Alexander Pope, *The Major Works*, ed. Pat Rogers (Oxford, 2006), p. 24.
24 Porter, *Quacks*, p. 93.
25 John Corry, *The Detector of Quackery; or, Analyser of Medical, Philosophical, Political, Dramatic, and Literary Imposture* (London, 1802), pp. 64–5.
26 Tom Gunning, 'The Cinema of Attraction: Early Film, its Spectator and the Avant-garde', *Wide Angle*, VIII (1986), p. 66.
27 Porter, *Quacks*, p. 157.
28 Steven Connor, *Dream Machines* (London, 2017), pp. 103–17.
29 Johann Burkhard Mencken, *The Charlatanry of the Learned*, trans. Francis E. Litz, ed. H. L. Mencken (London, 1937), pp. 59–60.
30 Plato, *Euthyphyro. Apology. Crito. Phaedo. Phaedrus*, trans. Harold N. Fowler (Cambridge, MA, and London, 2005), pp. 565–7.
31 Abraham Andersen, *The Treatise of the Three Impostors and the Problem of the Enlightenment: A New Translation of the 'Traité des Trois Imposteurs' (1777 Edition)* (Lanham, md, 1997); Georges Minois, *The Atheist's Bible: The Most Dangerous Book that Never Existed* (Chicago, IL, and London, 2012).
32 K. R. St Onge, *The Melancholy Anatomy of Plagiarism* (Lanham, New York and London, 1988), p. VII.
33 Stanley Cavell, *Must We Mean What We Say? A Book of Essays*, 2nd edn (Cambridge, 2002), p. 264.

(Albany, NY, 2006), p. 5.

115 Ibid., p. 6.

116 Thomas A. DeLong, *Quiz Craze: America's Infatuation with Game Shows* (New York, Westport and London, 1991), p. 255.

117 Marcus Berkman, *Brain Men: The Passion to Compete* (London, 1999), p. 71.

118 Martin Heidegger, *Being and Time*, trans. John Macquarrie and Edward Robinson (Oxford, 1962), p. 32; Martin Heidegger, *Sein und Zeit* (Tübingen, 2006), p. 12; Jean-Paul Sartre, *Being and Nothingness: An Essay on Phenomenological Ontology*, trans. Hazel E. Barnes (London, 1984), p. LXII.

第五章 偽稱知識

1 Dante Alighieri, *The Divine Comedy*, I: *Inferno*, trans. Robin Kirkpatrick (London, 2006), p. 34.

2 Bram Stoker, *Famous Impostors* (London, 1910); C.J.S. Thompson, *Mysteries of History: With Accounts of Some Remarkable Characters and Charlatans* (London, 1928); George Bachelor, *Impostors and Charlatans: Ten Thrilling Stories of Deceivers* (Lower Chelston, Devon, 1946); Nigel Blundell and Sue Blackhall, *Great Hoaxers, Artful Fakers and Cheating Charlatans* (Barnsley, 2009); Linda Stratmann, *Fraudsters and Charlatans: A Peek at Some of History's Greatest Rogues* (Stroud, 2010).

3 John Milton, *Paradise Lost*, ed. Stephen Orgel and Jonathan Goldberg (Oxford, 2008), p. 54.

4 Eliza Haywood, *Love in Excess; or, The Fatal Inquiry*, 2nd edn, ed. David Oakleaf (Peterborough, ON, 2000), p. 44.

5 Aristotle, *On Sophistical Refutations. On Coming-to-be and Passing Away. On the Cosmos*, trans. E. S. Forster and D. J. Furley (Cambridge, MA, and London, 1955), p. 61.

6 John Palsgrave, *Lesclarcissement de la langue francoyse* (London, 1530), p. 667.

7 Robert Lowth, *Lectures on the Sacred Poetry of the Hebrews*, 2 vols, trans. G. Gregory (London, 1787), vol. II, p. 127.

8 Charles Dickens, *Hard Times*, ed. Kate Flint (London, 2003), p. 193.

9 Antoine Arnauld, *The Coppie of the Anti-Spaniard Made at Paris by a French Man, a Catholique*, trans. Anthony Munday (London, 1590), p. 29.

10 Randle Cotgrave, *A Dictionarie of the French and English Tongues* (London, 1611), sig. q2r.

11 Ben Jonson, *The Alchemistand Other Plays*, ed. Gordon Campbell (Oxford, 2008), pp. 237–8.

12 Ibid., p. 236.

(London, 2014), pp. 172–3.
87 Samuel Pratt, *Harvest-Home: Consisting of Supplementary Gleanings, Original Dramas and Poems* (London, 1805), p. 143.
88 Alexander Rodger, *Stray Leaves from the Portfolios of Alisander the Seer, Andrew Whaup, and Humphrey Henkeckle* (Glasgow, 1842), p. 127.
89 'Central Criminal Court, Sept. 20', *The Times* (22 September 1879), p. 12.
90 Alex Boese, 'The Origin of the Word Quiz', www.hoaxes.org, 10 July 2012.
91 'Origin of the Word Quiz', *London and Paris Observer*, DIX (15 February 1835), p. 112.
92 Ibid.
93 Ibid.
94 Ben Zimmer, 'Here's a Pop Quiz: Where the Hell Did "Quiz" Come From?', www.vocabulary.com, 9 February 2015.
95 'Quoz', *The World*, 816 (15 August 1789), n.p.
96 Ibid.
97 Ibid.
98 The World, 821 (22 August 1789), n.p.
99 *The Diary; or, Woodfall's Register*, 138 (5 September 1789), n.p.
100 Thomas Paine, *Rights of Man, Common Sense and Other Political Writings*, ed. Mark Philp (Oxford, 2008), p. 247.
101 James Joyce, *Ulysses: The 1922 Text*, ed. Jeri Johnson (Oxford, 2008), p. 286.
102 'Domestic Intelligence', *European Magazine and London Review*, XLI (1802), p. 500.
103 B. H. Smart, *Walker Remodelled: A New Critical Pronouncing Dictionary of the English Language* (London, 1836), p. 507.
104 Ibid.
105 George Combe, *Lectures on Phrenology* (London and Edinburgh, 1839), p. 92.
106 'The United States', *The Times* (11 September 1873), p. 4.
107 Jim Cox, *The Great Radio Audience Participation Shows: Seventeen Programs from the 1940s and 1950s* (Jefferson, NC, and London, 2001), p. 4.
108 'The Precious Metals', *American Whig Review*, V (1847), p. 424.
109 G. W. Peck, 'Evangeline', *American Whig Review*, VII (1848), p. 158.
110 'The Doctor and his Pills', *American Whig Review*, XVI (1852), p. 107.
111 'The Right to Free Highways', *Scientific American*, new ser., XVI (1867), p. 142.
112 *Common Knowledge*, www.dukeupress.edu/common-knowledge.
113 Martin A. Gardner, *Quiz Kids: The Radio Program with the Smartest Children in America, 1940–1953* (Jefferson, NC, and London, 2013).
114 Olaf Hoerschelmann, *Rules of the Game: Quiz Shows and American Culture*

Objectivity', *Annals of Scholarship*, VIII (1991), p. 345.

65 Mary Poovey, *A History of the Modern Fact: Problems of Knowledge in the Sciences of Wealth and Society* (Chicago, IL, and London, 1998).

66 Oswald Dykes, *Moral Reflexions Upon Select British Proverbs: Familiarly Accommodated to the Humour and Manners of the Present Age* (London, 1708), sig. a3v.

67 *The Fanatick Feast: A Pleasant Comedy* (London, 1710), p. 6.

68 Maria Edgeworth, *Patronage*, 4 vols (London, 1814), vol. I, pp. 82–3.

69 'Epilogue to the New Comedy of Speculation', *Britannic Magazine*, III (1795), p. 410.

70 C. H. Wilson, ed., *The Myrtle and Vine; or, Complete Vocal Library*, 4 vols (London, 1800), vol. III, p. 82.

71 George Gordon, Lord Byron, *Byron's Don Juan: A Variorum Edition*, 4 vols, ed. Truman Guy Steffan and Willis W. Pratt (Austin, TX, and Edinburgh, 1957), vol. III, p. 203.

72 Ibid., vol. III, p. 512.

73 Thomas Moore, *Life of Lord Byron: With his Letters and Journals*, 6 vols (London, 1854), vol. III, p. 201.

74 John Collins, *Scripscrapologia; or, Collins's Doggerel Dish Of All Sorts* (Birmingham, 1804), p. 163.

75 'Philip Harmless', 'To the Quiz Club', *The Quiz*, I (1797), pp. 81–2.

76 Charles Dibdin, *The Etymology of Quiz, Written and Composed by Mr Dibdin, for his Entertainment called The Quizes, or A Trip to Elysium* (London, 1793), p. 3.

77 'Wanted', *The Spirit of the Public Journals for 1809*, XIII (1809), pp. 168–9.

78 Anthony Pasquin (John Williams), *The Hamiltoniad; or, An Extinguisher for the Royal Faction of New-England* (Boston, MA, 1804), p. 45.

79 Richard Polwhele, *The Follies of Oxford; or, Cursory Sketches on a University Education, from an Under Graduate to his Friend in the Country* (London, 1785), p. 12; *Advice to the Universities of Oxford and Cambridge, and to the Clergy of Every Denomination* (London, 1783), pp. 37–8.

80 *Advice to the Universities*, p. 38.

81 Ibid., pp. 39–44.

82 Ibid., p. 44.

83 'Quizicus', 'Address to the Freshmen of the University of Cambridge', *Sporting Magazine*, v (1794), p. 157.

84 Ibid.

85 Ibid.

86 Steven Connor, *Beyond Words: Sobs, Hums, Stutters and other Vocalizations*

42 Ong, *Fighting for Life*, pp. 130–33.
43 Ibid., pp. 122, 123.
44 Brian Tucker, *Reading Riddles: Rhetorics of Obscurity from Romanticism to Freud* (Lewisburg, NY, 2011); Daniel Tiffany, *Infidel Poetics: Riddles, Nightlife, Substance* (Chicago, IL, and London, 2009).
45 Tucker, *Reading Riddles*, p. 168.
46 Donald Felipe, 'Post-Medieval Ars Disputandi', PhD dissertation, University of Texas (1991), p. 4, http://disputatioproject.files.wordpress. com.
47 Marcus Terentius Varro, *On the Latin Language*, trans. Roland G. Kent, 2 vols (Cambridge, MA, and London, 1938), vol. I, p. 231.
48 Ibid.
49 Ku-ming Chang, 'From Oral Disputation to Written Text: The Transformation of the Dissertation in Early Modern Europe', *History of Universities*, XIX/2 (2004), p. 132.
50 Ibid., p. 140.
51 Ibid., pp. 133–4.
52 Robin Whelan, 'Surrogate Fathers: Imaginary Dialogue and Patristic Culture in Late Antiquity', *Early Modern Europe*, XXV (2017), p. 19.
53 Janneke Raaijmakers, 'I, Claudius: Self-styling in Early Medieval Debate', *Early Modern Europe*, XXV (2017), p. 84.
54 Graham Chapman, *The Complete Monty Python's Flying Circus: All the Words*, vol. II (London, 1989), p. 88.
55 Jakob W. Feuerlein, *Regulae praecipuae bonae disputationis academicae* (Göttingen, 1747), p. 5 (my translation).
56 William Clark, *Academic Charisma and the Origins of the Research University* (Chicago, IL, 2006), p. 79.
57 Ong, *Fighting for Life*, p. 127.
58 John Rodda, *Public Religious Disputation in England, 1558–1626* (Farnham and Burlington, vt, 2014), pp. 74–8.
59 Ibid., p. 203.
60 Theophilus Higgons, *The First Motive of T. H. Maister of Arts, and Lately Minister, to Suspect the Integrity of his Religion which was Detection of Falsehood in D. Humfrey, D. Field, & other Learned Protestants . . .* (Douai, 1609), p. 52.
61 Chang, 'From Oral Disputation to Written Text', p. 159.
62 Clark, *Academic Charisma*, p. 139.
63 John Milton, *Complete Poems and Major Prose*, ed. Merritt Y. Hughes (New York, 1957), p. 632.
64 Lorraine Daston, 'Baconian Facts, Academic Civility, and the Prehistory of

19 Rafat Borystawski, *The Old English Riddles and the Riddlic Elements of Old English Poetry* (Frankfurt am Main, 2004), p. 47.
20 Ibid., p. 8.
21 Ibid., p. 19.
22 Lewis Carroll, *Alice's Adventures in Wonderland and Through the Looking- Glass and What Alice Found There*, ed. Roger Lancelyn Green (Oxford, 1998), p. 63.
23 Johan Huizinga, *Homo Ludens: A Study of the Play Element in Culture*, trans. R.F.C. Hull (London, Boston and Henley, 1980), p. 108.
24 Abrahams, 'Introductory Remarks to a Rhetorical Theory of Folklore', p. 156.
25 Rudolph Schevill, 'Some Forms of the Riddle Question and the Exercise of the Wits in Popular Fiction and Formal Literature', *University of California Publications in Modern Philology*, II (1911), pp. 204–5.
26 Plutarch, *Moralia*, trans. Frank Cole Babbitt (Cambridge, MA, and London, 1928), vol. II, p. 375.
27 Ibid., p. 377.
28 Eleanor Cook, *Enigmas and Riddles in Literature* (Cambridge, 2006), pp. 7–26.
29 Galileo, *Opere*, vol. IX, p. 227 (my translation).
30 Ella Köngäs Maranda, 'The Logic of Riddles', in *Structural Analysis of Oral Tradition*, ed. Pierre Maranda and Ella Köngäs Maranda (Philadelphia, PA, 1971), p. 214.
31 Ibid., pp. 192–3.
32 Ian Hamnet, 'Ambiguity, Classification and Change: The Function of Riddles', *Man*, new ser., II/3 (1967), p. 379.
33 Matthew Marino, 'The Literariness of the Exeter Book Riddles', *Neuphilologische Mitteilungen*, LXXIX (1978), p. 265.
34 Ilan Amit, 'Squaring the Circle', in *Untying the Knot: On Riddles and Other Enigmatic Modes*, ed. Galit Hasan-Rokem and David Shulman (New York and Oxford, 1996), p. 284.
35 Huizinga, *Homo Ludens*, p. 112.
36 Daniel 2.5, *The Holy Bible . . . Made from the Latin Vulgate by John Wycliffe and his Followers*, ed. Josiah Forshall and Frederic Madden, 4 vols (Oxford, 1850), vol. III, p. 623; Claudius Hollyband, *The Treasurie of the French Tong* (London, 1580), sig. o1r.
37 Huizinga, Homo Ludens, p. 108.
38 Sarah Iles Johnston, *Ancient Greek Divination* (Chichester, 2008), p. 56.
39 Huizinga, *Homo Ludens*, pp. 105–18.
40 Ibid.
41 Ibid., p. 110.

53 Peter Sloterdijk, *God's Zeal: The Battle of the Three Monotheisms*, trans. Wieland Hoban (Cambridge and Malden, MA, 2009), p. 130.
54 Ambrose Bierce, *The Devil's Dictionary* (London, 2008), p. 42.
55 Jonathan Black, *The Secret History of the World* (London, 2007), p. 20.
56 Ibid., p. 33.
57 Ibid., p. 34.

第四章 問答

1 Walter J. Ong, *Fighting for Life: Contest, Sexuality, and Consciousness* (Amherst, MA, 1989), pp. 27–8.
2 Ibid., p. 35.
3 Shlomith Cohen, 'Connecting Through Riddles, or The Riddle of Connecting', in *Untying the Knot: On Riddles and Other Enigmatic Modes*, ed. Galit Hasan-Rokem and David Shulman (New York and Oxford, 1996), p. 298.
4 Annikki Kaivola-Bregenhøj, *Riddles: Perspectives on the Use, Function and Change in a Folklore Genre* (Helsinki, 2016), p. 57.
5 Cora Diamond and Roger White, 'Riddles and Anselm's Riddle', *Proceedings of the Aristotelian Society*, LI (1977), p. 145.
6 Emily Dickinson, 'The Riddle we can guess', *The Complete Poems*, ed. Thomas H. Johnson (London, 1975), p. 538.
7 Galileo Galilei, *Opere*, ed. Antonio Favoro, 20 vols (Florence, 1890–1909), vol. IX, p. 227 (my translation).
8 Diamond and White, 'Riddles and Anselm's Riddle', p. 156.
9 Sophocles, *Ajax. Electra. Oedipus Tyrannus*, trans. Hugh Lloyd-Jones (Cambridge, MA, and London, 1997), pp. 363–5.
10 Ludwig Wittgenstein, *Tractatus Logico-Philosophicus*, trans. C. K. Ogden (London, 1960), p. 187.
11 Lee Haring, 'On Knowing the Answer', *Journal of American Folklore*, LXXXVII (1974), p. 197.
12 Ibid., pp. 200–202.
13 Ibid., p. 207.
14 John Blacking, 'The Social Value of Venda Riddles', *African Studies*, XX (1961), p. 3.
15 Ibid., p. 5.
16 Ibid.
17 Roger D. Abrahams, 'Introductory Remarks to a Rhetorical Theory of Folklore', *Journal of American Folklore*, LXXXI (1968), p. 150.
18 Ibid.

(Cambridge, MA, and London, 1935), p. 5.

32 Procopius of Caesarea, *The Secret History of the Court of the Emperor Justinian* (London, 1674), p. 48.

33 Rebecca Bullard, *The Politics of Disclosure, 1674–1725: Secret History Narratives* (London, 2009), p. 37.

34 Melinda Alliker Rabb, *Satire and Secrecy in English Literature from 1650 to 1750* (Basingstoke, 2007), pp. 73–4.

35 Bullard, *Politics of Disclosure*, p. 11.

36 John Pudney, *The Smallest Room* (London, 1954), p. 33.

37 Ibid.

38 Samuel D. Warren and Louis D. Brandeis, 'The Right to Privacy (The Implicit Made Explicit)', in *Philosophical Dimensions of Privacy: An Anthology, ed. Ferdinand David Schoeman* (Cambridge, 1984), p. 76.

39 Ibid.

40 Ibid., p. 77.

41 Kocku von Stuckrad, *Western Esotericism: A Brief History of Secret Knowledge*, trans. Nicholas Goodrick-Clarke (London and Oakville, CT, 2005), p. 11.

42 Jan Assmann, *Religio Duplex: How the Enlightenment Reinvented Egyptian Religion*, trans. Robert Savage (Cambridge and Malden, MA, 2014), pp. 3–4.

43 Irenaeus, *The Writings of Irenaeus*, trans. Alexander Roberts and W. H. Rambaut, in *Ante-Nicene Christian Library: Translations of the Writings of the Fathers Down to ad 325*, ed. Alexander Roberts and James Donaldson, vol. V, pt 1 (Edinburgh, 1868), p. 22.

44 Stuckrad, *Western Esotericism*, p. 26.

45 Katherine Raine, 'Thomas Taylor, Plato, and the English Romantic Movement', *Sewanee Review*, LXXVI (1968), p. 231.

46 Thomas Taylor, *A Dissertation on the Eleusinian and Bacchic Mysteries* (Amsterdam, 1790), p. III.

47 Ibid., pp. 52–3.

48 Ibid., p. 127.

49 Ibid., pp. III–IV.

50 Margot K. Louis, 'Gods and Mysteries: The Revival of Paganism and the Remaking of Mythography through the Nineteenth Century', *Victorian Studies*, XLVII (2005), pp. 329–61.

51 Helena Petrovna Blavatsky, *The Secret Doctrine: The Synthesis of Science, Religion, and Philosophy*, 2 vols (London, 1888), vol. I, p. XXIII. References, to SD, in the text hereafter.

52 W. B. Yeats, 'The Statues', *Collected Poems* (London, 1951), p. 323.

9 Samuel Taylor Coleridge, 'Frost at Midnight', in *The Major Works*, ed. H. J. Jackson (Oxford, 2008), p. 87.
10 James Joyce, *A Portrait of the Artist as a Young Man*, ed. Seamus Deane (London, 1992), p. 43.
11 James Joyce, *Ulysses: The 1922 Text*, ed. Jeri Johnson (Oxford, 2008), p. 274.
12 Freud, *Standard Edition*, vol. XVII, pp. 224–5.
13 Ibid., p. 225.
14 John Palsgrave, *Lesclarcissement de la Langue Francoyse* (London, 1530), fol. CCLXXIII(v).
15 Thomas More, *The Debellacyon of Salem and Bizance* (London, 1533), sig. o3r.
16 Francis Bacon, *The Essays*, ed. John Pitcher (London, 1985), p. 126.
17 Steven Connor, 'Channels' (2013), www.stevenconnor.com/channels.html.
18 Emily Dickinson, *Complete Poems*, ed. Thomas H. Johnson (London, 1975), p. 620.
19 Edward W. Legg and Nicola S. Clayton, 'Eurasian Jays (Garrulus glandarius) Conceal Caches from Onlookers', *Animal Cognition*, XVII (2014), pp. 1223–6.
20 Alex Posecznik, 'On Anthropological Secrets', www.anthronow.com, 1 October 2009.
21 'Secret Intelligence Service' (n.d.), www.sis.gov.uk, accessed 23 September 2018.
22 Georg Simmel, 'The Sociology of Secrecy and of Secret Societies', *American Journal of Sociology*, XI (1906), p. 452. References, to 'SS', in the text hereafter.
23 Evelyn Lord, *The Hell-fire Clubs: Sex, Satanism and Secret Societies* (New Haven, CT, and London, 2009).
24 John Robison, *Proofs of a Conspiracy against All the Religions and Governments of Europe, Carried on in the Secret Meetings of Free Masons, Illuminati, and Reading Societies* (London and Edinburgh, 1797), pp. 11–12.
25 Ibid., pp. 25–6.
26 Neal Wilgus, *The Illuminoids: Secret Societies and Political Paranoia* (London, 1980).
27 Michel Foucault, *The History of Sexuality*, vol. I: *An Introduction*, trans. Robert Hurley (New York, 1980), p. 35.
28 Michael Taussig, *Defacement: Public Secrecy and the Labor of the Negative* (Stanford, CA, 1999), p. 51.
29 Samuel Beckett, *Murphy*, ed. J.C.C. Mays (London, 2009), p. 38.
30 Georg Simmel, *The View of Life: Four Metaphysical Essays with Journal Aphorisms*, trans. and ed. John A. Y. Andrews and Donald N. Levine (Chicago, IL, and London, 2015), p. 5.
31 Procopius of Caesarea, *The Anecdota, or Secret History*, trans. H. B. Dewing

as Reflected in Freud's Leonardo da Vinci and a Memory of his Childhood ', *International Journal of Psycho-Analysis*, LXXXVII (2006), p. 1269. References, to 'DK', in the text hereafter.

76 Ludwig Wittgenstein, *Philosophical Occasions, 1912–1951*, ed. James C. Klagge and Alfred Nordmann, trans. various (Indianapolis, IN, and Cambridge, MA, 1993), p. 125.

77 John Farrell, *Freud's Paranoid Quest: Psychoanalysis and Modern Suspicion* (New York and London, 1996), p. 46.

78 Steven Connor, *Dream Machines* (London, 2017), pp. 61–3.

79 W. R. Bion, *Attention and Interpretation: A Scientific Approach to Insight in Psycho-Analysis and Groups, in The Complete Works of W. R. Bion*, ed. Chris Mawson (London, 2014), vol. VI, pp. 242–3.

80 W. R. Bion, *Second Thoughts: Selected Papers on Psycho-Analysis* (London, 1967), pp. 93–109.

81 Ibid., p. 165.

82 W. R. Bion, *Learning from Experience* (London, 1962), p. 36.

83 W. R. Bion, *A Memoir of the Future, Book One: A Dream, in The Complete Works of W. R. Bion*, ed. Chris Mawson (London, 2014), vol. XII, p. 45.

84 Gellner, *The Psychoanalytic Movement*, p. 3.

第三章 保密

1 Richard Dawkins, 'Theology Has No Place in a University', Letters to the Editor, *The Independent, 6539* (1 October 2007), p. 30.

2 Peter Sloterdijk, *You Must Change Your Life*, trans. Wieland Hoban (Cambridge and Malden, MA, 2013), pp. 83–107.

3 Ibid., p. 34.

4 Wilhelm Reich, *The Mass Psychology of Fascism*, trans. Vincent R. Carfagno, ed. Mary Higgins and Chester M. Raphael (New York, 1970), pp. 115–42.

5 Sigmund Freud, *The Standard Edition of the Complete Psychological Works of Sigmund Freud*, 24 vols, ed. and trans. James Strachey et al. (London, 1953–74), vol. XIV, p. 76.

6 E. M. Cioran, *Drawn and Quartered*, trans. Richard Howard (New York, 1983), p. 82.

7 *The Owl and the Nightingale: Text and Translation*, ed. Neil Cartlidge (Exeter, 2008), p. 34.

8 Anon., *The Kalender of Shepherdes: the edition of Paris 1503 in photographic facsimile: a faithful reprint of R. Pynson's edition of London 1506*, 3 vols, ed. H. Oskar Sommer (London, 1872), vol. III, p. 180.

51 Bertram D. Lewin, 'Some Observations on Knowledge, Belief and the Impulse to Know', *International Journal of Psycho-Analysis*, XX (1939), p. 429.

52 Ibid., pp. 429–30.

53 Lewin, 'Education or the Quest for Omniscience', p. 395.

54 Ibid., p. 410.

55 Melanie Klein, *Love, Guilt and Reparation, and Other Works, 1921–1945* (London, 1998), p. 70. References, to LGR, in the text hereafter.

56 Ernest Gellner, *The Psychoanalytic Movement: The Cunning of Unreason*, 2nd edn (London, 1993), p. 124.

57 Ibid.

58 Rachel Bowlby, *Freudian Mythologies: Greek Tragedy and Modern Identities* (Oxford, 2009), p. 124.

59 Julia Kristeva, 'The Need to Believe and the Desire to Know, Today', in *Psychoanalysis, Monotheism and Morality: Symposia of the Sigmund Freud Museum 2009–11*, ed. Wolfgang Müller-Funk, Ingrid Scholz-Strasser and Herman Westerink (Leuven, 2013), p. 79.

60 Sophia de Mijolla-Mellor, *Le Besoin de savoir: Théories et mythes magico-sexuels dans l'enfance* (Paris, 2002), p. 4 (my translation).

61 Liran Razinsky, *Freud, Psychoanalysis and Death* (Cambridge, 2013), p. 39.

62 Mary Chadwick, 'Notes upon the Acquisition of Knowledge', *Psychoanalytic Review*, XIII (1926), pp. 257–80, pp. 267–9.

63 Ibid., p. 279.

64 Mary Chadwick, *Difficulties in Child Development* (London, 1928), pp. 371–2.

65 Marie-Hélène Huet, *Monstrous Imagination* (Cambridge, MA, 1993), p. 5.

66 Chadwick, 'Notes upon the Acquisition of Knowledge', p. 269.

67 M. B. Bill, 'Delusions of Doubt', *Popular Science Monthly*, XXI (1882), p. 788.

68 Mary Chadwick, *Adolescent Girlhood* (London, 1932), p. 233.

69 Mary Chadwick, 'A Case of Kleptomania in a Girl of Ten Years', *International Journal of Psycho-Analysis*, VI (1925), p. 311.

70 Ibid., p. 312.

71 Mary Chadwick, 'Im Zoologischen Garten', *Zeitschrift für psychoanalytische Pädagogik*, III (1929), pp. 235–6, p. 235 (my translation). References, to 'IZG', in the text hereafter.

72 Mary Chadwick, *Difficulties in Child Development* (London, 1928), p. 364.

73 Susan Stanford Friedman, *Analyzing Freud: Letters of H.D., Bryher, and their Circle* (New York, 2002), p. 100.

74 Ibid., pp. 188, 142.

75 Rachel B. Blass, 'Psychoanalytic Understanding of the Desire for Knowledge

31 Lionardo Di Capua, *The Uncertainty of the Art of Physick together with an Account of the Innumerable Abuses Practised by the Professors of that Art*, trans. J. L. (London, 1684), p. 47.
32 Burton, *Anatomy of Melancholy*, vol. I, pp. 100–101.
33 Ibid., vol. I, p. 115.
34 Ibid., vol. I, p. 58.
35 Stephen Frosh, *For and Against Psychoanalysis*, 2nd edn (London, 2006), pp. 29–81.
36 Quoted in Darius Gray Ornston, 'The Invention of "Cathexis"', *International Review of Psycho-Analysis*, XII (1985), pp. 391–8, p. 393.
37 Peter T. Hoffer, 'Reflections on Cathexis', *Psychoanalytic Quarterly*, LXXIV (2005), p. 1129.
38 Adam Phillips, 'Psychoanalysis and Education', *Psychoanalytic Review*, XCI (2004), p. 786.
39 Sigmund Freud, *The Standard Edition of the Complete Psychological Works of Sigmund Freud*, 24 vols, ed. and trans. James Strachey et al. (London, 1953–74), vol. XIX, p. 216. References, to SE, in the text hereafter.
40 Ernest Jones et al., 'Discussion: Lay Analysis', *International Journal of Psycho-Analysis*, VIII (1927), p. 265.
41 Sigmund Freud, *Gesammelte Werke*, ed. Anna Freud et al., 18 vols (London, 1991), vol. IX, p. 105. References, to GW, in the text hereafter.
42 Sigmund Freud, *The Correspondence of Sigmund Freud and Sándor Ferenczi*, vol. I: *1908–1914*, ed. Eva Brabant, Ernst Falzeder and Patrizia Giampieri- Deutsch, trans. Peter T. Hoffer (Cambridge, MA, and London, 1993), p. 457.
43 Sigmund Freud and Sándor Ferenczi, *Briefwechsel*, Band I.2: *1912–1914*, ed. Eva Brabant, Ernst Falzeder and Patrizia Giampieri-Deutsch (Vienna, Cologne and Weimar, 1993), p. 185.
44 Ibid.
45 Johann Wolfgang Goethe, *Faust: Der Tragödie Erster Teil* (Stuttgart, 1956), p. 9 (my translation).
46 C. G. Jung, *Memories, Dreams, Reflections*, ed. Aniela Jaffé, trans Richard and Clara Winston (London, 1963), pp. 147–8.
47 Ibid., p. 148.
48 Ibid., pp. 147–8.
49 Sándor Ferenczi, *First Contributions to Psycho-Analysis*, trans. Ernest Jones (London, 1952), p. 241. References, to FC, in the text hereafter.
50 Bertram D. Lewin, 'Education or the Quest for Omniscience', *Journal of the American Psychoanalytic Association*, VI (1958), p. 395.

9 Davies, *Complete Poems*, vol. I, pp. 15–16.
10 Ibid., p. 16.
11 Louis I. Bredvold, 'The Sources Used by Davies in *Nosce Teipsum*', *PMLA*, XXXVIII (1923), pp. 745–69; George T. Buckley, 'The Indebtedness of Nosce Teipsum to *Mornay's Trunesse of the Christian Religion*', *Modern Philology*, XXV (1927), pp. 67–78.
12 Davies, *Complete Poems*, vol. I, p. 21.
13 Ibid.
14 Ibid.
15 Philip Skelton, *Complete Works*, ed. Robert Lynam, 6 vols (London, 1824), vol. VI, p. 201.
16 Fulke Greville, *The Complete Poems and Plays of Fulke Greville, Lord Brooke* (1554–1628), 2 vols, ed. G. A. Wilkes (Lewiston, Queenston and Lampeter, 2008), vol. II, p. 273.
17 Ibid.
18 Ibid., vol. II, p. 274.
19 Ibid., vol. II, p. 303.
20 Ibid.
21 Anne S. Chapple, 'Robert Burton's Geography of Melancholy', *Studies in English Literature, 1500–1900*, XXXIII (1993), 99–130.
22 Robert Burton, *The Anatomy of Melancholy*, ed. Thomas C. Faulkner, Nicolas K. Kiessling and Rhonda L. Blair, 6 vols (Oxford, 1989–2000), vol. I, p. 24.
23 Richard Hedgerson, 'Epilogue: The Folly of Maps and Modernity', in *Literature, Mapping and the Politics of Space in Early Modern Britain*, ed. Andrew Gordon and Bernhard Klein (Cambridge, 2001), p. 243.
24 Ayesha Ramachandran, *The Worldmakers: Global Imagining in Early Modern Europe* (Chicago, IL, 2015), p. 224.
25 Dioscorides Pedanius of Anazarbos, *De Materia Medica: Being an Herbal with Many Other Medicinal Materials*, trans. T. A. Osbaldeston and R.P.A. Wood (Johannesburg, 2000), p. 706.
26 Ibid., p. 707.
27 Burton, *Anatomy of Melancholy*, vol. I, p. LXII.
28 William Alley, *Ptochomuseion: The Poore Mans Librarie* (London, 1565), fol. 126v; A. M., *The Reformed Gentleman; or, The Old English Morals Rescued from the Immoralities of the Present Age* . . . (London, 1693), p. 4.
29 Timothy Bright, *A Treatise, wherein is Declared the Sufficiencie of English Medicines, for Cure of All Diseases, Cured with Medicines* (London, 1615), p. 17.
30 Thomas Pope Blount, *Essays on Several Subjects* (London, 1692), p. 162.

34 C. G. Jung, *The Psychogenesis of Mental Disease: Collected Works*, trans. R.F.C. Hull (London, 1960), vol. III, p. 190.
35 A. A. Roback, *History of American Psychology* (New York, 1952), p. 259.
36 William McDougall, *An Outline of Abnormal Psychology*, 6th edn (London, 1948), p. 232.
37 Sigmund Freud, *The Standard Edition of the Complete Psychological Works of Sigmund Freud*, ed. and trans. James Strachey et al., 24 vols (London, 1953–74), vol. IX, pp. 197–8. References, to SE, in the text hereafter. Sigmund Freud, *Gesammelte Werke*, ed. Anna Freud et al., 18 vols (London, 1991), vol. VIII, p. 162. References, to GW, in the text hereafter.
38 Hyginus (Gaius Julius Hyginus), *Fabulae*, ed. Maurice Schmidt (Jena, 1872), p. 130.
39 Seneca the Younger (Lucius Annaeus Seneca), *Epistles 93–124*, trans. Richard M. Gummere (Cambridge, MA, and London, 1925), pp. 444–5.
40 Martin Heidegger, *Being and Time*, trans. John Macquarrie and Edward Robinson (Oxford, 1962), p. 243.
41 Edmund Burke, *A Philosophical Enquiry into the Origin of Our Ideas of the Sublime and Beautiful*, ed. Adam Phillips (Oxford, 2008), p. 29.
42 Ibid.
43 Samuel Beckett, *Molloy*, ed. Shane Weller (London, 2009), p. 177.
44 Guy de Chauliac, *The Cyrurgie of Guy de Chauliac*, ed. M. S. Ogden (London, 1971), p. 117.
45 Philip Larkin, 'An Arundel Tomb', *Collected Poems*, ed. Anthony Thwaite (London, 1988), p. 111.

第二章 認識你自己

1 Pausanias, *Description of Greece*, Book 8, trans. W.H.S. Jones (Cambridge, MA, and London, 1935), p. 507.
2 Plato, *Euthyphro. Apology. Crito. Phaedo. Phaedrus*, trans. Harold North Fowler (Cambridge, MA, and London, 2005), p. 421.
3 Ibid., pp. 421–3.
4 Sir John Davies, *Complete Poems*, ed. Alexander B. Grosart, 2 vols (London, 1876), vol. I, p. 43.
5 Ibid., vol. I, p. 120.
6 Ibid., vol. I, p. LXXVII.
7 T. S. Eliot, 'Sir John Davies', in *Elizabethan Poetry: Modern Essays in Criticism*, ed. Paul J. Alpers (New York, 1967), p. 325.
8 James L. Sanderson, *Sir John Davies* (Boston, MA, 1975), p. 127.

Feenberg-Dibon (Stanford, CA, 2010).
11 Michel Foucault, *Power/Knowledge: Selected Interviews and Other Writings, 1972–1977*, ed. Colin Gordon, trans. Colin Gordon, Leo Marshall, John Mepham and Kate Soper (New York, 1980), p. 132.
12 Ibid., p. 133.
13 Ibid., pp. 53–4.
14 Rex Welshon, 'Saying Yes to Reality: Skepticism, Antirealism, and Perspectivism in Nietzsche's Epistemology', *Journal of Nietzsche Studies*, XXXVII (2009), p. 24.
15 Friedrich Nietzsche, *On the Genealogy of Morality*, ed. Keith Ansell- Pearson, trans. Carole Diethe (Cambridge, 2006), p. 4.
16 Peter Bornedal, *The Surface and the Abyss: Nietzsche as Philosopher of Mind and Knowledge* (Berlin and New York, 2010), p. 32.
17 Welshon, 'Saying Yes to Reality', p. 23.
18 Nietzsche, *Genealogy of Morality*, p. 87.
19 Ibid.
20 Peter Sloterdijk, *You Must Change Your Life*, trans. Wieland Hoban (Cambridge and Malden, MA, 2013), pp. 8–10.
21 Christopher Marlowe, *Doctor Faustus and Other Plays*, ed. David Bevington and Eric Rasmussen (Oxford, 2008), p. 140.
22 Ibid., p. 142.
23 Ibid., pp. 140–41.
24 Arthur Lindley, 'The Unbeing of the Overreacher: Proteanism and the Marlovian Hero', *Modern Language Review*, LXXXIV (1989), p. 1.
25 Karl P. Wentersdorf, 'Some Observations on the Historical Faust', *Folklore*, LXXXIX (1978), p. 210.
26 Ibid., p. 205.
27 François Ost and Laurent van Eynde, *Faust, ou les frontières du savoir* (Brussels, 2002), p. 8 (my translation).
28 Ibid.
29 Ibid.
30 Oswald Spengler, *The Decline of the West*, vol I: *Form and Actuality*, trans. Charles Frances Atkinson (London, 1926), p. 75. References, to DW, in the text hereafter.
31 W. B. Yeats, 'An Irish Airman Foresees His Death', *The Poems*, ed. Richard J. Finneran (New York, 1997), p. 136.
32 Oswald Spengler, *Selected Essays*, trans. Donald O. White (Chicago, IL, 1967), p. 145. References, to SESS, in the text hereafter.
33 C. G. Jung, *Freud and Psychoanalysis: Collected Works*, trans. R.F.C. Hull (London, 1961), vol. IV, p. 247.

34 *The Holy Bible . . . Made from the Latin Vulgate by John Wycliffe and his Followers*, ed. Josiah Forshall and Frederic Madden, 4 vols (Oxford, 1850), vol. I, p. 85.
35 Freud, *Standard Edition*, vol. XVIII, p. 38.
36 Philip Larkin, *Collected Poems*, ed. Anthony Thwaite (London, 1988), p. 208.
37 John Dryden, *The Works of John Dryden*, vol. XV: *Plays: Amboyna, The State of Innocence, Aureng-Zebe*, ed. Vinton A. Dearing (Berkeley, CA, and London, 1994), p. 209.
38 E. Nesbit, 'The Things That Matter', in *The Rainbow and the Rose* (London, New York and Bombay, 1905), p. 5.
39 W. R. Bion, 'A Theory of Thinking', in *Second Thoughts: Selected Papers on Pyscho-Analysis* (London, 1984), pp. 110–19.
40 Samuel Beckett, *Samuel Beckett's Mal Vu Mal Dit/Ill Seen Ill Said: A Bilingual, Evolutionary, and Synoptic Variorum Edition*, ed. Charles Krance (New York and London, 1996), p. 33.
41 Ibid., p. 32.
42 Samuel Beckett, *Complete Dramatic Works* (London, 1986), p. 148.
43 I. A. Richards, *Science and Poetry* (London, 1926), p. 25. References, to SP, in the text hereafter.

第一章 求知意志

1 Michel Serres, *Statues: Le Second Livre de fondations* (Paris, 1987), p. 209 (my translation).
2 Michel Serres, *Statues: The Second Book of Foundations*, trans. Randolph Burks (London, 2015), p. 119.
3 John Milton, *Paradise Lost*, ed. Stephen Orgel and Jonathan Goldberg (Oxford, 2008), p. 224.
4 Francis Bacon, *The New Organon*, ed. Lisa Jardine and Michael Silverthorne (Cambridge, 2000), p. 24.
5 Samuel Beckett, *The Unnamable*, ed. Steven Connor (London, 2010), pp. 37–8.
6 Bacon, *New Organon*, p. 24.
7 Arthur Schopenhauer, *The World as Will and Representation*, 2 vols, trans. E.F.J. Payne (New York, 1969), vol. I, p. 149. References, to WWR, in the text hereafter.
8 Friedrich Nietzsche, *The Will to Power: Selections from the Notebooks of the 1880s*, ed. R. Kevin Hill, trans. R. Kevin Hill and Michael A. Scarpitti (London, 2017), p. 286. References, to WP, in the text hereafter.
9 Samuel Beckett, *Disjecta: Miscellaneous Writings and a Dramatic Fragment*, ed. Ruby Cohn (London, 1983), p. 86.
10 Michel Serres, *Malfeasance: Appropriation through Pollution?*, trans. Anne-Marie

Knowledge, trans. Ralph Manheim (New Haven, CT, 1957), p. XIV.
15 Francis Bacon, *The New Organon*, ed. Lisa Jardine and Michael Silverthorne (Cambridge, 2000), p. 44.
16 Sigmund Freud, *The Standard Edition of the Complete Psychological Works of Sigmund Freud*, 24 vols, ed. and trans. James Strachey et al. (London, 1953–74), vol. XIII, p. 84.
17 Francis Quarles, *Emblemes* (Cambridge, 1643), p. 19.
18 Jerome S. Bruner, Jacqueline J. Goodnow and George A. Austin, *A Study of Thinking* (New Brunswick, NJ, 1986), p. 12; Niklas Luhmann, *Introduction to Systems Theory*, ed. Dirk Baecker, trans. Peter Gilgen (Cambridge and Malden, MA, 2013), p. 121.
19 T. S. Eliot, 'Gerontion', *Complete Poems and Plays* (London, 1969), p. 38.
20 Michele G. Sforza, 'Epistemophily-Epistemopathy: Use of the Internet between Normality and Disease', in *Psychoanalysis, Identity and the Internet*, ed. Andrea Marzi (London, 2016), pp. 181–207.
21 Randall Styers, *Making Magic: Religion, Magic, and Science in the Modern World* (Oxford and New York, 2004), p. 16.
22 Samuel Beckett, *Company. Ill Seen Ill Said. Worstward Ho. Stirrings Still*, ed. Dirk van Hulle (London, 2009), p. 8.
23 Richard Rorty, *Contingency, Irony, and Solidarity* (Cambridge, 1989), p. 21.
24 Michel Foucault, 'The Order of Discourse', in *Untying the Text*, ed. Robert Young (Boston, London and Henley, 1981), p. 60.
25 Slavoj Žižek, *The Sublime Object of Ideology* (London, 1989), p. 21.
26 Michel Serres, *L'Incandescent* (Paris, 2003), p. 141 (my translation).
27 Jacques Lacan, *The Seminar of Jacques Lacan*, Book XI: *The Four Fundamental Concepts of Psychoanalysis*, ed. Jacques-Alain Miller, trans. Alan Sheridan (New York and London, 1998), p. 232.
28 Steven Connor, 'Collective Emotions: Reasons to Feel Doubtful' (2013), http://stevenconnor.com/collective.html.
29 Lawrence Friedman, 'Drives and Knowledge – A Speculation', *Journal of the American Psychoanalytic Association*, XVI (1968), p. 88.
30 Ibid., p. 82.
31 Ibid., p. 93.
32 Bruno van Swinderen, 'The Remote Roots of Consciousness in Fruit-fly Selective Attention?', *Bioessays*, XXVII (2005), pp. 321–30.
33 Jakob von Uexküll, *A Foray into the Worlds of Animals and Humans, with 'A Theory of Meaning'*, ed. Dorion Sagan, trans. Joseph D. O'Neil (Minneapolis, mn, and London, 2010).

參考文獻 REFERENCES

引言

1 Anon., 'Jean Paul', *English Review*, VII (1847), p. 296.

2 Ralph Cudworth, *A Treatise Concerning Eternal and Immutable Morality* (London, 1731), p. 272.

3 James IV of Scotland, *Daemonologie In Forme of a Dialogue* (Edinburgh, 1597); Thomas Heywood, *Troia Britanica; or, Great Britaines Troy* (London, 1609), p. 288; Guy Miège, *A Dictionary of Barbarous French; or, A Collection, by Way of Alphabet, of Obsolete, Provincial, Mis-spelt, and Made Words in French* (London, 1679), sig. m2v.

4 Aristotle, *Metaphysics, Books I–IX*, trans. Hugh Tredennick (Cambridge, MA, and London, 1933), p. 3.

5 Jacques Lacan, *The Seminar of Jacques Lacan, Book XX: Encore: On Feminine Sexuality, The Limits of Love and Knowledge, 1972–1973*, ed. Jacques-Alain Miller, trans. Bruce Fink (New York, 1998), p. 121.

6 Peter Sloterdijk, *You Must Change Your Life*, trans. Wieland Hoban (Cambridge, 2013), pp. 83–106.

7 'Occasional Notes', *Pall Mall Gazette*, XL/6197 (21 January 1885), p. 3.

8 'A Merry Medico', *Punch*, LXXXVIII (17 January 1885), p. 26.

9 Sigmund Koch, 'The Nature and Limits of Psychological Knowledge: Lessons of a Century Qua "Science"', *American Psychologist*, XXXVI (1981), p. 258.

10 Sigmund Koch, 'Psychology's Bridgman vs Bridgman's Bridgman: An Essay in Reconstruction', *Theory and Psychology*, II (1992), p. 262.

11 David Hume, *A Treatise of Human Nature*, ed. Ernest C. Mossner (London, 1985), p. 462.

12 William James, *The Meaning of Truth: A Sequel to 'Pragmatism'* (New York, 1909), p. 120.

13 Peter H. Spader, 'Phenomenology and the Claiming of Essential Knowledge', *Husserl Studies*, XI (1995), pp. 169–99.

14 Ernst Cassirer, *The Philosophy of Symbolic Forms*, vol. III: *The Phenomenology of*

知識叢書1086

知識的癲狂：人類的心智為什麼受知識吸引，同時又被它制約？

The Madness of Knowledge: On Wisdom, Ignorance and Fantasies of Knowing

作者	史蒂芬．康納Steven Connor
譯者	劉維人（引言至第五章）、楊理然（第六章至第八章）
副主編	石瑷寧
責任企畫	林進韋
美術設計	許晉維
內文排版	薛美惠
校對	呂佳真
總編輯	胡金倫
董事長	趙政岷
出版者	時報文化出版企業股份有限公司
	108019 台北市和平西路三段240號1-8樓
	發行專線｜02-2306-6842
	讀者服務專線｜0800-231-705｜02-2304-7103
	讀者服務傳真｜02-2304-6858
	郵撥｜1934-4724 時報文化出版公司
	信箱｜10899臺北華江橋郵局第99信箱
時報悅讀網	www.readingtimes.com.tw
法律顧問	理律法律事務所｜陳長文律師、李念祖律師
印刷	紘億印刷有限公司
初版一刷	2020年9月25日
定價	新台幣580元

時報文化出版公司成立於一九七五年，並於一九九九年股票上櫃公開發行，於二〇〇八年脫離中時集團非屬旺中，以「尊重智慧與創意的文化事業」為信念。

ISBN 978-957-13-8368-2

知識的癲狂：人類的心智為什麼受知識吸引，同時又被它制約？/史蒂芬.康納 (Steven Connor)著；劉維人, 楊理然譯. -- 初版. -- 臺北市：時報文化, 2020.09 ｜ 面； 公分. -- (知識叢書；1086) ｜譯自：The madness of knowledge : on wisdom, ignorance and fantasies of knowing ｜ISBN 978-957-13-8368-2(平裝) ｜1.知識論 ｜161 ｜109013416